O SEMINÁRIO
DE JACQUES LACAN

Campo Freudiano no Brasil

Coleção dirigida por Judith (*in memoriam*) e Jacques-Alain Miller

Assessoria brasileira: Angelina Harari

Jacques Lacan

# O SEMINÁRIO

## livro 4

## a relação de objeto

Texto estabelecido por
Jacques-Alain Miller

*16ª reimpressão*

ZAHAR

Tradução autorizada da primeira edição francesa publicada em 1994 por Éditions du Seuil, de Paris, França, na coleção Champ Freudien, dirigida por Jacques-Alain Miller e Judith Miller.

*Grafia atualizada segundo o Acordo Ortográfico da Língua Portuguesa de 1990, que entrou em vigor no Brasil em 2009.*

*Título original*
Le Séminaire de Jacques Lacan
Livre IV: La relation d'objet (1956-1957)

CIP-Brasil. Catalogação na fonte
Sindicato Nacional dos Editores de Livros, RJ

---

Lacan, Jacques, 1901-1981
L129s O seminário, livro 4: a relação de objeto / Jacques Lacan; texto estabelecido por Jacques-Alain Miller; tradução Dulce Duque Estrada. — 1ª ed. — Rio de Janeiro: Zahar, 1995.
(Campo Freudiano no Brasil)

Tradução de: Le séminaire de Jacques Lacan, livre IV: La relation d'objet (1956-1957).
ISBN 978-85-7110-304-7

1. Lacan, Jacques, 1901-1981. 2. Psicanálise. I. Miller, Jacques-Alain. II. Título: A relação de objeto.

CDD: 150.195
95-0034 CDU: 159.964.2

---


EDITORA SCHWARCZ S.A.
Praça Floriano, 19, sala 3001 — Cinelândia
20031-050 — Rio de Janeiro — RJ
Telefone: (21) 3993-7510
www.companhiadasletras.com.br
www.blogdacompanhia.com.br
facebook.com/editorazahar
instagram.com/editorazahar
twitter.com/editorazahar

# livro 4

# a relação de objeto
# 1956-1957

Versão brasileira de
Dulce Duque Estrada

Revisão de
Angelina Harari

# SUMÁRIO

## TEORIA DA FALTA DE OBJETO


I. Introdução 9
II. As três formas da falta de objeto 24
III. O significante e o Espírito Santo 40
IV. A dialética da frustração 59
V. Da análise como *Bundling* e suas consequências 76


## AS VIAS PERVERSAS DO DESEJO


VI. O primado do falo e a jovem homossexual 95
VII. *Bate-se numa criança* e a jovem homossexual 112
VIII. Dora e a jovem homossexual 133


## O OBJETO FETICHE


IX. A função do véu 153
X. A identificação ao falo 167
XI. O falo e a mãe insaciável 182


## A ESTRUTURA DOS MITOS NA OBSERVAÇÃO DA FOBIA DO PEQUENO HANS


XII. Sobre o complexo de Édipo 203
XIII. Sobre o complexo de castração 220
XIV. O significante no real 237
XV. Para que serve o mito 254
XVI. Como se analisa o mito 274
XVII. O significante e o chiste 291
XVIII. Circuitos 309
XIX. Permutações 326
XX. Transformações 344

XXI. As calças da mãe e a carência do pai 362
XXII. Ensaio de uma lógica de borracha 381
XXIII. "Me dará sem mulher uma progenitura" 400

## ENVIO

XXIV. De Hans-o-fetiche a Leonardo-no-espelho 425

*Mapa de Viena* (Baedeker, 1905) 452

Nota 455

# Teoria da Falta de Objeto

# I

# INTRODUÇÃO

*O esquema Z.*
*O objeto perdido e reencontrado.*
*Pérolas.*
*O objeto, a angústia, o furo.*
*O fetiche e o objeto fóbico.*

Vamos falar, este ano, de um tema a que a evolução histórica da psicanálise, ou o que se chama assim, poderia dar, de maneira articulada ou não, uma posição central quanto à teoria e à prática.

Este tema é a relação de objeto.

Por que não o escolhi, ao começarmos estes seminários, quando ele já era atual, preponderante, crítico? Precisamente pela razão que motiva a segunda parte de meu título: *e as estruturas freudianas*.

Este tema, com efeito, só poderia ser tratado depois de se tomar uma certa distância da questão. Precisávamos, em primeiro lugar, nos interrogar sobre o que constitui as estruturas nas quais Freud nos mostrou que a análise se desloca e opera, muito especialmente a estrutura complexa da relação entre os dois sujeitos presentes na análise, a saber, o analisado e o analista. A isso é que foram consagrados nossos três anos de comentários e de críticas aos textos de Freud, que recordo sucintamente para vocês.

O primeiro ano tratou dos próprios elementos da conduta técnica do tratamento, isto é, as noções de transferência e de resistência. O segundo ano abordou a base da experiência e da descoberta freudianas, a saber, a noção do inconsciente, sobre a qual acredito ter-lhes mostrado bem que foi ela que impôs a Freud introduzir os princípios, literalmente paradoxais no plano dialético, que figuram em *Além do princípio do prazer*. Finalmente, no decorrer do terceiro ano, dei-lhes um exemplo manifesto da absoluta necessidade que existe de se isolar essa articulação essencial do simbolismo que se chama o significante, para compreender o que quer que seja, analiticamente falando, no campo propriamente paranoico das psicoses.

Ao fim desses anos de crítica, eis-nos, pois, armados de um certo número de termos e de esquemas. A espacialidade destes últimos não deve ser tomada no sentido intuitivo do termo "esquema", mas num outro sentido, perfeitamente legítimo, que é topológico — não se trata de localizações, e sim de relações de lugares, interposição, por exemplo, ou sucessão, sequência. Nossa elaboração culmina num esquema a que podemos chamar *o* esquema, e que é o seguinte:

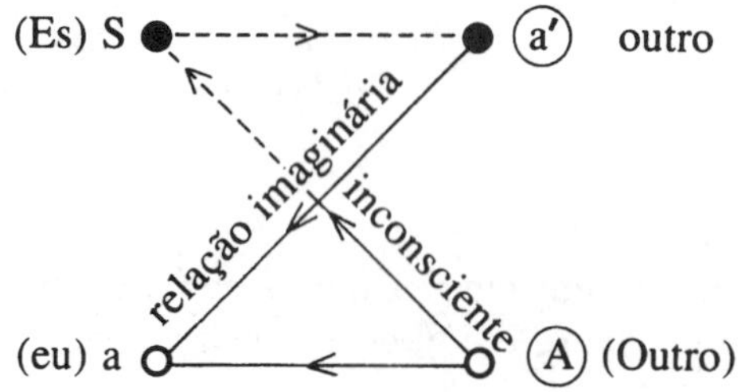


O ESQUEMA

Este esquema inscreve, inicialmente, a relação do sujeito com o Outro. Tal como constituída no começo da análise, esta é a relação de fala virtual, pela qual o sujeito recebe do Outro sua própria mensagem, sob a forma de uma palavra inconsciente. Esta mensagem lhe é interditada, é por ele profundamente desconhecida, deformada, estagnada, interceptada pela interposição da relação imaginária entre *a* e *a'*, entre o eu e o outro, que é seu objeto típico. A relação imaginária, que é uma relação essencialmente alienada, interrompe, desacelera, inibe, inverte na maioria das vezes, desconhece profundamente a relação de palavra entre o sujeito e o Outro, o grande Outro, na medida em que este é um outro sujeito, um sujeito por excelência capaz de enganar.

Este esquema, não é em vão que o introduzimos na experiência analítica, tendo em vista a maneira como esta última vem sendo formulada hoje em dia por um número cada vez maior de analistas, que dão a prevalência, na teoria analítica, à relação de objeto como primária, sem no entanto comentá-la mais extensamente. Volta-se a centrar nela a dialética do princípio do prazer e do princípio de realidade, e funda-se o progresso analítico numa retificação da relação entre sujeito e objeto, considerada como uma relação dual, que seria — dizem ainda, falando da situação analítica — excessivamente simples. Pois bem, esta relação do sujeito com o objeto, que tende cada vez mais a ocupar o centro da teoria analítica, é ela mesma que vamos pôr à prova.

A partir do momento em que a relação de objeto, como dual, se refere precisamente à linha *a-a* de nosso esquema, será possível a partir daí construir de maneira satisfatória o conjunto de fenômenos oferecidos à nossa observação na experiência analítica? Pode este instrumento permitir, por si só, responder pelos fatos? Pode o esquema mais complexo que lhe opusemos ser negligenciado, deverá ser ele até mesmo descartado?

Que a relação de objeto se tenha tornado, ao menos aparentemente, o elemento teórico primeiro na explicação da análise, disso lhes darei um testemunho seguido numa obra coletiva publicada há pouco, à qual, com efeito, o termo coletivo se aplica particularmente bem. Não posso dizer que os convido a penetrar nela. Ali vocês vão ver, do começo ao fim, a relação de objeto valorizada e promovida de uma maneira que, sem dúvida, nem sempre é muito satisfatória no sentido do articulado, mas cuja monotonia, uniformidade, é de certo surpreendente. Vai ser promovida ali a relação de objeto num artigo intitulado "Evolução da psicanálise", e, como último termo desta evolução, verão, no artigo "A clínica psicanalítica", uma apresentação da própria clínica que a centra, inteiramente, na relação de objeto. Talvez eu lhes dê alguma ideia de como se pode alcançar uma tal apresentação.

O conjunto é absolutamente espantoso. Ali veem-se praticantes da análise tentando ordenar seus espíritos, a compreensão que eles possam ter de sua própria experiência, em torno da relação de objeto, sem que esta lhes pareça dar uma satisfação plena e integral, mas, por outro lado, não sem que ela oriente sua prática, e a penetre muito profundamente. Não se pode dizer que o fato de que eles concebam sua experiência nesse registro seja sem consequência sobre os próprios modos de sua intervenção, sobre a orientação dada à análise e, ao mesmo tempo, sobre seus resultados. A teoria analítica e a prática, sempre se disse, não podem se dissociar uma da outra e, a partir do momento em que se concebe a experiência num certo sentido, é inevitável que se a conduza igualmente nesse sentido. Certamente, os resultados práticos só podem ser entrevistos.

Para introduzir a questão da relação de objeto e, precisamente, a de saber se é legítimo, se é fundado ou não dar-lhe uma situação central na teoria analítica, vou recordar-lhes, ao menos resumidamente, o que esta noção deve, ou não, ao próprio Freud. Vou fazer isso em primeiro lugar porque, para nós, é uma espécie de guia, e quase uma limitação técnica que nos impusemos aqui, partir do comentário freudiano.

Também senti em vocês este ano algumas interrogações, senão inquietudes, quanto a saber se eu ia ou não partir dos textos freudianos. E, sem dúvida, é muito difícil, a propósito da relação de objeto, partir dos próprios textos de Freud, porque ela não está neles. Estou falando, naturalmente, daquilo que é muito formalmente afirmado aqui como um desvio da teoria analítica. Logo, devo realmente partir de textos recentes e, ao mesmo tempo, de uma crítica de suas posições. Em contrapartida, o fato de devermos, em última instância, nos referir às posições freudianas não é duvidoso e, ao mesmo tempo, não podemos deixar de evocar, nem que seja muito rapidamente, aquilo que, nos temas fundamentais propriamente freudianos, gira em torno da própria noção de objeto.

Não vamos poder fazer isso, de saída, de uma maneira desenvolvida. É precisamente no final que vamos encontrá-la, e que teremos de articulá-la.

Quero, portanto, simplesmente fazer uma breve recordação, que nem mesmo seria concebível se não houvesse, por trás de nós, nossos três anos de colaboração na análise de textos, e se vocês já não houvessem encontrado comigo, sob formas diversas, o tema do objeto.

## 1

Em Freud, fala-se, é claro, de objeto. A última divisão dos *Três ensaios sobre a teoria da sexualidade* se chama, precisamente, "A descoberta do objeto", *Die Objektfindung*. Fala-se implicitamente do objeto, a cada vez que entra em jogo a noção da realidade. Fala-se dele, ainda, de uma terceira forma a cada vez que é implicada a ambivalência de certas relações fundamentais, isto é, o fato de que o sujeito se faz de objeto para o outro, que há um certo tipo de relações em que a reciprocidade, pelo viés de um objeto, é patente, e mesmo constituinte.

Gostaria de acentuar, de forma mais fundamentada, os três modos sob os quais nos aparecem as noções relativas ao objeto em questão. Se vocês se remeterem ao capítulo três dos *Três ensaios*, verão algo que já está lá desde a época em que foi redigido o *Entwurf*, texto sobre o qual vou lembrá-los que só foi publicado por uma espécie de acidente histórico, pois não só Freud não fazia questão de publicá-lo como se pode até dizer que foi publicado contra a sua vontade. Reportando-nos, todavia, a este primeiro esboço de sua psicologia, encontramos ali a mesma fórmula a propósito do objeto. Freud insiste no seguinte: que toda maneira, para o homem, de encontrar o objeto é, e não passa disso, a continuação de uma tendência onde se trata de um objeto perdido, de um objeto a se reencontrar.

Não se trata, em absoluto, do objeto considerado na teoria moderna como o objeto plenamente satisfatório, o objeto típico, o objeto por excelência, o objeto harmonioso, o objeto que funda o homem numa realidade adequada, na realidade que prova a maturidade — o famoso objeto genital. É surpreendente ver que, no momento em que faz a teoria da evolução instintual tal como esta se origina das primeiras experiências analíticas, Freud nos indica que o objeto é apreendido pela via de uma busca do objeto perdido. Este objeto, que corresponde a um estágio avançado da maturação dos instintos, é um objeto reencontrado, o objeto reencontrado do primeiro desmame, o objeto que foi inicialmente o ponto de ligação das primeiras satisfações da criança.

É claro que uma discordância é instaurada pelo simples fato dessa repetição. Uma nostalgia liga o sujeito ao objeto perdido, através da qual se exerce todo o esforço da busca. Ela marca a redescoberta do signo de uma repetição impossível, já que, precisamente, este não é o mesmo objeto, não poderia sê-lo. A primazia dessa dialética coloca, no centro da relação sujeito-objeto, uma tensão fundamental, que faz com que o que é procurado não seja procurado da mesma forma que o que será encontrado. É através da busca de uma satisfação passada e ultrapassada que o novo objeto é procurado, e que é encontrado e apreendido noutra parte que não no ponto onde se o procura. Existe aí uma distância fundamental, introduzida pelo elemento essencialmente conflitual incluído em toda busca do objeto. Esta é a primeira forma sob a qual, em Freud, aparece a relação de objeto.

Para dar plena ênfase ao que estou frisando aqui, seria preciso que nos resolvêssemos a articulá-lo em termos filosoficamente elaborados. Se não o faço, intencionalmente, é porque reservo isso para o momento em que voltarmos a este termo. Mas aqueles para quem esses termos já têm um sentido, devido a certos conhecimentos filosóficos, já podem perceber toda a distância que separa a relação freudiana do sujeito ao objeto das concepções precedentes, que são fundadas na noção do objeto adequado, o objeto esperado antecipadamente, cooptado à maturação do sujeito. A perspectiva platônica funda toda apreensão do objeto no reconhecimento, na reminiscência, de um tipo de certo modo pré-formado. Ela está separada, por toda a distância que há entre a experiência moderna e a experiência antiga, da noção dada em Kierkegaard sob o registro da repetição, repetição sempre procurada, mas nunca satisfeita. Por sua natureza, a repetição se opõe à reminiscência. Ela é sempre, como tal, impossível de saciar. É nesse registro que se situa a noção freudiana da redescoberta do objeto perdido.

Vamos guardar este texto, que mostra bem que Freud situa de saída a noção do objeto no quadro de uma relação profundamente conflitual do sujeito com seu mundo. Como poderia ser diferente, se, já desde aquela época, é essencialmente da oposição entre princípio de realidade e princípio de prazer que se trata?

Princípio do prazer e princípio de realidade não são destacáveis um do outro. Diria mais, eles se implicam e se incluem um ao outro, numa relação dialética.

O princípio de realidade só é constituído por aquilo que é imposto para sua satisfação ao princípio do prazer, ele não passa de seu prolongamento e, inversamente, implica, em sua dinâmica e procura fundamental, a tensão fundamental do princípio do prazer. Ainda assim, entre os dois, e isso é o essencial da contribuição da teoria freudiana, existe uma hiância, que não se poderia distinguir se um fosse simplesmente a continuação do outro. O princípio do prazer tende, com efeito, a se realizar em formações profundamente irrealistas, enquanto o princípio de realidade implica a existência de uma organização ou de uma estruturação diferente e autônoma, condicionando que o que ela apreende pode ser, justamente, fundamentalmente diferente daquilo que é desejado. Esta relação introduz, ela própria, na dialética do sujeito e do objeto, um outro termo, formulado aqui como irredutível.

Assim como o sujeito, como vimos há pouco, está sempre fadado nas suas exigências primordiais a um retorno, que é, por isso mesmo, um retorno impossível, também a realidade, como mostra a articulação do princípio de realidade e do princípio do prazer, está em oposição fundamental em relação ao que é procurado pela tendência. Em outras palavras, a satisfação do princípio do prazer, sempre latente, subjacente a todo exercício da criação do mundo, tende sempre, mais ou menos, a se realizar numa forma mais ou menos alucinada. A organização subjacente ao eu, aquela da tendência do sujeito como tal, tem sempre a possibilidade fundamental de se satisfazer numa realização irreal, alucinatória. Aí está a outra posição que Freud enfatiza vigorosamente, e isso desde a *Traumdeutung*, isto é, desde sua primeira formulação plena e articulada da oposição entre o princípio de realidade e o princípio do prazer.

Essas duas posições não são, como tais, articuladas uma com a outra. O fato de que se apresentem em Freud como distintas marca bem que não é em torno da relação do sujeito ao objeto que se centra o desenvolvimento. Se cada um desses dois termos encontra seu lugar em pontos diferentes da dialética freudiana, é pela simples razão de que em nenhum caso a relação sujeito-objeto é central.

Se essa relação pode parecer sustentar-se de maneira direta e sem hiância é somente porque se trata das relações chamadas, desde então, de pré-genitais: ver-ser visto, atacar-ser atacado, passivo-ativo. O sujeito vive essas relações de um modo que implica sempre, de maneira mais ou menos implícita, mais ou menos manifesta, sua identificação com o parceiro. Essas relações são vividas numa reciprocidade — o termo é válido aqui — de ambivalência entre a posição do sujeito e a do parceiro.

Neste nível, com efeito, introduz-se uma relação entre o sujeito e o objeto que não somente é direta e sem hiância, mas que é, literalmente, equivalente de um ao outro. Foi esta relação que pôde fornecer o pretexto para que se pusesse em primeiro plano a relação de objeto como tal. Essa relação de reciprocidade entre o sujeito e o objeto, que merece ser chamada uma relação em espelho, já formula por si só tantas questões que, para tentar resolvê-las, introduzi eu mesmo na teoria analítica a noção do estádio do espelho.

O que é o estádio do espelho? É o momento em que a criança reconhece sua própria imagem. Mas o estádio do espelho está bem longe de apenas conotar um fenômeno que se apresenta no desenvolvimento da criança. Ele ilustra o caráter de conflito da relação dual. Tudo o que a criança aprende nessa cativação por sua própria imagem é, precisamente, a distância que há de suas tensões internas, aquelas mesmas que são evocadas nessa relação, à identificação com essa imagem. Aí está, pois, o que serviu de tema, de ponto central, para a colocação em primeiro plano dessa relação sujeito-objeto, da qual se faz a escala fenomênica a que se remeter, validamente, o que até então era apresentado em termos não só pluralistas, mas realmente conflituais, como que introduzindo uma relação essencialmente dialética entre os diferentes termos.

Um dos primeiros a ter dado essa ênfase nova, mas não tão cedo quanto se acredita, foi Karl Abraham.

Até ali, a evolução do sujeito era sempre vista por reconstrução, de uma maneira retroativa, a partir de uma experiência central, a da tensão conflitual entre consciente e inconsciente. Tensão conflitual criada pelo fato fundamental de que o que é buscado pela tendência é obscuro, de modo que aquilo que a consciência reconhece dele é, antes de mais nada, desconhecimento. Não é na via da consciência que o sujeito se reconhece, existe outra coisa e um mais-além. Sendo este mais-além fundamentalmente desconhecido pelo sujeito, fora do alcance de seu conhecimento, ele coloca, ao mesmo tempo, a questão de sua estrutura, de sua origem e de seu sentido.

Ora, essa perspectiva foi abandonada, por iniciativa de um certo número de personalidades, acompanhadas por correntes significativas no interior da análise. Tudo foi recentrado em função de um objeto e, mais precisamente, de seu estado terminal. Enquanto isso nós retrocedemos para compreender como é atingido o ponto terminal, que aliás nunca é observado, pois o objeto ideal é literalmente impensável — na nova perspectiva, este objeto ideal é, ao contrário, concebido como um ponto de mira, um ponto de chegada para o qual concorre toda uma série de experiências, de elementos, de noções parciais do objeto. Essa perspectiva se impôs, progressivamente, a partir do momento em que Abraham a formulou em 1924 na sua teoria do desenvolvimento da libido. Sua concepção funda, em muito, a própria lei da análise, enquadra tudo aquilo que aí se passa, desenha o sistema de coordenadas no interior das quais se situa toda a experiência analítica, e determina seu ponto de encerramento, este famoso objeto ideal, terminal, perfeito, adequado, que é apresentado como marcando por si mesmo o alvo atingido, a saber, a normalização do sujeito.

O termo normalização já introduz, por si só, um mundo de categorias bem estranho ao ponto de partida da análise.

## 2

Segundo reconhecem aqueles mesmos que estão engajados nessa via, o progresso da experiência analítica teria sido a colocação em primeiro plano das relações do sujeito com o seu meio.

A ênfase posta no ambiente constitui uma redução do que é proporcionado por toda a experiência analítica. É um retorno à posição simplesmente objetivante que coloca em primeiro plano a existência de um certo indivíduo em sua relação mais ou menos adequada, mais ou menos adaptada, ao seu meio. Para ilustrar isso para vocês, creio não poder fazer melhor senão remetê-los às formulações encontradas das páginas 761 a 773 da obra coletiva de que falávamos.

Depois de nos frisarem que é das relações do sujeito com seu meio que se trata no progresso da psicanálise, aprendemos, incidentalmente, que isso é particularmente significativo na observação do pequeno Hans, onde os pais surgem, como nos dizem, *sem personalidade própria*. Não somos forçados a subscrever essa opinião. O importante é o seguinte: *Era antes da guerra de 1914, na época em que a sociedade ocidental, segura de si, não formulava questões sobre a sua própria perenidade; ao contrário, a partir de 1926, a ênfase foi dada à angústia, e à interação entre o organismo e o meio ambiente; foi assim que os alicerces da sociedade foram abalados, a angústia do mundo em transformação é vivida a cada dia, os indivíduos se reconhecem diferentes. É a época em que a física se procura; relativismo, incertezas, probabilismo parecem tirar ao pensamento objetivo sua confiança em si mesmo.*

Esta referência à física moderna como fundamento para um novo racionalismo me parece dever dispensar comentários. O importante é aquilo que curiosamente é confessado de maneira indireta: que a psicanálise seria uma espécie de remédio social. Eis o que se coloca em primeiro plano, e que se apresenta como característica do elemento motor de seu progresso. Pouco importa se isso é fundamentado ou não, pois estas são, para dizer a verdade, coisas que nos parecem de pouco peso — o que é instrutivo é a enorme leviandade com que tais coisas são admitidas.

Este exemplo não é único, pois o próprio dessa obra é ser coletiva em seu interior mesmo, de tal modo ela parece ser feita de uma curiosa homogeneização, mais que de uma articulação, propriamente falando.

O primeiro artigo, a que fiz alusão há pouco, formula deliberadamente que afinal de contas a concepção geral necessária à compreensão atual da estrutura de uma personalidade é dada pelo *ângulo de visão* que se diz ser *o mais prático e o mais prosaico possível*, aquele das *relações sociais do doente* — esta última expressão é sublinhada pelo autor.

Passo por outros termos que são da natureza da confissão — *concebe-se que se possa experimentar uma impressão penosa de imponderável, de inapreensível, de artificial de uma tal concepção da análise, mas isso não depende do objeto próprio dessa disciplina, que é uma atividade cujas variações no tempo ninguém pensa em contestar.* Esta é, de fato, uma explicação do caráter um tanto quanto pulverizador dos diferentes modos de abordagem nascidos nessa linha. Isso não quer dizer que ela nos deva satisfazer inteiramente, pois não vejo que os objetos de qualquer disciplina não estejam igualmente sujeitos a variações no tempo.

Sobre *as relações do sujeito com o mundo*, vemos afirmado *um paralelismo*, a todo momento, *entre o estado de maturação mais ou menos adiantado das atividades instintuais e a estrutura do Eu num sujeito dado*. Em suma, a partir de um certo momento, a estrutura do eu é considerada como seu duplo (dublê) e, finalmente, como o representante de maturação das atividades instintuais em suas diferentes etapas.

Estes são termos que, para alguns de vocês, podem não parecer criticáveis em si mesmos. Pouco importa, a questão não é esta, e veremos em que medida vamos poder conservá-los ou não. Mas sua consequência é a instauração, no centro da análise, daquilo que se apresenta, precisamente, como uma tipologia onde há os pré-genitais e os genitais.

Está escrito: *Os pré-genitais são indivíduos que têm um Eu frágil — e neles a coerência do Eu depende estreitamente da persistência de relações objetais com um objeto significativo*. Aqui, podemos começar a formular questões. Talvez vejamos daqui a pouco, de passagem, lendo o mesmo texto, até onde pode ir a noção desse objeto significativo não explicado. A noção técnica que isso implica é a valorização das relações pré-genitais no interior da relação analítica. *A perda dessas relações, ou de seu objeto, o que é sinônimo, já que o objeto aqui só existe em função de suas relações com o sujeito, acarreta graves desordens da atividade do Eu, tais como fenômenos de despersonalização e distúrbios psicóticos.* Encontramos, aqui, o ponto onde é procurado o teste que testemunharia a fragilidade profunda das relações do eu do pré-genital com seu objeto. *O sujeito se esforça para manter suas relações de objeto a qualquer preço, utilizando todas as espécies de acomodações nesse objetivo: mudanças de objeto com o uso do deslocamento, ou da simbolização, que, pela escolha de um objeto simbólico arbitrariamente investido dos mesmos valores afetivos do objeto inicial, vai lhe permitir não se ver privado de relações objetais. Para ele, o termo "Eu auxiliar" é plenamente justificado.*

*Os genitais, ao contrário, possuem um Eu que não vê sua força e o exercício de suas funções depender da posse de um objeto significativo. Enquanto, para os primeiros, a perda de uma pessoa importante, subjetivamente falando, para tomar o exemplo mais simples, põe em jogo a sua individualidade, para eles essa perda, por mais dolorosa que seja, não perturba em nada a solidez de sua personalidade. Eles não são dependentes de uma relação objetal. Isso não quer dizer que prescindam com facilidade de qualquer relação objetal, o que, aliás, é praticamente irrealizável, de tal maneira as relações de objeto são múltiplas e variadas, mas simplesmente que sua unidade não está à mercê da perda de um contato com um objeto significativo. É isso que, do ponto de vista da relação entre o Eu e a relação de objeto, os diferencia radicalmente dos precedentes.*

Mais adiante — (...) *em toda neurose, uma evolução normal parece ter sido estancada pela impossibilidade em que se achou o sujeito de resolver o último dos conflitos estruturantes da infância, aquele cuja liquidação perfeita, se é possível exprimir-se assim, atinge essa adaptação tão feliz ao mundo, que se nomeia relação de objeto genital, e que dá a todo observador o sentimento de uma personalidade harmoniosa, e à análise, a percepção imediata de uma espécie de limpidez cristalina do espírito, o que é, repito, mais um limite que uma realidade* (...).

*Limpidez cristalina.* Vemos até onde a noção da perfeição da relação objetal pode levar este autor.

Enquanto as pulsões em sua forma pré-genital apresentam um *caráter de necessidade de possessão incoercível, ilimitada, incondicional, comportando um aspecto destrutivo*, em sua forma genital *elas são verdadeiramente ternas, amantes, e se o sujeito não se mostra oblativo, isto é, desinteressado, e se os objetos são também, basica-*

*mente, objetos narcísicos como no caso precedente, ele aqui é capaz de compreensão, de adaptação à situação do outro. Além disso, a estrutura íntima de suas relações objetais mostra que a participação do objeto no seu próprio prazer é indispensável à felicidade do sujeito. As conveniências, os desejos, as necessidades do objeto são tomados em consideração no ponto mais elevado.*

Isso é o bastante para introduzir um problema muito grave, que não podemos, com efeito, deixar de levantar: o que significa a saída de uma infância, de uma adolescência e de uma maturidade normais?

Existe uma distinção essencial a ser feita, que nos é indicada tanto pela noção de objetividade como pela experiência mais elementar. Não se pode em absoluto confundir o estabelecimento da realidade, com todos os problemas de adaptação que esta expõe, pelo fato de que ela resiste, se recusa, é complexa, com a noção mais ou menos implicitamente visada nesses próprios textos, sob os termos diferentes, objetividade e plenitude de objeto. Esta confusão é articulada, de tal modo que a objetividade se vê apresentada em tal texto como característica da relação com o outro na sua forma realizada. Muito pelo contrário, existe, certamente, uma distância entre aquilo que é implicado por uma certa construção do mundo considerada como mais ou menos satisfatória em determinada época e, por outro lado, o estabelecimento da relação com o outro em seu registro afetivo, até mesmo sentimental, condicionando o levar em conta as necessidades, a felicidade, o prazer do outro. A constituição do outro como tal, isto é, na medida em que ele fala, isto é, na medida em que é um sujeito, nos leva, com certeza, muito mais longe.

Vamos ter que voltar a esses textos, que são obra de verdadeiros cagadores de pérolas. Mas não basta citá-los, mesmo formulando as observações humorísticas que eles sugerem suficientemente por si mesmos. É necessário ainda ter feito o progresso que se impõe.

## 3

Esta concepção, extraordinariamente primária, da noção analítica de evolução instintual, está longe de ser acolhida universalmente.

Textos como os de Glover, por exemplo, trariam vocês de volta a uma noção e uma exploração bem diferentes das relações de objeto, que ali são nomeadas e definidas como tais. Vocês vão ver, ao abordar esses textos, que a função do objeto, cujas etapas caracterizam as diferentes épocas do desenvolvimento individual, é concebida de maneira inteiramente outra.

A análise insiste em introduzir, do objeto, uma noção funcional de uma natureza bem diferente daquela de um puro e simples correspondente do sujeito. Não se trata de uma pura e simples cooptação do objeto com uma certa demanda do sujeito. O objeto tem ali um papel completamente outro, ele é, se podemos dizer assim, colocado sobre um fundo de angústia. O objeto é instrumento para mascarar, enfeitar o fundo fundamental de angústia que caracteriza, nas diferentes etapas do desenvolvimento do sujeito, sua relação com o mundo. É assim que, em cada etapa, o sujeito deve ser caracterizado.

Não posso, no fim de nosso encontro de hoje, deixar de dar relevo ao que lhes trago, ilustrando-o com um exemplo. Será suficiente, para mim, pontuar a concepção clássica, fundamental, freudiana, da fobia.

Freud e todos aqueles que estudaram a fobia com ele e depois dele não podem deixar de mostrar que não existe nenhuma relação direta entre o objeto e o pretenso medo que o iria colorir com sua marca fundamental, constituindo-o como tal, como um objeto primitivo. Existe, ao contrário, uma distância considerável entre o medo em questão, e que bem pode ser, em alguns casos, um medo primitivo, e não sê-lo em outros, e o objeto que é muito essencialmente constituído para manter este medo à distância. O objeto encerra o sujeito num certo círculo, uma fortaleza no interior da qual ele se põe ao abrigo desses medos. Ele está essencialmente ligado à emissão de um sinal de alarme. O objeto é, antes de mais nada, uma sentinela avançada contra um medo instituído. O medo dá ao objeto o seu papel, num momento determinado de uma certa crise do sujeito, que não é, no entanto, típica nem evolutiva.

Esta noção moderna, se podemos dizer, da fobia, será ela legitimamente afirmada? Teremos, igualmente, de criticá-la, mostrando que ela está na origem da noção do objeto tal como promovida na obra de um Glover, e no modo de condução da análise que caracteriza seu pensamento e sua técnica.

O fato de se tratar de uma angústia que é a angústia de castração, dizem-nos, foi pouco contestado até uma época recente. Assim mesmo é notável que o desejo de reconstrução no sentido genético tenha chegado ao ponto de tentar deduzir, do florescimento das construções fóbicas objetais primitivas, a própria construção do objeto paterno, que seria como que a sua sequência e seu acabamento. Um relatório de Mallet sobre a fobia, na obra coletiva que citei, vai exatamente nesse sentido, por uma curiosa inversão do caminho que nos havia permitido remontar da fobia à noção de uma certa relação com a angústia, e estabelecer a função de proteção desempenhada pelo objeto da fobia com referência a essa angústia.

Num outro registro, não é menos notável ver o que se tornam as noções de fetiche e de fetichismo. Introduzo isso hoje para lhes mostrar que, se tomarmos a coisa na perspectiva da relação de objeto, o fetiche desempenha, na teoria analítica, uma função de proteção contra a angústia e, coisa curiosa, a mesma angústia, isto é, a angústia de castração. Não parece que seja pelo mesmo viés que o fetiche estaria mais particularmente ligado à angústia de castração, na medida em que esta se liga à percepção da ausência de órgão fálico no sujeito feminino e à negação desta ausência. Pouco importa. Não podem deixar de ver que, também aqui, o objeto tem uma certa função de complementação com relação a alguma coisa que se apresenta como um furo, até mesmo como um abismo na realidade.

A questão é saber se existe algo em comum entre o objeto fóbico e o fetiche.

Mas, expondo-se as questões nestes termos, e sem nos recusarmos a abordar os problemas a partir da relação de objeto, talvez seja preciso encontrar nos próprios fenômenos o ensejo, a origem de uma crítica. Aceitamos submetermo-nos à interrogação que nos é feita quanto ao objeto típico, o objeto ideal, o objeto funcional, e todas as formas de objeto que possam supor no homem, e portanto abordamos, com efeito, a questão sob esse prisma — mas, então, não nos contentamos com explicações uniformes para efeitos diferentes. Vamos centrar, por exemplo, nossa questão inicial no que faz a diferença entre a função de uma fobia e a de um fetiche, na medida em que estão centradas, ambas, no mesmo fundo de angústia fundamental, sobre o qual uma e outra seriam convocadas como uma medida de proteção ou de garantia da parte do sujeito.

Foi precisamente deste ponto que tomei a resolução de partir. Vamos partir de nossa experiência para alcançar os mesmos problemas, procedendo, assim, de uma forma não mais mítica, nem abstrata, mas direta, a partir dos objetos que nos são propostos.

Não basta falar do objeto em geral, nem de um objeto que teria, por não-sei-que virtude de comunicação mágica, a propriedade de regularizar as relações com todos os outros objetos, como se o fato de ser chegado a ser um genital bastasse para resolver todas as questões. O que pode ser um objeto para um genital, do ponto de vista essencialmente biológico que se coloca aqui em primeiro plano, não me parece deva ser menos enigmático que qualquer objeto da experiência humana corrente, uma moeda, por exemplo.

Pode-se dizer que ela não levante, por si mesma, a questão de seu valor objetal? O fato de que, num certo registro, nós a percamos enquanto meio de troca, ou toda outra espécie de tomada em consideração para a troca de qualquer elemento da vida humana transposto em seu valor de mercadoria — isso não nos introduz, de mil maneiras, uma questão que foi efetivamente resolvida na teoria marxista por um termo, senão sinônimo, pelo menos muito vizinho daquele que acabamos de mencionar, a saber, o fetiche? Em suma, a noção de objeto-fetiche, a de objeto-encobridor, e, ao mesmo tempo, a função tão singular dessa constituição da realidade, sobre a qual Freud desde o início lançou esta luz realmente fascinante, e à qual nos perguntamos por que não se continua a atribuir valor, a noção da lembrança encobridora como sendo especialmente constituinte do passado de cada sujeito — eis outras tantas questões que merecem ser tratadas por elas mesmas e para elas mesmas.

Elas deverão ser igualmente analisadas em suas relações recíprocas, pois é dessas relações que poderão surgir as necessárias distinções de plano que nos permitirão definir de maneira articulada por que uma fobia e um fetiche são duas coisas diferentes.

Que relação há entre o uso geral da palavra fetiche e o emprego preciso do termo para designar uma perversão sexual? É assim que vamos introduzir o assunto em nosso próximo encontro, que versará sobre a fobia e o fetiche.

É pela via desse retorno à experiência que poderemos ressituar o termo relação de objeto, e restituir-lhe seu valor verdadeiro.

21 DE NOVEMBRO DE 1956

# II

# AS TRÊS FORMAS DA FALTA DE OBJETO

*O que é um obsessivo?*
*A tríade imaginária.*
*O falicismo e o imaginário.*
*Realidade e* Wirklichkeit.
*O objeto transicional do sr. Winnicott.*

Esta semana, pensando em vocês, fiz algumas leituras. Li o que os psicanalistas escreveram sobre o tema que será o nosso este ano, a saber, o objeto, e mais especialmente o objeto genital.

O objeto genital, para chamá-lo por seu nome, é a mulher. Então, por que não chamá-lo pelo seu nome?

Portanto, foi com um certo número de leituras sobre a sexualidade feminina que eu me gratifiquei. Essas leituras, seria mais importante que vocês, e não eu, as fizessem. Isso lhes facilitaria a compreensão do que serei levado a dizer-lhes sobre nosso tema. E depois, essas leituras são muito instrutivas sob outros pontos de vista, e principalmente sob este. *A estupidez humana dá uma ideia do infinito*, dizia Renan. Pois bem, se ele vivesse em nossos dias, teria acrescentado: *e as divagações teóricas dos psicanalistas.*

Não creiam que eu as esteja assimilando à estupidez. Não, mas elas são de uma ordem própria a dar uma ideia do infinito. Com efeito, é surpreendente ver a que dificuldades extraordinárias se submeteram os espíritos de diferentes analistas, em consequência dos enunciados, tão abruptos e tão espantosos, de Freud.

Qual foi a contribuição de Freud, sempre sozinho, para este tema? O que lhes direi hoje provavelmente não irá mais além. É o seguinte. A ideia de um objeto harmônico, encerrando, por sua natureza, a relação sujeito-objeto, é perfeitamente contradita pela experiência — não diria nem mesmo a experiência analítica, mas a experiência comum das relações entre o homem e a mulher. Se a harmonia nesse registro não fosse coisa problemática, não haveria análise em absoluto. Nada mais preciso que as formulações de Freud sobre esse ponto — há, neste registro, uma hiância, alguma coisa que não funciona, o que não quer dizer que isso baste para defini-la. A afirmação positiva de que isso não funciona está em Freud, vocês vão encontrá-la em *Mal-estar na civilização*, bem como nas *Novas conferências introdutórias sobre psicanálise*, lição 31.

Isso nos leva, portanto, a nos questionar quanto ao objeto.

## 1

Lembro a vocês que o esquecimento a que se relega comumente a noção de objeto não é tão acentuado em seu relevo, se acompanharmos a maneira como a experiência e a doutrina freudianas situam e definem este objeto.

O objeto se apresenta, inicialmente, em uma busca do objeto perdido. O objeto é sempre o objeto redescoberto, o objeto tomado ele próprio numa busca, que se opõe da maneira mais categórica à noção do sujeito autônomo, onde desemboca a ideia do objeto acabado.

Igualmente, já sublinhei da última vez a noção do objeto alucinado sobre um fundo de realidade angustiante. Este é o objeto, tal como surge do exercício do que Freud chama de sistema primário do prazer. Inteiramente oposto a ele, na prática analítica, existe a noção do objeto que se reduz, afinal, ao real. Trata-se de reencontrar o real. Este objeto se destaca não mais sobre um fundo de angústia, mas sobre o fundo de realidade comum, se podemos dizer assim, e o limite da pesquisa analítica é perceber que não há razão para dele se ter medo. *Medo* é um termo a se distinguir de angústia.

Enfim, o terceiro tema em que o objeto nos aparece, seguindo-o em Freud, é o da reciprocidade imaginária, a saber que, em toda relação do sujeito com o objeto, o lugar do termo em relação é simultaneamente ocupado pelo sujeito. Assim, a identificação com o objeto está no fundo de toda relação com este.

Evidentemente, é a este último ponto que mais se liga a prática da relação de objeto na técnica analítica moderna, tendo como resultado o que chamarei de um imperialismo da identificação. Já que você pode se identificar comigo, já que eu posso me identificar com você, é certamente de nós dois o eu que tem a melhor adaptação à realidade, que é o melhor modelo. Afinal, numa depuração ideal, o progresso da análise se reduz à identificação com o eu do analista. Semelhante parcialidade no manejo da relação de objeto pode condicionar um extremo desvio. Isso foi mais particularmente ilustrado pela prática da neurose obsessiva.

A neurose obsessiva é, como pensa a maioria dos aqui presentes, uma noção estruturante que pode se exprimir mais ou menos assim. O que é um obsessivo? É, em suma, um ator que desempenha seu papel e assegura um certo número de atos como se estivesse morto. O jogo a que ele se entrega é uma maneira de colocá-lo ao abrigo da morte. É um jogo vivo que consiste em mostrar que ele é invulnerável. Para este fim, exercita um adestramento que condiciona todas as suas abordagens de outrem. Vamos vê-lo numa espécie de exibição onde se trata, para ele, de mostrar até aonde pode ir no exercício, que tem todas as características de um jogo, inclusive suas características ilusórias — isto é, até aonde pode ir outrem, o pequeno outro, que não passa de seu *alter ego*, o duplo dele mesmo. O jogo se desenvolve diante de um Outro que assiste ao espetáculo. Ele próprio nada mais é que um espectador, a própria possibilidade do jogo e o prazer que dele retira residem aí. Em contrapartida, ele não sabe que lugar ocupa, eis o que há de inconsciente nele. O que ele faz, faz com fins de álibi. Isso ele é capaz de entrever. Ele se dá conta, realmente, de que o jogo não é jogado ali onde ele está, e é por isso que quase nada do que acontece tem para ele verdadeira importância, mas isso não quer dizer que ele saiba de onde vê tudo isso.

Quem dirige o jogo, afinal? Sabemos que é ele mesmo, mas podemos cometer mil erros se não soubermos onde este jogo é conduzido. Daí a noção do objeto, do objeto significativo para este sujeito.

Seria errôneo acreditar que esse objeto possa ser designado em termos de relação dual, com auxílio da noção da relação de objeto tal como elaborada pelo autor em questão. Vocês vão ver aonde isso leva. É claro que, nessa situação muito complexa, a noção do objeto não é dada imediatamente, já que ele participa de um jogo ilusório, um jogo de retorção agressiva, um jogo de trapaça, que consiste em chegar o mais perto possível da morte ficando ao mesmo tempo fora do alcance de todos os golpes, porque o sujeito, de certa forma, matou antecipadamente o desejo em si mesmo; se assim podemos dizer, ele o mortificou.

A noção de objeto aí é infinitamente complexa, e merece ser acentuada a cada instante, se quisermos ao menos saber de que objeto estamos falando. Vamos tentar dar a essa noção de objeto um emprego uniforme, que nos permita não nos perder em nosso vocabulário.

É uma noção sobre a qual não direi que ela se esquiva, e sim que ela se propõe como absolutamente difícil de demarcar. Para acentuar nossa comparação, digamos que se trata de demonstrar o que o sujeito articulou para esse Outro espectador que ele é sem o saber, e em cujo lugar nos instala à medida que a transferência progride.

Peço-lhes que retomem o caso do obsessivo no autor de que falo, e leiam o que, segundo ele, representa o progresso da análise. Verão aí que o manejo da relação de objeto consiste, neste caso, em fazer alguma coisa que seria análoga a o que ocorreria se assistissem a uma cena de circo em que Auguste e Chocolat administram uma série de bofetadas um ao outro, alternadamente. Vocês saíram do picadeiro por medo de levar um tabefe, enquanto, ao contrário, o sujeito os dá, em virtude de sua agressividade. Nesse ponto, o Monsieur Loyal chega e diz: *Ora vamos, isso tudo é bobagem, tratem de engolir mutuamente seus bastões e assim vão tê-los no lugar certo, vocês o terão interiorizado*. Esta é, com efeito, uma forma de resolver a situação e dar-lhe uma saída.

Podemos acompanhar isso com uma cançãozinha, realmente imortal, de um tal de N. que era uma espécie de gênio. Aqueles que não o conheceram quando se apresentava num cabaré parisiense não podem ter ideia do caráter sagrado que ele dava a essa exibição de um clown a propósito de um simples chapéu. Tão sombria parecia essa espécie de ofício, de missa, de ritual a que se assistia naquela ocasião que, se não a viram, talvez não possam compreender o que significa, falando propriamente, a relação de objeto. O que aparece em filigrana, ou nos bastidores, é o caráter profundamente oral da relação de objeto imaginária. Ao considerar a relação dual como real, uma prática não pode escapar às leis do imaginário, e o desfecho dessa relação de objeto é a fantasia de incorporação fálica.

Por quê? Não somente a experiência não acompanha a noção ideal que podemos ter de sua consumação, mas essa noção só faz acentuar ainda mais seus paradoxos, de tal modo que toda a consumação da relação dual, à medida em que dela nos aproximamos, faz surgir em primeiro plano este objeto imaginário privilegiado que se chama o falo. Este é o passo que tento fazê-los dar hoje.

A noção da relação de objeto é impossível de compreender, e até mesmo de exercer, se não pusermos nela o falo como um elemento, não digo mediador, pois isso seria dar um passo que ainda não demos juntos, mas terceiro. Isso é o que evidencia esse esquema que eu lhes havia apresentado, no fim do ano anterior, como conclusão da análise do significante a que nos levara a exploração da psicose, mas também como introdução ao que pretendia propor este ano a vocês com referência à relação de objeto. Este é o nosso esquema inaugural:

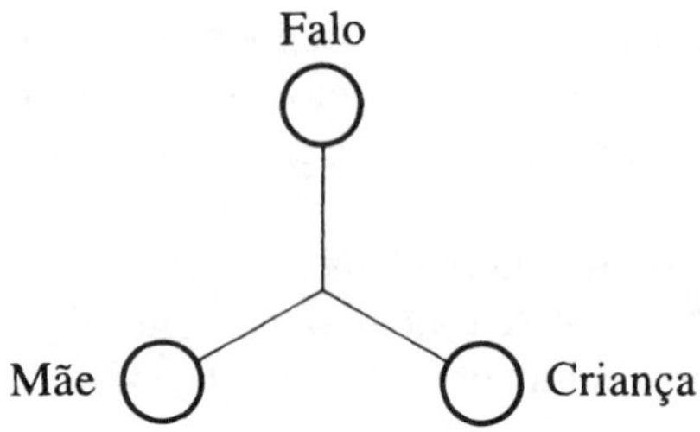


A TRÍADE IMAGINÁRIA

A relação imaginária, seja qual for, está modelada numa certa relação que é, efetivamente, fundamental — a relação mãe-criança, com tudo o que esta tem de problemático. Essa relação, com certeza, é feita realmente para dar a ideia de que se trata de uma relação real, e este é, de fato, o ponto a que se dirige atualmente toda a teoria da situação analítica. Tenta-se reduzi-la, em última instância, a não ser mais que o desenvolvimento das relações mãe-criança, e reencontramse, em toda a continuação da gênese, os traços e os reflexos dessa posição inicial.

Ora, é impossível, mesmo nos autores que fazem dela o fundamento de toda a gênese analítica, fazer intervir este elemento imaginário sem que se apresente como um ponto-chave, no centro da noção de relação de objeto, o que podemos chamar de falicismo da experiência analítica. Isso é demonstrado tanto pela experiência quanto pela evolução da teoria analítica, e vou tentar fazê-los ver, ao longo desta conferência, os impasses que resultam de toda tentativa de reduzir esse falicismo imaginário a qualquer dado real que seja. Com efeito, quando se busca a origem de toda a dialética analítica na ausência da trindade dos termos simbólico, imaginário e real, só se pode, afinal de contas, referir-se ao real.

Para lhes dar um último traço, dar um toque final a minha descrição da maneira como é conduzida a relação dual numa certa orientação e teorização da experiência analítica, farei referência, ainda, à epígrafe da obra coletiva de que lhes falei.

Quando o analista, entrando no jogo imaginário do obsessivo, insiste em fazê-lo reconhecer sua agressividade, isto é, para fazê-lo situar o analista na relação dual, que eu chamava há pouco a das recíprocas, o texto dá, como um testemunho do desconhecimento que o sujeito tem da situação, o fato deste jamais querer exprimir sua agressividade, e só a exprime mostrando um leve aborrecimento que seria provocado pela rigidez técnica. O autor admite, assim, que insiste em remeter perpetuamente o sujeito ao tema da agressividade, como se ali estivesse o tema central. O autor acrescenta, de maneira significativa, que enfim todos sabem muito bem que o aborrecimento e a ironia são da classe das manifestações agressivas. Será evidente que o aborrecimento é característico da relação agressiva? Bem sabemos, no entanto, que a agressão pode ser provocada por um sentimento inteiramente outro, e que não está absolutamente excluído que um sentimento de amor, por exemplo, esteja no princípio de uma reação de agressão. Quanto a dizer que uma reação como a da ironia seja, por sua natureza, agressiva, isso não me parece compatível com o que todo mundo sabe, a saber que, longe de ser uma reação agressiva, a ironia é antes de tudo uma maneira de questionar, um modo de questão. Se existe um elemento agressivo, ele é estruturalmente secundário com referência ao elemento em questão.

Isso lhes mostra a que redução de plano chega uma tal concepção da relação de objeto, sobre a qual tomo a resolução de não mais lhes falar a partir de agora.

Eis que chegamos à questão fundamental de que devemos realmente partir porque vamos precisar voltar a ela, e é a ela que vamos chegar. Toda a ambiguidade da questão levantada em torno do objeto e de seu manejo na análise se resume no seguinte: o objeto é ou não o real?

## 2

Esta questão, chegamos a ela ao mesmo tempo pela via do vocabulário elaborado de que nos servimos aqui, simbólico, imaginário e real, e também pela intuição mais imediata.

Quando lhes falam da relação de objeto no tom do acesso ao real, este acesso que deve ser obtido no término da análise, o que é que isso representa para vocês, espontaneamente? O objeto é real ou não? O que se encontra no real é o objeto?

Isso vale a pena ser perguntado. Mesmo sem ir ao núcleo da problemática do falicismo que introduzo hoje, pode-se perceber, porque este é um ponto realmente saliente da experiência analítica, que toda a dialética do desenvolvimento individual, como também toda a dialética de uma análise, gira em torno de um objeto principal que é o falo. Veremos, em mais detalhe, que não se deve confundir falo e pênis. Quando, por volta dos anos 1920-1930, um imenso atravancamento que ocupou toda a comunidade analítica se ordenou em torno da noção de falicismo e da questão do período fálico, o que estava em jogo era, de fato, distinguir o pênis enquanto órgão real, com funções definíveis por certas coordenadas reais, e o falo em sua função imaginária. Fosse apenas isso, já valeria a pena nos perguntarmos o que a noção de objeto quer dizer.

Não se pode dizer que o falo não seja, na dialética analítica, um objeto prevalente, e um objeto de que o indivíduo tem a ideia como tal. Se nunca foi formulado que o isolamento deste objeto só era concebível no plano do imaginário, mesmo assim permanece o fato de que é isso que vocês verão surgir em todas as linhas, tanto no que Freud contribuiu, numa certa data, como no que lhe responderam alguns, Hélène Deutsch, Melanie Klein e Ernest Jones em particular. A noção de falicismo implica por si mesma o desprendimento da categoria do imaginário.

Mas antes mesmo de entrar nisso, formulemos a questão do que quer dizer a posição recíproca do objeto e do real. Há mais de uma maneira de se abordar essa questão, pois, quando a abordamos, percebemos bem que o real tem mais de um sentido. Alguns de vocês não deixarão, penso, de soltar um pequeno suspiro de satisfação: *Enfim ele vai nos falar do famoso real, que até agora tinha ficado na sombra*. Com efeito, não temos por que nos espantar com isso, o real está no limite de nossa experiência.

Essa posição com referência ao real é explicada, de modo bastante suficiente, pela tela de nossa experiência, cujas condições são muito artificiais, contrariamente ao que nos dizem quando a apresentam para nós como uma situação tão simples. Todavia, só podemos nos referir ao real teorizando. Mas, o que queremos dizer quando invocamos o real? É pouco provável que tenhamos dele, de saída, a mesma noção, mas é verossímil que todos possamos ter acesso a certas distinções ou dissociações essenciais para contribuir quanto ao manejo do termo real, ou realidade, se examinarmos de perto que uso é feito dele.

Quando se fala do real, pode-se visar coisas diferentes. Trata-se em primeiro lugar do conjunto daquilo que acontece efetivamente. Esta é a noção implicada no termo alemão *Wirklichkeit*, que tem a vantagem de discernir na realidade uma função que a língua francesa permite mal isolar. É isso que implica, em si, toda possibilidade de efeito, de *Wirkung*. Este é o conjunto do mecanismo.

Farei aqui somente algumas reflexões de passagem, para mostrar quanto os psicanalistas ficam prisioneiros de categorias realmente estranhas a tudo a que sua prática deveria, entretanto, ao que me parece, introduzi-los, diria facilmente, quanto à própria noção de realidade. Se é concebível que, para um espírito da tradição mecano-dinamista, que remonta ao século XVIII, à tentativa de La Mettrie e de Holbach de elaborar o homem-máquina, tudo o que se passa no nível da vida mental exige ser referido a algo que se propõe como material, em que essa perspectiva pode ter o mínimo interesse para um analista? — ao passo que o próprio princípio do exercício de sua função atua numa sucessão de efeitos que se admite por hipótese, se ele é analista, terem uma ordem própria. Caso acompanhe Freud, conceba o que dirige todo o espírito do sistema, a perspectiva que deve adotar é uma perspectiva energética.

A matéria, o *Stoff* primitivo, exerce um tal fascínio sobre o espírito médico que se acredita dizer alguma coisa quando se afirma de maneira inteiramente gratuita que nós, como os outros médicos, colocamos no princípio de tudo o que se exerce na análise uma realidade orgânica. Freud disse isso também, simplesmente é preciso reportar-se ali onde ele o disse, e ver que função isso tem. Ele deu a essa realidade uma importância inteiramente diversa. A referência ao fundamento orgânico não responde, nos analistas, a nada mais que uma espécie de necessidade de segurança, que os leva a retomar incessantemente essa ladainha, como quem bate na madeira: *Afinal de contas, só pomos em jogo mecanismos superficiais, tudo deve se referir, em última instância, a coisas que talvez saibamos um dia, à matéria principal que está na origem de tudo o que acontece.* Existe aí uma espécie de absurdo para um analista, se é que este admite a ordem de efetividade em que se desloca.

Deixem-me fazer uma simples comparação para mostrá-lo a vocês. É mais ou menos como se, tendo que discorrer sobre uma usina hidrelétrica em pleno meio da corrente de um grande rio, o Reno, por exemplo, alguém se pusesse, para falar do que acontece nessa máquina, a sonhar com o momento em que a paisagem ainda era virgem e as águas do Reno fluíam em abundância. Ora, é a máquina que está no princípio da acumulação de uma energia qualquer, no caso essa força elétrica, que pode ser depois distribuída e posta à disposição dos consumidores. O que se acumula na máquina tem, antes de tudo, a mais íntima relação com a máquina. Dizer que a energia já estava ali em estado virtual na corrente do rio não nos adianta nada. Isso não quer dizer nada, falando propriamente, pois a energia, neste caso, só começa a nos interessar a partir do momento em que é acumulada, e ela só se acumula a partir do momento em que as máquinas foram acionadas. Sem dúvida, elas são animadas por uma propulsão que vem da corrente do rio, mas acreditar que a correnteza do rio é a ordem primitiva da energia, confundir com uma noção da ordem do *mana* esta coisa de uma ordem bem diferente que é a energia, e mesmo que é a força, querer a todo custo reencontrar em algo que estaria ali desde toda a eternidade a permanência daquilo que é acumulado ao final como o elemento de *Wirkung*, de *Wirklichkeit* possível, isso só poderia vir à ideia de alguém que fosse inteiramente louco.

A necessidade que temos de confundir o *Stoff*, ou a matéria primitiva, ou o impulso, ou o fluxo, ou a tendência, com aquilo que está realmente em jogo no exercício da realidade analítica nada mais representa que um desconhecimento da *Wirklichkeit* simbólica. O conflito, a dialética, a organização, a estruturação de elementos que se compõem e se edificam, dão ao que está em questão um alcance energético inteiramente outro. É desconhecer a realidade própria em que nos deslocamos conservar a necessidade de falar da realidade última como se ela estivesse noutra parte que não nesse próprio exercício. Essa referência, posso realmente qualificá-la nesta ocasião de supersticiosa. É uma espécie de sequela do postulado dito organicista, que não pode ter literalmente nenhum sentido na perspectiva analítica. Vou lhes mostrar que não há mais sentido algum dessa ordem ali onde Freud aparentemente o menciona.

Faz-se, na análise, um outro uso da noção de realidade, que é muito mais importante e nada tem a ver com o precedente. A realidade é, com efeito, posta em jogo igualmente no duplo princípio, princípio de prazer e princípio de realidade. Trata-se, aí, de algo inteiramente diferente, pois o princípio de prazer não se exerce de maneira menos real que o princípio de realidade, penso mesmo que a análise é feita para demonstrá-lo. O uso do termo realidade, aqui, é inteiramente outro.

Existe aqui um contraste bastante surpreendente. Este uso que se mostrava tão fecundo inicialmente, que permitiu introduzir os termos sistema primário e sistema secundário na ordem do psiquismo, revelou-se, à medida que avançava o progresso da análise, mais problemático, mas de uma maneira muito fugaz. Para perceber a distância percorrida entre o primeiro uso que foi feito da oposição entre os dois princípios e o ponto a que chegamos agora com um certo deslizamento, quase que devemos nos referir, o que acontece de vez em quando, à criança que diz que o rei está nu. Esta criança será uma idiota? Será um gênio? É malandrinha? É feroz? Ninguém jamais vai saber. Com certeza, é alguém bastante liberador.

Pois bem, isso acontece de vez em quando. Veem-se os analistas voltar a uma espécie de intuição primitiva, e perceber que tudo o que se dizia até então não explicava nada. Foi o que aconteceu com o Sr. Winnicott, num pequeno artigo onde ele fala daquilo a que chama o *transitional object* — vamos pensar em *transição de objeto* ou *fenômeno transicional.*

O sr. Winnicott observa, simplesmente, que nos interessamos sempre mais pela função da mãe, e que a consideramos absolutamente decisiva na apreensão da realidade pela criança. Isso quer dizer que a oposição dialética e impessoal dos dois princípios, o princípio de realidade e o princípio de prazer, foi substituída por atores. Sem dúvida, esses sujeitos são realmente ideais, sem dúvida que se trata mais de uma espécie de figuração, ou de *guignol* imaginário, mas foi aí que chegamos. O princípio de prazer, nós o identificamos com uma certa relação de objeto, isto é, a relação com o seio materno, enquanto o princípio de realidade foi identificado por nós ao fato de que a criança deva aprender a dele se abster.

O sr. Winnicott observa, com muita justeza, sob que condições tudo corre bem — pois é importante que tudo corra bem, e tudo o que vai mal nós fazemos derivar de uma anomalia primordial, da frustração, termo tornado chave em nossa dialética. Winnicott observa que, em suma, para que as coisas corram bem, ou seja, para que a criança não seja traumatizada, é preciso que a mãe opere estando sempre ali no momento necessário, isto é, precisamente vindo colocar, no momento da alucinação delirante da criança, o objeto real que a satisfaz. Portanto, não existe inicialmente, na relação ideal mãe-criança, nenhuma espécie de distinção entre a alucinação do seio materno, que surge por princípio do processo primário, segundo a noção que temos, e o encontro do objeto real de que se trata.

Se tudo correr bem, a criança não tem, pois, nenhum meio de distinguir entre o que é da ordem da satisfação fundada na alucinação do princípio, ligada ao funcionamento do processo primário, e a apreensão do real que a preenche e satisfaz efetivamente. Logo, trata-se de que a mãe ensine, progressivamente, a criança a submeter-se às frustrações e ao mesmo tempo a perceber, sob a forma de uma certa tensão inaugural, a diferença que existe entre a realidade e a ilusão. Esta diferença só pode se instalar pela via de uma desilusão, quando, de tempos em tempos, a realidade não coincide com a alucinação surgida do desejo.

Winnicott observa simplesmente, em primeiro lugar, que no interior de uma tal dialética é inconcebível que qualquer coisa possa se elaborar que vá além da noção de um objeto estritamente correspondente ao desejo primário. A extrema diversidade dos objetos, tanto instrumentais quanto fantasiosos, que intervêm no desenvolvimento do campo do desejo humano, é impensável numa tal dialética, no momento em que esta se encarne em dois atores reais, a mãe e a criança. Em segundo lugar, é um fato de experiência que, mesmo na criança mais nova, vemos aparecer esses objetos que Winnicott chama de objetos transicionais porque não podemos dizer de que lado eles se situam na dialética reduzida, e encarnada, da alucinação e do objeto real.

Todos os objetos dos jogos da criança são objetos transicionais. Os brinquedos, falando propriamente, a criança não precisa que lhe sejam dados, já que os cria a partir de tudo o que lhe cai nas mãos. São objetos transicionais. A propósito destes, não é preciso perguntar se são mais subjetivos ou mais objetivos — eles são de outra natureza. Mesmo que o sr. Winnicott não ultrapasse os limites chamando-os assim, nós vamos chamá-los, simplesmente, de imaginários.

Em suas obras, certamente muito hesitantes, cheias de rodeios e de confusões, vemos que é, ainda assim, a esses objetos que são sempre levados os autores que procuram explicar a origem de um fato como a existência do fetiche sexual. Eles são levados a buscar, tanto quanto possível, pontos comuns entre o objeto na criança e o fetiche que vem ocupar o primeiro plano das exigências objetais para a satisfação maior que pode haver para um sujeito, ou seja, a satisfação sexual. Espreitam, na criança, o manejo um tanto privilegiado de uma miudeza, de um lenço furtado à mãe, de uma ponta de lençol, de alguma parte da realidade posta acidentalmente ao alcance, o que aparece no decorrer de um período que, por ser chamado aqui transicional, nem por isso constitui um período intermediário, e sim um período permanente do desenvolvimento da criança. Desse modo são levados a quase confundir esses dois tipos de objeto, sem se interrogarem sobre a distância que possa haver aí entre a erotização do objeto-fetiche e a primeira aparição do objeto enquanto imaginário.

O que é esquecido numa tal dialética — esquecimento que obriga a essas formas de suplementação que enfatizo, a propósito do artigo de Winnicott — é que um dos pontos mais essenciais da experiência analítica, e isso desde o começo, é a noção da falta do objeto.

## 3

Jamais, em nossa experiência concreta da teoria analítica, podemos prescindir de uma noção da falta do objeto como central. Não é um negativo, mas a própria mola da relação do sujeito com o mundo.

Desde seu início, a análise, a análise da neurose, começa pela noção tão paradoxal que podemos dizer que ainda não está completamente elaborada, de castração.

Acreditamos falar sempre dela como se falava no tempo de Freud. É totalmente errado. Falamos bem mais é da frustração, e estamos errados. O de que mais falamos é da frustração. Existe ainda um terceiro termo de que se começa a falar, ou, mais exatamente, de que veremos quão necessariamente a noção foi introduzida, e em que via e por que exigência: é a noção de privação.

Estas não são, em absoluto, três coisas equivalentes. Elas devem ser distinguidas. Vou fazer algumas observações para tentar, simplesmente, fazê-los compreender inicialmente o que é isso.

Vamos começar por aquela cujo uso é o mais familiar, a noção de frustração.

Que diferença há entre uma frustração e uma privação? Vamos partir daí, já que Jones introduz a noção de privação e diz que essas duas noções são experimentadas da mesma maneira no psiquismo. Isso é algo de muito ousado. É claro que a privação, se temos que nos referir a ela, é na medida em que o falicismo, a saber, a exigência do falo, é, como diz Freud, o ponto principal de todo o jogo imaginário no progresso conflitual que é o descrito pela análise do sujeito. Ora, é somente a propósito deste real, como uma coisa inteiramente distinta do imaginário, que se pode falar em privação. Não é por aí que a exigência fálica se exerce. Parece mais problemático, com efeito, que um ser apresentado como uma totalidade possa sentir-se privado de algo que, por definição, ele não tem. Portanto, diremos que a privação, em sua natureza de falta, é essencialmente uma falta real. É um furo.

A noção que temos da frustração, referindo-nos simplesmente ao uso que é feito dela quando dela falamos, é a de um dano. É uma lesão, um prejuízo que, tal como temos o hábito de vê-lo se exercer, para seguir a maneira com que o fazemos entrar em jogo na nossa dialética, é sempre um dano imaginário. A frustração é, por essência, o domínio da reivindicação. Ela diz respeito a algo que é desejado e não obtido, mas que é desejado sem nenhuma referência a qualquer possibilidade de satisfação nem de aquisição. A frustração é por si mesma o domínio das exigências desenfreadas e sem lei. O centro da noção de frustração, na medida em que esta é uma das categorias da falta, é um dano imaginário. É no plano imaginário que ela se situa.

A partir dessas duas observações, talvez nos seja mais fácil perceber o que vem a ser a castração, cuja natureza essencial, o *Wesen*, foi muito mais negligenciada que aprofundada.

A castração foi introduzida por Freud de uma maneira absolutamente coordenada à noção da lei primordial, do que há de lei fundamental na interdição do incesto e na estrutura do Édipo. Aí está, se pensarmos nisso agora, o sentido do que foi inicialmente enunciado por Freud. Foi por uma espécie de salto mortal na experiência que Freud pôs uma noção tão paradoxal como a da castração no centro da crise decisiva, formadora, principal, que é o Édipo. Podemos, no só-depois, nos maravilhar com isso, pois é certamente maravilhoso que só queiramos não falar disso. A castração só pode se classificar na categoria da dívida simbólica.

Dívida simbólica, dano imaginário e furo, ou ausência, real, eis o que nos permite situar esses três elementos a que vamos chamar os três termos de referência da falta do objeto.

Sem dúvida isso será aceito por alguns com uma certa reserva. Eles terão razão, na medida em que é preciso ater-se fortemente à noção central de que se trata de categorias da falta do objeto, para que isso seja válido. Digo *falta do objeto* e não *objeto*, pois, situando-nos no nível do objeto, vamos poder formular a questão — o que é o objeto que falta nesses três casos?

É no nível da castração que isso fica mais claro. O que falta no nível da castração, na medida em que esta é constituída pela dívida simbólica, a alguma coisa que sanciona a lei e que lhe dá seu suporte e seu inverso, o que é a punição, fica absolutamente claro que não é, em nossa experiência analítica, um objeto real. É só na lei de Manu que se diz que aquele que se deitar com sua mãe deve cortar os genitais e, segurando-os nas mãos, dirigir-se para o oeste até a morte advir. Nós, até segunda ordem, só observamos essas coisas em casos excessivamente raros, que nada têm a ver com nossa experiência, e que nos parecem merecer explicações que permanecem, aliás, numa ordem bem diferente daquela dos mecanismos estruturantes e normalizantes comumente em jogo na nossa experiência.

O objeto é imaginário. A castração de que se trata é sempre a de um objeto imaginário. É essa comunidade que existe entre o caráter imaginário da falta na frustração e o caráter imaginário do objeto da castração, o fato da castração ser uma falta imaginária do objeto, que nos facilitou crer que a frustração nos permitiria alcançar bem mais facilmente ao centro dos problemas. Ora, não é absolutamente obrigatório que a falta e o objeto, e mesmo um terceiro termo a que vamos chamar o agente, sejam do mesmo nível nessas categorias. De fato, o objeto da castração é um objeto imaginário, e é isso que nos deve fazer levantar a questão do que é o falo, que se levou tanto tempo para identificar como tal.

O objeto da frustração, em contrapartida, é realmente, em sua natureza, um objeto real, por mais imaginária que seja a frustração. É sempre de um objeto real que sente falta a criança por exemplo, sujeito preferencial da nossa dialética da frustração. Isso vai nos ajudar a perceber essa evidência que exige um pouco mais de manejo metafísico dos termos do que se tem o hábito de fazer quando nos referimos a esses critérios de realidade de que falávamos há pouco — o objeto da privação, este não passa jamais de um objeto simbólico.

Isso é absolutamente claro — como é que alguma coisa poderia não estar em seu lugar, não estar num lugar onde, justamente, não está? Do ponto de vista do real, isso não quer dizer absolutamente nada. Tudo o que é real está sempre e obrigatoriamente em seu lugar, mesmo quando se o perturba. O real tem por propriedade carregar seu lugar na sola dos sapatos. Podem desarrumar quanto quiserem o real, ainda assim nossos corpos vão continuar em seu lugar depois da explosão de uma bomba atômica, em seu lugar de pedaços. A ausência de alguma coisa no real é puramente simbólica. É na medida em que definimos pela lei o que deveria estar ali que um objeto falta no lugar que é seu. Não há melhor referência do que esta: pensem no que acontece quando vocês pedem um livro numa biblioteca. Dizem-lhes que não está no lugar, ele pode estar bem ao lado, mas ainda assim, em princípio, falta no seu lugar — ele é, por princípio, invisível. Isso quer dizer que o bibliotecário vive inteiramente num mundo simbólico. Quando falamos de privação, trata-se de objeto simbólico, e de nada mais.

Isso pode parecer um pouco abstrato, mas vocês vão ver o quanto nos será útil, a seguir, para detectar os passes de mágica graças aos quais dão-se soluções que não são soluções para falsos problemas. Fazem, como verão, esforços desesperados para chegar a romper com isso que parece intolerável, isto é, a evolução completamente diferente daquilo a que se chama a sexualidade no homem e na mulher — e para reduzir os dois termos a um só princípio. Ora, talvez exista, de saída, algo que permita conceber de uma maneira muito simples e muito clara, por que a evolução é muito diferente nos dois sexos.

Quero acrescentar simplesmente uma noção que terá igualmente seu alcance na sequência, a de um agente. Aqui estou dando um salto que exigiria que eu voltasse à tríade imaginária da mãe, da criança e do falo, mas não tenho tempo de fazer isso. Quero simplesmente completar o quadro. O agente desempenha ele também seu papel na falta do objeto.

Tratando-se da frustração, temos a noção proeminente de que é a mãe quem faz o papel do agente. Mas este agente é simbólico, imaginário ou real? E quem é o agente da castração? É simbólico, imaginário ou real? Quem é o agente da privação? Não tem ele, na verdade, nenhuma espécie de existência real, como eu observava há pouco? Eis algumas questões que merecem, ao menos, ser formuladas.

Vou deixá-las, no fim desta sessão, em aberto. Se a resposta pudesse talvez, aqui, se esboçar, até mesmo se deduzir de uma maneira absolutamente formal, ela não poderia em caso algum ser satisfatória no ponto em que estamos, porque a noção do agente foge totalmente ao que nos limitamos hoje, que é o de uma primeira questão referente às relações do objeto e do real. Ficamos nas categorias do imaginário e do real, enquanto o agente aqui é, manifestamente, de uma outra ordem.

Ainda assim, vocês veem que a qualificação do agente nesses três níveis é uma questão que nos é manifestamente sugerida pelo começo da construção do falo.

28 DE NOVEMBRO DE 1956

# III

# O SIGNIFICANTE E O ESPÍRITO SANTO

*A imagem do corpo e seu significante.*
*A usina do isso.*
*O significante, o significado e a morte.*
*A transmissão significante do objeto.*
*Sua discordância imaginária.*

Vocês ouviram ontem um relatório da sra. Dolto sobre a imagem do corpo. As circunstâncias quiseram que eu não pudesse dizer outra coisa sobre ele senão o quanto o achava bom. Se tivesse que falar disso, seria para situar esse trabalho com relação ao que fazemos aqui, isto é, em suma, para fazer ensinamento, e isso me repugna num contexto de trabalho científico que é de uma natureza inteiramente outra. Tampouco estou aborrecido por não ter tido que fazê-lo.

Se partirmos agora da imagem do corpo tal como nos foi apresentada ontem à noite para situá-la com relação a este seminário, direi o seguinte, que todos já sabem muito bem, e que é evidente em primeiro lugar: a imagem do corpo não é um objeto.

Se ontem à noite falou-se em objeto, foi para tentar definir os estádios do desenvolvimento, e com efeito a noção de objeto é importante nesse aspecto. Mesmo assim, não apenas a imagem do corpo não é um objeto, como nem mesmo poderia se tornar um objeto. Esta observação, muito simples, que não foi feita por ninguém a não ser de maneira indireta, vai lhes permitir situar exatamente o estatuto da imagem do corpo com referência a outras formações imaginárias.

Com efeito, lidamos na experiência analítica com objetos a propósito dos quais podemos levantar a questão de sua natureza imaginária. Não digo que sejam de natureza imaginária, mas que esta é a questão central que formulamos no nível da clínica para introduzir o que nos interessa agora na noção do objeto. Isso não significa atermonos à hipótese do objeto imaginário, nem que partamos dela — partimos tão pouco dela que é precisamente isso o que questionamos.

Este objeto possivelmente imaginário, tal como nos é dado de fato na experiência analítica, já é conhecido por vocês. Para fixar as ideias, já tomei dois exemplos dele, sobre os quais disse que iria me centrar: a fobia e o fetiche.

Estariam errados se acreditassem que esses objetos já revelaram seu segredo. Estão longe disso. Seja qual for o exercício a que nos entreguemos, acrobacia, contorsão, gênese fantasística, ainda assim permanece misterioso o fato de que, em certas épocas de suas vidas, as crianças, machos ou fêmeas, se vejam obrigadas a ter medo de leões, não sendo o leão um objeto encontrado de maneira excessivamente comum em nossa experiência. É difícil fazer surgir sua forma de um dado primitivo que estaria, por exemplo, inscrito na imagem do corpo. Podemos nos exercitar nisso, como se pode fazer qualquer coisa, mas mesmo assim fica um resíduo. Ora, os resíduos nas explicações científicas são sempre o que há de mais fecundo a se considerar, e, em todos os casos, certamente não é escamoteando-os que se progride.

Do mesmo modo, vocês puderam observar que o número de fetiches sexuais era bastante limitado. Por quê? Além dos sapatos, que desempenham aí um papel tão importante que podemos perguntar como é que não se presta mais atenção a eles, encontram-se apenas as ligas, as meias, os sutiãs e outros — todos muito chegados a pele. O principal é o sapato. Como se podia ser fetichista nos tempos de Catulo? Aí, também, há um resíduo.

Aí estão os objetos sobre os quais vamos nos perguntar se são objetos imaginários. Como conceber seu valor cinético na economia da libido? Será ele da ordem do que pode se originar de uma gênese, isto é, afinal, de uma ectopia com referência a uma certa relação típica? Esses objetos surgem simplesmente da sucessão típica daquilo a que chamamos os estágios?

Seja como for, esses objetos, se é que são objetos, com que vocês lidaram ontem à noite, nos embaraçam muito. Considerando o interesse levantado na assembleia e a importância da discussão, o tema é fascinante. À primeira abordagem, trata-se, como foi dito, de construções que ordenam, organizam, articulam um certo vivido. Mas o mais espantoso é o uso que disso é feito — e de que não se duvida por um só instante que seja eficaz — pela operadora, a sra. Dolto, no caso. Aí está, certamente, um fato que só se pode situar a partir das noções de significado e de significante, e que só se pode compreender a partir daí. Esse objeto, ou suposto como tal, esta imagem, a sra. Dolto o emprega como significante. É como significante que a imagem entra em jogo em seu diálogo, e é como significante que ela representa alguma coisa. Isso é particularmente evidente pelo fato de que nenhuma delas se sustenta por si mesma. É sempre com relação a uma outra dessas imagens que cada uma delas assume seu valor cristalizante, orientador, que ela penetra o sujeito em questão, a saber, a criança pequena.

Portanto, eis-nos referidos, mais uma vez, à noção do significante.

## 1

Já que se trata aqui de um ensino, e que nada mais importante que os mal-entendidos, vou começar frisando que pude constatar, direta e indiretamente, que certas coisas que eu disse da última vez, quando falei da noção de realidade, não foram compreendidas.

Eu disse que os psicanalistas tinham da realidade uma noção tão mítica que remete àquela que entravou o progresso da psiquiatria há décadas e de que se poderia acreditar que a psicanálise iria libertá-la. Este entrave é ir buscar a realidade em algo que teria o caráter de ser mais material. Para me fazer entender, dei o exemplo da usina hidrelétrica, e disse que era como se, diante dos diversos acidentes que pudessem ali sobrevir, incluindo nesses acidentes a redução de capacidade da usina, suas obras de ampliação ou de reparos, se acreditasse raciocinar de maneira válida sobre o que se deveria fazer reportando-se à matéria primitiva que entra em jogo para fazê-la funcionar, no caso a queda d'água.

Sobre isso, vieram me dizer: O que o senhor pretende com isso? Imagine que, para o engenheiro, esta queda d'água é tudo. O senhor fala de energia acumulada na usina, mas esta energia nada mais é que a transformação da energia potencial, que é dada previamente no local onde instalamos a usina. Para fazer o cálculo, basta ao engenheiro medir a altura no lençol d'água com relação ao nível onde ela será lançada. Tudo já está dado na energia potencial. A potência da usina está determinada daí em diante pelas condições anteriores.

Esta objeção exige diversas observações. Em primeiro lugar, tendo que lhes falar da realidade, comecei por defini-la pela *Wirklichkeit*, pela eficácia do sistema, no caso, o sistema psíquico. Quis, por outro lado, precisar-lhes o caráter mítico de uma certa concepção da realidade, e a situei para vocês através do exemplo da usina. Não tive tempo de lhes expor a terceira perspectiva sob a qual se pode apresentar o tema do real, a saber, justamente, a ênfase colocada no que está antes.

Lidamos constantemente com isso. Esta é, naturalmente, uma maneira legítima de considerar a realidade, apegar-se ao que vem antes que um funcionamento simbólico se exerça, e isso é mesmo o que há de mais sólido na miragem que sustenta a objeção que me fizeram. Não estou aqui, absolutamente, negando que haja alguma coisa qualquer antes. Por exemplo, antes que o Eu adviesse, havia alguma coisa, o isso era. Trata-se simplesmente de saber o que é este isso.

Dizem-me que, no caso da usina, o que existe antes é a energia. Jamais disse outra coisa. Mas entre a energia e a realidade natural, existe um mundo. A energia só começa a ser levada em conta a partir do momento em que vocês a medem. E vocês só pensam em medi-la a partir do momento em que as usinas funcionam. É a propósito delas que são obrigados a fazer numerosos cálculos, entre os quais se inclui, com efeito, a energia de que poderão dispor. Em outras palavras, a noção de energia é efetivamente construída sobre a necessidade que se impõe de uma civilização produtora querendo fazer o balanço — que trabalho é necessário dispender para se obter uma retribuição disponível de eficácia?

Esta energia, vocês a medem sempre, por exemplo, entre dois pontos de referência. Não existe energia absoluta do reservatório natural, existe uma energia deste reservatório com relação ao nível inferior onde será lançado o líquido em fluxo quando se tiver acrescentado ao reservatório um escoadouro. Mas, por si só, um escoadouro não basta para permitir-lhes calcular a energia — é com relação ao nível de água inferior que a energia é calculável.

Mas a questão não é esta. A questão é que é preciso que certas condições naturais se realizem para que a energia desperte o mínimo interesse para ser calculada. Qualquer diferença de nível no escoamento de água, quer se trate de riachos ou mesmo de gotículas, pode realmente comportar, em potencial, um certo valor de energia em reserva, simplesmente isso não interessa a ninguém. É preciso ainda que, já na natureza, as matérias que vão entrar em jogo no uso da máquina se apresentem de uma certa maneira privilegiada e, para dizer tudo, de uma maneira significante. Só se instala uma usina ali onde certas coisas privilegiadas se apresentam na natureza como utilizáveis, como significantes e, no caso, como mensuráveis. É preciso que já se esteja no caminho de um sistema tomado como significante. Isso não se pode contestar.

O importante é a aproximação que fiz com o psiquismo. Vejamos agora como ele se delineia.

Freud foi levado pela noção energética a forjar uma noção que se deve usar na análise de modo comparável à da energia. É uma noção que, assim como a da energia, é inteiramente abstrata, e que consiste numa simples petição de princípio, destinada a permitir um certo jogo do pensamento. Ela permite unicamente expor — e ainda assim de forma virtual — uma equivalência, a existência de uma medida comum, entre manifestações que se apresentam como qualitativamente muito distintas. Trata-se da noção de libido.

Não há nada que seja menos fixado a um suporte material do que a noção de libido em análise. Fica-se maravilhado que Freud, nos *Três ensaios*, tenha falado pela primeira vez, em 1905, do suporte psíquico da libido em termos tais que a difusão ulterior da noção dos hormônios sexuais não o obrigou a modificar, senão ligeiramente, essa passagem. Não existe aí nenhuma maravilha. A referência a um suporte químico é, estritamente falando, sem importância alguma em se tratando da libido. Freud o diz: que haja uma, que haja várias, que haja uma para a feminilidade e uma para a masculinidade, ou duas ou três para cada uma, ou que sejam intercambiáveis, ou que haja uma, e apenas uma, como é com efeito muito possível que seja, isso não tem importância alguma, pois de qualquer maneira a experiência analítica nos traz a necessidade de pensar que só existe uma e única libido. Assim, Freud situa de imediato a libido num plano que é, se posso dizê-lo, neutralizado, por mais paradoxal que o termo lhes pareça.

A libido é o que liga o comportamento dos seres entre si, e que lhes dará, por exemplo, a posição ativa ou passiva — mas, nos diz Freud, esta libido tem, em todos os casos, efeitos ativos, mesmo na posição passiva, pois é realmente necessária uma atividade para adotar a posição passiva. Assim, Freud chega a indicar que, por esse motivo, a libido se apresenta sempre sob uma forma eficaz e ativa, aspecto que a faria mais aparentada à posição masculina. Freud chega a formular que só existe a forma masculina da libido a nosso alcance.

Como tudo isso seria paradoxal, se não se tratasse simplesmente de uma noção que se apresenta apenas para nos permitir encarnar a ligação de um tipo particular que se produz num certo nível, que é, propriamente falando, o nível imaginário, aquele onde o comportamento de um ser vivo na presença de um outro ser vivo a ele está ligado pelos laços do desejo, da vontade, que é, com efeito, uma das molas essenciais do pensamento freudiano para organizar o que está em jogo em todos os comportamentos da sexualidade.

Temos o hábito de considerar o *Es* como uma instância que tem enorme relação com as tendências, os instintos, a libido. Ora, o que é *Es*? A que a introdução da noção da usina nos permite compará-lo? Pois bem, justamente à usina, tal como esta se apresenta a alguém que não sabe absolutamente como ela funciona. A pessoa inculta que a vê pensa que talvez seja o gênio da corrente que se põe a fazer travessuras no interior e transforma a água em luz ou em força.

O *Es* é aquilo que no sujeito é suscetível, por intermédio da mensagem do Outro, de tornar-se *Eu*. Esta ainda é a melhor definição.

Se a análise nos trouxe alguma coisa, é isso: o *Es* não é uma realidade bruta, nem simplesmente o que está antes, o *Es* já está organizado, articulado, como é organizado, articulado, o significante.

Isso se aplica igualmente ao que é produzido pela máquina. Toda a força que já se encontra lá pode vir a ser transformada, com a diferença que ela não é só transformada, podendo ser também acumulada. É realmente aí que está o interesse essencial, pelo fato de tratar-se de uma usina hidrelétrica, e não simplesmente de uma usina hidromecânica, por exemplo. Mesmo que haja toda essa energia antes, ainda assim, uma vez construída a usina ninguém pode contestar que existe uma diferença sensível, e não simplesmente na paisagem, mas no real.

A usina não é construída pela operação do Espírito Santo. Mais exatamente, ela se construiu pela operação do Espírito Santo, e se duvidarem disso estarão errados.

É precisamente para lhes recordar a presença do Espírito Santo, a qual é absolutamente essencial ao progresso de nossa compreensão da análise, que lhes faço esta teoria do significante e do significado.

## 2

Vamos retomar isso num outro nível, o do princípio de realidade e do princípio de prazer.

De que maneira os dois processos, primário e secundário, se opõem? Se nos ativermos somente ao que os define externamente, pode-se dizer o seguinte: o que se passa no nível do sistema primário é governado pelo princípio do prazer, isto é, pela tendência a voltar ao repouso, enquanto o que se passa no nível do sistema de realidade é definido pelo que força o sujeito à conduta do desvio na realidade, como se diz, exterior. Ora, nada nessas definições dá o sentimento daquilo que ressalta do caráter conflitual e dialético do uso desses dois termos na prática, no uso concreto, aquele a que vocês se entregam diariamente. Vocês nunca usam isso com nenhum desses processos sem provê-lo de um índice particular que é de certa forma, para cada um, seu próprio paradoxo, frequentemente eludido, mas nunca esquecido na prática.

O paradoxo do princípio do prazer é este. O que se passa no seu nível se apresenta, sem dúvida, tal como lhes é indicado, como ligado à lei do retorno ao repouso, à tendência ao retorno ao repouso. Todavia, se Freud introduziu a noção de libido, e ele o diz formalmente, é de fato porque o prazer no sentido concreto, o *Lust*, tem um sentido ambíguo em alemão, que ele acentua: é ao mesmo tempo o prazer e a vontade, isto é o estado de repouso mas também a ereção do desejo. Esses dois termos, aparentemente contraditórios, nem por isso estão menos ligados eficazmente na experiência.

Um não menor paradoxo se encontra no nível da realidade. Assim como existe, no nível do princípio do prazer, de um lado o retorno ao repouso, mas do outro lado a vontade, assim também não existe apenas a realidade contra a qual nos batemos, mas também o contorno, o desvio da realidade.

Isso fica muito mais claro se, correlativamente à existência dos dois princípios, fizermos intervir os dois termos que os ligam e permitem seu funcionamento dialético — a saber, os dois níveis da palavra que se exprimem nas noções de significante e de significado.

Já situei, numa espécie de superposição paralela, o curso do significante, ou do discurso concreto, por exemplo, e o curso do significado, no que e como que se apresenta a continuidade do vivido, o fluxo das tendências num sujeito, e entre os sujeitos.

——————— significante

ESQUEMA DAS PARALELAS

——————— significado

Esta representação é tanto mais válida que nada se pode conceber, não apenas sobre a palavra, nem sobre a linguagem, mas sobre os fenômenos que se apresentam na análise, a menos que se admita a possibilidade essencial de perpétuos deslizamentos do significado sob o significante, e do significante sobre o significado. Nada da experiência analítica se explica senão por este esquema fundamental.

Este esquema comporta que o que é significante de alguma coisa pode se tornar a qualquer momento significante de outra coisa, e que tudo o que se apresenta na vontade, a tendência, a libido do sujeito é sempre marcado pelo vestígio de um significante — o que não exclui que talvez haja outra coisa na pulsão ou na vontade, algo que não é de modo algum marcado pela impressão do significante. O significante é introduzido no movimento natural, no desejo, ou no *demand*, termo a que recorre a língua inglesa como a uma expressão primitiva do apetite, qualificando-o de exigência embora o apetite enquanto tal não seja marcado pelas leis próprias do significante. Assim, pode-se dizer que a vontade vira significado.

A intervenção do significante levanta um problema, que me levou a recordar-lhes, há pouco, a existência do Espírito Santo, o qual vimos, há dois anos, o que representava para nós e o que é no pensamento e no ensinamento de Freud. O Espírito Santo é a entrada do significante no mundo.

Foi isso, com toda certeza, que Freud nos trouxe sob o termo instinto de morte. Trata-se desse limite do significado que jamais é atingido por algum ser vivo, ou mesmo que jamais é atingido de modo algum, a não ser num caso excepcional, provavelmente mítico, pois só o encontramos nos escritos últimos de uma certa experiência filosófica. Todavia é algo que se encontra virtualmente no limite da reflexão do homem sobre sua vida, o que lhe permite entrever a morte como a condição absoluta, insuperável, de sua existência, como se expressa Heidegger. As relações do homem com o significante no seu conjunto estão muito precisamente ligadas a essa possibilidade de supressão, de colocação entre parênteses de tudo aquilo que é vivido.

O que está no fundo da existência do significante, de sua presença no mundo, vamos colocá-lo em nosso esquema, como uma superfície eficaz do significante onde este reflete, de certa maneira, o que se pode chamar a última palavra do significado, isto é, da vida, do vivido, do fluxo das emoções, do fluxo libidinal. É a morte, na medida em que ela é o suporte, a base, a operação do Espírito Santo pela qual o significante existe.

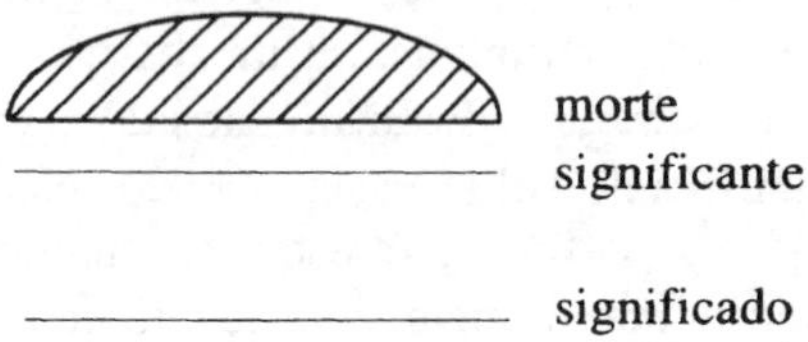


ESQUEMA DAS PARALELAS (2)

Este significante que tem suas leis próprias, sejam estas reconhecíveis ou não num fenômeno dado, será ele o que é designado no *Es*? Formulamos a questão — e a resolvemos. Para compreender o que quer que seja do que fazemos na análise, é preciso responder: sim.

O *Es* de que se trata na análise é de que há significante e está já no real, há significante incompreendido. Ele já está lá, mas é do significante, não é uma propriedade primitiva e confusa qualquer, oriunda de alguma harmonia preestabelecida, hipótese a que voltam sempre aqueles a que não hesitarei em chamar, nesta ocasião, de espíritos fracos.

Encabeçando essa lista, apresenta-se um sr. Jones, sobre quem lhes direi, mais adiante, como aborda o desenvolvimento primeiro da mulher e seu famoso complexo de castração, que cria um problema insolúvel para todos os analistas desde que estes surgiram.

O erro é partir da ideia de que existem a linha e a agulha, a moça e o rapaz, e entre um e outro uma harmonia preestabelecida, primitiva, de tal maneira que se alguma dificuldade se manifesta, só pode ser por alguma desordem secundária, algum processo de defesa, algum acontecimento puramente acidental e contingente. Quando se imagina que o inconsciente quer dizer que o que está num sujeito foi feito para adivinhar o que lhe deve responder num outro, não se faz outra coisa senão supor uma harmonia primitiva.

A esta concepção se opõe a observação tão simples de Freud em seus *Três ensaios*, ou seja, que é realmente uma pena que nada mostre, do desenvolvimento da criança, e precisamente na sua relação com as imagens sexuais, que já estejam construídos os trilhos de acesso livre do homem à mulher e vice-versa. Não se trata em absoluto de um encontro, a que fariam obstáculo apenas os acidentes que pudessem sobrevir na estrada. O que diz Freud é justo o contrário, isto é, que as teorias sexuais infantis, que vão marcar com seus vestígios o desenvolvimento de um sujeito, toda a sua história, tudo o que será para ele a relação entre os sexos, estão ligadas à primeira maturidade da fase genital, que se produz antes do desenvolvimento completo do Édipo, a saber, a fase fálica.

Se esta fase é dita fálica, desta vez não é em nome de uma igualdade energética fundamental que só está ali para a comodidade do pensamento, nem é em razão do fato de que existe somente uma libido, mas porque, no plano imaginário, só existe uma única representação primitiva do estado, do estágio genital — o falo como tal.

O falo não é o aparelho genital masculino em seu conjunto, é o aparelho genital masculino com exceção de seu complemento, os testículos por exemplo. A imagem ereta do falo é o que é fundamental aí. Só existe uma. Não há outra escolha senão uma imagem viril ou a castração.

Não estou ratificando o que diz Freud. Indico a vocês que este é o seu ponto de partida quando ele reconstrói o desenvolvimento. Pode-se ir procurar referências naturais a essa ideia descoberta na análise, e isso mesmo é o que foi feito em tudo o que antecede os *Três ensaios sobre a sexualidade*. Mas a análise sublinha, justamente, que a experiência nos faz descobrir um número grande de acidentes que estão longe de serem tão naturais assim.

O que situo aqui no princípio da experiência analítica é a noção de que há significante já instalado e já estruturado. Já existe uma usina feita, e que funciona. Não foram vocês que a fizeram. Esta usina é a linguagem, que ali funciona há tão longo tempo quanto vocês podem lembrar. Literalmente, não podem lembrar-se para além disso, falo da história da humanidade em seu conjunto. Desde que existem aí significantes que funcionam, os sujeitos estão organizados em seu psiquismo pelo jogo próprio desses significantes. Por esse motivo, o *Es*, que vocês vão buscar nas profundezas, não é algo tão natural assim, e menos ainda que as imagens. Para dizer a verdade, a existência na natureza da usina hidrelétrica feita por obra do Espírito Santo é o contrário mesmo da noção de natureza.

O escândalo desse fato, aí está onde reside a posição analítica. Quando abordamos o sujeito, sabemos que já há na natureza algo que é o seu *Es*, e que está estruturado segundo o modo de uma articulação significante marcando tudo aquilo que se exerce no sujeito com seus vestígios, suas contradições, sua profunda diferença das cooptações naturais.

Achei que devia recordar essas posições que me parecem tão fundamentais. Por trás do significante, situei para vocês no esquema essa realidade última, que é completamente velada ao significado e igualmente ao uso do significante: a possibilidade de que nada do que está no significado exista. O instinto de morte nada mais é, com efeito, que percebermos que a vida é improvável e completamente caduca. Noções deste tipo nada têm a ver com qualquer espécie de exercício vivo, pois o exercício vivo consiste precisamente em fazer sua pequena passagem na existência exatamente como todos aqueles que nos precederam na mesma linhagem típica.

A existência do significante não está ligada a outra coisa senão ao fato, pois isso é um fato, o discurso existe, e é introduzido no mundo sobre um fundo, mais ou menos conhecido ou desconhecido, o qual é curioso, mesmo assim, que Freud tenha sido levado pela experiência analítica a poder apenas caracterizá-lo dizendo que o significante funciona sobre o fundo de uma certa experiência da morte.

A experiência em questão nada tem a ver com o que quer que seja de vivido. Se nosso comentário do *Além do princípio do prazer*, há dois anos, pôde mostrar alguma coisa, foi realmente que se trata apenas de uma reconstrução, motivada por certos paradoxos da experiência, precisamente pelo deste fenômeno inexplicável — que o sujeito é levado a se comportar de uma maneira essencialmente significante, repetindo indefinidamente algo que lhe é, propriamente falando, mortal.

Inversamente, assim como a morte está ali refletida no fundo do significado, também o significante toma emprestado toda uma série de elementos que estão ligados a um termo profundamente envolvido no significado, a saber, o corpo. Assim como já há na natureza alguns reservatórios, também há, no significado, um certo número de elementos que são dados na experiência como acidentes do corpo, mas que são retomados no significante e lhe dão, se assim podemos dizer, suas armas primeiras. Trata-se dessas coisas inapreensíveis, e no entanto irredutíveis, dentre as quais o termo fálico, a pura e simples ereção. A pedra erigida é um de seus exemplos, a noção do corpo humano como ereto é outro. É assim que um certo número de elementos todos ligados à estatura corporal, e não simplesmente à experiência vivida do corpo, constituem elementos primeiros, tomados de empréstimo à experiência, mas completamente transformados pelo fato de serem simbolizados. *Simbolizados* quer dizer que eles são introduzidos no lugar do significante como tal, que se caracteriza pelo fato de articular-se segundo leis lógicas.

Se os fiz jogar, no passado, o jogo de par ou ímpar a propósito do instinto de morte, se os ensinei a escrever séries de mais e de menos agrupadas em duas ou três numa sequência temporal, foi para lembrá-los que existem leis últimas, que são as leis do significante, presentes em todo ponto de partida, naturalmente implícitas, mas impossíveis de não se reencontrar.

Voltemos agora ao ponto em que havíamos deixado as coisas da última vez, ou seja, no nível da experiência analítica.

## 3

A relação central de objeto, aquela que é dinamicamente criadora, é a da falta. No nível da experiência analítica, toda *Findung* do objeto, diz-nos Freud, é uma *Wiederfindung*.

Não se deve ler os *Três ensaios sobre a sexualidade* como se fosse uma obra escrita de um só fôlego. Certamente, não há obra de Freud que não tenha sido sujeita a revisão, todas incluem notas acrescentadas, as modificações do texto são extremamente frequentes. Mas se a *Traumdeutung*, por exemplo, foi enriquecida, foi sem que nada fosse mudado em seu equilíbrio original. Em contrapartida, se lessem a primeira edição dos *Três ensaios*, não iriam acreditar, pois não reconheceriam nada dos temas que lhes são familiares no livro, tal como o leem habitualmente, com os acréscimos feitos principalmente em 1915, vários anos depois da *Einführung des Narzissmus*. Esta é a primeira coisa que deveriam ter em mente ao estudar esse texto. Tudo o que se refere ao desenvolvimento pré-genital da libido só é concebível depois da aparição da teoria do narcisismo, e uma vez isoladas as teorias sexuais da criança com seus mal-entendidos principais, que consistem, diz Freud, especialmente, no fato de que a criança não tem nenhuma noção, nem da vagina, nem do esperma, nem da geração. Esta é sua falha essencial. A promoção da noção de fase fálica só será alcançada depois da última edição dos *Três ensaios*, no artigo de 1923 sobre "A organização genital infantil". Este momento crucial da genitalidade no desenvolvimento permanece fora dos limites dos *Três ensaios*. Mas se estes não são totalmente bem-sucedidos, seu progresso na pesquisa da relação pré-genital como tal só se explica, no entanto, pela importância das teorias sexuais. O mesmo se dá com a própria teoria da libido.

O capítulo intitulado "A teoria da libido" concerne à noção narcísica como tal. A origem da própria ideia da teoria da libido pode ser compreendida por nós, diz Freud, depois que temos a noção de uma *Ich-libido* como reservatório da libido constituinte dos objetos, e ele acrescenta a propósito desse reservatório: só podemos vislumbrar de relance por sobre as muralhas. Em suma, foi a noção da tensão narcísica, da relação do homem com a imagem, que introduziu a ideia da medida comum libidinal, e, ao mesmo tempo, a do centro de reserva a partir do que se estabelece toda relação objetal, na medida em que ela é fundamentalmente imaginária. Em outras palavras, uma das articulações essenciais é a fascinação do sujeito pela imagem, que não passa, afinal, de uma imagem que ele porta em si mesmo. Eis a última palavra da teoria narcísica.

Se foi possível mais tarde, numa certa orientação da análise, reconhecer nas fantasias um valor organizador, foi na medida em que não se supunha uma harmonia preestabelecida, uma conveniência natural do objeto ao sujeito. Como nos mostram os *Três ensaios* na sua versão primeira e original, o desenvolvimento da sexualidade infantil se caracteriza por uma divisão em dois tempos. Devido ao período de latência, isto é, à memória latente que atravessa esse período, o objeto primeiro, precisamente o da mãe, é rememorado de uma maneira que não pôde mudar, que é — diz Freud — irreversível, de tal sorte que o objeto jamais será senão um objeto reencontrado, *wiedergefunden*, e ficará marcado pelo estilo primeiro do objeto. Portanto, existe sempre uma divisão essencial, fundamentalmente conflitual, no objeto reencontrado, e no próprio fato de sua redescoberta, pois existe sempre discordância do objeto reencontrado com relação ao objeto procurado. Aí está a noção a partir da qual se introduz a primeira dialética freudiana da teoria da sexualidade.

Esta experiência fundamental supõe que haja, durante o período de latência, conservação do objeto na memória, e à revelia do sujeito, isto é, transmissão significante. Este objeto vem em seguida entrar em discordância, desempenhar um papel perturbador, em toda relação de objeto ulterior do sujeito. É neste quadro, em certas articulações eleitas e num certo tempo desta evolução que se descobrem as funções propriamente imaginárias. Tudo o que se destaca da relação pré-genital é tomado no interior desse parêntese. Numa dialética que é em primeiro lugar, essencialmente, em nosso vocabulário, uma dialética do simbólico e do real, introduz-se então a camada imaginária.

A introdução do imaginário, tornada tão prevalente desde então, só se produz a partir do artigo sobre o narcisismo, só se articula à teoria da sexualidade em 1915, só se formula a propósito da fase fálica em 1920, mas se afirma então de uma maneira tão categórica que desde essa época se apresenta perturbadora, e mergulha toda a audiência analítica na perplexidade, de tal modo que foi com referência ao Édipo que se situou a dialética chamada, na época, pré-genital, e não, como os faço observar, pré-edipiana.

O termo *pré-edipiano* foi introduzido a propósito da sexualidade feminina, e isso dez anos mais tarde. Em 1920, designa-se por relação pré-genital a lembrança das experiências que são preparatórias para a experiência edipiana, mas que só se articulam nesta última. A relação pré-genital é apreendida somente a partir da articulação significante do Édipo. As imagens e as fantasias que formam o material significante da relação pré-genital vêm, elas mesmas, de uma experiência que se fez no contato do significante e do significado. O significante toma seu material em alguma parte do significado, num certo número de relações vivas, efetivamente exercidas ou vividas. É só-depois que este passado é apreendido, e que se estrutura essa organização imaginária que se apresenta sobretudo, quando a reencontramos, com o caráter de ser paradoxal. Ela se opõe, muito mais que concorda, à ideia de um desenvolvimento harmônico regular. Trata-se, ao contrário, de um desenvolvimento crítico, em que desde a origem os objetos, como são chamados, dos diferentes períodos, oral e anal, já são considerados como outra coisa além do que são. São objetos que já estão trabalhados pelo significante, e que aparecem submetidos a operações cuja estrutura significante é impossível de se extrair.

Isso é precisamente o que se designa por todas as noções de incorporação, que são aquelas que os organizam, dominam e permitem articulá-los.

Essa experiência, como organizá-la? Como lhes disse da última vez, é em torno da noção da falta do objeto que temos que fazê-lo.

Dessa falta, mostrei-lhes os três níveis que são essenciais de situar a cada vez que há crise, encontro, ação eficaz, no registro da busca de objeto, que é sempre, em si mesma, busca crítica. Esses níveis são os seguintes: castração, frustração, privação. O que eles são como falta, sua estrutura central a cada um, são coisas essencialmente distintas.

Nas lições seguintes, vamos nos colocar no ponto exato em que se instalam a teoria moderna e a prática atual. Os analistas de hoje reorganizam, com efeito, a experiência analítica a partir do nível da frustração, negligenciando a noção de castração, que no entanto foi a descoberta original de Freud, junto com a do Édipo. É assim que vou partir, da próxima vez, de um exemplo que tomei ao acaso no volume 3-4 do *Psychoanalytic Study of the Child* publicado em 1949, que contém uma conferência de uma discípula de Anna Freud, a sra. Anneliese Schnurmann.

Esta viu produzir-se, num curto lapso de tempo, numa das crianças confiadas à guarda da *Hampstead Nursery* de Anna Freud, uma fobia. Esta observação, uma entre mil outras, vamos lê-la, veremos o que vamos compreender dela, vamos tentar também ver o que dela compreende aquela que o relata, com toda a aparência de uma fidelidade exemplar, que não exclui o emprego de categorias preestabelecidas. O que ela recolhe é suficiente para nos dar a noção de uma sucessão temporal durante a qual aparece, e depois desaparece, uma fobia, isto é, uma criação imaginária privilegiada, prevalente por um certo tempo, e que tem toda uma série de efeitos sobre o comportamento do sujeito. Vamos apreciar se é realmente possível à autora articular o que é essencial nesse caso a partir da noção de frustração, tal como se a concebe atualmente, relacionando-a com a privação de um objeto privilegiado, aquele do estágio em que o sujeito se encontra no momento da aparição da dita privação. Efeito mais ou menos regressivo, que pode mesmo ser progressivo em certos casos, por que não? — mas um fenômeno como o da fobia poderá se compreender a partir unicamente de sua situação numa certa ordem cronológica? As coisas não vão se esclarecer melhor se fizermos referência aos três termos que enumerei? Isso é o que veremos.

Vou sublinhar, simplesmente, o que querem dizer esses termos. Na castração, há uma falta fundamental que se situa, como dívida, na cadeia simbólica. Na frustração, a falta só se compreende no plano imaginário, como dano imaginário. Na privação, a falta está pura e simplesmente no real, limite ou hiância real.

Quando digo que, em se tratando da privação, a falta está no real, isso quer dizer que ela não está no sujeito. Para que o sujeito tenha acesso à privação, é preciso que ele conceba o real como podendo ser diferente do que é, isto é, que já o simbolize. A referência à privação, tal como formulada aqui, consiste em situar o simbólico antes — antes que pudéssemos dizer coisas sensatas. Ela se opõe, assim, à gênese que nos é habitualmente dada do psiquismo.

Na psicogênese corrente que nos é feita atualmente em análise, tudo se passa à maneira de um sonho idealista: cada sujeito é como uma aranha que deve tirar de si mesma todo o fio de sua teia, lá está ele se envolvendo em seda no seu casulo, e toda a sua concepção do mundo deve ser extraída de si mesmo e de suas imagens. Vê-se, assim, o sujeito secretar de si mesmo suas relações sucessivas, em nome de não-sei-que maturação preestabelecida com os objetos que vão terminar sendo os objetos do mundo humano que é o nosso. Entregamo-nos a semelhante exercício porque, com efeito, existem todas as aparências de que a psicanálise o torna possível. Mas isso é porque, da experiência, só se quer reter os aspectos que vão nesse sentido, ao passo que cada vez que nos atrapalhamos, acreditamos lidar somente com uma dificuldade de linguagem, quando isso é uma manifestação do erro em que estamos. A somatognosia, a imagem do corpo como significante, bem o demonstra.

Só se pode expor corretamente o problema das relações de objeto a partir de um certo quadro que deve ser considerado como fundamental para a compreensão. Este quadro, ou o primeiro destes quadros, é que, no mundo humano, a estrutura como ponto de partida da organização objetal é a falta de objeto. Esta falta do objeto, devemos concebê-la em seus diferentes escalões no sujeito — no nível da cadeia simbólica, que lhe escapa, tanto em seu começo como no seu fim — no nível da frustração, onde ele está, com efeito, instalado num vivido pensável por si mesmo — mas igualmente esta falta, devemos considerá-la no real, pois quando falamos aqui em privação, não se trata de uma privação experimentada.

A privação é o centro de referência de que precisamos. Chegou-se a um ponto em que todos se servem dela, e a astúcia consiste simplesmente, num certo momento, e é assim que procede o sr. Jones, em fazer da privação o equivalente da frustração. A privação está no real, completamente fora do sujeito. Para que o sujeito apreenda a privação, é preciso inicialmente que ele simbolize o real. Como o sujeito é levado a simbolizá-lo? Como a frustração introduz a ordem simbólica? Esta é a questão que vamos formular, e vamos ver que o sujeito não está nem isolado, nem independente, e que não é ele quem introduz a ordem simbólica.

É surpreendente que ninguém tenha falado ontem à noite de uma passagem da maior importância do que nos trouxe a sra. Dolto, a saber que, segundo ela, só se tornam fóbicas as crianças de um e de outro sexo cuja mãe se viu tendo que suportar um distúrbio na relação objetal que a ligava ao seu progenitor — dela, da mãe — do sexo oposto. Aí está uma noção que faz intervir, certamente, uma coisa completamente diferente das relações entre a criança e a mãe, e foi por isso mesmo que situei o trio da mãe, da criança e do falo.

Existe sempre na mãe, ao lado da criança, a exigência do falo, que a criança simboliza ou realiza mais ou menos. Já a criança, que tem sua relação com a mãe, não sabe nada disso. Quando se falou, ontem à noite, em imagem corporal a propósito da criança, uma coisa deve realmente lhes ter surgido: esta imagem do corpo, se ela é efetivamente a criança, se é mesmo acessível à criança, será assim, no entanto, que a mãe vê seu filho? Esta é uma questão que não foi, em absoluto, levantada.

Igualmente, em que momento a criança é capaz de perceber que o que sua mãe deseja nela, satura e satisfaz nela, é sua imagem fálica, dela, mãe? Que possibilidade tem a criança de ter acesso a este elemento relacional? Será isso da ordem de uma efusão direta, até mesmo de uma projeção? Isso não é supor que toda relação entre sujeitos seja da mesma ordem que a relação da sra. Dolto com seu sujeito? Estou surpreso que ninguém lhe tenha perguntado se além dela, que vê todas essas imagens do corpo, e de um ou outro analista, e ainda, de sua escola, havia alguém que as visse assim? No entanto, este é o ponto importante.

O fato de que, para a mãe, a criança esteja longe de ser apenas a criança, já que ela é também o falo, constitui uma discordância imaginária, sobre a qual se formula a questão de saber de que maneira a criança, tanto menino como menina, é induzida, ou introduzida, aí. Isso está ao alcance da experiência. Certos elementos que daí se destacam mostram-nos, por exemplo, que a criança só tem acesso a isso depois de uma época de simbolização, mas que, em certos casos, é de uma maneira de certa forma direta que ele aborda o dano imaginário — não o seu, mas aquele em que a mãe se encontra quanto à privação do falo. Será, aqui, um imaginário que é refletido no simbólico? Será, ao contrário, um elemento simbólico que aparece no imaginário? Estes são pontos cruciais em torno dos quais formulamos a questão, tão essencial no desenvolvimento da fobia.

Para não deixá-los completamente em jejum, e para desde já acender uma luz, vou lhes dizer ainda que se trata, com o triplo esquema da mãe, da criança e do falo, de questionar o fetichismo. Esta é uma outra questão além da fobia, e que certamente nos levará longe.

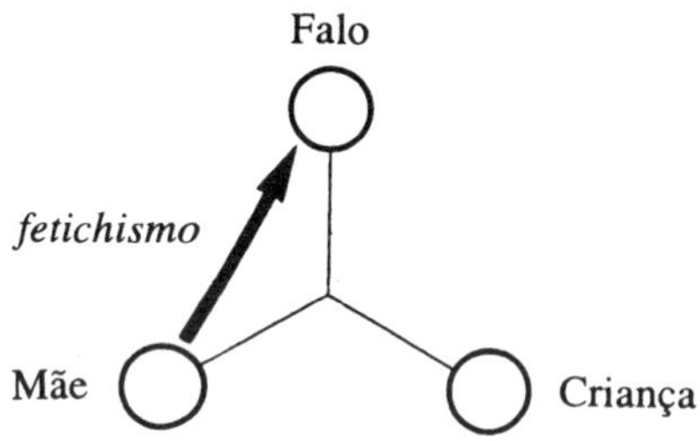


ESQUEMA DO FETICHISMO

Por que a criança, aqui, vem ocupar mais ou menos a posição da mãe com relação ao falo? Ou, ao contrário, em certas formas muito particulares de dependência onde anomalias podem se apresentar com todas as aparências do normal, a posição do falo em relação à mãe? Por que chegamos a isso? O que aqui está em jogo é a ligação que a criança estabelece entre o falo e a mãe. Até que ponto ela entra nisso? Será de maneira espontânea e direta que a relação mãe-falo se dá à criança? Tudo acontece simplesmente porque ela olha para a mãe e percebe que é um falo que esta deseja? Parece realmente que não. Voltaremos a isso.

A fobia, quando se desenvolve, não é absolutamente desta ordem. Ela não repousa sobre a ligação dita acima. Ela constitui um outro modo de solução do difícil problema introduzido pelas relações entre a criança e a mãe. Já lhes mostrei no ano passado: para que haja os três termos do trio, é preciso um espaço fechado, uma organização do mundo simbólico, que se chama o pai. Pois bem, a fobia é mais desta ordem. Ela concerne a este laço demarcador. Por ocasião de um momento particularmente crítico, quando nenhuma via de outra natureza está aberta para a solução do problema, a fobia constitui um apelo por socorro, o apelo a um elemento simbólico singular.

Em que consiste sua singularidade? Digamos que seja por aparecer sempre como extremamente simbólica, isto é, extremamente distanciada do imaginário. No momento em que é chamado em socorro para manter a solidariedade essencial ameaçada pela hiância introduzida pela aparição do falo entre a mãe e a criança, o elemento que intervém na fobia tem um caráter verdadeiramente mítico.

5 DE DEZEMBRO DE 1956

# IV

# A DIALÉTICA DA FRUSTRAÇÃO

*A frustração e o verdadeiro centro da relação mãe-filho.*
*Retorno ao* Fort-Da.
*A mãe, do simbólico ao real.*
*A criança e a imagem fálica.*
*A fobia da pequena inglesa.*

| AGENTE | FALTA DE OBJETO | OBJETO |
|---|---|---|
| | Castração<br>*Dívida simbólica* | imaginário |
| | Frustração<br>*Dano imaginário* | real |
| | Privação<br>*Furo real* | simbólico |

Aí está o quadro a que chegamos, e que permite articular com precisão o problema do objeto, tal como este se coloca em análise.

A falta de rigor nessa matéria, a confusão de que os analistas deram provas, teve como resultado um deslizamento curioso.

A análise partiu de uma noção, que chamarei de escandalosa, das relações afetivas do homem. Acredito já ter sublinhado, várias vezes, o que, da análise, provocou de saída tanto escândalo. Não é tanto por ter valorizado o papel da sexualidade, e por ter participação no fato de que isso se tenha tornado um lugar-comum. Mas é precisamente porque ela introduzia, ao mesmo tempo que esta noção, e muito mais ainda que ela, seus paradoxos, a saber, que a abordagem do objeto sexual apresenta uma dificuldade essencial que é de ordem interna.

É singular que a partir daí tenhamos deslizado para uma noção harmônica do objeto.

Para fazê-los avaliar a distância que separa esta noção do que o próprio Freud articulava com o maior rigor, escolhi para vocês uma citação das mais significativas, que concerne ao objeto, e não à relação de objeto. Mesmo as pessoas menos avisadas observam que a obra de Freud contém muitas coisas relativas ao objeto — a escolha do objeto, por exemplo —, mas que a própria noção de relação de objeto não é ali em absoluto enfatizada, nem cultivada, nem posta de saída na premissa. Aqui está, extraída de seu artigo sobre "as pulsões e suas vicissitudes", a frase de Freud: *O objeto da pulsão é aquele através do qual o instinto pode atingir seu alvo. Ele é o que há de mais variável no instinto, nada que lhe esteja originariamente ligado, mas algo que lhe é subordinado apenas em consequência de sua apropriação para seu apaziguamento.* Pode-se dizer também: *a possibilidade de seu apaziguamento.* Trata-se da satisfação na medida em que, segundo o princípio do prazer, o alvo da tendência é alcançar seu próprio apaziguamento.

Portanto, está articulada a noção de que não existe harmonia preestabelecida entre o objeto e a tendência. O objeto não lhe está literalmente ligado, senão por condições que lhe são próprias. Em suma, cada um se sai como pode. Isso não é uma doutrina, é uma citação. Mas é uma citação entre outras que vão no mesmo sentido. A questão agora é articular a concepção do objeto em jogo aqui e, para fazer isso, ver por que desvios Freud nos conduz para nos fazer conceber sua instância eficaz.

Já chegamos a destacar, graças a vários pontos articulados diversamente na obra de Freud, a noção de que o objeto é sempre, somente, um objeto reencontrado a partir de uma *Findung* primitiva, e portanto, que a *Wiederfindung*, a redescoberta, jamais é satisfatória. Além disso, vimos, com outras características, que o objeto é, por um lado, inadequado, e por outro lado se furta mesmo, parcialmente, à apreensão conceitual. Eis-nos agora levados a delimitar com mais rigor as noções fundamentais, e em particular a rever aquela que foi posta no centro da teoria analítica atual, a noção de frustração.

Em que medida esta noção foi necessária? Em que medida convém retificá-la? Trata-se, para nós, de criticá-la a fim de torná-la utilizável, e para dizer tudo, coerente com aquilo que constitui a base da doutrina analítica, isto é, o que ainda permanece fundamentalmente o pensamento de Freud, onde, como já frisei para vocês muitas vezes, a noção de frustração é marginal.

## 1

Lembrei a vocês o que se apresentava de saída no dado: a castração, a frustração e a privação. Estes são três termos cujas diferenças é fecundo marcar.

O que vem a ser a castração?

A castração está essencialmente ligada a uma ordem simbólica instituída, que comporta toda uma longa coerência, da qual em caso algum o sujeito poderia ser isolado. A ligação da castração com a ordem simbólica é evidenciada por todas as nossas reflexões anteriores, bem como por esta simples observação: em Freud, desde o início, a castração foi ligada à posição central atribuída ao complexo de Édipo, como o elemento de articulação essencial de toda a evolução da sexualidade. Se escrevi *dívida simbólica* no quadro, é porque o complexo de Édipo comporta, daí por diante, em si mesmo e fundamentalmente, a noção da lei, que dele é absolutamente ineliminável. O fato de que a castração esteja no nível da dívida simbólica é suficientemente justificado, e mesmo demonstrado, penso, por essa observação apreciada, sustentada por todas as nossas reflexões anteriores. Logo, prossigo.

Qual é o objeto que está em causa, ou que é posto em jogo, na dívida simbólica instituída pela castração? Como lhes indiquei da última vez, é um objeto imaginário, o falo. Pelo menos é isso que Freud afirma, e é disso que vou partir hoje para tentar levar um pouco mais adiante a dialética da frustração.

A frustração, agora. Ela ocupa a posição central neste quadro, o que tampouco nada tem que introduza em si mesmo, na concepção de vocês, um descentramento ou uma desordem. Acentuando a noção de frustração, não anulamos muito a noção posta por Freud no centro da conflitualidade analítica, que é a do desejo. O importante é compreender o que quer dizer a frustração, como ela foi introduzida, a que se refere.

A noção de frustração, quando posta em primeiro plano da teoria analítica, se refere à primeira idade da vida. Ela está ligada à investigação dos traumas, fixações, impressões, provenientes de experiências pré-edipianas. Isso não implica que seja exterior ao Édipo — ela lhe dá, de certa forma, o terreno preparatório, a base e o fundamento. Ela modela a experiência do sujeito e prepara nele certas inflexões que darão a vertente segundo a qual o conflito edipiano será levado a se infletir, de maneira mais ou menos intensa, num sentido que poderá ser atípico ou heterotípico.

Qual é o modo de relação para o objeto que está em jogo na frustração? Ele introduz manifestamente a questão do real. Eis, com efeito, que com a noção de frustração introduz-se no condicionamento, no desenvolvimento do sujeito, todo um cortejo de noções que se traduzem numa linguagem de metáforas quantitativas — fala-se em satisfação, gratificação, uma certa soma de benefícios adaptados, adequados, a cada uma das etapas do desenvolvimento do jovem sujeito, e cuja saturação mais ou menos completa — ou, ao contrário, carência — é assim considerada como um elemento essencial. Trata-se de condições reais, que se supõe devamos observar nos antecedentes do sujeito, pelo viés da experiência analítica.

Este interesse pelas condições reais que fulgura em tal trecho da literatura analítica atual está, em seu conjunto, ausente das primeiras observações analíticas, ou pelo menos está articulado diferentemente no nível conceitual. As provas para o que esta observação nos desperta não faltam. Basta reportar-se aos textos para ver o passo que foi dado na investigação da criança guiada pela análise, devido apenas ao fato desse deslocamento de interesse na literatura analítica. Isso lhes será fácil de avaliar, ao menos para aqueles dentre vocês bastante familiarizados com as três noções no quadro para reconhecê-las com facilidade.

A frustração é, pois, considerada como um conjunto de impressões reais, vividas pelo sujeito num período de desenvolvimento em que sua relação com o objeto real está centrada habitualmente na *imago* dita primordial do seio materno, com referência ao qual vão se formar nele o que chamei há pouco de suas primeiras vertentes, e inscrever-se suas primeiras fixações, aquelas que permitiram descrever os tipos de diferentes estádios instintuais. Foi a partir daí que se puderam articular as relações da fase oral e da fase anal, com suas subdivisões fálica, sádica etc. — e mostrar que são todas marcadas por um elemento de ambivalência, que faz com que a própria posição do sujeito participe da posição do outro, que o sujeito seja dois, que participe sempre de uma situação dual, sem a qual nenhuma assunção geral de sua posição será possível. Em suma, temos aqui a anatomia imaginária do desenvolvimento do sujeito.

Limitando-nos aqui, simplesmente, veremos aonde isso nos leva. Estamos, portanto, em presença de um sujeito que está numa posição de desejo para com o seio como objeto real. Eis-nos transportados ao centro da questão — o que vem a ser esta relação, a mais primitiva, do sujeito com o objeto real?

Os teóricos da análise viram-se, nesse sentido, envolvidos numa discussão que fervilha de mal-entendidos. Como Freud falou do estádio vivido de autoerotismo, alguns mantiveram sua noção interpretando este autoerotismo como a relação primitiva da criança com o objeto materno primordial. Outros objetaram que era difícil relacionar uma noção que parece fundada no fato de que o sujeito só conhece a si mesmo com os inúmeros traços da observação direta de relações entre criança e mãe que parecem contradizer que nessa ocasião não haja relações eficazes do sujeito com um objeto. O que pode ser mais manifestamente exterior ao sujeito que este objeto que é, por excelência, o primeiro alimento, e de que ele tem, com efeito, a necessidade mais premente?

Existe aí um mal-entendido nascido de uma confusão que fez a discussão marcar passo e chegou a formulações tão diversas que não posso, de imediato, enumerá-las antes de ter progredido na conceitualização do que está em jogo. Vou lembrar a vocês, simplesmente, a teoria de que já falamos, a de Alice Balint.

Essa teoria quer conciliar a noção de autoerotismo, tal como é dada em Freud, com o que parece se impor da realidade do objeto com que a criança enfrenta um estádio absolutamente primitivo de seu desenvolvimento. Ela atinge uma concepção articulada e surpreendente, que o sr. e a sra. Balint chamaram de *Primary Love*. Trata-se, segundo eles, da única forma de amor em que o egoísmo e o dom são perfeitamente conciliáveis, na medida em que se estabelece uma perfeita reciprocidade entre o que a criança exige da mãe e o que a mãe exige da criança, uma perfeita complementariedade dos dois pólos da necessidade.

Essa concepção é perfeitamente contrária a toda experiência clínica. Lidamos perpetuamente, no sujeito, com a evocação da marca de tudo aquilo que pôde sobrevir de discordâncias verdadeiramente fundamentais. A teoria deste autoproclamado amor primitivo perfeito e complementar comporta além disso, em seu enunciado mesmo, a assinatura dessa discordância. Trata-se da observação de Alice Balint, em *Mother's Love and Love of the Mother*, de que ali onde as relações são naturais, isto é, entre os selvagens, a criança é sempre mantida em contato com a mãe. É alhures, no país dos sonhos, no Jardim das Hespérides, lá onde, como todos sabem, a mãe leva sempre a criança nas costas. De fato, a noção de um amor tão estritamente complementar, e como que destinado por si mesmo a encontrar sua reciprocidade, constitui uma evasão tão pouco compatível com uma teorização correta que os autores acabam por confessar que esta é uma posição ideal, senão ideativa.

Tomei este exemplo somente para nos introduzir ao que será o elemento motor de nossa crítica da noção de frustração, a saber, a teoria kleiniana. É claro que a representação fundamental que nos dá a teoria kleiniana não é exatamente aquela do *Primary Love*, e é por isso que é divertido ver-se por que viés é atacada a reconstrução teórica que ela propõe.

Caiu-me nas mãos um certo boletim, que é o da Associação dos Psicanalistas da Bélgica. Encontram-se, em seu sumário, autores que figuram no volume que evoquei quando de minha primeira conferência, e que está centrado numa visão otimista, sem vergonha, e absolutamente incriticada, da relação de objeto. Neste boletim mais confidencial, as coisas são abordadas com mais nuanças, como se fosse da falta de segurança que tivessem um pouco de vergonha, e só deixassem isso transparecer em lugares afastados onde, certamente, quando se toma conhecimento dela, isso a faz parecer ainda mais meritória.

Encontra-se, pois, nesse boletim, um artigo dos srs. Pasche e Renard, que reproduz a crítica dirigida por eles às posições kleinianas por ocasião do Congresso de Genebra. Eles desaprovam, em Melanie Klein, uma teoria do desenvolvimento que, em sua opinião, situaria tudo no interior do sujeito de uma maneira pré-formada. Todo o Édipo, com seu desenvolvimento possível, já estaria incluído no dado instintual, e os diferentes elementos, já potencialmente articulados, só teriam que sair. Os autores pedem que se compare isso com a maneira como, para alguns, na teoria do desenvolvimento biológico, todo o carvalho já estaria contido na bolota. Para tal sujeito, nada viria do exterior. Haveria, inicialmente, as pulsões agressivas primitivas — com efeito, a prevalência da agressividade é manifesta em Melanie Klein quando se a compreende nessa perspectiva —, depois, os choques de retorno dessas pulsões agressivas, sentidos pelo sujeito como vindos do exterior, a saber, do campo materno, e, por intermédio destes, a progressiva construção da totalidade da mãe que, pelo que nos dizem, só pode ser concebida como um esquema pré-formado, a partir do quê se instaura a pretensa posição depressiva.

Sem considerar todas as críticas, umas depois das outras, como seria necessário para apreciá-las em seu justo valor, gostaria simplesmente de sublinhar para vocês, aqui, a formulação que o conjunto atinge, paradoxalmente, e que constitui o centro do artigo.

Os autores parecem aqui fascinados pela questão de saber como se inscreve no desenvolvimento aquilo que é trazido do exterior. Eles acreditam ler em Melanie Klein que aquilo já está dado de saída numa constelação interna, de tal maneira que não seria surpreendente ver em consequência, posta em primeiro plano e de modo prevalente, a noção do objeto interno. Chegam, assim, à conclusão que pensam poder tirar da contribuição kleiniana — de que se trata, com efeito, da noção de esquema hereditariamente pré-formado, o qual frisam que é muito difícil representar. Logo, dizem eles, a criança nasce com instintos herdados diante de um mundo que não percebe, mas de que se lembra, e que ela em seguida nada terá a fazer a partir de si mesma nem de qualquer outra coisa, nem mesmo descobrir por uma série de descobertas insólitas, mas sim reconhecer.

O caráter platônico dessa formulação não pode escapar, e a maioria de vocês vai reconhecê-lo. Este mundo, de que só se tem que lembrar, instaura-se em função de uma certa preparação imaginária à qual o sujeito se encontra, daí por diante, adequado. Isso é formulado a título de crítica, e mesmo de oposição. Mas teremos que pôr à prova não somente se esta crítica não vai de encontro a tudo o que Freud escreveu, mas também se os autores não estão bem mais próximos do que acreditam da posição que reprovam em Melanie Klein. Pois são eles, realmente, que indicam que existem daí para a frente, no sujeito, em sua hereditariedade, em estado de esquemas pré-formados, e prontos a surgir num determinado ponto, todos os elementos que permitirão ao sujeito cooptar-se a uma série de etapas que não são ditas ideais, senão na medida em que são, precisamente, as lembranças do sujeito, e, muito precisamente, suas lembranças filogenéticas, que darão seu tipo e norma.

Foi isso que Melanie Klein quis dizer? É estritamente impensável sustentá-lo. Se existe, de fato, alguma coisa de que a sra. Melanie Klein nos dá a ideia — e não é este, aliás, o sentido da crítica dos autores? —, é certamente que a situação primeira é caótica, verdadeiramente anárquica. O que é característico na origem é o rumor e o furor das pulsões, e trata-se justamente de saber como algo como uma ordem pode se estabelecer a partir daí.

Que haja, na concepção kleiniana, algo de mítico, disso não se duvida. Essas fantasias têm apenas, é claro, um caráter retroativo. É na construção do sujeito que vamos vê-las se reprojetar no passado, a partir de pontos que podem ser muito precoces. Mas por que esses pontos podem ser tão precoces? Como pode a sra. Melanie Klein tomar um sujeito na idade extremamente avançada de dois anos e meio e, como a pitonisa num espelho mântico, isto é, divinatório, ler retroativamente em seu passado nada menos que a estrutura edipiana? Existe para isso alguma razão.

Sem dúvida, existe aí algum tipo de miragem, e não se trata de segui-la quando ela nos diz que o Édipo já estava lá sob as próprias formas, despedaçadas, do pênis, deslocando-se em meio aos irmãos e irmãs nessa espécie de campo definido pelo interior do corpo materno. Mas, que essa articulação seja revelada numa certa relação com a criança, e articulável muito precocemente, eis o que nos coloca, com certeza, uma questão fecunda.

Essa articulação teórica, puramente hipotética, situa de saída uma premissa que, para melhor satisfazer nossa ideia de harmonias naturais, não está de acordo, no entanto, com o que mostra a experiência.

Tudo isso, parece-me, começa a lhes indicar o viés por onde podemos introduzir algo de novo na confusão que permanece no nível da relação primordial mãe-criança.

## 2

É um erro não partir da frustração, que é o verdadeiro centro quando se trata de situar as relações primitivas da criança. É preciso ainda, dessa noção central, ter-se uma noção justa. Muito se esclarece caso a abordemos da seguinte maneira: existem, desde a origem, duas vertentes na frustração, que encontramos reunidas até o final.

Existe, por um lado, o objeto real. É certo que um objeto pode começar a exercer sua influência nas relações do sujeito bem antes de ter sido percebido como objeto. O objeto é real, a relação direta. É unicamente em função de uma periodicidade em que podem aparecer furos e carências que vai se estabelecer um certo modo de relação do sujeito que não necessita em absoluto admitir que haja mesmo para ele distinção entre um eu e um não-eu. Assim acontece, por exemplo, na posição autoerótica no sentido em que a entende Freud, onde não existe, falando propriamente, constituição do outro, nem abordagem concebível da relação.

Por outro lado, existe o agente. Com efeito, o objeto não tem instância, nem entra em função, senão com relação à falta. E nessa relação fundamental que é relação da falta do objeto, é possível introduzir a noção do agente, que vai nos permitir trazer uma formulação essencial à posição geral do problema. Neste caso, o agente é a mãe.

Para lhes mostrar isso, será bastante lembrá-los do que já estudamos nesses últimos anos, a saber, o que Freud articulou quanto à posição constituinte da criança diante dos jogos de repetição, que ele captou, de maneira tão fulgurante, no comportamento desta.

A mãe é outra coisa que não o objeto primitivo. Ela não surge como tal desde o início, mas, como frisou Freud, a partir desses primeiros jogos, jogos de domínio sobre um objeto perfeitamente indiferente em si mesmo e sem nenhuma espécie de valor biológico. No caso, é uma bola, mas poderia ser igualmente qualquer coisa que uma criancinha de seis meses deixasse cair da beira da cama para tornar a apanhar em seguida. Este acoplamento de presença-ausência, articulado de modo extremamente precoce pela criança, conota a primeira constituição do agente da frustração, que é originariamente a mãe. Podemos escrever por S(M) o símbolo da frustração.

Sobre a mãe, dizem-nos que em certa etapa do desenvolvimento, que é a da posição depressiva, ela introduz um elemento novo de totalidade, que se opõe ao caos de objetos despedaçados que caracterizaria a etapa precedente. Pois bem, este elemento novo é, muito mais, a presença-ausência.

Esta não é situada como tal objetivamente, mas articulada pelo sujeito. Já o enunciamos em nossos estudos do ano passado: a presença-ausência é, para o sujeito, articulada no registro do apelo. O objeto materno é chamado, propriamente, quando está ausente — e quando está presente, rejeitado, no mesmo registro que o apelo, a saber, por uma vocalização.

É claro que esta escansão do apelo está longe de nos dar, desde a abordagem, toda a ordem simbólica, mas ela nos mostra seu começo. Ela nos permite, assim, destacar um elemento distinto da relação de objeto real, que, em seguida, vai oferecer precisamente ao sujeito a possibilidade de estabelecer uma relação com um objeto real, com sua escansão, e as marcas, ou traços, que dele restam. Isso é o que oferece ao sujeito a possibilidade de conciliar a relação real com uma relação simbólica.

Antes de mostrar-lhes isso de uma forma mais manifesta, quero simplesmente evidenciar o que está envolvido pelo simples fato de que, na experiência da criança, seja introduzido o par de opostos presença-ausência. O que se introduz desse modo é o que tende naturalmente a adormecer no momento da frustração. A criança se situa, portanto, entre a noção de um agente, que já participa da ordem da simbolicidade, e o par de opostos presença-ausência, a conotação mais-menos, que nos dá o primeiro elemento de uma ordem simbólica. Sem dúvida, este elemento não basta por si só para constituí-la, já que é necessário, em seguida, uma série, agrupada como tal, mas já há virtualmente na oposição mais e menos, presença e ausência, a origem, o nascimento, a possibilidade, a condição fundamental, de uma ordem simbólica.

A questão agora é a seguinte — como conceber o momento de virada onde a relação primordial com o objeto real se abre a uma relação mais complexa? O que é o momento de mudança em que a relação mãe-criança se abre para os elementos que vão introduzir o que chamamos de uma dialética? Creio que podemos formulá-lo de maneira esquemática, expondo a questão seguinte: o que acontece se o agente simbólico, o termo essencial da relação da criança com o objeto real, a mãe como tal, não responde mais? Se, ao apelo do sujeito, ela não responde mais?

Vamos dar a resposta nós mesmos. Ela decai. Quando, antes, estava inscrita na estruturação simbólica que a fazia objeto presente-ausente em função do apelo — ela se torna real.

Por quê? Até então ela existia na estruturação como agente, distinta do objeto real que é o objeto de satisfação da criança. Quando ela não responde mais, quando, de certa forma, só responde a seu critério, ela sai da estruturação, e torna-se real, isto é, torna-se uma potência. Isso, vamos observar, é também o início da estruturação de toda realidade posterior.

Correlativamente, produz-se uma inversão da posição do objeto. Enquanto se trata de uma relação real, o seio — vamos tomá-lo como exemplo — pode ser considerado tão envolvente quanto se quiser. Em contrapartida, a partir do momento em que a mãe vira potência, e como tal, real, e que é dela que manifestamente depende, para a criança, o acesso aos objetos, o que acontece? Estes objetos que eram até então, pura e simplesmente, objetos de satisfação, tornam-se, por parte dessa potência, objetos de dom. E ei-los agora, da mesma forma, nem mais nem menos que a mãe até então, suscetíveis de entrar na conotação presença-ausência, como dependentes desse objeto real que é, doravante, a potência materna. Em suma, os objetos, no sentido em que os entendemos aqui, que não é metafórico, os objetos apreensíveis, possuíveis — deixo de lado a questão, questão de observação, de saber se a noção de *not-me*, não-eu, entra inicialmente pela imagem do outro ou por aquilo que é passível de se possuir —, os objetos que a criança quer reter consigo não são mais tanto objetos de satisfação, e sim a marca do valor dessa potência que pode não responder, e que é a potência da mãe.

Em outras palavras, a posição se inverteu — a mãe se tornou real, e o objeto simbólico. O objeto vale como o testemunho do dom oriundo da potência materna. O objeto tem, a partir daí, duas ordens de propriedade satisfatória, ele é duas vezes objeto possível de satisfação — como anteriormente, ele satisfaz a uma necessidade, mas também simboliza uma potência favorável.

Isso é muito importante de se guardar, se pensarmos que uma das noções mais espinhosas da teoria, desde que esta se transformou, segundo uma fórmula, em psicanálise genética, é a da onipotência do pensamento, de onipotência. É fácil imputá-la a tudo o que está mais distante de nós. Mas é concebível que a criança tenha a noção da onipotência? Talvez ela tenha, com efeito, o essencial desta, mas isso não quer dizer que a onipotência em questão seja a sua. Isso seria absurdo. Conceber isso leva a impasses. A onipotência de que se trata é a da mãe.

Nesse momento que estou descrevendo para vocês, de realização da mãe, é ela quem é onipotente, não a criança. Este é um momento decisivo, em que a mãe passa à realidade a partir de uma simbolização absolutamente arcaica. E nesse momento a mãe pode dar qualquer coisa. É errado, e inteiramente impensável, que a criança tenha a noção de sua onipotência. Não apenas nada indica, em seu desenvolvimento, que ela a tenha, mas quase tudo que nos interessa nesse desenvolvimento e nos acidentes que o envolvem está aí para nos mostrar que a sua pretensa onipotência e os fracassos que esta encontraria não valem nada nessa questão. O que conta, vocês vão ver, são as carências, as decepções, que afetam a onipotência materna.

Esta investigação lhes poderá parecer um pouco teórica. Ela tem, ao menos, a vantagem de introduzir distinções essenciais, e trilhar caminhos que não são os que se tomam correntemente. Vão ver agora a que, doravante, elas nos conduzem.

Aí está, pois, a criança em presença de algo que ela realizou como potência. O que se situava até então no plano da primeira conotação presença-ausência passa, de súbito, a um outro registro, e torna-se algo que se pode recusar e que detém tudo aquilo que o sujeito pode necessitar. E mesmo que ele não precise disso, a partir do momento em que isso depende dessa potência, isso se torna simbólico.

## 3

Vamos expor agora a questão de um ponto de partida completamente diferente.

Freud nos diz que, no mundo dos objetos, existe um cuja função é paradoxalmente decisiva, a saber, o falo. Este objeto é definido como imaginário, não é possível de modo algum confundi-lo com o pênis em sua realidade, que é, propriamente falando, a sua forma, a imagem erigida. Esse falo tem um papel tão decisivo que sua nostalgia, tanto quanto sua presença ou sua instância, no imaginário, parecem ser ainda mais importantes para os membros da humanidade a quem falta o correlato real, a saber, as mulheres, do que para aqueles que podem se assegurar de possuir sua realidade, e dos quais toda a vida sexual fica, entretanto, subordinada ao fato de que, imaginariamente, eles assumem verdadeiramente seu uso, e, afinal, assumem-no como lícito, como permitido, ou seja, os homens.

Aí está uma premissa para nós. Consideremos, a partir daí, nossa mãe e nossa criança que, segundo Michael e Alice Balint, formam uma única totalidade de necessidades, assim como o casal Mortimer, de Jean Cocteau, têm um só coração. Todavia, conservo-os no quadro como dois círculos exteriores.

Freud, por seu lado, nos diz que a mulher tem, dentre suas faltas de objetos essenciais, o falo, e que isso está estreitamente ligado à sua relação com a criança. Por uma simples razão — se a mulher encontra na criança uma satisfação é, muito precisamente, na medida em que encontra nesta algo que atenua, mais ou menos bem, sua necessidade de falo, algo que o satura. Não considerando isso, desconhecemos não somente o ensino de Freud, mas os fenômenos que se manifestam a todo instante na experiência.

Logo, eis a mãe e a criança numa certa relação dialética. A criança espera alguma coisa da mãe, e também recebe alguma coisa desta. Não podemos deixar de introduzir isso aqui. Digamos, de modo aproximativo, à maneira dos Balint, que a criança pode acreditar ser amada por si mesma.

A questão, então, é a seguinte — o que acontece na medida em que a imagem do falo para a mãe não é completamente reduzida à imagem da criança? Onde existe diplopia, divisão do objeto desejado, supostamente primordial? Longe de ser harmônica, a relação da mãe com a criança é duplicada, de um lado, pela necessidade de uma certa saturação imaginária, e de outro, por poderem existir ali, com efeito, relações reais eficientes com a criança, num nível primordial, instintual, que permanece definitivamente mítico. Existe sempre para a mãe algo que permanece irredutível no que está em questão. Afinal, se acompanharmos Freud, diremos que a criança, como real, simboliza a imagem. Mais precisamente — a criança, como real, assume para a mãe a função simbólica de sua necessidade imaginária — os três termos estão aí.

Todas as espécies de variedades vão poder introduzir-se aí. Todos os tipos de situações já estruturadas existem entre a criança e a mãe. A partir do momento em que a mãe é introduzida no real ao estado de potência, abre-se a possibilidade para a criança de um objeto intermediário como tal, como objeto de dom. A questão é saber em que momento, e como, a criança pode ser introduzida diretamente à estrutura simbólico-imaginário-real, tal como se produz para a mãe. Em outras palavras, em que momento a criança pode entrar — e assumir de uma maneira, como veremos, mais ou menos simbolizada — na situação imaginária, real, da relação com aquilo que é o falo para a mãe? Em que momento a criança pode, em certa medida, sentir-se despossuída ela mesma de algo que exige da mãe, percebendo que não é ela quem é amada, mas uma certa imagem?

Existe aqui algo que vai mais longe. Esta imagem fálica, a criança a realiza sobre si mesma, e é aí que intervém, falando propriamente, a relação narcísica. No momento em que a criança apreende a diferença dos sexos, em que medida essa experiência vem se articular com o que lhe é oferecido na presença da mãe e de sua ação? Como se inscreve, então, o reconhecimento deste terceiro termo imaginário que é o falo para a mãe? Muito mais, a noção de que à mãe falta esse falo, de que ela própria é desejante, não somente de algo além dele próprio, porém simplesmente desejante, isto é, afetada em sua potência, será para o sujeito mais decisiva que tudo.

Anunciei-lhes, da última vez, o caso de uma fobia numa menina, e vou lhes indicar agora o seu interesse.

Devido à guerra, e ao fato de ser uma discípula de Anna Freud quem faz a observação, todos os tipos de boas condições estão reunidas. A criança é observada de ponta a ponta, e por uma boa observadora. Com efeito, ela não compreende nada. Não compreende nada porque a teoria da sra. Anna Freud é falsa. Em consequência, os fatos vão deixá-la num estado de espanto que faz toda a precisão da observação — tudo é anotado, dia a dia — e sua fecundidade.

A menina — que tem dois anos e cinco meses —, percebendo que os meninos possuem um *faz-pipi*, como se expressa o pequeno Hans, põe-se a funcionar em posição de rivalidade. Ela faz tudo para ser como os meninos. Esta criança está separada de sua mãe, não só por causa da guerra, mas porque a mãe perdeu o marido no início da guerra. Ela vem ver a filha, a presença-ausência é regular, e dedica-se, quando vem, a joguinhos de aproximação — anda na ponta dos pés, chega de mansinho. Em suma, vê-se a sua função de mãe simbólica. Portanto, tudo vai muito bem, a criança tem os objetos reais que quer quando a mãe não está lá, e, quando está, desempenha seu papel de mãe simbólica. Essa menininha, tendo, pois, feito a descoberta de que os meninos têm um *faz-pipi*, quer imitá-los, e também manuseá-los. Um drama se produz nesse sentido, mas sem nenhuma consequência.

Esta observação nos é apresentada como uma fobia e, de fato, uma bela noite, a garotinha acorda assaltada por um medo louco. Tem um cachorro ali, querendo mordê-la. Sai da cama, é preciso levá-la para outra cama, e a fobia evolui por algum tempo.

A fobia se segue à descoberta da ausência do pênis? Por que fazemos esta pergunta? Porque este cachorro é, manifestamente, um cachorro que morde, e que morde o sexo. Isso sabemos à medida que vamos analisar a criança, isto é, que vamos acompanhar e entender o que ela conta. A primeira frase realmente longa e articulada que ela pronuncia — tem um certo retardamento em sua evolução — é para dizer que o cachorro morde a perna do menino mau, e isso em pleno *acting* de sua fobia.

Estão vendo a relação existente entre a simbolização e o objeto da fobia. Por que o cachorro? — vamos falar disso mais tarde. Mas o que quero que observem é que o objeto da fobia está ali como agente que retira o que no início fora mais ou menos admitido como ausente.

Vamos fazer um curto-circuito, e dizer que se trata simplesmente, na fobia, de uma passagem no nível da lei? — isto é, da intervenção de um elemento que é, como lhes dizia há pouco, provido de potência, a fim de justificar o que está ausente por estar ausente, por ter sido mordido, extraído?

O esquema que tentei articular hoje vai, com certeza, neste sentido. Este franqueamento é feito a cada instante. O sr. Jones, por exemplo, nos diz muito claramente: afinal, o supereu talvez não passe, para a criança, de um álibi imaginário, ao passo que as angústias são primordiais, primitivas. Em outras palavras, a cultura, com todas as interdições que comporta, é algo de caduco, ao abrigo do que vem repousar o que existe de fundamental, a saber, as angústias em seu estado inconstituído. Há nessa concepção algo de justo — é certamente o mecanismo da fobia. Mas o mecanismo da fobia é o mecanismo da fobia, e estendê-lo, como faz o sr. Pasche no fim do artigo de que lhes falei, a ponto de dizer que ele explica, no fundo, o instinto de morte, por exemplo, ou ainda que as imagens do sonho são apenas uma certa maneira que o sujeito tem de revestir suas angústias, de personalizá-las, como se pode dizer, é recair sempre na mesma ideia, a saber, o desconhecimento da ordem simbólica, que não passaria de uma espécie de revestimento e de pretexto recobrindo algo de mais fundamental. Será isso que lhes quero dizer, trazendo aqui este caso de fobia? Não.

O interesse da observação é indicar com precisão as ausências da mãe durante o mês que precede a eclosão da fobia. Certamente, o tempo levado pela fobia para eclodir é bem mais longo, passam-se quatro meses entre a descoberta pela criança, de seu afalicismo, e a eclosão da fobia, mas foi realmente necessário que acontecesse alguma coisa no intervalo. Primeiro, a mãe deixou de vir porque havia caído doente e foi preciso operá-la. A mãe não é mais a mãe simbólica, a mãe faltou, mas nada acontece. Ela volta, torna a brincar com a criança, nada acontece ainda. Ela volta apoiada numa bengala, volta fraca, não tem mais a mesma presença nem a mesma alegria, nem as mesmas relações hebdomadárias de aproximação e afastamento que fazem dela um ponto de ancoramento suficiente para a criança. E é nesse momento, portanto, no terceiro tempo, muito afastado, que surge a fobia.

Descobrimos assim, graças à observação, que o afalicismo não bastou, mas que era preciso ainda haver essa segunda ruptura no ritmo alternado da ida-vinda da mãe. A mãe apareceu inicialmente como alguém que podia faltar, e sua falta inscreveu-se na reação e no comportamento da criança — a criança está muito triste, é preciso animá-la, no entanto não há fobia. A criança torna a ver a mãe, em seguida, sob uma forma débil, apoiada numa bengala, doente, cansada — no dia seguinte eclode o sonho com o cachorro, e a fobia se instala. Nada é mais significativo e paradoxal no caso, a não ser um outro ponto que vou lhes dizer.

Voltaremos a falar desta fobia, da maneira como os terapeutas a atacaram, do que acreditaram compreender. Quero simplesmente marcar para vocês a questão que se coloca, considerando-se os antecedentes da fobia. A partir de que momento a fobia se torna necessária? A partir do momento em que à mãe falta o falo. O que determina, assim, a fobia? O que se equilibra nela? Por que ela é suficiente? Vamos abordar isso na próxima vez.

Há um outro ponto não menos surpreendente. Depois da fobia, a *Blitz* cessa, a mãe recupera sua filha, torna a casar-se. A garotinha se vê com um novo pai e um novo irmão, filho do padrasto. Este irmão, que ela adquiriu de repente e que é mais velho uns cinco anos, entrega-se, com ela, a todo tipo de jogos, ao mesmo tempo de adoração e violentos. Pede a ela para mostrar-se nua, e se entrega, em sua direção manifestamente, a uma atividade inteiramente ligada ao interesse que lhe dedica na medida em que ela não tem pênis. E a psicoterapeuta se espanta — isso deveria ter sido uma bela ocasião para uma recaída de sua fobia.

Com efeito, a teoria ambientalista em que se funda toda a terapêutica de Anna Freud indica que é na medida em que o eu está mais ou menos bem informado sobre a realidade que as discordâncias se estabelecem. A presença do homem-irmão, personagem não apenas fálico, mas portador do pênis, que lhe representifica sua falta, não deveria ser uma ocasião de recaída para a menina? Muito longe disso, não há traço aí de perturbação mental, ela nunca esteve tão bem.

Diz-se aliás o porquê: é que ela é manifestamente preferida por sua mãe a este menino. Todavia, o pai está presente o bastante para introduzir, precisamente, um novo elemento, de que ainda não falamos até agora, mas que está essencialmente ligado à função da fobia, a saber, um elemento simbólico, situado para além das relações com a mãe, para além do que é sua potência ou impotência, e destacando de sua implicação na mãe a noção de potência como tal. Em suma, ele substitui aquilo que nos parece ter sido saturado pela fobia, a saber, o temor do animal castrador como tal, que se verificou ser o elemento de articulação essencial, necessário, tendo permitido à criança atravessar a grave crise em que havia entrado diante da impotência materna. A criança reencontra agora sua necessidade saturada pela presença materna, pela do pai, e de quebra por sua relação com o irmão.

Mas será que a terapeuta vê tão claro assim? Essa relação em que ela já é a *girl* do irmão é prenhe de todas as espécies de possibilidades patológicas. Podemos perceber, sob uma outra face, que ela, nesse momento, tornou-se inteiramente alguma coisa que vale mais que o irmão. Certamente irá se tornar essa *girl-phallus* de que tanto se fala. Trata-se de saber em que medida ela não será implicada, mais tarde, nessa função imaginária. Mas, de imediato, nenhuma necessidade essencial tem de ser preenchida pela articulação da fantasia fálica, pois o pai está lá e ele basta. Basta agora manter entre os três termos da relação mãe-criança-falo uma distância suficiente para que o sujeito não tenha, para mantê-la, que dar de si, que se pôr nisso.

Como é mantida essa distância, por que via, por que identificação, por que artifício? Isso é o que começaremos, da próxima vez, a abordar, retomando este caso clínico. Vamos nos introduzir, deste modo, no que há de mais característico na relação de objeto pré-edipiana, a saber, o nascimento do objeto como fetiche.

12 DE DEZEMBRO DE 1956

# V

# DA ANÁLISE COMO *BUNDLING* E SUAS CONSEQUÊNCIAS

*A pulsão a olho nu.*
*A verdadeira natureza da relação analítica.*
*A solução fetichista.*
*O paroxismo perverso.*
*Perversão transitória de um fóbico.*

A concepção analítica da relação de objeto já conhece uma certa realização histórica. O que tento lhes mostrar vai retomá-la num sentido que difere dela em parte, em parte permanece o mesmo — mas o simples fato de ela se inserir aqui num conjunto diferente lhe dá, sob todos os aspectos, uma significação diferente.

No ponto em que chegamos, convém pontuar bem a significação assumida pela relação de objeto quando posta no centro de sua concepção de análise pelo grupo daqueles que mais a mencionam. Relendo, recentemente, alguns de seus artigos, pude perceber que esta formulação, que se afirmou no decorrer dos anos, precipita-se agora e alcança uma concepção muito firmemente articulada.

Outrora eu havia ironicamente desejado, em certos textos, que alguém expusesse de fato a noção da relação de objeto tal como esta é pensada numa certa orientação. Meu voto desde então foi amplamente satisfeito por mais de um, e se a formulação foi meio que se afrouxando por parte daquele que introduzira essa noção a propósito da neurose obsessiva, Bouvet, outros fizeram um esforço de precisão.

## 1

O artigo dos srs. Pierre Marty e Michel Fain sobre "A importância do papel da motricidade na relação de objeto", publicado no número de janeiro-junho de 1955 da *Revue française de Psychanalyse*, nos dá um exemplo vivo da concepção dominante. Vou resumir este trabalho para vocês, prevenindo-os ao mesmo tempo de que as coisas certamente vão lhes parecer ir muito mais longe à leitura do próprio artigo do que nas poucas palavras que poderei pronunciar aqui.

A relação entre o analisado e o analisando é concebida inicialmente como se estabelecendo entre um sujeito, o paciente, e um objeto exterior, o analista. Para nos exprimirmos em nosso vocabulário, o analista é ali concebido como real. Este par é suposto ser, por si só, o elemento animador do desenvolvimento analítico. A tensão da situação analítica é concebida sobre a seguinte base: entre um sujeito, deitado ou não num divã, e o objeto exterior que é o analista, não é possível estabelecer-se e manifestar-se aquilo a que se chama a relação pulsional primitiva. Esta se manifesta normalmente por uma atividade motora — tal é o pressuposto do desenvolvimento da relação analítica.

Segue-se que a última palavra do que se passa no nível da pulsão, vamos encontrá-la do lado das pequenas marcas cuidadosamente observadas, dos diferentes esboços, da reação motora do sujeito. É aí que a pulsão está, de certa forma, localizada, e sentida como viva pelo analista. Sendo o sujeito forçado a conter seus movimentos pela relação, tal como estabelece a convenção analítica, é precisamente nesse nível que se localiza, no espírito do analista, o que se trata de manifestar, isto é, a pulsão emergente.

Afinal de contas, tal como é concebida em sua base, a situação só pode se exteriorizar numa agressão erótica. Se esta não se manifestar é porque foi acordado que ela não se manifeste, mas é desejável que surja a sua ereção, se podemos dizer, a todo instante. É precisamente na medida em que, no interior da convenção analítica, devido à regra, a manifestação motora da pulsão não pode se produzir, que nos será permitido perceber o que interfere com a situação constituinte, e que veremos superpor-se à relação com o objeto exterior uma relação com um objeto interior. Segundo o artigo em questão, o sujeito tem, de fato, uma relação com um objeto interior, que é a pessoa presente, mas enquanto considerada nos mecanismos imaginários já instituídos no sujeito, e tornada objeto de uma relação fantasística. Existe uma certa discordância entre este objeto imaginário e o objeto real, em função do que, a cada instante, o analista será apreciado, medido, e deverá moldar suas intervenções. Como não há, segundo essa concepção, mais ninguém a entrar em jogo na situação analítica além daqueles que ali estão, um desses autores, seguido por todos os outros, foi levado a valorizar a noção da distância neurótica que o sujeito impõe ao objeto. O objeto fantasístico, ou interior, deverá, ao menos na posição suspensa em que está, e de maneira vivida pelo sujeito, ser reduzido à distância real, que é aquela entre o sujeito e o analista. É nessa medida que o sujeito irá realizar seu analista como presença real.

Os autores, aqui, vão muito longe. Já aludi várias vezes ao fato de que um desses autores, é verdade que num período postulante de sua carreira, dera como virada crucial numa análise o momento em que seu analisando havia conseguido sentir seu cheiro. Não era uma metáfora, não se tratava de que ele pudesse senti-lo psicologicamente, tratava-se do momento em que o paciente percebera o odor do analista. O afloramento dessa relação olfativa, sua vinda ao primeiro plano, é uma consequência matemática de tal concepção da relação analítica. A partir do momento em que esta é concebida como uma posição real, simplesmente refreada, em cujo interior deve, pouco a pouco, se realizar uma distância que é a distância ativa e presente diante do analista, é realmente certo que um dos modos mais diretos da relação com o outro é esta apreensão à distância proporcionada pelo olfato.

Saibam que não tomei aqui um exemplo excepcional, mas que isso se repetiu várias vezes. Parece mesmo haver uma tendência cada vez maior, nesse meio, a dar uma importância capital a tais modos de apreensão.

Logo, eis como se chega a pensar a posição analítica quando se acredita que ela se inscreve numa situação de relação real entre dois personagens, que estes estão separados nesse recinto por uma barreira convencional, e que algo deve aí se realizar. Depois da formulação teórica, vejamos agora suas consequências práticas.

Fica claro, desde o início, que uma concepção tão exorbitante não pode ser levada às últimas consequências. Por um lado, se o que ensino a vocês é verdadeiro, mesmo que o praticante partilhe uma tal concepção, a situação em que ele opera nem por isso se torna realmente o que estipula a dita concepção. Não basta concebê-la assim para que ela seja assim como se a concebe. Vai-se levá-la de viés, em razão da maneira como se a concebe, mas o que ela é realmente permanece, apesar de tudo, aquilo que tento expressar para vocês pelo esquema que faz intervir e se entrecruzar a relação simbólica e a relação imaginária, uma servindo de filtro à outra. A situação não é anulada pelo fato de ser ignorada, e isso manifesta bem a insuficiência dessa concepção. Mas, inversamente, esta insuficiência pode ter alguma consequência sobre a maneira de levar a bom termo o conjunto da situação.

É assim que a situação analítica se vê concebida como uma situação real, onde se realiza uma operação de redução do imaginário ao real. No quadro dessa operação, desenrola-se um certo número de fenômenos que vão permitir situar as diferentes etapas em que o sujeito permaneceu mais ou menos aderido, ou fixado, à relação imaginária. Faz-se, assim, o que se chama a exaustão de suas diversas posições, essencialmente imaginárias, e a relação pré-genital se torna cada vez mais o essencial daquilo que é explorado na análise.

A única coisa que não está de modo algum elucidada numa tal concepção da situação analítica, e que não é sem importância, já que tudo reside ali, pode-se exprimir assim: não se sabe por que se fala disso. Não se sabe, o que não quer dizer, no entanto, que se poderia dispensá-lo. Nada é dito sobre o fato da função da linguagem e da palavra nessa posição. Aliás, veremos também emergir o valor todo especial dado à única verbalização impulsiva, aos gritos dirigidos ao analista do tipo — *Por que, aí, você não me responde*? Vão encontrá-lo, nesses autores, pontuado da maneira mais precisa. Uma verbalização só tem importância para eles na medida em que é impulsiva, isto é, manifestação motora.

Em que resulta a operação de regulagem da distância do objeto interno, a que toda a técnica se submete? Nosso esquema permite concebê-lo.

A linha *a-a*' diz respeito à relação imaginária, que refere o sujeito como mais ou menos discordante, decomposto, aberto à fragmentação, à imagem unificadora, narcísica, que é a do pequeno outro. Sobre a linha S-A, que não é uma linha, pois convém estabelecê-la, produz-se a relação do sujeito com o Outro. O Outro não é simplesmente o outro que está ali, mas literalmente o lugar da palavra. Existe, já estruturado na relação falante, este mais-além, este grande Outro para além do outro que vocês apreendem imaginariamente, este Outro suposto que é o sujeito como tal, o sujeito em que a fala de vocês se constitui, porque ele pode, não somente acolhê-la, percebê-la, mas também responder a ela. É sobre esta linha que se estabelece tudo o que é da ordem transferencial, o imaginário desempenhando aí, precisamente, um papel de filtro, até mesmo de obstáculo. Decerto, em cada neurose, o sujeito já tem, se podemos dizer, sua própria regulagem. A regulagem com referência à imagem lhe serve, com efeito, para ao mesmo tempo escutar e não escutar o que há a ser escutado no lugar da fala.

Não vamos dizer nada. Se nosso esforço, nosso interesse, incide unicamente sobre a relação imaginária que ali está em posição transversa com referência ao advento da palavra, se tudo é desconhecido sobre a relação entre a tensão imaginária e aquilo que se deve realizar, vir à luz, da relação simbólica inconsciente — e, no entanto, é toda a doutrina analítica que aí está, em estado potencial —, se esquecemos que existe algo que deve permitir ao sujeito elaborar-se, realizar-se tanto como história quanto como confissão, se negligenciamos a interação da relação imaginária com a simbólica e a impossibilidade do advento simbólico que constitui a neurose, se não os pensamos sem cessar cada um em função do outro, se não nos interessamos senão pelo que os paladinos dessa concepção chamam de distância para com o objeto, e para aniquilá-la, se é que isto é possível quando só nos interessamos por ela — que baste a vocês saber que já temos os resultados disso. Sim, já nos chegaram às mãos sujeitos que haviam passado por esse estilo de apreensão e de experiência. O que é absolutamente certo num certo número de casos, e precisamente em casos de neurose obsessiva, é que, ao fazer do desenvolvimento inteiro da situação analítica uma busca da redução dessa famosa distância que seria característica da relação de objeto na neurose obsessiva, obtemos o que se pode chamar de reações perversas paradoxais.

Observam-se, doravante, fenômenos absolutamente desusados, que praticamente não existiam na literatura analítica antes que se pusesse em primeiro plano este modo técnico. Penso, por exemplo, na explosão, na precipitação de um apego homossexual por um objeto de certa forma paradoxal que permanece ali à maneira de um artefato, espécie de gelificação, ou de cristalização, de uma imagem em torno dos objetos que se acham ao alcance do sujeito. O fenômeno pode manifestar uma persistência bastante duradoura.

Tudo isso não surpreende, se nos referirmos à tríade imaginária.

## 2

No ponto a que levei as coisas da última vez, vocês viram esboçar-se uma linha de busca que se referia à tríade imaginária mãe-criança-falo, como prelúdio à posta em jogo da relação simbólica, que se faz com a quarta função, a do pai, introduzida pela dimensão do Édipo.

O triângulo é em si mesmo pré-edipiano. Aqui ele é isolado somente por abstração, e só nos interessa na medida em que é retomado em seguida no quator que se constitui com a entrada em jogo da função paterna, a partir do que podemos chamar a decepção fundamental da criança. Esta se produz quando ela reconhece — deixamos em aberto a questão de saber como — não apenas que ela não é o objeto único da mãe, mas que o interesse da mãe, mais ou menos acentuado segundo o caso, é o falo. A partir deste reconhecimento, resta perceber, em segundo lugar, que a mãe é justamente privada, que falta a ela mesma este objeto. Eis o ponto a que chegamos da última vez.

Mostrei isso a vocês, evocando o caso de uma fobia transitória numa criança muito pequena. Este é um caso muito favorável para estudar a fobia, porque as coisas se passam no limite da relação edipiana. Existe inicialmente uma dupla decepção imaginária — localização pela criança do falo que lhe falta, depois, num segundo tempo, percepção de que à mãe, a esta mãe que está no limite do simbólico e do real, falta também o falo. Segue-se o apelo feito pela criança a um termo que sustente esta relação insustentável. É então a eclosão da fobia, com o surgimento deste ser fantasístico que é o cão, que aqui intervém como, falando propriamente, o responsável por toda a situação, aquele que morde, aquele que castra, aquele graças ao qual o conjunto da situação é pensável, vivenciável simbolicamente, ao menos por um período provisório.

Quando o atrelamento dos três objetos imaginários é rompido, há mais de uma solução possível. Esta solução é sempre convocada, quer a situação seja normal ou anormal.

O que acontece na situação edipiana normal? É por intermédio de uma certa rivalidade do sujeito com o pai, pontuada pela identificação numa alternância de relações, que alguma coisa se estabelece fazendo com que o sujeito se veja conferir dentro de certos limites, aqueles que precisamente o introduzem à relação simbólica, a potência fálica.

Isso se faz de maneira diversa, segundo a posição de menina ou de menino.

Para o menino, é absolutamente claro. Eu lhes disse outro dia, a criança enquanto ser real é considerada pela mãe como símbolo de sua falta de objeto, de seu apetite imaginário pelo falo. A saída normal desta situação é que a criança receba simbolicamente o falo de que necessita. Mas, para que dele necessite, é preciso que tenha sido previamente ameaçada pela instância castradora, que é originariamente a instância paterna. É no plano simbólico, isto é, aqui, no plano de uma espécie de pacto, de direito ao falo, que se estabelece essa identificação viril que está no fundamento de uma relação edipiana normativa.

Vou introduzir aqui uma observação lateral referente às formulações que se encontram sob a pena de Freud, para introduzir a distinção entre a relação anaclítica e a relação narcísica. Elas são muito singulares, até mesmo paradoxais.

Nos tipos de relação libidinal no adolescente, Freud distingue dois tipos de objeto de amor, o objeto de amor anaclítico, que leva a marca de uma dependência primitiva da mãe, e o objeto de amor narcísico, modelado sobre a imagem narcísica do sujeito, que tentamos elaborar aqui, mostrando sua raiz na relação especular com o outro.

O termo anaclítico, ainda que o devamos a Freud, é muito mal empregado, pois na realidade não existe em grego o sentido que Freud lhe dá e que é indicado pelo termo alemão *Anlehnung* — é uma relação de *apoio contra*. Isso, aliás, se presta a todos os tipos de mal-entendidos, alguns tendo levado as coisas a ponto de fazer deste *apoio contra* uma reação de defesa. De fato, se lermos Freud, veremos muito bem que se trata de uma necessidade de apoio, que pede apenas para se abrir pelo lado de uma relação de dependência.

Se formos mais longe, vamos ver que existem singulares contradições na formulação oposta que Freud dá desses dois modos de relações, anaclítica e narcísica. Ele é, muito curiosamente, levado a falar, a propósito da relação anaclítica, de uma necessidade de ser amado, muito mais que de uma necessidade de amar. Inversamente, e de modo muito paradoxal, a narcísica nos surge, de súbito, sob uma luz surpreendente. Com efeito, um elemento de atividade parece inerente ao comportamento muito especial do narcísico. Este parece ativo na medida em que, até certo ponto, sempre desconhece o outro. É exatamente o contrário da necessidade de amar com que Freud o reveste, e que lhe atribui, o que faz dele de certa forma o lugar natural daquilo que, num outro vocabulário, chamaríamos de oblativo, o que só pode desconcertar.

É, uma vez mais, no desconhecimento da posição dos elementos intersubjetivos que essas perspectivas paradoxais têm sua origem, e, ao mesmo tempo, sua justificativa.

A relação anaclítica, ali onde tem interesse, isto é, no nível de sua persistência no adulto, é sempre concebida como uma pura e simples sobrevivência, ou prolongamento, do que se chama uma posição infantil. Esta posição, Freud em seu artigo sobre os tipos libidinais, chama, nem mais nem menos, de posição erótica, o que mostra realmente que esta é a posição mais aberta. Desconhece-se sua essência, ao não se perceber o seguinte: é na medida em que o sujeito masculino, na relação simbólica, se vê investido do falo como tal, como pertencente a ele e sendo-lhe de um legítimo exercício, que ele se torna o portador do objeto do desejo para o objeto que sucede ao objeto materno, o objeto reencontrado e marcado pela relação com a mãe primitiva que é, em princípio, o seu objeto na posição normal do Édipo, e isso desde a origem da comunicação freudiana — a saber, a mulher. É na medida em que a mulher depende dele, do falo de que ele é doravante o senhor, o representante, o depositário, que a posição se torna anaclítica.

A relação de dependência se estabelece à medida que, identificando-se ao outro, ao parceiro objetal, o sujeito sabe que esse lhe é indispensável, que é ele, e somente ele, quem a satisfaz, porque é, em princípio, o único depositário deste objeto que é o objeto do desejo da mãe. É em função de semelhante realização da posição edipiana que o sujeito se encontra numa posição que podemos qualificar, segundo uma certa perspectiva, de ótima em relação ao objeto reencontrado, sucessor do objeto materno primitivo com referência ao qual ele se torna, quanto a si, o objeto indispensável, e sabendo-se indispensável. Uma parte da vida erótica dos sujeitos que participam desta vertente libidinal está inteiramente condicionada pela necessidade, uma vez experimentada, e assumida, do Outro, a mulher materna, na medida em que esta tem necessidade de encontrar nele o seu objeto, que é o objeto fálico. Eis o que faz a essência da relação anaclítica por oposição à relação narcísica.

Este parêntese destina-se a mostrar-lhes a utilidade de pôr em jogo a dialética dos três objetos primeiros e do quarto termo que os abrange a todos, ligando-os na relação simbólica, a saber, o pai. Este termo introduz a relação simbólica, e com ela a possibilidade de transcender a relação de frustração ou de falta de objeto na relação de castração, a qual é uma coisa inteiramente diversa, pois introduz essa falta de objeto numa dialética onde se toma e se dá, onde se institui e onde se investe, em suma, uma dialética que confere à falta a dimensão do pacto, de uma lei, de uma interdição, a do incesto em particular.

Voltemos a nosso sujeito, e perguntemos o que se torna ele caso, à falta da relação simbólica, a relação imaginária se torne a regra e a medida da relação anaclítica. Pode ocorrer, com efeito, que um acidente evolutivo ou um incidente histórico atinja os laços da relação mãe-criança com referência ao terceiro objeto, o objeto fálico, que é ao mesmo tempo o que falta à mulher e o que a criança descobriu que falta à mãe. Discordância ou não-laço, ou destruição dos laços, a coerência falha. Para restabelecê-la, existem outros modos que não os simbólicos. Existem os modos imaginários, que são não típicos.

Por exemplo, a identificação da criança com a mãe. A partir de um deslocamento imaginário com referência à parceira materna, a criança vai fazer, no lugar desta, a escolha fálica, realizará para ela a assunção de seu *longing* em direção ao objeto fálico.

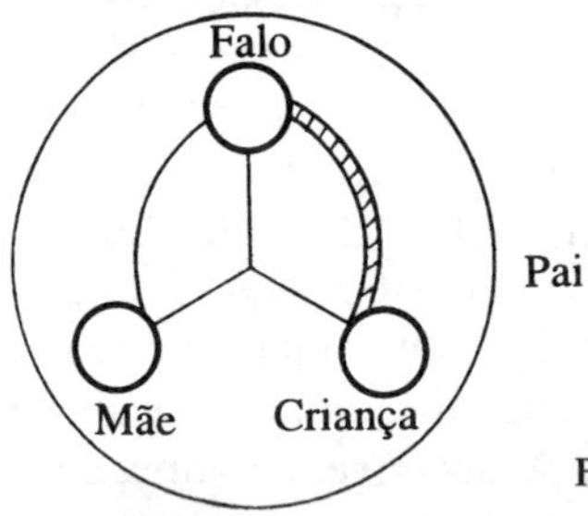


ESQUEMA DO FETICHISMO (2)

Este esquema nada mais é que o da perversão fetichista. Este é, se quiserem, um exemplo de solução. Há uma via mais direta. Outras soluções existem para o acesso à falta de objeto. Já no plano imaginário, a falta de objeto constitui propriamente a via humana, aquela da realização da relação do homem com sua própria existência, na medida em que esta pode ser questionada. Isso já é suficiente para fazer dele algo de diferente do animal, e de todas as relações animais possíveis no plano imaginário. Este acesso imaginário à falta de objeto se realiza no interior de certas condições pontuadas, extra-históricas, de forma que se apresenta sempre o paroxismo da perversão.

A perversão tem, com efeito, a propriedade de realizar um modo de acesso a este mais-além da imagem do outro que caracteriza a dimensão humana. Mas ela só realiza isso em momentos como os que produzem sempre os paroxismos das perversões, momentos sincopados no interior da história do sujeito. Observa-se uma convergência ou uma ascensão para o momento que pode ser, muito significativamente, qualificado de passagem ao ato. Durante esta passagem ao ato, realizou-se algo, que é fusão, e acesso a esse mais-além. A teoria anaclítica freudiana formula como tal esta dimensão transindividual, e chama *Eros* à união de dois indivíduos, onde cada um é arrancado a si mesmo e, por um instante mais ou menos frágil e transitório, até mesmo virtual, encontra-se como parte constituinte dessa unidade. Uma tal unidade é realizada em certos momentos da perversão, mas o próprio da perversão é precisamente que esta unidade jamais pode ser realizada, senão em momentos que não são ordenados simbolicamente.

No fetichismo, o próprio sujeito diz que encontrou finalmente seu objeto, seu objeto exclusivo, tanto mais satisfatório quanto é inanimado. Assim, ao menos, ele ficará muito tranquilo, certo de não sofrer decepção por parte dele. Amar um chinelo é, realmente, ter o objeto de seus desejos ao alcance. Um objeto desprovido de qualquer propriedade subjetiva, intersubjetiva, até mesmo transubjetiva, é mais assegurado. No que diz respeito à realização da condição de falta como tal, a solução fetichista é, incontestavelmente, uma das mais concebíveis, e vamos encontrá-la efetivamente realizada.

O próprio das relações imaginárias é serem sempre perfeitamente recíprocas, já que são relações em espelho; por isso devemos também nos preparar para ver surgir de tempos em tempos, no fetichista, a posição, não de identificação com a mãe, mas de identificação com o objeto. É isso, efetivamente, o que veremos se produzir no decorrer de uma análise de fetichista, pois essa posição é sempre, como tal, o que há de menos satisfatório. O fato de que por um curto instante a iluminação fascinante do objeto que foi o objeto materno satisfaça o sujeito não basta para estabelecer um equilíbrio erótico de conjunto. E, efetivamente, se é com o objeto que ele se identifica por um momento, ele aí perderá, se podemos dizê-lo, seu objeto primitivo, a saber, a mãe, e irá considerar a si mesmo como um objeto destruidor para ela. Este jogo perpétuo, esta profunda diplopia, marca toda a manifestação fetichista.

Isso é tão evidente que uma Phyllis Greenacre, que procurou aprofundar seriamente o fundamento da relação fetichista, tem esta fórmula: que parece que se está em presença de um sujeito que nos mostraria, com excessiva rapidez, sua própria imagem em dois espelhos opostos. Esta fórmula lhe escapou sem que naquele momento ela soubesse muito bem por que, pois isso é de todo inesperado, mas ela teve, de repente, a sensação de que era isso: o sujeito nunca está ali onde ele está pela simples razão de que saiu de seu lugar, passou, numa relação especular, da mãe ao falo e está, alternadamente, numa e noutra posição. Só há estabilização na medida em que se apreende este símbolo único, privilegiado e ao mesmo tempo impermanente, que é o objeto preciso do fetichismo, isto é, o algo que simboliza o falo.

Portanto, é num plano, senão idêntico, ao menos análogo de relações que podemos conceber como de natureza essencialmente perversa, que devem se manifestar os resultados, no mínimo transitórios, de um certo manejo da relação analítica, quando se a centra inteiramente na relação de objeto fazendo intervir apenas o imaginário e o real, e quando se regula toda a acomodação da relação imaginária sobre um pretenso real da presença do analista.

É o que vamos ver agora.

## 3

Em meu relatório de Roma, fiz alusão ao uso deste modo de relação de objeto na análise. Comparava-o então a uma espécie de *Bundling* levado a limites extremos como fato de prova psicológica.

Esta pequena passagem pôde passar despercebida, mas esclareço o leitor através de uma nota especificando que o *Bundling* é uma prática muito precisa, que ainda existe nessas espécies de ilhotas culturais onde persistem os velhos costumes. Stendhal o relata como uma particularidade de fantasiosos suíços que se encontra igualmente no sul da Alemanha, e a geografia aqui não é indiferente.

Este *Bundling* é uma concepção das relações amorosas, uma técnica, um *pattern* de relações entre macho e fêmea, que consiste no seguinte: em certas condições, tratando-se, por exemplo, de um parceiro que aborda o grupo de maneira privilegiada, admite-se que, a título de manifestação de hospitalidade, alguém da casa, em geral a filha, possa oferecer-lhe partilhar seu leito, sob a condição de não haver contato. Daí a palavra *Bundling* (pacote): a moça está frequentemente embrulhada num lençol, de modo que existam todas as condições de aproximação, menos a última. O que pode passar por ser um feliz devaneio de costumes, de que talvez possamos lamentar não poder participar — isso poderia ser divertido — merece uma certa atenção, pois nada há de exagerado em dizer que, dezessete ou dezoito anos depois da morte de Freud, a situação analítica chegou, paradoxalmente, a ser assim concebida e formalizada.

No artigo de Fain e Marty há o relato de uma sessão onde são anotados todos os movimentos da paciente, desde que ela manifeste algo que seja orientado para o analista, da ordem de um *élan* mais ou menos contido, a maior ou menor distância, em direção àquele que está às suas costas. Esse texto é bastante surpreendente, e ainda que tenha sido publicado depois que escrevi meu relatório, ele prova que não exagerei nada ao dizer que era a este fim, e a suas consequências psicológicas, que se reduzia a prática da análise dentro de uma certa concepção.

Encontramos frequentemente paradoxos como esses nos usos e costumes de certas ilhotas culturais, como, por exemplo, essa seita protestante de origem holandesa sobre a qual alguém fez estudos bastante avançados, e que conservou, muito precisamente, os costumes locais ligados a uma unidade religiosa, a seita dos Amish. Sem dúvida, tudo isso hoje é resultado de restos incompreendidos, mas encontramos, sobre eles, uma formulação coordenada e deliberada em toda uma tradição que se pode chamar de religiosa ou mesmo simbólica. Tudo o que sabemos sobre a prática do amor cortês, e da esfera em que este se localizou na Idade Média, implica uma elaboração técnica muito rigorosa da abordagem amorosa, que comportava longos estágios de contenção na presença do objeto amado, visando à realização deste mais-além que se busca no amor, o mais-além propriamente erótico. A partir do momento em que se dispõe da chave dessas técnicas e dessas tradições, são reencontrados em outras áreas culturais os seus pontos de emergência, explicitamente formulados, pois esta ordem de busca na realização amorosa foi exposta repetidas vezes na história da humanidade, de maneira absolutamente consciente.

O que se visa aqui e efetivamente se atinge é, sem dúvida alguma, um mais-além do curto-circuito fisiológico, se podemos nos exprimir assim. Para atingi-lo, faz-se um uso deliberado da relação imaginária como tal. Essas práticas podem parecer perversas, aos olhos de um ingênuo. Na realidade, não o são mais que um outro regramento qualquer da abordagem amorosa numa esfera definida de costumes ou, como se diz, de *patterns*. Isso merece ser assinalado como um ponto de referência, para saber onde nos situamos.

Tomemos agora o caso desenvolvido neste pequeno boletim citado da última vez, que relata as questões sinceras dos membros de um certo grupo a propósito da relação de objeto. Temos aí, de autoria de uma pessoa que ocupou lugar de destaque na comunidade analítica, a sra. Ruth Lebovici, o relato do caso do que ela chama, com justiça, de um sujeito fóbico.

Esse sujeito fóbico, cuja atividade ficou bastante reduzida, chegou a uma inatividade quase completa. Seu sintoma mais manifesto é o medo de ser grande demais, e apresenta-se sempre com uma postura extremamente curvada. Quase tudo se lhe tornou impossível, no que diz respeito a suas relações com o meio profissional. Leva uma vida reduzida, limitada ao ambiente familiar, não sem ter uma amante quinze anos mais velha que ele, que lhe foi fornecida pela mãe. É no momento em que ele se encontra nesta constelação que a analista se apodera dele e começa, com ele, a abordar a questão.

O diagnóstico é feito de maneira apurada, e o de fobia não encontra dificuldade, apesar do fato paradoxal de que o objeto fobógeno não parece ser exterior à primeira vista. Ele o é, no entanto, no sentido em que vemos aparecer, num momento, um sonho repetitivo que é o modelo de uma ansiedade exteriorizada. Neste caso particular, o objeto só é descoberto numa segunda abordagem. Trata-se de um objeto fóbico perfeitamente reconhecível, substituto maravilhosamente ilustrado de uma imagem paterna absolutamente carente — obtém-se, ao fim de um certo tempo, a emergência da imagem de um homem de armadura, provido de um instrumento particularmente agressivo que nada mais é que um tubo de *fly-tox* (spray inseticida) que vai destruir todos os pequenos objetos fóbicos, os insetos. O sujeito revela ter medo de ser encurralado e sufocado no escuro por este homem de armadura, e esse temor é importante no equilíbrio geral dessa estrutura fóbica.

A analista que se ocupa do sujeito publicou o caso sob o título *Perversão sexual transitória durante um tratamento psicanalítico*. Logo, não é exagero da minha parte introduzir a questão da reação perversa, já que, segundo a própria autora, o interesse do caso reside aí.

Dizer que a autora não está tranquila é pouco. Ela percebeu, perfeitamente, que a reação que chama de perversa — esta é uma etiqueta — apareceu em circunstâncias bem precisas, de que ela participou. O fato de formular a questão em torno desse momento prova que ela tem a consciência de que a questão está ali. O que aconteceu? Tendo, enfim, visto emergir o objeto fobógeno, o homem de armadura, ela o interpretou como sendo a mãe fálica. Por que a mãe fálica, quando se trata, realmente, do homem de armadura com todo o seu caráter heráldico? Durante todo este caso, as questões que a autora se coloca são relatadas com uma fidelidade que creio ser incontestável, e pelo menos bastante bem sublinhadas. A autora se interroga em particular sobre o seguinte ponto: *Não terei feito, ali, uma interpretação que não era a correta?* Isso prova, realmente, que ela tem consciência de que a questão está ali.

Com efeito, logo depois apareceu uma reação perversa, e envolvemo-nos em seguida em nada menos que um período de três anos em que o sujeito em primeiro lugar desenvolveu por etapas uma fantasia perversa que consistia em imaginar-se visto urinando por uma mulher que, muito excitada, vinha então solicitar-lhe que mantivesse com ela relações amorosas. Ocorreu em seguida uma inversão dessa postura, o sujeito observando, uma mulher que urina masturbando-se ou não. Enfim, numa terceira etapa, veio a realização efetiva dessa posição — o sujeito fez, no cinema, a descoberta de um lugarzinho providencialmente iluminado graças ao qual podia, efetivamente, observar as mulheres nos WC ao lado, enquanto ele mesmo ficava em seu próprio esconderijo, esbaldando-se ou masturbando-se.

A própria autora se interroga quanto ao valor determinante de seu modo de interpretação no que se refere à precipitação daquilo que inicialmente tomou o aspecto de uma cristalização fantasística de um elemento que fazia, evidentemente, parte dos componentes do sujeito, e que era, não a mãe fálica, mas a mãe em sua relação com o falo. Mas essa ideia de que está em questão uma mãe fálica, a autora nos dá sua chave quando se interroga sobre a condução geral do tratamento e observa que ela mesma foi, afinal de contas, muito mais interditora que a mãe jamais fora. Tudo leva a crer que a entidade da mãe fálica é produzida ali em razão daquilo que a autora chama de suas próprias posições contratransferenciais. Acompanhando a análise de perto, não se duvida disso em absoluto. Enquanto se desenvolve a relação imaginária, não sem a ajuda do mau passo analítico, vamos observar o que se passa do lado da analista.

Primeiro o sujeito conta um sonho em que, encontrando-se em presença de uma pessoa de sua história passada, a respeito da qual pretende ter impulsos amorosos, diz-se impedido pela presença de um outro sujeito feminino que, igualmente, desempenhou um papel em sua história, e que ele vira urinar à sua frente num período muito mais avançado de sua infância, isto é, passada a idade de treze anos. A analista intervém da maneira seguinte: *Sem dúvida, você prefere se interessar por uma mulher olhando-a urinar do que se esforçar em ir atrás de uma outra mulher que até pode lhe interessar, mas que acontece ser casada.* A interpretação era, sem dúvida, um pouco forçada, pois o personagem masculino é indicado apenas pelas associações, mas a analista pensa assim reintroduzir a verdade, quero dizer o complexo de Édipo. Deve-se admitir que fazer intervir o suposto marido da mãe para reintroduzir o complexo de Édipo tem todas as características de uma provocação, principalmente se sabemos que foi o marido da analista quem encaminhou o sujeito para esta. É neste momento, precisamente, que se produz a virada, o retorno progressivo da fantasia de observação, do sentido *ser observado* para o de *observar a si próprio.*

Em segundo lugar, como se não bastasse, a uma demanda do sujeito de desacelerar o ritmo das sessões, a analista lhe responde: *Você manifesta aqui suas posições passivas, porque sabe muito bem que, seja como for, não vai conseguir.* Nesse momento, a fantasia se cristaliza completamente, o que prova que existe algo mais. O sujeito, que compreende um certo número de coisas em suas relações de impossibilidade de atingir o objeto feminino, acaba desenvolvendo suas fantasias no interior do próprio tratamento, e testemunha, por exemplo, seu medo de urinar no divã etc. Começa a ter essas reações que manifestam uma certa aproximação da distância do objeto real, como espiar as pernas da analista, o que esta última nota, aliás, com uma certa satisfação. Existe aí, com efeito, algo que está na borda da situação real, como se assistíssemos à constituição da mãe, não fálica, mas afálica. O que está, de fato, no princípio da instituição da posição fetichista é, muito precisamente, o fato de que o sujeito se detém num certo nível de sua investigação e de sua observação da mulher, na medida em que ela tem ou não tem o órgão posto em questão.

Essa posição conduz, pouco a pouco, o sujeito a se dizer: *Meu Deus, só haveria solução se eu fosse para a cama com minha analista.* Ele o diz. A analista, que começa a achar que isso está lhe dando um pouco nos nervos, faz então essa observação: *Você se diverte, por enquanto, assustando-se com alguma coisa que sabe muito bem que nunca acontecerá.* Em seguida, interroga-se ansiosamente: *Fiz bem em dizer isso?*

Qualquer um pode, com efeito, interrogar-se quanto ao grau de mestria que comporta uma intervenção como essa. Este lembrete um pouco brutal das convenções da situação está perfeitamente de acordo com a noção da posição analítica como real. É muito precisamente depois dessa intervenção, que reexplicita as coisas, que o sujeito passa definitivamente ao ato, e encontra no real o lugar perfeito, o lugar eleito, a saber, diz ele, a *organização do pequeno mictório dos Champs-Elysées.* Ele se encontra, desta vez, realmente à boa distância real do objeto, de que é separado por uma parede, e que poderá observar à vontade, não como mãe fálica, mas como mãe afálica. Ele suspende ali, durante um certo tempo, toda a sua atividade erótica, tendo encontrado nisso uma tal satisfação que declara que, até o momento dessa descoberta, vivera como um autômato, mas agora tudo está mudado.

Eis aonde as coisas chegaram. Resumindo para vocês este caso, quis simplesmente fazê-los constatar que a noção da distância do objeto-analista como objeto real, a noção dita de referência, pode não ser sem efeitos, e que talvez estes não sejam, afinal de contas, os efeitos mais desejáveis.

Não lhes digo como termina o tratamento, seria preciso examiná-lo minuciosamente, de tal modo cada detalhe é rico em ensinamentos. A última sessão é elidida, o sujeito também se opera de umas varizes. Tudo está aí, a tentativa tímida de acesso à castração, e uma certa liberdade que pode decorrer disso. Considera-se, depois disso, que já chega; o sujeito volta à sua amante, a mesma que tinha no começo, aquela que tem quinze anos a mais que ele, e como não fala mais de sua grande altura, considera-se que a fobia está curada. Infelizmente, ele só pensa numa coisa, no tamanho de seus sapatos. Estes são ora muito grandes, e ele perde o equilíbrio, ora pequenos demais, e lhe apertam os pés, de modo que a virada, a transformação da fobia foi realizada. Afinal, por que não considerar isso como o fim de um trabalho analítico? Do ponto de vista experimental, não é, certamente, desprovido de interesse.

A suposta boa distância do objeto real — existe aí como que um sinal de reconhecimento entre iniciados — é dada como certa, e tem seu ápice no momento em que o sujeito percebe, na presença de sua analista, um odor de urina. A analista considera que este é o momento em que a distância do objeto real — durante toda a duração do caso, é-nos indicado que este é o ponto onde peca toda relação neurótica — está enfim acomodada em seu exato alcance. É claro, o fato coincide com o apogeu da perversão.

Isso não é, falando propriamente, uma perversão — e a autora não o dissimula —, mas, antes, um artefato. Semelhantes fenômenos, ainda que possam ser permanentes ou muito duradouros, são assim mesmo suscetíveis de ruptura ou de dissolução, às vezes bastante bruscas. Assim, neste caso, ao fim de um certo tempo o sujeito se deixa surpreender por uma faxineira, o que faz cair, da noite para o dia, sua assiduidade no lugar particularmente propício que o real viera lhe oferecer no momento exato.

Sim, o real oferece sempre, no momento exato, tudo aquilo de que se necessita quando se foi, enfim, regulado pelos bons caminhos, à distância correta.

19 DE DEZEMBRO DE 1956

# As Vias Perversas do Desejo

# VI

# O PRIMADO DO FALO E A JOVEM HOMOSSEXUAL

*Freud, a menina e o falo.*
*O significante Niederkommt.*
*As mentiras do inconsciente.*
*O serviço da Dama.*
*O mais-além do objeto.*

Vamos hoje saltar para um problema que deveríamos encontrar muito depois em nosso discurso, se houvéssemos procedido passo a passo. Este problema é o da perversão, entre aspas, a mais problemática possível na perspectiva da análise, a saber, a homossexualidade feminina.

Por que procedi assim? Existe aí uma parcela de contingência. Mas é certo que não poderíamos examinar este ano a relação de objeto sem encontrar o objeto feminino.

O problema não é tanto saber como encontramos o objeto feminino na análise. Esta nos oferece bastante, nesse ponto, para nos edificar: o sujeito desse encontro não é natural. Mostrei isso a vocês de modo suficiente no último trimestre, na primeira parte deste seminário, lembrando-os que o sujeito feminino é sempre convocado, quando se dá o encontro pelo homem, a inscrever-se numa sorte de redescoberta, que o situa, de saída, numa posição caracterizada pela ambiguidade das relações naturais e das relações simbólicas. Esta ambiguidade é precisamente aquilo em que reside, tento demonstrá-lo a vocês, a dimensão analítica.

O problema agora é o que o objeto feminino acha disso, isto é, qual o seu caminho a partir de suas primeiras abordagens do objeto natural e primordial do desejo, a saber, o seio materno. Este caminho é ainda menos natural que o do sujeito masculino. Como o objeto feminino entra nessa dialética?

Não é à toa que a mulher, eu a chame hoje de *objeto*, pois ela deve entrar, em algum momento, nessa dialética como função de objeto. Só que essa posição é muito pouco natural, já que é uma posição em segundo grau, que só interessa qualificar assim por ser um sujeito que a assume.

## 1

A homossexualidade feminina foi dotada, em toda a análise, de um valor particularmente exemplar, pelo que ela pôde revelar sobre as etapas do encaminhamento da mulher, bem como sobre as interrupções que podem marcar seu destino.

O que é inicialmente natural ou biológico não cessa de referir-se ao plano simbólico, onde se trata de assunção subjetiva, já que o próprio sujeito é tomado na cadeia simbólica. É aí mesmo que se trata da mulher como sujeito, por mais que ela tenha de fazer uma escolha sobre a qual a experiência analítica nos ensina que, por qualquer lado que seja, deve ser um compromisso entre o que está por se atingir e o que não pôde ser atingido. A homossexualidade feminina é encontrada a cada vez que a discussão incide sobre as etapas que a mulher tem de transpor para efetuar sua realização simbólica. Neste ponto, temos que esgotar um certo número de textos, escalonando, no que diz respeito a Freud, a partir de 1923, data de seu artigo "A organização genital infantil".

Freud coloca como um princípio neste texto o primado da assunção fálica. A fase fálica, etapa terminal da primeira época da sexualidade infantil, que termina com a entrada no período de latência, é uma fase típica tanto para o menino quanto para a menina. A organização genital dá a sua fórmula. Ela é atingida pelos dois sexos. A posse ou a não posse do falo é o seu elemento diferencial primordial. Não existe, portanto, realização do macho e da fêmea, existe aquele que é provido do atributo fálico e aquele que é desprovido, e ser desprovido dele é considerado como equivalente a ser castrado.

Vou ser preciso — tanto para um quanto para outro sexo, isso se baseia num mal-entendido, *Misslingen*, e este mal-entendido é ele próprio baseado numa ignorância: não se trata de desconhecimento, e sim de ignorância mesmo. Por um lado, ignorância do papel fecundador do sêmen masculino; por outro lado, ignorância da existência como tal do órgão feminino.

Essas afirmações absolutamente enormes reclamam uma exegese para serem compreendidas. Não poderíamos, com efeito, nos encontrar aqui em presença de uma descrição a ser considerada ao nível da experiência real.

A isso uma objeção foi levantada, aliás confusamente, pelos autores que entraram em ação em seguida. Um número muito grande de fatos nos leva a admitir que se revela efetivamente, ao menos na menina, a presença vivida, senão do papel real do macho no ato da procriação, ao menos da existência do órgão feminino. O fato de que haja na experiência precoce da menina alguma coisa que corresponda à localização vaginal, que haja emoções, até mesmo uma masturbação vaginal precoce, não pode ser contestado. Isso é realizado pelo menos num certo número de casos. A partir daí discute-se quanto a se é à existência do clitóris que deve ser atribuída a predominância da fase fálica na menina, se a libido — façamos deste termo sinônimo de toda experiência erógena — está na origem exclusivamente concentrada no clitóris, e só se difunde em seguida a um deslocamento longo e penoso, que necessita de todo um longo desvio.

Certamente, não pode ser nesses termos que se deve compreender a afirmação de Freud. Se a situarmos assim, um excesso de fatos, aliás confusos, permitirá todas as espécies de objeções, como faz, por exemplo, Karen Horney. Suas objeções são comandadas por premissas realistas, que sugerem que todo desconhecimento supõe no inconsciente um certo conhecimento da cooptação dos dois sexos, e que não poderia, consequentemente, haver na menina prevalência do órgão que não lhe pertence propriamente, a não ser sobre o fundo de uma denegação da existência da vagina, de que se trata de dar conta. É a partir dessas hipóteses admitidas *a priori* que nos esforçamos para retraçar a gênese do termo fálico na menina. Entrando em detalhes, vamos ver que se trata apenas de uma reconstrução, cuja necessidade é absorvida de um certo número de premissas teóricas, em parte expressas pela própria autora, ligadas à incompreensão da afirmação de Freud. O último fato a que a autora se refere, a primordial experiência no órgão vaginal, é marcado pela incerteza, e a referência aí feita permanece muito prudente, e até mesmo reservada.

A afirmação de Freud está fundada em sua experiência. Por ser formulada por ele com prudência, até mesmo com essa parcela de incerteza tão característica de sua apresentação dessa descoberta, ela não deixa de ser afirmada como primordial. É um ponto fixo. A afirmação paradoxal do falicismo é o próprio pivô em torno do qual a interpretação teórica deve se desenvolver. Isso é o que vamos tentar fazer.

Oito anos mais tarde, em 1931, Freud escreve sobre a sexualidade feminina uma coisa ainda mais ousada, que dá sequência à sua afirmação de 1923. No intervalo, levantou-se uma discussão extremamente ativa entre seus discípulos, que contém um monte de especulações, cujos vestígios se encontram em Karen Horney, em Jones e outros, e que constitui um verdadeiro emaranhado de aproximações. Depois de me ter dedicado a isso durante essas férias, pareceu-me extremamente difícil dar conta sem falseá-lo, na medida em que se distingue pelo caráter profundamente indômito das categorias postas em jogo.

Para dar conta deste debate e fazer-se entender, não há meios de se proceder de outra forma que não dominando-o, e dominá-lo já é mudar completamente seu eixo e sua natureza e, portanto, até certo ponto, não dar verdadeiramente uma justa perspectiva do que está em questão. Este problema é realmente correlativo do segundo objetivo de nosso trabalho deste ano, que é o de mostrar, paralelamente ao exame teórico da relação de objeto, como a própria prática analítica se engaja inflexivelmente num desvio indomável.

Para voltar à incidência precisa que nos ocupa hoje, parecia-me esta manhã que poderia se conservar deste amontoado de fatos uma imagem exemplar recolhida num desses artigos.

É admitido por todos os autores que, no desvio de sua evolução, a menina, no momento em que entra no Édipo, começa a desejar um filho do pai como substituto do falo faltoso, e que a decepção de não recebê-lo desempenha um papel essencial para fazê-la voltar atrás no caminho paradoxal por onde ela entrou no Édipo, a saber, a identificação com o pai, em direção à retomada da posição feminina. Para mostrar, nesse sentido, que a privação da criança desejada do pai pode entrar em jogo com uma incidência presente, e precipitar o movimento do Édipo que nos é dado como sendo sempre essencialmente inconsciente, um dos autores cita como exemplo o caso de uma menina que, por estar em análise, achava-se, segundo ele, devido a este fato, mais esclarecida que uma outra quanto ao que se passava em seu inconsciente. Depois de algum esclarecimento que lhe havia sido dado, ela se levantava todas as manhãs perguntando se o bebê do pai havia chegado, e se era para hoje ou para amanhã. E era encolerizada e aos prantos que perguntava isso a cada manhã.

Este traço me parece exemplar daquilo de que se trata em nosso desvio da prática analítica, cuja referência está sempre aí acompanhando nossa exploração teórica da relação de objeto. Constatamos aqui a maneira como um certo modo de compreender e de atacar as frustrações leva o analista, na realidade, a um modo de intervenção cujos efeitos são não apenas duvidosos, mas manifestamente o oposto do que está em jogo no processo da interpretação analítica. A noção que podemos ter de que a criança do pai aparece num momento dado da evolução como objeto imaginário, substituto desse falo faltoso que desempenha na evolução da menina um papel essencial, não pode ser posta em jogo, legitimamente, a qualquer momento e de qualquer maneira. Ela só pode sê-lo ulteriormente, ou mesmo numa etapa contemporânea, sob a condição de que a criança, na medida em que o sujeito lida com ela, entra no jogo por uma série de ressonâncias simbólicas concernentes ao que o sujeito experimentou no passado de reações possessivas ou destrutivas no momento da crise fálica, com o que esta comporta de realmente problemático na etapa a que corresponde. Em suma, tudo o que se relaciona com a prevalência, ou predominância, do falo numa etapa da evolução da criança assume suas incidências só-depois.

O falo só pode ser posto em jogo na medida em que seja necessário, num dado momento, simbolizar algum acontecimento, seja este a vinda tardia de uma criança para alguém que esteja em relação imediata com a criança, ou ainda, para o próprio sujeito, a questão levantada sobre a sua maternidade e a posse de uma criança. Fazer intervir um elemento que não se inscreve na estruturação simbólica do sujeito, precipitar pela palavra, no plano simbólico, uma certa relação de substituição imaginária do que é, nesse momento, vivido pelo sujeito de uma maneira inteiramente diferente, já é dar-lhe a sanção de uma organização, e introduzi-lo a uma espécie de legitimidade. Isso é, literalmente, consagrar a frustração como tal, e instaurá-la no centro da experiência.

A frustração só pode ser legitimamente introduzida como tal na interpretação se tiver acontecido efetivamente no nível do inconsciente, como a teoria justamente nos diz. A frustração, inicialmente, não passa de um momento evanescente. Ela tem função apenas para nós, analistas, e num plano puramente teórico, como articulação daquilo que aconteceu. Sua realização pelo sujeito é excluída por definição, porque é extraordinariamente instável. A frustração, tal como é vivida originalmente, só tem importância e interesse na medida em que desemboca num ou noutro dos dois planos que distingui para vocês: castração ou privação. Na verdade, a castração nada mais é que aquilo que instaura na sua ordem verdadeira a necessidade da frustração, o que a transcende e a instaura numa lei que lhe dá um outro valor. Isso, aliás, é também o que consagra a existência da privação, pois a ideia de privação não é de modo algum concebível no plano real. Uma privação só pode ser efetivamente concebida para um ser que articula alguma coisa no plano simbólico.

Tudo isso, compreendemos bem nessas intervenções que são da ordem do apoio, essas intervenções de psicoterapia, como por exemplo aquela que lhes evocava rapidamente, outro dia, a propósito da menina nas mãos de uma discípula de Anna Freud.

Essa menina, vocês lembram, apresentava um esboço de fobia, surgida a propósito da experiência que havia feito de ser efetivamente privada de alguma coisa, isso sob condições diferentes da situação a que a criança do exemplo desta manhã se viu imposta. Mostrei a vocês em que esta fobia era um deslocamento necessário, e onde residia sua importância não no fato de que ela não tivesse o falo, mas no seguinte: que sua mãe não lhe podia dá-lo, e mais, ainda, que não podia dá-lo porque ela própria não o tinha.

A intervenção da psicoterapeuta consiste em dizer à criança — e com toda a razão — que todas as meninas são assim. Isso pode levar a pensar que se trata de uma redução ao real, mas não é isso. A criança sabe muito bem que não tem falo, mas não sabe que esta é a regra. Eis o que lhe ensina a terapeuta. Esta, portanto, faz passar a falta no plano simbólico da lei. Esta intervenção não permanece menos discutível, e a psicoterapeuta não deixa de se interrogar sobre sua eficácia, que é apenas momentânea. A fobia ressurge com mais força, e só irá se reduzir quando a criança tiver sido reintegrada numa família completa.

Por quê? Em princípio, sua frustração deveria, ao contrário, parecer-lhe ainda maior que antes, já que aí está ela confrontada com um padrasto, isto é, um macho que entra no jogo da família quando sua mãe era até então viúva, e com um irmão mais velho. Se a fobia se vê, efetivamente, reduzida, é que, literalmente, o sujeito não precisa mais dela para suprir a ausência, no circuito simbólico, de todo elemento faliforme, isto é, machos.

Essas observações críticas incidem, antes de mais nada, sobre o uso do termo "frustração". Este uso é legitimado de uma certa maneira pelo fato de que o essencial nesta dialética é a falta de objeto, mais que o próprio objeto. A frustração, pois, responde muito bem, aparentemente, a uma noção conceitual. Mas o que está em jogo é a instabilidade da própria dialética da frustração.

Frustração não é privação. Por quê? A frustração incide sobre algo de que vocês são privados por alguém de quem poderiam, justamente, esperar o que lhe pediam. O que está assim em jogo é menos o objeto que o amor de quem lhes pode fazer este dom. O objeto da frustração é menos o objeto que o dom.

Encontramo-nos aí na origem da dialética da frustração, na medida em que ela ainda está afastada do simbólico. Este momento inicial é, a cada instante, evanescente. Com efeito, o dom só é trazido, inicialmente, no elemento de uma certa gratuidade. Ele vem do outro. O que há por trás do outro, a saber, toda a cadeia que motiva este dom, ainda está desapercebida, e é só depois que o sujeito poderá perceber que o dom é bem mais completo que parecia no começo, que ele interessa toda a cadeia simbólica humana. Inicialmente há apenas o confronto com o outro e o dom que surge.

O dom, se trazido como tal, faz em todos os casos evanescer-se o objeto como objeto. Se a demanda é atendida, o objeto passa a segundo plano. Se a demanda não é atendida, o objeto se evanesce igualmente.

Só que existe uma diferença. Se a demanda não é atendida, o objeto muda de significação. O que justifica, com efeito, a palavra frustração? Só há frustração — a palavra implica isso — se o sujeito entra na reivindicação, na medida em que o objeto é considerado como exigível por direito. O objeto entra, nesse momento, no que se poderia chamar de área narcísica das pertinências do sujeito.

Em ambos os casos, ressalto, o momento da frustração é um momento evanescente. Ele desemboca em alguma coisa que nos projeta num outro plano que não o do puro e simples desejo. A demanda comporta, com efeito, algo que a experiência humana conhece bem, — que faz com que ela jamais possa ser verdadeiramente atendida como tal. Atendida ou não, ela se aniquila, se anula na etapa seguinte e logo se projeta noutra coisa — ou sobre a articulação da cadeia simbólica de dons, ou sobre este registro fechado e absolutamente inextinguível que se chama o narcisismo, graças a que o objeto é ao mesmo tempo, para o sujeito, algo que é ele e que não é ele, e com o qual jamais se pode satisfazer, precisamente no sentido em que é ele e não é ele ao mesmo tempo. A entrada da frustração numa dialética que a situa legalizando-a, e lhe dá igualmente a dimensão da gratuidade, é uma condição necessária ao estabelecimento desta ordem simbolizada do real onde o sujeito poderá, por exemplo, instaurar como existentes e admitidas certas privações permanentes.

Desconhecendo-se essa condição, as diversas reconstruções da experiência e dos efeitos ligados à fundamental falta de objeto que aí se manifestam introduzem toda uma série de impasses. O erro é querer deduzir tudo do desejo, considerado como um elemento puro do indivíduo — do desejo, com o que este acarreta de contragolpes, satisfações e decepções. Ora, toda a cadeia da experiência não pode, literalmente, ser concebida colocando-se inicialmente o princípio de que nada se articula e se constrói na experiência, que nada se instaura como conflito propriamente analisável senão a partir do momento em que o sujeito entra numa ordem que é ordem de símbolos, ordem legal, ordem simbólica, cadeia simbólica, ordem da dívida simbólica. É unicamente a partir da entrada do sujeito numa ordem que preexiste a tudo o que lhe ocorre, acontecimentos, satisfações, decepções, que tudo a partir de que ele aborda sua experiência — a saber, aquilo a que chama o seu vivido, essa coisa confusa que está ali antes — se ordena, se articula, assume seu sentido e pode ser analisado.

Esse lembrete — isso deveria ser apenas um lembrete —, não posso fazê-los apreciar melhor o quão bem fundado é senão tomando alguns textos de Freud e fazendo-os penetrar neles de modo absolutamente ingênuo.

## 2

Alguns falaram, ontem à noite, de um lado incerto, e por vezes paradoxalmente selvagem, de certos textos de Freud. Evocaram mesmo seus elementos de aventura, ou ainda de diplomacia — não se sabe por que, aliás. Isso me levou a escolher, de minha parte, trazer para vocês aqui um dos textos mais brilhantes de Freud, e diria quase um dos mais perturbadores, sendo concebível que lhes possa parecer arcaico, até mesmo fora de moda. É a *Psicogênese de um caso de homossexualidade feminina.*

Gostaria de recordar para vocês suas articulações essenciais.

Trata-se da filha de uma boa família de Viena. Para uma boa família de Viena em 1920, mandar alguém a Freud constituía um passo muito grande. Se isso foi resolvido, foi porque a moça da casa — dezoito anos, bonita, inteligente, classe social muito elevada — tornou-se um objeto de preocupação para seus pais. Produziu-se um acontecimento bastante singular: ela corre atrás de uma pessoa dez anos mais velha, uma dama do mundo. Todos os tipos de detalhes fornecidos pela família nos indicam que este mundo talvez pudesse ser qualificado de *demi-monde*, na classificação então reinante em Viena, e considerada respeitável.

A ligação da moça, que tudo revela, à medida que os acontecimentos se sucedem, ser realmente passional, vai colocá-la em relações bastante penosas com sua família. A sequência nos ensina que essas relações não são estranhas ao estabelecimento da situação. Em suma, o fato de que isso deixe o pai absolutamente encolerizado é com certeza um motivo para a jovem não sustentar essa paixão, mas conduzi-la como o faz. Penso nessa espécie de desafio tranquilo com que ela mantém a assiduidade junto à dama em questão, suas esperas na rua, a maneira como anuncia parcialmente seu caso. Mesmo sem estardalhaço, isso basta para que seus pais, e especialmente o seu pai, nada ignorem. Indicam-nos também que a mãe não é de modo algum uma pessoa segura, já foi neurótica e não leva as coisas tão mal, ou pelo menos não tão a sério.

Pedem a Freud que dê um jeito naquilo. Este levanta, com muita pertinência, as dificuldades apresentadas por um tratamento quando se tem de satisfazer as exigências do meio familiar, e observa, muito justamente, que não se faz uma análise por encomenda, à maneira como se reconstrói uma *villa*. Introduz, em seguida, considerações sobre a análise ainda mais extraordinárias, e que não deixarão de parecer a alguns bastante ultrapassadas.

Freud nos explica que esta análise não chegou a seu termo, mas permitiu-lhe ver longe, muito longe, e que é por este motivo que a relata para nós. Certamente, ressalta ele, ela não lhe permitiu alterar grandes coisas no destino dessa jovem. Para explicar isso, ele introduz uma ideia que não é sem fundamento, embora possa parecer desusada, uma ideia esquemática que deve nos incitar a retornar a algumas premissas elementares em vez de nos considerarmos por demais manipulados. Esta ideia é a de que há duas etapas numa análise: a primeira, que consiste em recolher tudo o que se pode saber e a segunda, quando se trata de dobrar as resistências que ainda se mantêm perfeitamente quando o sujeito já sabe muita coisa.

A comparação que ele introduz então não é uma das menos surpreendentes: antes de uma viagem, reunem-se as bagagens, o que sempre é muito complicado, e depois trata-se de embarcar e percorrer o caminho. Esta referência, em alguém que sofre de uma fobia de estradas de ferro e viagens, é bastante picante.

O que ainda é mais enorme é que, durante todo esse tempo, ele tem a sensação de que, efetivamente, nada está operando. Em contrapartida, vê muito bem o que se passou, e põe em relevo um certo número de etapas.

Houve, na infância do sujeito, um momento que parece não ter ocorrido isoladamente, quando ela pôde perceber, a propósito do mais velho de seus dois irmãos, a diferença que fazia dela alguém que não tinha o objeto essencialmente desejável, o objeto fálico. Todavia, nos diz ele, até ali a menina jamais havia sido neurótica, nenhum sintoma histérico foi trazido à análise, nada na história infantil é notável do ponto de vista de consequências patológicas. É por isso mesmo que é clinicamente espantoso ver eclodir, deslanchar, assim tardiamente, uma atitude que parece a todos francamente anormal, a saber, a posição singular que ela ocupa diante dessa mulher um tanto denegrida.

O apego apaixonado que tem por esta tem um desenlace, o que vai levá-la à consulta com Freud. Se foi preciso chegar a reportar-se a ele, é que se produziu de fato um acontecimento marcante.

A jovem, na sua atitude de doce flerte com o perigo, ia passear com a dama quase diante das janelas de sua própria casa. Um dia, o pai vai sair e as vê. Como está diante de outras pessoas, lança-lhes um olhar fulminante e vai embora. A dama pergunta à moça quem é aquela pessoa: *É papai, e não parece satisfeito*. A dama, então, se aborrece. Até então, tivera para com a moça uma atitude muito reservada, até mais que fria, de modo algum encorajara sua assiduidade, e nem tinha, em especial, um desejo de complicações. Assim, disse a ela: *Nesse caso, não nos veremos mais*. Em Viena, existem uns tipos de pequenas linhas férreas de periferia. Sempre se está perto de algumas das pontezinhas que as atravessam. Aí está a moça, que se atira de uma delas. Ela cai, *niederkommt*. Quebra alguns ossos, mas se safa.

Portanto, nos diz Freud, até o momento em que esta ligação surgira, a jovem tivera um desenvolvimento não apenas normal, mas onde tudo levava a crer que se orientava bem. Não manifestara ela, aos treze ou quatorze anos, a mais simpática orientação da vocação feminina, a da maternidade? Tomava conta de um filhinho de amigos dos pais, e tão ternamente que as duas famílias se ligaram. No entanto, de súbito, essa espécie de amor maternal que parecia fazer dela um modelo antecipado de mãe se interrompe inesperadamente, e é então que ela começa — pois a aventura em questão não é a primeira — a frequentar mulheres que Freud qualifica como já maduras, e que são, ao que lhe parece, tipos de substitutos maternos.

Este esquema, todavia, não vale tanto para a última pessoa, aquela que verdadeiramente encarnou a aventura dramática durante a qual ocorre o desencadeamento da análise, e igualmente a problemática de uma homossexualidade declarada. O sujeito declara, com efeito, a Freud que não se trata para ela de abandonar seja qual for de suas pretensões, nem mesmo sua escolha objetal. Ela fará tudo o que for necessário para enganar sua família, mas vai continuar a manter laços com a pessoa por quem está longe de ter perdido o gosto, e que se viu bastante emocionada com esta extraordinária marca de devoção para tornar-se, em seguida, muito mais tratável.

A propósito dessa relação declarada e mantida pelo sujeito, Freud nos traz observações muito surpreendentes, às quais dá valor de sanção explicativa, seja do que ocorreu antes do tratamento, por exemplo, a tentativa de suicídio, seja de seu próprio fracasso. As primeiras parecem muito pertinentes. As segundas também, mas talvez não exatamente como ele mesmo o entende. É próprio das observações clínicas de Freud deixar-nos sempre muitos esclarecimentos extraordinários, mesmo sobre os pontos que de alguma forma superaram a sua própria compreensão. Faço, aqui, alusão ao caso de Dora, onde Freud viu claro ulteriormente — ele fizera uma intervenção junto a Dora enquanto desconhecia a homossexualidade desta, a saber, a orientação de sua questão dirigida ao seu próprio sexo. Constata-se aqui um desconhecimento de ordem análoga, mas muito mais instrutivo porque muito mais profundo.

Outras observações que Freud nos oferece sem delas tirar partido por inteiro, e que não são menos interessantes, referem-se ao que está em jogo na tentativa de suicídio, ato significativo com que se coroa a crise. O sujeito está intimamente ligado à escalada da tensão, até o momento em que estoura o conflito, em que a catástrofe acontece.

Como Freud explica isso? A partir da orientação normal do sujeito para o desejo de ter um filho do pai. É nesse registro que se deve, segundo ele, conceber a crise originária que fez o sujeito se engajar num sentido estritamente oposto. Houve, com efeito, uma verdadeira inversão da posição subjetiva, que Freud tenta articular. Trata-se de um desses casos em que a decepção devida ao objeto do desejo se traduz por uma completa inversão da posição: o sujeito se identifica com este objeto, o que, como articula Freud numa nota, equivale a uma regressão ao narcisismo. Quando faço da dialética do narcisismo essencialmente a relação eu-pequeno outro, nada mais faço que pôr em evidência aquilo que está implícito em todas as maneiras com que Freud se expressa.

Qual é, pois, a decepção que opera a inversão? No momento, por volta dos quinze anos, em que o sujeito se engajava no caminho de tomar posse da criança imaginária — e ela se ocupa disso o bastante para que marque uma data nos seus antecedentes —, sua mãe tem, realmente, um outro filho do pai. A paciente adquire um terceiro irmão. Aí está o ponto-chave.

Também é este o caráter, aparentemente excepcional, deste caso. Não é banal que a intervenção de um irmãozinho vindo ao mundo como este tenha por resultado uma inversão tão profunda da orientação sexual de um sujeito. Logo, é neste momento que a moça muda de posição. Trata-se agora de ver onde isso será melhor interpretado.

É preciso, segundo Freud, considerar o fenômeno como reativo. O termo não está no texto, mas nele implícito, de vez que supõe que o ressentimento para com o pai continue atuante. Este fator tem aí o papel principal. Esta cavilha na situação explica toda a maneira como a aventura é conduzida. A moça é nitidamente agressiva para com o pai. A tentativa de suicídio ocorre em seguida à decepção produzida pelo fato de que o objeto de seu apego, de certa maneira homólogo, se opõe a ela. Isso não passaria de um fenômeno de contra-agressividade, de um retorno sobre o sujeito da agressão contra o pai, combinado com uma espécie de desmoronamento de toda a situação sobre seus dados primitivos, que satisfaria, simbolicamente, o que estava em jogo por uma precipitação, uma redução no nível dos objetos realmente em questão. Em suma, quando a jovem cai da pequena ponte, ela faz um ato simbólico, que não é outra coisa senão o *niederkommen* de uma criança no parto. Este é o termo empregado em alemão para dizer que se foi posto abaixo.

Assim, somos remetidos ao sentido último e originário da estrutura da situação.

### 3

Na segunda ordem de observações feitas por Freud, trata-se para ele de explicar em que a situação ficou sem saída no interior do tratamento.

Na medida, diz ele, em que a resistência não foi vencida, tudo o que se pôde dizer à paciente só fez interessá-la enormemente sem que ela abandonasse suas posições últimas. Ela manteve aquilo tudo, diríamos hoje, no plano de um interesse intelectual. Ele compara metaforicamente as reações da moça com as da dama a quem se mostra objetos diversos e que, através de seus binóculos, diz: *Que bonito*!

Freud assinala, todavia, que não se pode falar em ausência total de transferência. Ele denota, com grande perspicácia, a presença da transferência nos sonhos da paciente. Paralelamente às declarações não ambíguas que a paciente lhe faz de sua determinação de nada mudar em seu comportamento para com a dama, seus sonhos anunciam um surpreendente reflorescimento da orientação mais simpática, a espera da vinda de algum esposo belo e satisfatório, não menos que a da ocorrência de um objeto, fruto desse amor. Em suma, o caráter idílico, quase forçado, do esposo anunciado pelo sonho aparece tão em conformidade com os esforços empreendidos em comum que qualquer um que não fosse Freud tiraria dele as maiores esperanças.

Freud não se engana aí. Vê nisso uma transferência. É a duplicação desta espécie de jogo de contralogro que ela conduziu em resposta à decepção devida ao pai. Com efeito, ela não foi apenas agressiva e provocadora para com ele, não se apresentava de uma maneira desavergonhada, fazia-lhe concessões. Tratava-se somente de mostrar a ele que ela o enganava. Freud reconhece que é de algo análogo que se trata nesses sonhos, e que esta é sua significação transferencial: ela reproduz com ele sua posição fundamental, o jogo cruel que jogou com o pai.

Não podemos, aqui, deixar de voltar à relatividade básica da formação simbólica, na medida em que esta é a linha fundamental daquilo que constitui para nós o campo do inconsciente. Isso é o que Freud exprime de maneira muito correta, e que só tem o defeito de ser um pouco acentuada demais, dizendo-nos: *Creio que a intenção de me induzir ao erro era um dos elementos formadores deste sonho.*

*Era também uma tentativa de conquistar meu interesse e minha boa disposição, provavelmente para me desiludir ainda mais profundamente.*

Aqui aparece a ponta desta intenção imputada ao sujeito, de cativá-lo, Freud, para fazê-lo cair das alturas, fazê-lo cair de uma altura tanto maior quanto ele estaria mais preso na situação. Escutando o acento dado a esta frase, não há dúvida de que existe aí o que chamamos de uma ação contratransferencial. O sonho é enganador, Freud só guarda isso, e entra, nesse ponto, numa discussão apaixonante de se encontrar sob sua pena. Se a manifestação típica do inconsciente pode ser enganadora, ele escuta antecipadamente as objeções que lhe vão fazer. *Se o inconsciente também mente para nós, em quem podemos confiar?* dirão seus discípulos. Ele lhes dá uma longa explicação, onde mostra a eles como isso pode ocorrer, e da qual destaca o fato de que isso em nada contradiz a teoria.

A explicação é um tanto quanto tendenciosa, mas permanece o fato de que o que nos é posto em primeiro plano por Freud em 1920 é exatamente o seguinte: o essencial do que está no inconsciente é a relação do sujeito com o Outro como tal, e essa relação implica em sua base a possibilidade de realizá-la no nível da mentira. Na análise, estamos na ordem da mentira e da verdade.

Isso é muito bem-visto por Freud. Mas algo, ao que parece, lhe escapa, a saber, que se trata aí de uma verdadeira transferência, e que está aberto para ele o caminho da interpretação do desejo de enganar. Em lugar de tomar esta via, digamos as coisas de maneira um pouco mais bruta, ele toma a coisa como dirigida contra ele.

*É também* — diz ele — *uma tentativa de me enrolar, me cativar, fazer com que eu a ache muito bonita.* Esta frase a mais basta para nos instruir. Ela deve ser encantadora, essa moça, para que, como com Dora, Freud não esteja completamente neutro nesse assunto. Afirmando que lhe é prometido o pior, o que ele quer evitar é sentir-se ele mesmo desiludido. Isso quer dizer que está prestes a iludir-se. Pondo-se em guarda contra as ilusões, ele já entrou no jogo. Ele realiza o jogo imaginário. Fá-lo tornar-se real, já que está dentro dele. E isso não falha.

Como interpreta ele a coisa? Diz à moça que ela tem a intenção de enganá-lo, como tem o costume de enganar seu pai. Isso equivale a cortar pela raiz o que ele realizou como relação imaginária. Sua contratransferência, de certa maneira, teria podido lhe servir — mas sob a condição de que não fosse uma contratransferência, isto é, que ele mesmo não acreditasse nela, não estivesse nela. Na medida em que está, e que interpreta precocemente demais, ele faz voltar ao real o desejo da moça, quando era simplesmente um desejo, e não uma intenção, de enganá-lo. Ele dá corpo a este desejo. Opera com a paciente exatamente como a terapeuta intervinha com a menina, dando à coisa um estatuto simbólico.

Eis o que está no cerne deste deslizamento da análise no imaginário, que se tornou bem mais que uma armadilha, uma chaga, a partir do momento em que se instaurou como doutrina. Vemos aqui um seu exemplo-limite transparente, que não podemos desconhecer pois está no texto. Com sua interpretação, Freud faz eclodir o conflito e lhe dá corpo, quando se tratava justamente, como ele próprio o sentia, de uma coisa inteiramente diferente: revelar o discurso mentiroso que estava ali no inconsciente. Freud lhe diz que tudo isso é feito contra ele, e, com efeito, o tratamento não vai muito adiante, e se vê interrompido. Querendo reunir, Freud separou.

Algo de muito mais interessante ainda é acentuado por Freud sem que ele o interprete: a natureza da paixão da moça pela pessoa em questão.

Não lhe escapou, com efeito, que não se trata aqui de uma relação homossexual como as outras, ainda que, na verdade, o próprio das relações homossexuais seja apresentar toda a variedade das relações heterossexuais comuns, e talvez mesmo algumas outras variações a mais. Dizendo, dessa escolha objetal, que pertence ao tipo propriamente *männliche*, explicando-nos o que quer dizer com isso, Freud sublinha admiravelmente, e articula com relevo extraordinário que se trata aqui do amor platônico no que este tem de mais exaltado.

Este é um amor que não demanda qualquer outra satisfação além do serviço à dama. É verdadeiramente o amor sagrado, se posso dizê-lo, ou o amor cortês no que tem de mais devotado. Ele lhe acrescenta alguns termos como o de *Schwärmerei*, que tem um sentido muito particular na história cultural da Alemanha: é a exaltação que está no fundo da relação. Em suma, ele situa a relação da moça com a dama no mais alto grau da relação amorosa simbolizada, colocada como serviço, como instituição, como referência. Não é simplesmente uma atração sentida ou uma necessidade, é um amor que, em si, não apenas dispensa a satisfação, mas visa, muito precisamente, a não-satisfação. Esta é a própria ordem em que um amor ideal pode se expandir: a instituição da falta na relação com o objeto.

Sem dúvida, a situação apresentada por esse caso é excepcional, mas ela só tem interesse sendo tomada no registro que lhe é próprio. Ela é excepcional porque é particular. Isso significa que ela se esclarece pelo funcionamento apropriado das categorias da falta de objeto. Não veem, então, conjugar-se aqui numa espécie de nó os três estágios de um processo que vai da frustração ao sintoma? — isso se quiserem realmente tomar o termo sintoma como equivalente a enigma, já que o estamos interrogando.

Temos inicialmente a referência vivida de uma maneira inocente ao objeto imaginário. Trata-se desta criança que a interpretação nos permite conceber como um filho recebido do pai. Como já nos foi dito, os homossexuais, com efeito, contrariamente ao que se poderia acreditar, mas como a análise fez ver, são sujeitos que fizeram, num certo momento, uma fixação paterna muito forte.

Por que há uma verdadeira crise em seguida? É porque então intervém o objeto real. Uma criança é dada pelo pai, é verdade, mas justamente a outra pessoa, e a alguém que lhe é mais próximo.

É então que se produz um verdadeira inversão. Explicam-nos o seu mecanismo. Mas creio ser de grande importância perceber que o que está em questão já estava instituído no plano simbólico. Era no plano simbólico, e não mais no imaginário, que o sujeito se satisfazia com essa criança como sendo uma criança que lhe foi dada pelo pai. Se isso a sustentava na relação entre mulheres, é que já estava instituída para ela a presença paterna como tal, o pai por excelência, o pai fundamental, o pai que será sempre para ela toda espécie de homem que lhe dará um filho. A presença da criança real, o fato do objeto ser aí, por um instante, real, e de ser materializado pelo fato de ser sua mãe quem o tem a seu lado, vai conduzi-la ao plano da frustração.

O que é mais importante no que acontece agora? Será a inversão que a leva a identificar-se com o pai? É claro que isso desempenha um papel. Será o fato de que ela se torne ela mesma esta criança latente, que poderá, com efeito, *niederkommen* quando a crise chegar a seu termo? Talvez pudéssemos, de fato, saber ao cabo de quantos meses isso acontece se tivéssemos as datas, como para Dora. Mas isso não é o mais importante. O mais importante é o seguinte: o que é desejado está para além da mulher amada.

O amor que a moça dedica à dama visa a algo que é diferente desta. Este amor que vive pura e simplesmente na ordem do devotamento e que leva ao mais alto grau o apego do sujeito e seu aniquilamento na *Sexualüberschätzung*, Freud parece reservar, e não é à toa, ao registro da experiência masculina. Um tal amor, com efeito, se expande normalmente numa relação cultural muito elaborada e institucionalizada. O reflexo da decepção fundamental nesse nível, sua passagem ao plano do amor cortês, a saída encontrada pelo sujeito nesse registro amoroso, colocam a questão de saber o que é, na mulher, amado para além dela mesma, e isso põe em causa o que é verdadeiramente fundamental em tudo o que se relaciona com o amor na sua realização.

O que é, propriamente falando, desejado na mulher amada é justamente aquilo que lhe falta. E o que lhe falta nessa ocasião é precisamente esse objeto primordial cujo equivalente o sujeito, o substituto imaginário, iria encontrar na criança, e ao qual ele retorna.

No extremo do amor, no amor mais idealizado, o que é buscado na mulher é o que falta a ela. O que é buscado, para além dela, é o objeto central de toda a economia libidinal: o falo.

9 DE JANEIRO DE 1957

# VII

# *BATE-SE NUMA CRIANÇA* E A JOVEM HOMOSSEXUAL

*Intersubjetividade e dessubjetivação.*
*A imagem, molde da perversão.*
*A simbólica do dom.*
*Frustração, amor e gozo.*
*Esquema permutativo do caso.*

Terminamos nosso encontro, da última vez, tentando resumir o caso de homossexualidade feminina apresentado por Freud. Ao mesmo tempo que suas peripécias, eu lhes havia esboçado, de passagem, aquilo a que se pode chamar a sua estrutura. O caso, com efeito, não teria muito mais que uma importância pitoresca se não o acompanhássemos com base na análise estrutural.

Convém voltar a essa análise estrutural. É somente sob a condição de fazê-la progredir, e o mais adiante possível, que há interesse, na psicanálise, em engajar-se nela.

Que exista uma falta na teoria analítica, isso é o que me parece ver surgir a cada instante. É para responder a essa falta — é bom lembrá-lo a vocês — que prosseguimos aqui nosso esforço.

Essa falta sensível em toda parte, eu a sentia, ainda recentemente, reativar-se em meu espírito ao ver confrontarem-se as afirmações da srta. Anna Freud com as da sra. Melanie Klein.

Sem dúvida, a srta. Anna Freud botou muita água no seu vinho desde então, mas fundou os princípios de sua análise de crianças em observações como a seguinte: não pode se fazer transferência na criança, pelo menos não neurose de transferência. Como as crianças ainda estão incluídas na situação criadora da tensão neurótica, na relação primária com os pais, as coisas ainda em andamento, não se pode, segundo ela, falar propriamente em transferência.

Outra observação da mesma natureza: estando as crianças ainda em relação com os objetos de seu apego inaugural, o analista deve mudar sua posição, e modificar profundamente sua técnica, devido a ter que intervir aqui inteiramente no plano atual.

Nesse sentido a srta. Anna Freud rende homenagem, como por um pressentimento, à função essencial da palavra na relação analítica. A criança, diz ela, está certamente numa relação com a fala diferente daquela do adulto, e deve ser tratada com auxílio de meios lúdicos, que são a técnica que lhe convém. A situação não permite ao analista oferecer-se à criança numa posição de neutralidade ou de receptividade, onde ele procura, antes de mais nada, acolher a palavra, permitir que esta desabroche e, ocasionalmente, fazer-lhe eco. Logo, direi que o engajamento do analista numa outra relação que não a da palavra, por não estar desenvolvida, nem mesmo concebida, é ainda assim indicada.

A sra. Melanie Klein argumenta, ao contrário, que nada é mais semelhante à análise de um adulto que a análise de uma criança, e que, mesmo numa idade extremamente precoce, o que está em jogo no inconsciente da criança já nada tem a ver, contrariamente ao que diz a srta. Anna Freud, com os pais reais. Já entre os dois anos e meio e três anos, a situação é inteiramente modificada com referência ao que se pode constatar na relação real, e se desenvolve uma dramatização profundamente estranha à atualidade da relação familiar da criança. É assim, por exemplo, que um sujeito criado como se fosse filho único em casa de uma tia velha, que morava muito longe dos pais, o que o colocava numa relação isolada e dual com uma só pessoa, tinha reconstituído mesmo assim todo um drama familiar com pai, mãe e até mesmo irmãos e irmãs rivais — estou citando. Logo, o que se trata de revelar na análise não está, no fundo, numa relação imediata, pura e simples, com o real, mas se inscreve, desde já, numa simbolização.

Devemos admitir as afirmações da sra. Melanie Klein? Essas afirmações repousam em sua experiência, e essa experiência nos é comunicada através de casos clínicos que às vezes direcionam as coisas para o bizarro. Vejam esse caldeirão de feiticeira, ou de adivinha, no fundo do qual se agitam, num mundo imaginário global que é a ideia do continente do corpo materno, todas as fantasias primordiais presentes desde a origem, e tendendo a se estruturar num drama que parece pré-formado, toda essa máquina exigindo a todo instante, para mover-se, o surgimento de instintos mais agressivos. Se não podemos deixar de nos surpreender pelo testemunho de que toda essa fantasmagoria é adequada aos dados únicos manejados aqui pela sra. Melanie Klein, não podemos, ao mesmo tempo, deixar de nos indagar em presença de que estamos, e o que pode, realmente, querer dizer essa simbolização dramática que parece se ver mais preenchida à medida que se remonta mais longe. Tudo se passa como se, quanto mais nos aproximássemos da origem, mais o complexo de Édipo estivesse ali, articulado e pronto para entrar em ação. Isso merece, ao menos, que se formule uma questão.

Essa questão, se a expusermos, ressurge em toda parte, e vamos reencontrá-la no caminho preciso por onde tento conduzi-los por ora, que é o da perversão.

## 1

O que é a perversão? No interior de um mesmo grupo psicanalítico, escutam-se, sobre esse ponto, as vozes mais discordantes.

Alguns, acreditando seguir Freud, dizem que se deve voltar, pura e simplesmente, à noção da persistência de uma fixação incidindo sobre uma pulsão parcial. Esta atravessaria, de certo modo, intacta, toda a dialética que tende a se estabelecer a partir do Édipo. Ela não se submeteria aos avatares que tendem a reduzir as outras pulsões parciais, e a unificá-las num movimento que as faz resultar, afinal de contas, na pulsão genital, que é a pulsão ideal unificadora. Portanto, iria se tratar, na perversão, de um acidente na evolução das pulsões. Traduzindo à maneira clássica a noção de Freud de que a perversão é o negativo da neurose, esses analistas querem, pura e simplesmente, fazer da perversão uma entidade na qual a pulsão não se elaborou.

Outros, todavia, que nem são aliás os mais perspicazes ou os melhores, mas advertidos pela experiência e por uma evidência que se impõe verdadeiramente na prática analítica, tentam mostrar que a perversão está muito longe de ser esse elemento puro que persiste, e que ela faz parte de fato — ela também — daquilo que se realizou através de todas as crises, fusões e desfusões dramáticas atravessadas por uma neurose, e que apresenta a mesma riqueza dimensional desta última, a mesma abundância, os mesmos ritmos, as mesmas etapas. Eles tentam, então, explicar que a perversão é o negativo da neurose apresentando uma fórmula tal como a seguinte, que lhes é inspirada por todos os jogos através dos quais prossegue uma análise da redução das defesas: trata-se, na perversão, da erotização da defesa.

Bem o percebo, isso faz imagem. Mas, para dizer a verdade, por que isso pode ser erotizado? Aí está toda a questão. De onde vem essa erotização? Onde está situado o poder invisível que projetaria o que parece vir ali como uma espécie de supérfluo, essa coloração, essa mudança de qualidade, essa satisfação libidinal? Na verdade, a coisa não é impensável, mas o mínimo que se pode dizer é que ela não é pensada.

Não se deve acreditar que Freud jamais se tenha prevenido de nos dar sobre este ponto uma noção a elaborar. Diria, mesmo, mais: temos no próprio Freud um exemplo que prova que sua fórmula, segundo a qual a perversão é o negativo da neurose, não deve ser tomada como o foi durante muito tempo, como se devêssemos simplesmente entender que o que está oculto no inconsciente, quando estamos em presença de um caso neurótico, esteja a céu aberto na perversão, e de certa maneira em estado livre. É realmente outra coisa que Freud nos propõe nessa fórmula, reduzida como nele se encontra, e da qual nossa análise deve encontrar o verdadeiro sentido. Tentaremos, em primeiro lugar, acompanhar Freud, vamos tentar ver como ele concebe o mecanismo de um fenômeno que se pode qualificar de perverso, até mesmo o de uma perversão categórica, e poderemos enfim perceber o que quer dizer ele quando afirma que a perversão é o negativo da neurose.

Vamos observar as coisas um pouco mais de perto, tomando esse estudo que deveria ser célebre, *Ein Kind wird geschlagen*, a "Contribuição ao estudo da gênese das perversões sexuais".

É característico que a atenção de Freud se volta para uma frase da qual ele faz o seu título, sem se contentar com um rótulo clínico, e que é extraída diretamente da declaração dos doentes quando abordam o tema de suas fantasias, que se pode qualificar, grosso modo, de sadomasoquistas, quaisquer que sejam o papel e a função que eles assumem em tal caso particular.

Freud nos diz centrar seu estudo em seis casos, que são todos de neuroses obsessivas, quatro de mulheres e dois de homens. No fundo está a sua experiência de todos os outros casos, sobre os quais ele mesmo não tem uma compreensão tão grande. Também existe aí, ao que me parece, o resumo de uma massa considerável de experiências, e a tentativa de organizá-la.

Quando o sujeito declara pôr em jogo no tratamento aquilo que é a fantasia, ele a exprime sob uma forma notável por sua imprecisão, deixando abertas as questões a que só responde com muita dificuldade. Na verdade, ele não pode dar, de saída, uma resposta satisfatória, pois quase nada mais é capaz de dizer para caracterizar essa fantasia. Além disso, não o faz sem marcar uma espécie de aversão, até mesmo de vergonha ou acanhamento.

Existe aqui um traço bastante notável a se pôr em evidência. Enquanto as práticas masturbatórias mais ou menos associadas a essas fantasias não acarretam, para os sujeitos, qualquer carga de culpa, em compensação quando se trata de formular essas fantasias, não apenas se apresentam, frequentemente, grandes dificuldades, mas ainda isso provoca neles uma aversão bastante pronunciada, repugnância, culpa. A distância entre o uso fantasístico ou imaginário dessas imagens e sua formulação falada é realmente de natureza a já nos fazer ficar de orelhas em pé. Esse comportamento do sujeito já é um sinal que marca um limite: isso não é da mesma ordem do jogar mentalmente com a fantasia, ou falar dela.

O que significa, nos sujeitos, essa fantasia enunciada na sua formulação típica: *Bate-se numa criança*? Freud nos passa o que sua experiência lhe mostrou sobre isso. Não vamos chegar hoje ao fim desse artigo. Vou simplesmente destacar certos elementos dele que concernem diretamente ao caminho no qual os engajei da última vez, abordando o problema pelo caso da jovem homossexual.

O progresso da análise mostra, segundo Freud, que essa fantasia veio substituir, por uma série de trarnsformações, outras fantasias, que tiveram um papel perfeitamente compreensível num momento da evolução do sujeito. É a estrutura desses estados que eu gostaria de lhes propor, para permitir a vocês reconhecer aí elementos que são absolutamente manifestos, sob a condição, apenas, de manter os olhos abertos, ao menos nessa dimensão em que tentamos avançar, e que se resume sob esse título: a estrutura subjetiva. Em outras palavras, para dar sua verdadeira posição àquilo que se apresenta com frequência na teoria como uma ambiguidade, até mesmo um impasse ou uma antinomia, tentamos sempre situar em que nível da estrutura subjetiva se passa o fenômeno.

Aqui, são três etapas, nos diz Freud, que se escandem na história do sujeito, à medida que esta se abre sob a pressão analítica e permite reencontrar a origem dessa fantasia.

Freud indica, na primeira parte de sua exposição, que não colocamos em primeiro plano desta vez, que vai se limitar ao que se passa nas mulheres, por razões que irá precisar adiante, e que nós mesmos deixaremos de lado por hoje.

A primeira fantasia que se pode encontrar, diz Freud, quando se analisa o fato, assume a forma seguinte: *Meu pai bate numa criança que é a criança que eu odeio*.

Essa fantasia aparece mais ou menos ligada, na história do sujeito, à introdução de um irmão ou uma irmã, de um rival que, em dado momento, tanto por sua presença quanto pelos cuidados que lhe são prodigalizados, frustra a criança da afeição dos pais. Trata-se aqui, em especial, do pai. Sem insistir nesse ponto, não omitimos a observação de que se trata de uma menina considerada num certo momento em que já se constituiu o complexo de Édipo, e em que a relação com o pai está instituída. A preeminência da pessoa do pai numa fantasia absolutamente primitiva não deve deixar de se relacionar com o fato de se tratar de uma menina. Mas vamos deixar para o futuro a explicação do problema.

O importante é que constatamos aí, de saída, uma perspectiva histórica que é retroativa. O sujeito formula e organiza uma situação primitiva dramática a partir do ponto em que estamos na análise, de uma maneira que se inscreve na sua palavra atual e no seu poder de simbolização presente. É assim que encontramos, pelo progresso da análise, o que se apresenta como a coisa primitiva, a organização primordial mais profunda.

A situação fantasística tem essa complexidade manifesta, por comportar três personagens: existe o agente da punição, existe aquele que se submete a ela e existe o sujeito. Aquele que se submete é, nomeadamente, uma criança que o sujeito odeia, e que ele vê, desse modo, despencar da preferência parental que está em jogo, enquanto se sente, ele próprio, privilegiado pelo fato de que o outro despenca dessa preferência.

Uma dimensão e uma tensão tríplices estão implicadas aqui. Há a relação do sujeito com dois outros, cujas relações entre si são motivadas por um elemento centrado no sujeito. *Meu pai*, pode-se dizer pra acentuar as coisas nesse sentido, *bate em meu irmão ou minha irmã por medo de que eu não acredite que o prefiram a mim.* Uma causalidade, uma tensão, uma referência ao sujeito, tomado como terceiro, em favor de quem a coisa se produz, anima e motiva a ação sobre o personagem segundo, aquele que sofre. Esse terceiro que é o sujeito está presentificado na situação como aquele aos olhos de quem isso deve se passar, na intenção de fazê-lo saber que algo lhe é dado, o privilégio da preferência, a precedência.

Existe, portanto, a noção de medo, isto é, uma espécie de antecipação, de dimensão temporal, de tensão à frente, introduzida como motriz no interior da situação tríplice. E existe referência ao terceiro como sujeito, na medida em que o sujeito tem que acreditar ou inferir alguma coisa sobre um certo comportamento que se dirige ao objeto segundo. Este último é considerado, na ocasião, instrumento da comunicação entre os dois sujeitos, que é, afinal, uma comunicação de amor, já que é às expensas desse segundo que se declara, para aquele que é o sujeito central, o que ele recebe, a saber, a expressão de seu voto, de seu desejo de ser preferido ou amado. Trata-se aqui, portanto, de uma formação já dramatizada e reativa, oriunda de uma situação complexa, que supõe a referência intersubjetiva tríplice, com tudo o que esta introduz de referência temporal e de escansão.

A introdução do segundo sujeito é necessária. Por quê? O que se deve transpor de um sujeito ao outro, disso ele é o instrumento, a mola, o modo, o meio. Vamos nos encontrar, assim, diante de uma estrutura intersubjetiva plena, no sentido em que ela se estabelece na superação consumada de uma palavra. O importante não é que a coisa tenha sido falada, mas que a situação ternária instaurada na fantasia primitiva porte em si mesma a marca da estrutura intersubjetiva que constitui toda palavra consumada.

Passemos agora à segunda etapa.

Esta representa, com referência à primeira, uma situação reduzida, de maneira muito particular, a dois personagens. Acompanho o texto de Freud, que a explica, sem aliás enfatizá-la, ou melhor, que a descreve como uma etapa reconstruída, indispensável para compreender a motivação daquilo que se produz na história do sujeito. Esta segunda etapa produz a fantasia: *Eu sou espancado por meu pai.*

Essa situação, que exclui qualquer outra dimensão além daquela da relação do sujeito com o agente espancador, pode se prestar a todos os tipos de interpretações. Mas estas vão permanecer, elas mesmas, marcadas pelo caráter da maior ambiguidade. Enquanto a primeira fantasia encerra uma organização, uma estrutura que põe ali um sentido, que se poderia indicar por uma série de flechas, a segunda apresenta uma situação tão ambígua que podemos nos perguntar, por um instante, em que medida o sujeito participa da ação daquele que o agride e o golpeia. Esta é a clássica ambiguidade sadomasoquista. Para resolvê-la, vamos concluir com Freud que isso se liga à essência do masoquismo, mas que o eu está, nessa ocasião, fortemente acentuado.

O sujeito se encontra numa posição recíproca com o outro, mas ao mesmo tempo exclusiva. É ele ou o outro que é espancado. Aqui, é ele. Por isso, alguma coisa é indicada, mas nem por isso resolvida. Pode-se ver, e a continuição da discussão o demonstra, no próprio ato de ser espancado, uma transposição ou o deslocamento de um elemento talvez já marcado de erotismo.

O próprio fato de que se possa falar, nessa ocasião, de essência do masoquismo, é indicativo. Na etapa anterior, Freud o disse, a situação, por extremamente estruturada que fosse, estava prenhe de toda virtualidade. Ela não era nem sexual, nem especialmente sádica, mas continha esses traços potencialmente. A precipitação num sentido ou noutro, mas permanecendo ambígua, é marcada na segunda etapa.

A segunda etapa é dual, com toda a problemática que levanta no plano libidinal. O sujeito se encontra incluído aí com o outro numa relação dual e, portanto, ambígua. Encontramos aí este *ou..., ou...*, que é fundamental na relação dual. Esta etapa, Freud nos diz, somos quase sempre forçados a reconstruí-la, de tal modo é fugaz. Essa fugacidade é de tal modo a sua característica que a situação se precipita rapidamente na terceira etapa.

No terceiro tempo, o sujeito é reduzido a seu ponto mais extremo. Reencontra-se aqui, aparentemente, o sujeito numa posição terceira, sob a forma de um puro e simples observador, como na primeira etapa. Depois da redução da situação intersubjetiva primeira com sua tensão temporal, e da passagem à situação segunda, dual e recíproca, chega-se à situação dessubjetivada que é a da fantasia terminal, a saber: *Bate-se numa criança*.

Nesse *Se*, reencontra-se vagamente a função paterna, mas em geral o pai não é reconhecível, não passa de um substituto. Por outro lado, Freud quis respeitar a fórmula do sujeito, mas trata-se, com frequência, não de *uma criança*, e sim de várias. A produção fantasística vai fazê-la explodir, multiplicando-a em mil exemplares, o que bem mostra a dessubjetivação essencial que se produz nessa relação.

Resta, com efeito, uma dessubjetivação radical de toda a estrutura, em cujo nível o sujeito ali está reduzido ao estado de espectador, ou simplesmente de olho, isto é, daquilo que sempre caracteriza no limite, no ponto da última redução, toda espécie de objeto. É preciso, para vê-lo, nem sempre um sujeito, mas ao menos um olho, que pode não passar de uma tela sobre a qual o sujeito é instituído.

Como podemos traduzir isso em nossa língua, no ponto preciso em que estamos do nosso progresso? Referindo-nos ao nosso esquema, a relação imaginária, mais ou menos fantasmatizada, inscreve-se entre as extremidades *a-a'* da relação, mais ou menos marcada pela especularidade e pela reciprocidade, entre o eu e o outro. Mas encontramo-nos aqui na presença de um elemento que toma lugar sobre a linha S-A, a saber, uma palavra inconsciente, que foi preciso encontrar através de todos os artifícios da análise da transferência. Ela é tanto esta aqui: *Meu pai, batendo numa criança que é a criança que eu odeio, me manifesta que me ama*, quanto a seguinte: *Meu pai bate numa criança de medo que eu acredite que não seja preferido*. Ou qualquer outra fórmula que valorize de uma maneira qualquer um dos acentos dessa relação dramática. Isso, que está excluído, que não está presente na neurose, mas cujas evoluções se manifestam, aliás, em todos os seus sintomas constitutivos, é reencontrado num elemento do quadro clínico que é a fantasia.

Essa fantasia, como se apresenta? Ela porta em si o testemunho, ainda muito visível, dos elementos significantes da palavra articulada no nível desse transobjeto, se podemos dizê-lo, que é o grande Outro, o lugar onde se articula a palavra inconsciente, o S na medida em que é palavra, história, memória, estrutura articulada.

A perversão, ou antes, para nos limitarmos aí, a fantasia perversa, tem uma propriedade que podemos agora destacar.

Existe aí como que uma redução simbólica, que eliminou progressivamente toda a estrutura subjetiva da situação para deixar subsistir apenas um resíduo inteiramente dessubjetivado e, afinal de contas, enigmático, porque conserva toda a carga — mas a carga não revelada, inconstituída, não assumida pelo sujeito — daquilo que é, no nível do Outro, a estrutura articulada em que o sujeito está engajado. No nível da fantasia perversa, todos os elementos estão lá, mas tudo o que é significação está perdido, a saber, a relação intersubjetiva. O que se pode chamar de significantes em estado puro se mantêm sem a relação intersubjetiva, esvaziados de seu sujeito. Temos aí uma espécie de objetivação dos significantes da situação. O que é indicado aqui no sentido de uma relação estruturante fundamental da história do sujeito no nível da perversão é ao mesmo tempo mantido, contido, mas o é sob a forma de um puro signo.

Será outra coisa, o que encontramos no nível da perversão? Imaginem agora o que vocês sabem, por exemplo, sobre o fetiche, do qual lhes disseram que é explicável por esse mais-além nunca visto, e com razão: o pênis da mãe fálica. Verifica-se, na maioria das vezes depois de um breve esforço analítico, que isso está ligado para o sujeito, ao menos nas lembranças que ainda lhe são acessíveis, a uma situação precisa — a criança se detém na sua observação, pelo menos esta é a sua lembrança, na barra do vestido da mãe. Vão observar aqui um notável concurso com a estrutura daquilo a que se pode chamar de lembrança encobridora, isto é, o momento em que a cadeia da memória se interrompe. Ela se interrompe, com efeito, na barra do vestido, não acima do tornozelo, ali onde se encontra o sapato, e é por isso mesmo que este último pode, ao menos em alguns casos particulares, mas exemplares, assumir a função de substituto daquilo que não é visto, mas que é articulado, formulado como sendo verdadeiramente para o sujeito o que a mãe possui, a saber, o falo, imaginário sem dúvida, mas essencial à sua fundação simbólica como mãe fálica.

Com a fantasia, encontramo-nos diante de algo da mesma ordem, que fixa, reduz ao estado de instantaneidade, o fluxo da memória, detendo-o neste ponto que se chama a lembrança encobridora. Pensem na maneira como uma sequência cinematográfica que se desenvolvesse rapidamente fosse parar de repente num ponto, imobilizando todos os personagens. Essa instantaneidade é característica da redução da cena plena, significante, articulada de sujeito a sujeito, ao que se imobiliza na fantasia, a qual fica carregada de todos os valores eróticos incluídos naquilo que ela exprimiu e de que ela é a testemunha e o suporte, o último suporte restante.

Constatamos aqui como se forma o que se pode chamar o molde da perversão, a saber, a valorização da imagem. Trata-se da imagem na medida em que ela permanece a testemunha privilegiada de algo que no inconsciente deve ser articulado, e reposto em jogo na dialética da transferência, isto é, que deve retomar suas dimensões no interior do diálogo analítico.

A dimensão imaginária aparece, pois, prevalente a cada vez que se trata de uma perversão. Essa relação imaginária está no caminho do que se passa do sujeito ao Outro, ou mais exatamente daquilo que, do sujeito, resta a se situar no Outro, na medida em que, justamente, é recalcado. Esta é uma palavra que é realmente a do sujeito, mas como ela é, devido a sua natureza de palavra, uma mensagem que o sujeito deve receber do Outro sob uma forma invertida, pode igualmente permanecer no Outro e aí constituir o recalcado e o inconsciente, instaurando assim uma relação possível, mas não realizada.

*Possível* não é dizer tudo — é preciso, realmente, que também haja ali dentro alguma impossibilidade, sem o que isso não seria recalcado. É precisamente porque existe essa impossibilidade nas situações comuns que se tornam necessários todos os artifícios da transferência para que seja novamente passável, formulável, aquilo que se deve comunicar desse Outro, o grande Outro, ao sujeito, na medida em que o Eu do sujeito vem a ser.

Essa indicação, a análise freudiana nos dá da maneira mais nítida, e tudo é articulado ainda muito mais adiante do que o que lhes estou dizendo. Nessa ocasião, Freud marca claramente que o problema da constituição de toda perversão deve ser abordado a partir do Édipo, através dos avatares, da aventura, da revolução do Édipo.

É de se ficar estupefato que não se tenha podido nem mesmo sonhar compreender a fórmula de Freud — a perversão é o negativo da neurose — como quer sua tradução, de certo modo, popular. A perversão seria uma pulsão não elaborada pelo mecanismo edipiano e neurótico, uma pura e simples sobrevivência, a persistência de uma pulsão parcial irredutível. Freud, ao contrário, nesse artigo primordial, e em muitos outros pontos ainda, indica de modo suficiente que nenhuma estruturação perversa, por mais primitiva que a supusermos — ao menos dentre aquelas que chegam ao nosso conhecimento de analistas — é articulável senão como meio, cavilha, elemento de alguma coisa que, afinal de contas, não se concebe, não se compreende, não se articula senão no, pelo e para o processo, a organização, a articulação do complexo de Édipo.

## 2

Vamos agora tentar inscrever o caso do outro dia, aquele da jovem homossexual, em nosso esquema da relação cruzada do sujeito com o Outro.

Sobre o eixo S-A deve se verificar, estabelecer a significação simbólica, toda a gênese atual do sujeito. Por outro lado, a interposição imaginária *a-a'* é aquilo em que o sujeito encontra seu estatuto, sua estrutura de objeto, por ele reconhecida como tal, instalada num certo caráter egoico com referência aos objetos imediatamente atraentes para ele, que são os correspondentes a seu desejo, na medida em que ele se engaja nos trilhos imaginários que formam o que se chama de suas fixações libidinais.

Embora não levemos hoje o exercício até o seu termo, tentemos resumir. Podemos distinguir cinco tempos nos fenômenos principais da instauração dessa perversão — o fato de que a consideremos como fundamental ou adquirida pouco importa. Nessa ocasião, sabemos quando ela foi indicada, depois estabelecida, e depois precipitada, temos todas as suas molas e temos seu ponto de partida. Esta é uma perversão constituída tardiamente, o que não quer dizer que não tivesse suas premissas em fenômenos primordiais. Tentemos compreender os caminhos que o próprio Freud destacou.

Vamos começar por um estado que é primordial. No momento da puberdade, ali pelos treze ou quatorze anos, essa mocinha valoriza um objeto que é uma criança de quem cuida e a quem está ligada por laços de afeição. Ela se mostra, assim, aos olhos de todos, particularmente bem orientada no sentido por eles esperado, como a vocação típica da mulher, ou seja, a da maternidade.

Sobre essa base, produz-se então alguma coisa que a leva a uma espécie de inversão, levando-a a interessar-se por objetos de amor marcados pelo signo da feminilidade. Estes são mulheres em situação mais ou menos maternal, neomaternizante.

Ela vai ser levada, finalmente, a uma paixão literalmente qualificada como devoradora por essa pessoa a que chamamos *a dama*, e não é à toa. Essa dama, ela vai tratá-la, com efeito, num estilo altamente elaborado de relações cavalheirescas e propriamente masculinas, com uma paixão oferecida sem exigência, desejo, nem mesmo esperança de retribuição, com o caráter de um dom, o amante se projetando para além mesmo de toda espécie de manifestação da amada. Em suma, encontramos aí uma das formas mais características da relação amorosa em suas formas de cultivo mais elevadas.

Como conceber essa transformação? Dei a vocês seu primeiro tempo e o resultado; entre os dois, produziu-se alguma coisa, Freud nos diz o quê. Vamos retomá-lo e implicá-lo nos mesmos termos que serviram parar analisar a posição.

Vamos partir da fase fálica da organização genital. Qual é o sentido do que nos diz Freud a respeito disso? Logo antes do período de latência, o sujeito infantil, masculino ou feminino, chega à fase fálica, que indica o ponto de realização do genital. Tudo está ali, até e inclusive a escolha do objeto. Existe, no entanto, alguma coisa que não está ali, a saber, a plena realização da função genital, realmente estruturada e organizada. Resta, com efeito, um elemento fantasístico, essencialmente imaginário, que é a prevalência do falo, mediante o que há para o sujeito dois tipos de seres no mundo: os seres que têm o falo e os que não o têm, isto é, que são castrados.

Essas fórmulas de Freud sugerem uma problemática de que os autores não conseguem sair, quando querem justificá-la por motivos que seriam para o sujeito determinados no real, vendo-se a partir daí obrigados a recorrer a extraordinários modos de explicação. Já disse a vocês que iria colocá-los, entre parênteses, mas o modo geral pode se resumir mais ou menos assim. Dado que, como todos sabem, tudo já está adivinhado e inscrito nas tendências inconscientes, e que o sujeito já tem, devido a sua natureza, a pré-formação do que torna adequada a cooperação dos sexos, é mesmo necessário que a prevalência fálica seja uma espécie de formação onde o sujeito encontre alguma vantagem, e que exista ali um processo de defesa. Com efeito, não é inconcebível, nessa perspectiva, mas isso é somente recuar o problema. E isso, de fato, envolve os autores numa série de construções que só fazem reportar à origem toda a dialética simbólica, e que se tornam precisamente cada vez mais impensáveis na medida em que se remonta em direção à origem.

É mais fácil para nós do que para esses autores admitir que, nessa ocasião, o falo seja este elemento imaginário — isso é um fato, que se deve tomar como um fato — pelo qual o sujeito, no nível genital, é introduzido na simbólica do dom.

A simbólica do dom e a maturação genital, que são duas coisas diferentes, estão no entanto ligadas por um fator que está incluído na situação humana real, a saber, as regras instauradas pela lei quanto ao exercício das funções genitais, na medida em que estas entrem efetivamente em jogo na troca inter-humana. É porque as coisas se passam neste nível que há uma ligação tão estreita entre a simbólica do dom e a maturação genital. Mas isso não tem, para o sujeito, nenhuma coerência interna, biológica, individual. Verifica-se, em contrapartida, que a fantasia do falo, no nível genital, assume seu valor no interior da simbólica do dom. Freud insiste nesse ponto: o falo não tem, por uma boa razão, o mesmo valor para aquele que possui realmente o falo, isto é, a criança masculina, e para a criança que não o possui, isto é, a criança feminina.

A criança feminina, é na medida em que não possui o falo que ela se introduz na simbólica do dom. É na medida em que ela faliciza a situação, isto é, que se trate de ter ou não ter o falo, que ela entra no complexo de Édipo. O menino, como nos sublinha Freud, não é por aí que ele entra, é por aí que ele sai. No fim do complexo de Édipo, no momento em que realiza num certo plano a simbólica do dom, é preciso que ele faça dom daquilo que tem. A menina, se entra no complexo de Édipo, é na medida em que ela não tem, ela tem que encontrá-lo no complexo de Édipo.

*O que ela não tem*, o que quer dizer isso? Já estamos, aqui, no nível em que um elemento imaginário entra numa dialética simbólica. Ora, numa dialética simbólica, o que não se tem é tão existente quanto o resto. Simplesmente, é marcado pelo sinal de menos. Ela entra, portanto, com este menos, como o menino com o mais. Resta que é necessário haver alguma coisa para se poder colocar mais ou menos, presença ou ausência. O que está em questão aí é o falo. Aí está, nos diz Freud, qual a mola da entrada da menina no complexo de Édipo.

No interior dessa simbólica do dom, todas as espécies de coisas podem ser dadas em troca, tantas coisas, com certeza, que é por isso mesmo que vemos tantos equivalentes do falo nos sintomas.

Freud vai ainda mais longe, e vocês vão encontrar em seu "Bate-se numa criança" a indicação disso, formulada em termos absolutamente crus. Por que tantos elementos de relações pré-genitais entram em jogo na dialética edipiana? Por que as frustrações do nível anal ou oral tendem a se produzir, e chegam a realizar as frustrações, os acidentes, os elementos dramáticos, da relação edipiana, enquanto, de acordo com as premissas, isso deveria se satisfazer unicamente na elaboração genital? A resposta de Freud visa ao que há de obscuro para a criança naquilo que se passa no nível genital, do qual, é claro, ela não tem a experiência — os objetos que fazem parte das relações pré-genitais, diz ele, são mais acessíveis a representações verbais, *Wortvorstellungen*.

Sim, Freud chega a dizer que se os objetos pré-genitais são postos em jogo na dialética edipiana é na medida em que eles se prestam mais facilmente a representações verbais. A criança pode dizer a si mesma mais facilmente que aquilo que o pai dá à mãe na ocasião é sua urina, porque, da sua urina, ele conhece muito bem o uso, a função e a existência como objeto. É mais fácil simbolizar, isto é, prover do signo mais ou menos, um objeto que já assumiu uma certa realização na imaginação da criança. Isso permanece, apesar de tudo, difícil de compreender, e de difícil acesso para a menina.

A menina, sua primeira introdução na dialética do Édipo se liga, segundo Freud, ao fato de que o pênis que ela deseja é a criança que ela espera receber do pai, à maneira de um substituto. Mas no exemplo que nos ocupa, o da jovem homossexual, trata-se de uma criança real. A menina cuida de uma criança consistente que está no jogo.

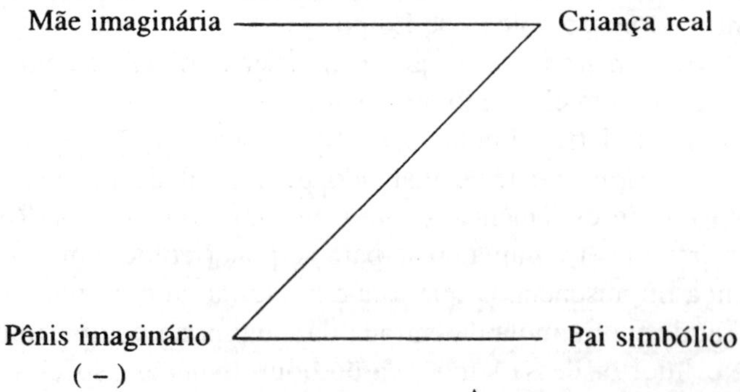


A jovem homossexual

Por outro lado, esta criança de quem ela toma conta, o que satisfaz nela? A substituição imaginária fálica, pela qual, como sujeito, ela se constitui, sem o saber, como mãe imaginária. Se ela se satisfaz cuidando dessa criança é realmente por adquirir, assim, o pênis imaginário de que foi fundamentalmente frustrada, o que vou notar pondo o pênis imaginário no nível do menos. Nada mais faço, assim, que valorizar o seguinte, que é característico da frustração originária: todo objeto introduzido por uma frustração realizada só poderia ser um objeto que o sujeito toma nessa posição ambígua que é a da pertinência ao seu próprio corpo.

Se sublinho isso para vocês é porque, a propósito das relações primordiais da criança e da mãe, põe-se toda a ênfase no aspecto passivo da frustração. Sustenta-se que a criança faz a primeira prova da relação entre o princípio do prazer e o princípio de realidade nas frustrações sentidas por parte da mãe, e, em seguida a isso, vocês veem os termos frustração do objeto ou perda do objeto de amor empregados indiferentemente. Ora, se existe alguma coisa em que insisti nas lições anteriores, é realmente a bipolaridade, ou a oposição absolutamente marcada que há entre o objeto real, na medida em que a criança pode ser privada dele, a saber, o seio da mãe, e por outro lado a mãe, na medida em que esta é capaz de fornecer ou não fornecer esse objeto real.

Esta distinção entre o seio e a mãe como objeto total é feita pela sra. Melanie Klein. Ela distingue realmente os objetos parciais, por um lado, e, por outro, a mãe na medida em que se institui como objeto total, e pode criar na criança a famosa posição depressiva. Esta é uma maneira de ver as coisas. Mas o que fica elidido é que esses dois objetos não são da mesma natureza. Permanece, com efeito, que a mãe, como agente, é instituída pela função do apelo — que ela é doravante, sob sua forma mais rudimentar, tomada como objeto marcado e conotado por uma possibilidade de mais ou de menos, enquanto presença ou ausência — que a frustração realizada por que quer que seja que se refira à mãe é frustração de amor — que tudo o que vem da mãe como respondendo a este apelo é dom, isto é, algo além do objeto. Em outras palavras, existe uma diferença radical entre, por um lado, o dom como signo de amor, que visa radicalmente a alguma coisa outra, um mais-além, o amor da mãe e, por outro lado, o objeto, seja qual for, que venha para a satisfação das necessidades da criança.

A frustração do amor e a frustração do gozo são duas coisas distintas. A frustração do amor é prenhe em si mesma de todas as relações intersubjetivas tais como se poderão constituir depois. A frustração do gozo não é em absoluto prenhe do que quer que seja.

Contrariamente ao que se diz, não é a frustração do gozo que engendra a realidade, como muito bem percebeu o sr. Winnicott, certamente que não sem a confusão comum que se lê na literatura analítica. Não podemos fundar a mínima gênese da realidade no fato de que a criança tenha ou não tenha o seio. Se ela não tiver o seio, tem fome e continua a chorar. Em outras palavras, o que é produzido pela frustração do gozo? Ela produz, no máximo, o relançamento do desejo, mas nenhuma espécie de constituição de objeto, qualquer que seja este. É mesmo por essa razão que o sr. Winnicott é levado a nos fazer observar qual é a coisa verdadeiramente apreensível no comportamento da criança que nos permite esclarecer que exista um progresso, efetivamente, que necessita de uma explicação original.

Não é simplesmente porque a criança se vê privada do seio materno que ela fomenta a sua imagem fundamental, nem tampouco qualquer espécie de imagem. É necessário que a imagem seja tomada em si mesma como uma dimensão original. Não é o seio, mas o bico do seio que é aqui essencial, o *nipple*. É a ele que se substitui e se superpõe o falo. Eles têm em comum esse caráter de dever nos deter na medida em que se constituem como imagens.

O que sucede à frustração do objeto de gozo na criança é uma dimensão original que se mantém no sujeito em estado de relação imaginária. Não é simplesmente um elemento polarizando o impulso do desejo, à maneira do engodo que orienta sempre os comportamentos do animal. Existe algo de significativo nas plumas ou nadadeiras do adversário que faz dele um adversário, e sempre se pode observar o que individualiza a imagem no biológico. Isso, sem dúvida, está presente no homem, mas acentuado de uma maneira que é observável no comportamento da criança, em quem as imagens são referidas à imagem fundamental que lhe dá seu estatuto global. Trata-se dessa forma de conjunto à qual ela se apega, a forma do outro, imagem em torno da qual podem se agrupar e desagrupar os sujeitos, como pertinência ou não pertinência.

Em suma, o problema não é saber em que grau maior ou menor se elabora o narcisismo, concebido inicialmente como um autoerotismo imaginado e ideal, mas, ao contrário, reconhecer qual a função do narcisismo original na constituição de um mundo objetal como tal. É por isso que Winnicott se detém nesses objetos que ele chama de transicionais.

Sem eles, não teríamos testemunho algum da maneira como a criança poderia constituir um mundo a partir de suas frustrações. É claro que a criança constitui um mundo, mas não se deve dizer que seja a propósito do objeto de seus desejos, de que ela foi frustrada na origem. Ela constitui um mundo na medida em que, dirigindo-se para algo que deseja, pode encontrar algo contra o que se choca ou com que se queima. Não é em absoluto um objeto que seria engendrado de um modo qualquer pelo objeto do desejo, não é alguma coisa que seria modelada pelas etapas de desenvolvimento do desejo na medida em que este se institui e se organiza no desenvolvimento infantil. É uma outra coisa. O objeto, na medida em que é engendrado pela frustração, nos leva a admitir a autonomia da produção imaginária na sua relação com a imagem do corpo. É um objeto ambíguo, que está entre ambos, a propósito do qual não se pode falar nem de realidade, nem de irrealidade. É assim que se exprime com muita pertinência o sr. Winnicott, mesmo que se deva lamentar o fato de, em vez de abordar o problema aberto pela introdução desse objeto na ordem simbólica, ele chegue a isso como que a contragosto, porque se é mesmo forçado a chegar a isso a partir do momento em que se engaja nessa via.

Os objetos transicionais são esses objetos semirreais, semi-irreais, a que a criança segura por uma espécie de apego, por exemplo, uma pontinha de seu lençol ou do babador. Isso não se observa em todas as crianças, mas na maioria delas. O sr. Winnicott vê muito bem a relação terminal desses objetos com o fetiche, que ele chama erradamente de fetiche primitivo, mas que é, com efeito, a sua origem.

O sr. Winnicott se detém neste ponto e diz que, afinal, este objeto que não é nem real nem irreal, a que não atribuímos uma realidade plena, nem tampouco um caráter plenamente ilusório, é evidente como as ideias filosóficas e o sistema religioso e tudo aquilo em meio a que vive um bom cidadão inglês, sabendo de antemão como se comportar. Sobre tal doutrina em matéria religiosa ou filosófica que vocês possam ter, ninguém sonha dizer que vocês acreditam nela de maneira inabalável, ninguém tampouco pensa em retirá-la de vocês. Trata-se de um domínio entre os dois, onde as coisas são instituídas com um caráter de semiexistência. Esse caráter é realmente marcado pelo fato de que ninguém em condições normais sonha impor aos outros, como sendo um objeto a que se deve aderir, a autenticidade ou a realidade dura como ferro daquilo que ele promove como ideia religiosa ou ilusão filosófica. Em suma, o mundo instituído das Ilhas Britânicas indica a cada um que ele tem o direito de ser louco, sob a condição de permanecer louco separadamente. Aí é que começaria a loucura, caso se quisesse impor sua loucura privada ao conjunto de sujeitos, constituídos, cada um deles, numa espécie de nomadismo do objeto transicional.

O sr. Winnicott não está errado, é mesmo no meio disso que se situa a vida. Como organizar o resto se não houvesse isso?

## 3

Voltemos, para terminar, ao caso da nossa moça apaixonada, de quem nos é dito que ela tem seu objeto transicional, o pênis imaginário, quando toma conta de sua criança. O que é preciso para que ela passe ao terceiro tempo, isto é, à segunda etapa das cinco situações, que não vamos percorrer hoje?

Ela é homossexual, e ama como um homem, nos diz Freud, *männliches Typus* — embora o tradutor tenha traduzido por *feminino* —, ela está na posição viril. Isso se traduz assim em nosso esquema: o pai, que estava no nível do grande A na primeira etapa, passa para o nível do eu. Em *a'* está a dama, o objeto de amor que substituiu a criança. Em A, o pênis simbólico, isto é, aquilo que está, no amor, em seu ponto mais elaborado, para além do sujeito amado. O que é amado no amor, com efeito, é o que está para além do sujeito, é, literalmente, o que ele não tem. Se a dama é amada, é na medida, precisamente, em que não tem o pênis simbólico, mas tem tudo para tê-lo, pois ela é o objeto eleito de todas as adorações do sujeito.

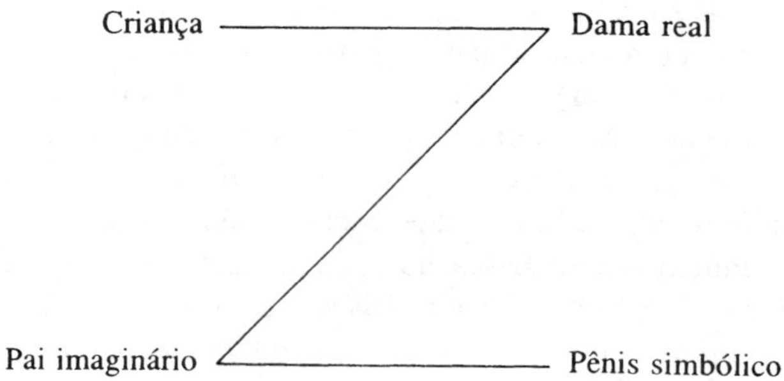


A JOVEM HOMOSSEXUAL (2)

Logo, produziu-se uma permutação que fez passar no imaginário o pai simbólico, por identificação do sujeito à função do pai. Simultaneamente a dama real veio aqui à direita, em matéria de objeto de amor, justamente por ter esse mais-além, o pênis simbólico, que se encontrava inicialmente no nível imaginário.

O que aconteceu entre ambos?

A característica do caso clínico, que aparece no segundo tempo, que se reencontra no quarto, é que houve, no nível da relação imaginária, a introdução da ação real do pai, este pai simbólico que estava lá no inconsciente.

O desejo do pênis é substituído, com efeito, na menina, pela criança que lhe vai ser dada pelo pai, uma criança imaginária ou real.

No presente caso, já é por demais inquietador que ela seja real, enquanto o pai, por sua vez, permanece ainda assim inconsciente como progenitor, e tanto mais que a criança é real. Só que o pai dá realmente uma criança não à filha, mas à mãe. Ora, à criança que desejava inconscientemente, a menina deu um substituto real onde encontrava sua satisfação, traço em que já se mostra nela uma acentuação da necessidade, o que dá à situação seu caráter dramático. Compreende-se, a partir daí, que o sujeito tenha sido frustrado de uma maneira muito particular quando a criança real, vinda do pai como simbólico, foi dada a sua própria mãe.

Aí está a característica do caso. Quando se diz que é a alguma acentuação dos instintos, ou das tendências, ou de tal pulsão primitiva que se deve o fato de que as coisas se tenham ordenado no sentido de uma perversão, estará sendo realmente feita a separação desses três elementos absolutamente essenciais, sob a condição de serem distintos, que são o imaginário, o simbólico e o real?

Vocês podem observar que, se a situação se revelou, por razões muito estruturadas, ser uma relação de ciúmes, e se a satisfação imaginária a que a moça se entregava tomou um caráter insustentável, foi na medida em que se introduziu o real, um real que respondia à situação inconsciente no nível do plano do imaginário. Por uma espécie de interposição, o pai é agora realizado no plano da relação imaginária, ele entrou efetivamente em jogo como pai imaginário, e não mais como pai simbólico. A partir daí instaura-se uma outra relação imaginária, que a moça completa como pode.

Essa relação é marcada pelo fato de que aquilo que estava articulado de maneira latente no nível do grande Outro começa a se articular de maneira imaginária, à maneira de perversão, e é, aliás, por essa razão e não por outra que isso vai resultar numa perversão. A moça se identifica com o pai e assume o papel deste. Torna-se ela mesma o pai imaginário. Ela também conserva seu pênis, e agarra-se a um objeto que não tem, ao qual é preciso, necessariamente, que ela dê este algo que ele não tem.

Essa necessidade de situar o eixo do amor, não no objeto, mas naquilo que o objeto não tem, nos põe, justamente, no coração da relação amorosa e do dom. É este algo que o objeto não tem e que torna necessária a constelação terceira da história deste sujeito.

É aí que vamos retomar as coisas da próxima vez, para aprofundar a dialética do dom na medida em que esta é experimentada primordialmente pelo sujeito, e para ver sua outra face, que deixamos de lado há pouco. Pois, se acentuei os paradoxos da frustração pelo lado do objeto, ainda não disse em que resultaria, e o que significava como tal a frustração do amor.

16 DE JANEIRO DE 1957

# VIII

# DORA E A JOVEM HOMOSSEXUAL

*A insistência simbólica da transferência.*
*Pai potente, pai impotente.*
*O amor, a falta e o dom.*
*Dora entre questão e identificação.*
*Metonímia perversa, metáfora neurótica.*

Este fascículo, segundo número da revista *La Psychanalyse*, contém certos textos que vão lhes permitir encontrar uma nova tentativa da lógica, encontrá-la ali onde ela está de maneira particularmente viva, isto é, em nossa prática. Faço alusão ao nosso famoso jogo de par ou ímpar, e remeto vocês à introdução que vão ver que dei a meu seminário sobre "A carta roubada".

Os três tempos da subjetividade, na medida em que esta se relaciona com a frustração, sob a condição de se tomar esta última no sentido da falta de objeto, serão facilmente encontrados por vocês se refletirem inicialmente na posição zero do problema, a saber, a oposição, a instituição do símbolo puro de mais ou menos, presença ou ausência, que nada mais é que uma posição objetivável da premissa do jogo.

O segundo tempo deve ser encontrado no fato de que a declaração que vocês fazem, dizendo *par* ou *ímpar*, é uma espécie de demanda pela qual se situam em posição de serem gratificados ou não pela resposta do outro, mas como este já tem os dados nas mãos, não depende mais dele que aquilo que tem nas mãos satisfaça ou não a demanda de vocês. Logo, têm aqui o estádio segundo da relação dual, na medida em que institui o apelo e sua resposta, sobre a qual se estabelece o nível da frustração. Vocês veem, ao mesmo tempo, seu caráter absolutamente evanescente, e literalmente impossível de satisfazer.

Se o jogo os interessa é, evidentemente, porque vocês introduzem a terceira dimensão que lhe dá seu sentido, aquela da lei, sob uma forma que está sempre latente ao exercício do jogo. Com efeito, do ponto de vista de quem demanda, de que se trata? Supõe-se, evidentemente, que o outro lhe sugira a todo instante uma regularidade, em outras palavras, uma lei, que ao mesmo tempo ele se esforça por lhe furtar. A instituição de uma lei ou de uma regularidade concebida como possível, aquele que propõe a parte oculta do jogo escamoteia-a a cada instante ao outro, ao mesmo tempo em que sugere a ele o seu nascimento. É nesse momento que se estabelece o que está fundamentalmente no jogo e que lhe dá seu sentido intersubjetivo, situando-o numa dimensão não mais dual, e sim ternária.

Sobre essa dimensão essencial repousa o valor de meu texto, a saber, que é necessário introduzir três termos para que se possa começar a articular algo semelhante a uma lei. Os três tempos intersubjetivos são aqueles segundo os quais tentamos ver como se introduz o objeto na cadeia simbólica. Pois, pelo simples fato de vir a nosso alcance, sob nossa jurisdição, na prática analítica, é realmente preciso que esse objeto entre nessa cadeia.

Foi aí que chegamos da última vez, na história de nosso caso de homossexualidade feminina.

## 1

Tínhamos chegado ao que eu chamava de terceiro tempo, isto é, o tempo que se constituiu da seguinte maneira, que resumo para vocês a partir de uma primeira situação tomada arbitrariamente com a situação inicial.

Notem que isso já implica fazer uma concessão a um ponto de vista progressivo, admitir esse ordenamento cronológico dos termos desde o passado até o futuro. Nós o fazemos para facilitar as coisas, aproximando-nos do que é feito, habitualmente, na dialética da frustração, sem esquecer que, concebendo-a de maneira sumária, isto é, sem distinguir os planos real, imaginário e simbólico, chega-se a impasses que, quanto mais avançarmos, mais espero fazê-los sentir.

Mas, por ora, tentamos estabelecer os princípios de relações entre o objeto e, por outro lado, a constituição da cadeia simbólica.

Temos, em primeiro lugar, a posição da jovem quando ela ainda está no tempo da puberdade. A primeira estruturação simbólica e imaginária dessa posição se faz da maneira clássica, como é ordenado pela teoria. A equivalência pênis imaginário-criança instaura o sujeito como mãe imaginária com referência a este mais-além que é o pai, intervindo como função simbólica, isto é, como aquele que pode dar o falo. A potência do pai é, então, inconsciente. Estamos depois do declínio do complexo de Édipo, e o pai, como aquele que pode dar a criança, é inconsciente.

É nesse estádio que se produz, se podemos dizê-lo, o momento fatal em que o pai intervém no real para dar uma criança à mãe, isto é, fazer desta criança diante de quem o sujeito está em relação imaginária uma criança real. Algo se realiza que, em consequência, não é mais sustentável por ela na posição imaginária em que o instituía. Encontramo-nos agora no segundo tempo. A intervenção do pai real no nível da criança de que ela era, então, frustrada, produz a transformação de toda a equação, que se situa, a partir daí, nos seguintes termos: o pai imaginário, a dama, o pênis simbólico.

Por uma espécie de inversão, a relação do sujeito com seu pai, que se situava na ordem simbólica, passa no sentido da relação imaginária. Ou, se quiserem, há projeção da fórmula inconsciente, a de seu primeiro equilíbrio, numa relação perversa entre aspas, uma relação imaginária, a saber, sua relação com a dama. Este é o terceiro tempo.

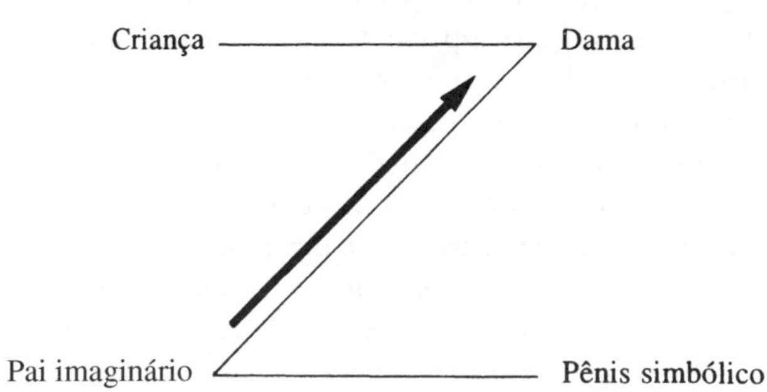


A JOVEM HOMOSSEXUAL (3)

Aí está, pois, em seguida a uma primeira aplicação de nossas fórmulas, a posição dos termos em jogo, posição, sem dúvida alguma, enigmática, em que podemos nos deter por um instante. Convém, todavia, observar que esses termos, quaisquer que sejam, impõem uma estrutura, isto é, se alterássemos a posição de um dentre eles, deveríamos situar noutra parte, e nunca num lugar qualquer, todos os outros. Tentemos agora ver o que isso significa. Sua significação nos é dada pela análise.

O que nos diz Freud no momento crucial desta observação? Devido a uma certa concepção que extrai da posição em jogo, e por uma intervenção feita por ele nesse sentido, ele cristaliza a posição entre si e a paciente de uma maneira que não é satisfatória, de vez que, ele próprio o afirma, é nesse momento que se rompe a relação analítica. Seja o que for que Freud pense disso, estamos longe de ser levados a atribuir toda a responsabilidade a um impasse da posição da doente. A intervenção dele, sua concepção, seus preconceitos sobre a posição devem ter, realmente, algo a ver com a ruptura da situação.

Vamos recordar o que é essa posição, e como Freud a formula para nós. Ele nos diz que as resistências da doente foram insuperáveis. Essas resistências, como ele as materializa? Que exemplos nos dá delas? Que sentido lhes atribui? Ele as vê particularmente expressas num sonho que, paradoxalmente, teria podido alimentar muitas esperanças, a saber, de que a situação se normalizasse. Com efeito, é um sonho onde só se trata de reunião, *conjugo*, casamento fecundo. A paciente é nele submetida a um cônjuge ideal, e tem filhos com este. Em suma, o sonho manifesta um desejo que vai no sentido daquilo que, senão Freud, pelo menos a sociedade, aqui representada pela família, pode desejar de melhor como resultado do tratamento.

Certo de tudo o que a paciente lhe diz sobre sua posição e suas intenções, Freud, longe de tomar o texto do sonho ao pé da letra, vê nele apenas um artifício da paciente destinado expressamente a enganá-lo, ou, mais exatamente, a iludi-lo e desiludi-lo ao mesmo tempo, como nesse uso, que eu evocava há pouco, do jogo intersubjetivo da adivinhação. Isso supõe, como Freud observa, que se possa objetar-lhe: *Mas, então, o inconsciente pode mentir?* Freud se detém longamente neste ponto, discute-o e tem o cuidado de responder de maneira bastante articulada.

Freud retoma aqui uma passagem da *Interpretação dos sonhos*. Ele a retoma, igualmente, numa outra observação a que vamos chegar daqui a pouco, a de Dora, a cujo propósito já fiz outrora, em seguida a um relatório de Lagache sobre a transferência, uma pequena intervenção resumindo as posições em que penso se deva conceber o caso.

A *Traumdeutung*, quanto às relações entre o desejo inconsciente e o desejo pré-consciente, introduz uma comparação entre capitalista e empresário. O desejo pré-consciente é o empresário do sonho, mas o sonho não teria nada de suficiente para se instituir como representante daquilo a que se chama o inconsciente se não houvesse um outro desejo, que dá o fundo do sonho, e que é o desejo inconsciente. Portanto, Freud distingue muito bem os dois desejos, só que não chega a tirar daí as consequências extremas. É possível situar como distinto o que o sujeito conduz em seu sonho, que é do nível do inconsciente, e o fator da relação dual, ligado ao fato de dirigir-se a alguém quando conta o sonho em análise. É nesse sentido que digo que um sonho que se produz no decorrer de uma análise comporta sempre uma certa direção para o analista, e essa direção nem sempre é, obrigatoriamente, a direção inconsciente.

Toda a questão é saber se devem ser enfatizadas as intenções que Freud nos diz serem, de forma confessada, as da doente, as intenções de jogar com seu pai — e a doente chega, ela mesma, a formulá-lo — o jogo da tapeação, fingir se tratar e manter suas posições, sua fidelidade à dama. O que se expressa no sonho deve ser concebido pura e simplesmente na perspectiva da tapeação, isto é, na sua intencionalização pré-consciente?

Não parece ser assim, pois, se olharmos mais de perto, o que vemos ser formulado? Sem dúvida, estamos aí numa dialética de tapeação, mas o que se formula no inconsciente, tanto na primeira como na terceira etapa, é, referido ao significante, aquilo que foi desviado na origem, a saber, sua própria mensagem vinda do pai sob uma forma invertida, sob a forma do *você é minha mulher, você é meu mestre, você terá um filho meu*. Esta é, na entrada do Édipo ou enquanto o Édipo não está resolvido, a promessa sobre a qual se funda a entrada da menina no complexo de Édipo. Foi daí que partiu a posição, e articula-se no sonho uma situação que satisfaz a essa promessa. É sempre o mesmo conteúdo do inconsciente que se verifica.

Se Freud hesita diante desse conteúdo é, muito precisamente, por não haver chegado a uma formulação depurada do que vem a ser a transferência. Há, com efeito, na transferência, um elemento imaginário e um elemento simbólico e, por conseguinte, uma escolha a fazer. Se a transferência tem um sentido, se tem um sentido o que Freud nos forneceu, ulteriormente, com a noção de *Wiederholungszwang*, em torno da qual tomei o cuidado de passar um ano para fazê-los ver o que podia significar, é que na medida em que existe a insistência própria à cadeia simbólica como tal é que há transferência.

Certamente, por definição, essa insistência própria à cadeia simbólica não é assumida pelo sujeito. Todavia, o simples fato de que ela se reproduza e que chegue à etapa três como substituindo e se formulando num sonho permite dizer que esse sonho, mesmo que pareça ser um sonho enganador por estar no nível imaginário e em relação direta com o terapeuta, nem por isso deixa de ser — e apenas ele — o representante da transferência no sentido próprio. Era ali que Freud poderia arriscar a sua confiança e intervir com audácia. Seria preciso que sua noção de transferência estivesse baseada numa posição menos oscilante, e que ele tivesse concebido bem precisamente que a transferência se passa, de modo essencial, no nível da articulação simbólica.

Quando falamos de transferência, quando alguma coisa assume sentido pelo fato de que o analista se torna o lugar da transferência, é muito precisamente na medida em que se trata da articulação simbólica como tal, e isso, é claro, antes que o sujeito a tenha assumido, como se vê aqui naquilo que é um sonho de transferência. Se Freud nota, mesmo assim, que algo se produziu ali, da ordem da transferência, não tira daí a consequência estrita nem tampouco o método correto de intervenção.

Essa observação não é válida somente para um caso particular. Temos, igualmente, outro caso onde o problema surge no mesmo nível, da mesma maneira, só que Freud comete o erro exatamente contrário. É o caso de Dora.

Esses dois casos se equilibram admiravelmente. Entrecruzam-se, estritamente, um e outro. Para começar, porque a confusão da posição simbólica com a posição imaginária se produz, em cada um, num sentido oposto. Mas, mais ainda, porque na sua constelação total eles se correspondem estritamente, com a diferença que um se organiza com referência ao outro sob a forma do positivo ao negativo. Poderia dizer que não existe melhor ilustração da fórmula de Freud, de que a perversão é o negativo da neurose.

Ainda resta desenvolvê-lo.

## 2

Vamos lembrar rapidamente os termos do caso de Dora quanto ao que têm em comum com os da constelação presente no caso da jovem homossexual.

Temos, no caso de Dora, exatamente os mesmos personagens: em primeiro plano um pai, uma filha, e também uma dama, a sra. K. Isso nos surpreende tanto mais que é também em torno da dama que gira todo o problema, embora a coisa seja dissimulada a Freud na apresentação da situação pela moça.

Esta é uma pequena histérica, que levam até ele por causa de alguns sintomas, sem dúvida menores, mas assim mesmo caracterizados. A situação se tornou intolerável, em seguida a uma espécie de demonstração ou intenção de suicídio que acabou alarmando sua família. O pai a apresenta a Freud como uma doente, e essa passagem ao nível da consulta é um elemento que por si só denota claramente uma crise no conjunto social onde um certo equilíbrio fora até então mantido. Todavia, esse equilíbrio singular já se rompera, de fato, há dois anos, e devido a uma posição inicialmente dissimulada de Freud, a saber, que o pai tinha por amante uma sra. K., casada com um senhor chamado sr. K. Esse casal vive numa espécie de relação a quatro com o par formado pelo pai e a filha. A mãe está ausente da situação.

Já estamos vendo, à medida que avançamos, o contraste com a situação anterior. No caso da jovem homossexual, com efeito, a mãe está presente, já que é ela quem arrebata à filha a atenção do pai, e introduz o elemento de frustração real que terá sido o determinante na formação da constelação perversa. Por outro lado, no caso de Dora, é o pai quem introduz a dama, e parece mantê-la ali, enquanto, no outro, é a filha quem a introduz.

O que é espantoso é que Dora marca desde logo, para Freud, sua reivindicação extremamente viva concernente à afeição de seu pai, sobre quem ela diz que ele lhe foi arrebatado por essa ligação. Ela demonstra imediatamente a Freud que sempre soubera da existência dessa ligação, de sua permanência e sua prevalência, e chegou a não poder mais tolerá-la. Todo o seu comportamento manifesta sua reivindicação frente a essa situação.

Freud então dá um passo, o primeiro passo da experiência freudiana, o mais decisivo de sua qualidade, falando propriamente, dialética. Ele remete Dora à seguinte questão: *Isso contra o que você se insurge aí, como contra uma desordem, não é algo de que você mesma participou?* E, com efeito, Freud logo põe em evidência que, até um momento crítico, aquela posição fora sustentada de maneira mais eficiente pela própria Dora. Ela se mostrara muito mais que complacente para com aquela posição singular, fora realmente a sua peça-chave, protegendo os encontros do par formado pelo pai e a dama, chegando a substituir a dama numa ocasião em suas funções, ocupando-se, por exemplo, dos filhos desta. Por outro lado, à medida que se vai mais adiante na estrutura do caso, fica evidente mesmo que ela tem uma ligação toda especial com a dama, que acontece de ser sua confidente, e que, tudo indica, foi muito longe com ela em suas confidências.

Este caso é de uma tal riqueza que ainda podemos fazer descobertas nele, e esse rápido lembrete não pode de modo algum substituir sua leitura atenta. Vamos assinalar, entre outros, o intervalo de nove meses entre o sintoma histérico de apendicite e o fato que o gerou, a cena do lago — que Freud acredita descobrir por que a doente o fornece a ele de uma maneira simbólica, mas, se examinarmos de perto, vamos perceber que se trata, na realidade, de quinze meses. E esses quinze meses têm um sentido, porque o quinze se encontra em toda parte no caso, e este elemento é útil para a compreensão, na medida em que este se funda em números e num valor puramente simbólico.

Só posso lembrar hoje a vocês em que termos se formula o problema ao longo de todo o caso clínico. Sem dúvida, Freud percebe só-depois que, se fracassou, foi em razão de uma resistência da paciente a admitir a relação amorosa que a liga ao sr. K., como lhe foi sugerido por Freud com todo o peso da insistência e da autoridade deste. Ele chega a indicar, numa nota, que houve sem dúvida um erro de sua parte, e que deveria ter compreendido que o apego homossexual à sra. K. era a verdadeira significação do estabelecimento da posição primitiva de Dora, e, ao mesmo tempo, de sua crise. Mas o importante não é apenas que Freud o reconheça só-depois, pois ao longo de todo o caso vocês podem ler que ele se mantém na maior ambiguidade no que concerne ao objeto real do desejo de Dora.

Em que termos articular a posição do problema? Ainda aí, trata-se de dar uma formulação possível a essa ambiguidade, de certo modo não resolvida. É claro que o sr. K., em sua pessoa, tem uma importância prevalente para Dora, e que algo como um laço libidinal foi estabelecido com ele. É claro, também, que algo de outra ordem, e de grande peso também, desempenha a todo instante seu papel no laço libidinal de Dora com a sra. K. Como conceber ambos de uma maneira que justifique e permita conceber o progresso da aventura e o momento em que esta se interrompe, sua crise, o ponto de ruptura do equilíbrio?

Há cinco anos, fiz uma primeira abordagem desse caso, onde, em conformidade com a estrutura das histéricas, indicava o seguinte: a histérica é alguém que ama por procuração, e vocês vão encontrar isso numa multiplicidade de casos clínicos; a histérica é alguém cujo objeto é homossexual: a histérica aborda este objeto homossexual por identificação com alguém do outro sexo. Esta era uma primeira abordagem, de certo modo clínica.

Eu tinha ido mais longe. Partindo da relação narcísica como fundadora do eu (*moi*), como matriz, *Urbild*, da constituição dessa função imaginária a que se chama o eu (*moi*), havia demonstrado que tínhamos vestígios disso no caso. A situação do quarteto, com efeito, só se compreende na medida em que o eu (*moi*) — e somente o eu — de Dora fez uma identificação com um personagem viril, que ela é o sr. K., e os homens são para ela outras tantas cristalizações possíveis de seu eu. Em outros termos, é por intermédio do sr. K., é na medida em que ela é o sr. K., é no ponto imaginário constituído pela personalidade do sr. K. que Dora está ligada ao personagem da sra. K.

Eu havia ido ainda um pouco mais longe, e dissera: A sra. K. é alguém importante, por quê? Ela não é importante apenas porque constitui o objeto de uma escolha dentre outros objetos. Ela não é importante apenas porque está investida da função narcísica que reside no fundo de todo enamoramento, *Verliebtheit*. Não, como indicam os sonhos, e é em torno dos sonhos que gira o essencial do caso, a sra. K. é a questão de Dora.

Vamos tentar agora transcrever isso em nossa formulação presente, e situar o que, nesse quarteto, vem se ordenar sobre o nosso esquema fundamental.

Dora é uma histérica, isto é, alguém que chegou ao nível da crise edipiana, e que ao mesmo tempo pôde e não pôde ultrapassá-la. Existe uma razão para isso: é que o pai dela, contrariamente ao pai da homossexual, é impotente. Toda a observação repousa na noção central da impotência do pai. Aí está, portanto, a ocasião de valorizar, e de uma maneira particularmente exemplar, aquilo que pode ser a função do pai com referência à falta de objeto pela qual a menina entra no Édipo. Qual pode ser a função do pai como doador?

Essa situação repousa sobre a distinção que já fiz a propósito da frustração primitiva, aquela que pode se estabelecer na relação da criança com a mãe. Existe o objeto de que a criança é frustrada. Mas, depois da frustração, seu desejo subsiste. A frustração só tem sentido na medida em que o objeto, como pertinência do sujeito, subsiste depois da frustração. A mãe intervém, então, num outro registro: ela dá ou não dá, mas na medida em que esse dom é signo de amor.

Aí está agora o pai, que é feito para ser aquele que dá, simbolicamente, esse objeto faltoso. Aqui, no caso de Dora, ele não o dá, porque não o tem. A carência fálica do pai atravessa todo o caso como uma nota fundamental, constitutiva da posição. Mas, ainda aí, será num único plano que nos encontramos? Será pura e simplesmente com relação a essa falta que toda a crise vai se estabelecer? Vamos observar do que se trata. O que é dar? Não existe uma outra dimensão introduzida na relação de objeto no nível em que é levada ao grau simbólico pelo fato de que o objeto pode ser dado ou não? Em outros termos, alguma vez é o objeto que é dado? Aí está a questão, e vemos no caso de Dora uma saída, que é exemplar.

Com efeito, ao pai de quem não recebe simbolicamente o dom viril, ela permanece muito ligada, tão ligada que sua história começa exatamente na idade da saída do Édipo, com toda uma série de acidentes histéricos claramente ligados a manifestações de amor por este pai que, naquele momento, mais do que nunca, aparece decisivamente como um pai ferido e doente, afetado em suas próprias potências vitais. O amor que ela tem por esse pai é então estritamente correlativo e coextensivo à diminuição deste.

Logo, temos aí uma distinção muito nítida. O que intervém na relação de amor, o que é demandado como signo de amor nunca passa de alguma coisa que só vale como signo. Ou, para ir ainda mais adiante, não existe maior dom possível, maior signo de amor que o dom daquilo que não se tem. Mas vamos observar bem que a dimensão do dom só existe com a introdução da lei. Como nos afirma toda a meditação sociológica, o dom é algo que circula, o dom que vocês fazem é sempre aquele que receberam. Mas quando se trata do dom entre dois sujeitos, o ciclo de dons vem ainda de outra parte, pois o que estabelece a relação de amor é que o dom é dado, se podemos dizê-lo, em troca de nada.

O *nada por nada* é o princípio da troca. Esta fórmula, como toda fórmula onde intervém o nada ambíguo, parece ser a fórmula própria do interesse, mas é também a fórmula da pura gratuidade. No dom de amor, alguma coisa é dada por nada, e que só pode ser nada. Em outras palavras, o que faz o dom é que um sujeito dá alguma coisa de uma maneira gratuita; na medida em que, por detrás do que ele dá, existe tudo o que lhe falta, é que o sujeito sacrifica para além daquilo que tem. O mesmo acontece, aliás, com o dom primitivo, tal como se exerce efetivamente na origem das trocas humanas sob a forma do *potlatch*.

Suponhamos um sujeito provido de todos os bens possíveis, de todas as riquezas, um sujeito que tenha a plenitude possível de tudo o que se possa ter. Pois bem, um dom vindo dele não teria de modo algum o valor de um signo de amor. Os crentes imaginam poder amar Deus porque Deus é considerado detentor de uma plenitude total, uma totalidade de ser. Mas se este reconhecimento dirigido a um deus que seria tudo é apenas pensável é porque, no fundo de toda crença, existe ainda assim esse algo que permanece ali — este ser que se considera ser pensado como um todo, falta a ele, sem dúvida alguma, o principal no ser, isto é, a existência. No fundo de toda crença em deus como perfeita e totalmente munificente, existe a noção de uma coisa qualquer que lhe falta sempre, e que faz com que se possa, ainda assim, sempre supor que ele não exista. Não há outra razão para se amar a Deus senão que talvez ele não exista.

O que é certo é que Dora está ali, no momento em que ama seu pai. Ela o ama, precisamente, pelo que ele não lhe dá. Toda a situação é impensável fora dessa posição primitiva, que se mantém até o fim. Tem-se agora que conceber como ela pôde ser suportada, tolerada, dado que o pai se envolve, diante de Dora, numa outra coisa, a qual a própria Dora parece mesmo ter induzido.

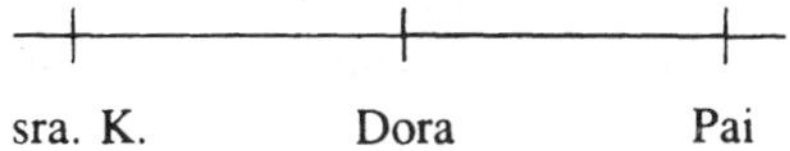


### DORA

Toda a situação se instaura como se Dora tivesse que se formular a questão: *O que é que meu pai ama na sra. K.?* A sra. K. se apresenta como algo que seu pai pode amar para além dela mesma. Aquilo a que Dora se apega é o que é amado por seu pai numa outra, na medida em que ela não sabe o que é.

Isso está em conformidade com o que é suposto por toda a teoria do objeto fálico, a saber, que o sujeito feminino só pode entrar na dialética da ordem simbólica pelo dom do falo. A necessidade real que sobressai no órgão feminino como tal, na fisiologia da mulher, não é negada por Freud, mas nunca lhe é dado entrar, como tal, no estabelecimento da posição de desejo. O desejo visa ao falo na medida em que este deve ser recebido como um dom. Para este fim, é necessário que o falo, ausente ou presente noutra parte, seja elevado ao nível do dom. E é na medida em que ele é elevado à dignidade de objeto de dom, que faz o sujeito entrar na dialética da troca, aquela que irá normalizar todas as suas posições, até e inclusive as interdições essenciais que fundam o movimento geral da troca. É no interior disso que a necessidade real cuja existência Freud jamais sonhou em negar, ligada ao órgão feminino, vai se encontrar tendo um lugar e se satisfazer lateralmente, mas ela nunca é observada simbolicamente como algo que tenha um sentido, mas sempre, essencialmente, problemática em si mesma, colocada à frente de uma certa superação simbólica.

É disso mesmo, com efeito, que se trata durante a exibição de todos esses sintomas e ao longo de todo o caso. Dora se interroga: *O que é uma mulher?* E é na medida em que a sra. K. encarna a função feminina como tal que ela é, para Dora, a representação daquilo em que esta se projeta como sendo a questão. Dora está no caminho da relação dual com a sra. K., ou melhor, a sra. K. é aquilo que é amado para além de Dora, e é por isso que Dora se sente, ela própria, interessada nessa posição. A sra. K. realiza aquilo que ela, Dora, não pode nem saber nem conhecer por essa situação em que não encontra onde se alojar. O que é amado num ser está para além daquilo que ele é, a saber, afinal de contas, o que lhe falta.

Dora se situa em algum lugar entre seu pai e a sra. K. Na medida em que seu pai ama a sra. K., Dora se sente satisfeita, sob a condição, é claro, de que essa posição seja mantida. Essa posição é, aliás, simbolizada de mil maneiras. É assim que o pai impotente supre, por todos os meios do dom simbólico, inclusive os dons materiais, o que não pode realizar como presença viril, e faz com que disso, efetivamente, Dora se beneficie, pelas munificências que se repartem igualmente entre a amante e a filha, fazendo assim esta última participar dessa posição simbólica.

Todavia, isso ainda não basta e Dora tenta resgatar o acesso a uma posição manifestada no sentido inverso. Quero dizer que é, não mais diante do pai, mas diante da mulher que tem à sua frente, a sra. K., que ela tenta restabelecer uma situação triangular. É aqui que intervém o sr. K. por quem pode, efetivamente, se fechar este triângulo, mas numa posição invertida:

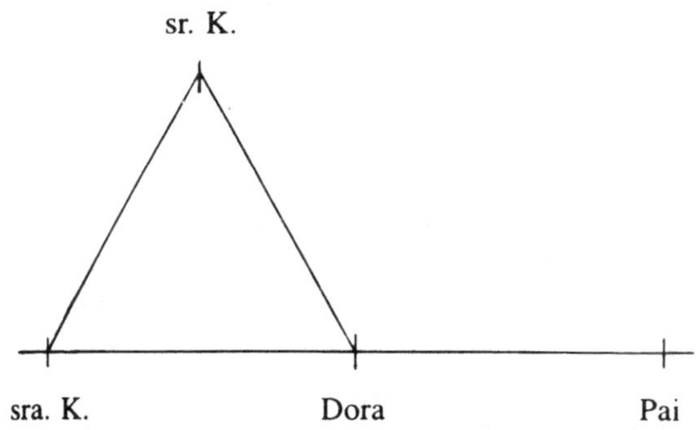


DORA (2)

Por interesse em sua questão, Dora considera o sr. K. como participante daquilo que simboliza o aspecto de questão da presença da sra. K., isto é, a adoração, expressa ainda por uma associação simbólica muito manifesta da sra. K. à Madona Sistina. A sra. K. é o objeto da adoração de todos os que a cercam, e é como participante dessa adoração que Dora se situa, afinal, em relação a ela. O sr. K. é a maneira como ela normativiza essa posição, tentando reintegrar no circuito o elemento masculino.

Quando é que ela o esbofeteia? Não quando ele a corteja, ou quando diz que a ama. Nem mesmo quando ele se aproxima dela de uma maneira intolerável para uma histérica. É no momento em que ele lhe diz: *Ich habe nichts an meiner Frau*. A fórmula alemã é particularmente expressiva, tem um sentido particularmente vivo, se dermos ao termo *nada* toda a sua importância. O que ele lhe diz o retira, em suma, do circuito assim constituído, que na sua ordem se estabelece assim:

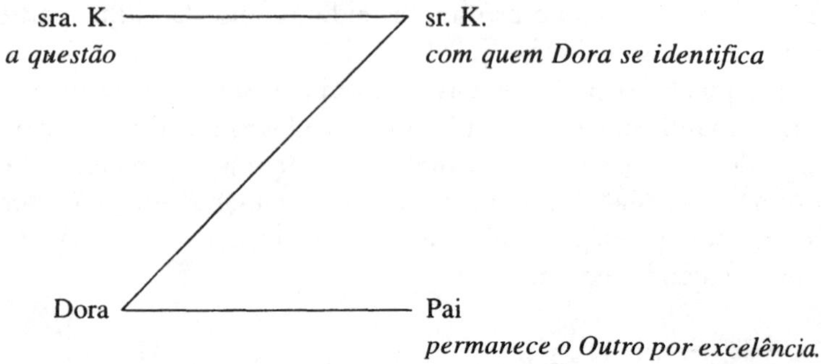


DORA (3)

Dora pode inclusive admitir que seu pai ame nela, e por ela, aquilo que está para além, a sra. K., mas para que o sr. K. seja tolerável em sua posição, é preciso que ocupe a função exatamente inversa e equilibradora. A saber, que Dora seja amada por ele para além de sua mulher, mas na medida em que sua mulher represente alguma coisa para ele. Essa alguma coisa é o mesmo que esse nada que deve existir para além, isto é, Dora, no caso. Ele não diz que sua mulher nada é para ele, e sim que, pelo lado de sua mulher, não há nada. Encontramos o *an* em mil locuções alemãs, por exemplo, na expressão *Es fehlt ihn an Geld*. É uma ligação, uma adjunção no mais além daquilo que falta. É isso, precisamente, o que encontramos aqui. O sr. K. quer dizer que não há nada depois da sua mulher: *Minha mulher não está no circuito*.

O que resulta disso? Dora não pode tolerar que ele não se interesse por ela senão na medida em que ele só se interesse por ela. Toda a situação estaria rompida ao mesmo tempo. Se o sr. K. só se interessa por ela, é porque seu pai só se interessa pela sra. K., e a partir daí ela não pode mais tolerá-lo. Por quê?

Ela entra, no entanto, aos olhos de Freud, numa situação típica. Como explica o sr. Claude Lévi-Strauss em *As estruturas elementares do parentesco*, a troca de laços de aliança consiste exatamente no seguinte: *Eu recebi uma mulher e devo uma filha*. Só que isso — que é o próprio princípio da instituição da troca e da lei — faz da mulher um puro e simples objeto de troca, ela não é integrada por nada ali. Em outras palavras, se ela mesma não renunciou a alguma coisa, isto é, precisamente, ao falo paterno concebido como objeto do dom, ela não pode de modo algum conceber, subjetivamente falando, que receba outras, isto é, de um outro homem. Na medida em que está excluída da primeira instituição do dom e da lei na relação direta do dom do amor, ela só pode viver essa situação sentindo-se reduzida, pura e simplesmente, ao estado de objeto.

É isso mesmo que acontece naquele momento. Dora se revolta absolutamente, e começa a dizer: *Meu pai me vende a um outro*. Este é, com efeito, o resumo claro e perfeito da situação, na medida em que ela é mantida semiencoberta. De fato, é realmente para o pai uma maneira de pagar a complacência do marido da sra. K. tolerar de forma velada que este último faça a Dora essa corte a que, nos últimos anos, se entregou.

O sr. K., portanto, confessou não fazer parte de um circuito onde Dora poderia ou identificar-se a si mesma, ou pensar que ela, Dora, fosse seu objeto para além da mulher através de quem ela se liga a ele. Há uma ruptura desses laços, sutis e ambíguos, sem dúvida, mas dotados de um sentido, de uma orientação perfeita, que permitiam a Dora encontrar seu lugar no circuito, mesmo que de modo instável. A situação se desequilibra. Dora se vê relegada ao papel do puro e simples objeto, e começa desde então a entrar na reivindicação. Ela reivindica o que estava muito disposta até então a considerar que recebia, mesmo que por intermédio de uma outra, e que é o amor de seu pai. A partir daquele momento, já que este lhe é recusado totalmente, ela o reivindica com exclusividade.

## 3

Dora e nossa homossexual estão, pois, respectivamente implicadas em duas situações e dois registros distintos. Que diferença surge assim?

Para ir depressa e terminar com alguma coisa que faça imagem, vou lhes dizer o seguinte, que iremos confirmar:

Se é verdade que o que se mantém no inconsciente de nossa homossexualidade é a promessa do pai, *Você terá um filho meu*, e se no seu amor exaltado pela dama ela mostra, como diz Freud, o modelo do amor absolutamente desinteressado, do amor por nada, não veem que tudo se passa como se a moça quisesse mostrar a seu pai o que é um verdadeiro amor, este amor que seu pai lhe recusou? Sem dúvida, existe no inconsciente do sujeito o pensamento de que o pai se envolveu com a mãe porque encontra nisso mais vantagens, e com efeito essa relação é fundamental em toda entrada da criança no Édipo, a saber, a superioridade esmagadora do rival adulto. O que a moça demonstra aqui ao pai é como se pode amar alguém, não apenas pelo que ele tem, mas literalmente pelo que não tem, por este pênis simbólico que ela sabe muito bem que não vai encontrar na dama, porque sabe muito bem onde ele se encontra, isto é, em seu pai, que, este, não é impotente.

Em outras palavras, aquilo a que se chama, por assim dizer, a perversão, neste caso se exprime entre as linhas, por contrastes e alusões. É uma maneira de falar de uma coisa inteiramente diversa, ao mesmo tempo implicando necessariamente, pela sequência rigorosa dos termos postos em jogo, uma contrapartida que é precisamente o que se quer fazer o outro escutar. Vocês vão encontrar aí o que eu chamei, no passado, diante de vocês, de metonímia, que consiste em dar a escutar alguma coisa falando de uma coisa completamente diferente. Se não apreenderem em toda a sua generalidade esta noção fundamental da metonímia, é inconcebível que cheguem a uma noção qualquer do que pode querer dizer a perversão no imaginário.

A metonímia é o princípio daquilo a que se pode chamar, na ordem da fabulação e da arte, o realismo. Um romance, que é feito de um punhado de pequenos traços sensíveis do real que nada querem dizer, não tem valor algum se não fizer vibrar harmonicamente um sentido mais além. Assim, no começo de *Guerra e paz*, o tema que retorna dos ombros nus das mulheres vale por uma outra coisa. Se os grandes romancistas são suportáveis é na medida em que tudo o que eles se esforçam por nos mostrar encontra seu sentido, não em absoluto simbolicamente, não alegoricamente, mas pelo que fazem ressoar à distância. O mesmo ocorre com o cinema: quando um filme é bom é porque é metonímico. E, igualmente, a função da perversão do sujeito é uma função metonímica.

Será a mesma coisa para Dora, que é uma neurótica? É uma coisa inteiramente outra. Considerando-se o esquema, constata-se que lidamos, na perversão, com uma conduta significante indicando um significante que está mais longe na cadeia significante, na medida em que lhe está ligado por um significante necessário. No caso de Dora, Dora tomada como sujeito se coloca, o tempo todo, sob um certo número de significantes na cadeia. Ela encontra na situação uma espécie de metáfora perpétua.

Literalmente, o sr. K. é sua metáfora, porque Dora nada pode dizer sobre o que ela é, Dora não sabe onde se situar, nem onde está, nem para o que serve, nem para que serve o amor. Simplesmente, ela sabe que o amor existe, e encontra nele uma historização onde acha seu lugar sob a forma de uma questão. Esta questão está centrada pelo conteúdo e articulação de todos os seus sonhos — a caixa de joias, *Bahnhof, Friedhof, Vorhof* — que nada mais significam senão essa questão. Em suma, é na medida em que Dora se interroga sobre o que é ser mulher que ela se exprime como o faz, por seus sintomas. Esses sintomas são elementos significantes, mas na medida em que, sob eles, corre um significado perpetuamente em movimento, que é a maneira como Dora aí se implica e se interessa.

É como metafórica que a neurose de Dora assume seu sentido e pode ser desatada. Freud quis introduzir nessa metáfora, ou quis forçar, o elemento real que tende a se reintroduzir em toda metáfora, dizendo a Dora: *O que você ama é isso, precisamente.* Naturalmente, alguma coisa tendeu a se normalizar na situação pela entrada em jogo do sr. K., mas essa alguma coisa permaneceu em estado metafórico.

A prova disso é essa espécie de engravidamento de Dora que se produz depois da crise de ruptura com o sr. K., e que Freud percebe com esse prodigioso senso intuitivo das significações que é o seu. Com efeito, é uma estranha falsa gravidez, significativa, que se produz ao fim de nove meses, diz Freud, porque a própria Dora o diz, confessando, com efeito, desse modo, que existe ali como que uma gravidez. Trata-se, de fato, de quinze meses, o que vai além do prazo normal de uma gestação. É significativo que Dora veja nisso a última ressonância desse laço pelo qual ela permanece ligada ao sr. K. Encontramos aí a equivalência de uma espécie de copulação que se traduz na ordem do simbólico de uma maneira puramente metafórica. Mais uma vez, o sintoma ali não passa de uma metáfora. Para Dora, é uma tentativa de reunir-se à lei das trocas simbólicas, em relação com o homem a quem se unir ou de quem se desunir.

Em contrapartida, o parto que se encontra também no fim do caso da homossexual, antes que ela chegue às mãos de Freud, se manifesta da maneira seguinte: bruscamente, ela se atira de uma pequena ponte da estrada de ferro. Isso acontece no momento em que o pai real intervém mais uma vez para lhe manifestar sua irritação e furor, intervenção sancionada pela mulher que está com ela, ao dizer-lhe que não quer mais vê-la. A jovem se encontra, então, desprovida de seus últimos recursos. Até ali, ela fora bastante frustrada do que lhe deveria ser dado, a saber, o falo paterno, mas encontrara o meio de manter o desejo pela via da relação imaginária com a dama. Uma vez que esta a rejeita, ela não pode mais sustentar coisa alguma. O objeto está definitivamente perdido, e este nada em que ela se instituiu para demonstrar ao pai como se pode amar nem tem mesmo mais razão de ser. Naquele momento ela se suicida.

Como Freud nos sublinha, isso também tem um outro sentido, o de uma perda definitiva do objeto. Esse falo que lhe é decididamente recusado tomba, *niederkommt*. A queda tem aqui um valor de privação definitiva, e também de mímica de uma espécie de parto simbólico. Encontram aí o lado metonímico de que lhes falava. Se o ato de se precipitar de uma ponte férrea no momento crítico e terminal de suas relações com a dama e com o pai pode ser interpretado por Freud como uma maneira demonstrativa de se fazer ela mesma essa criança que não teve, e ao mesmo tempo destruir-se num último ato significativo do objeto, é por fundar-se unicamente na existência da palavra *niederkommt*.

Esta palavra indica metonimicamente o termo último, o termo de suicídio, onde se exprime na homossexual o que está em questão, e que é o único motor de toda a sua perversão, a saber, em conformidade com o que Freud muitas vezes afirmou em relação à patogênese de um certo tipo de homossexualidade feminina, um amor estável e particularmente reforçado pelo pai.

23 DE JANEIRO DE 1957

# O Objeto Fetiche

# IX

# A FUNÇÃO DO VÉU

*O falo simbólico.*
*Como realizar a falta.*
*A lembrança encobridora, fixação na imagem.*
*Alternância das identificações perversas.*
*Estrutura do exibicionismo reativo.*

Prosseguindo nossas reflexões sobre o objeto, vou propor hoje a vocês o que se deduz a propósito de um problema que materializa a questão do objeto de uma maneira particularmente aguda, a saber, o fetiche e o fetichismo.

Vocês vão ver, retomados aí, os esquemas fundamentais que tentei lhes trazer nesses últimos tempos, e que se exprimem de modo todo especial nessas afirmações paradoxais: o que é amado no objeto é aquilo que falta a ele — só se dá o que não se tem.

Esse esquema fundamental que implica, em toda troca simbólica, qualquer que seja o sentido do seu funcionamento, a permanência do caráter constituinte de um mais-além do objeto, nos permite ver sob uma nova luz essa perversão que assumiu um papel exemplar na teoria analítica, e estabelecer de maneira diferente aquilo a que eu poderia chamar as suas equações fundamentais.

Trata-se, pois, do fetichismo.

## 1

A questão do fetichismo é abordada por Freud em dois textos fundamentais que se escalonam entre 1904 e 1927, e se outros retomam ulteriormente a questão, estes dois são os mais preciosos: o parágrafo sobre o fetichismo nos *Três ensaios sobre a teoria da sexualidade* e o artigo intitulado "O fetichismo".

Freud nos diz, de saída, neste artigo, que o fetiche é o símbolo de alguma coisa, mas que ficaremos sem dúvida alguma decepcionados com o que ele nos vai dizer, pois muito foi dito sobre o fetichismo desde que se fala em análise, e que Freud fala dela. Essa alguma coisa é, mais uma vez, o pênis.

Só que, imediatamente depois, Freud sublinha que este não é um pênis qualquer. Esta precisão parece ter sido pouco explorada em seu fundo estrutural, a saber, nas suposições fundamentais por ela implicadas, ao lê-la ingenuamente pela primeira vez. Em suma, o pênis de que se trata não é o pênis real, é o pênis na medida em que a mulher o tem — isto é, na medida em que ela não o tem.

Sublinho o ponto de oscilação onde devemos nos deter por um instante para perceber aquilo que é comumente elidido. Para alguém que não se sirva de nossas chaves, será simplesmente um caso de desconhecimento do real — trata-se do falo que a mulher não tem, e que é preciso que ela tenha por razões ligadas à relação dúbia da criança com a realidade. Esta é a via comum, que sustenta habitualmente todas as espécies de especulações sobre o porvir, o desenvolvimento e as crises do fetichismo e, como pude avaliar por uma leitura ampla de tudo o que foi escrito a respeito do fetichismo, ela conduz a todos os tipos de impasses.

Vou me esforçar aqui, como sempre, para não me estender demais naquilo que é a floresta da literatura analítica. Na verdade, existe aí um tema que, para ser tratado eficazmente, exigiria não apenas horas, e sim uma história detalhada, pois nada é tão delicado, até mesmo fastidioso, como situar o ponto preciso onde um assunto se esquiva porque o autor evita o ponto crucial de uma discriminação. Apresentarei aqui portanto, numa parte do que lhes vou expor, o resultado mais ou menos decantado de minhas leituras, pedindo-lhes que me acompanhem.

Para evitar as errâncias a que os autores se veem conduzidos no decorrer de anos, ao evitarem este ponto, para dar sua justa posição ao que está em jogo, o nervo diferencial é o seguinte: não se trata em absoluto de um falo real na medida em que, como real, ele exista ou não exista, trata-se de um falo simbólico, na medida em que é de sua natureza apresentar-se na troca como ausência, ausência funcionando como tal.

Com efeito, tudo o que se pode transmitir na troca simbólica é sempre alguma coisa que é tanto ausência quanto presença. Ele é feito para ter essa espécie de alternância fundamental, que faz com que tendo aparecido num ponto, desapareça, para reaparecer num outro. Em outras palavras, ele circula, deixando atrás de si o signo de sua ausência no ponto de onde vem. Em outras palavras ainda, o falo em questão — nós o reconhecemos desde logo — é um objeto simbólico.

Por um lado, estabelece-se através desse objeto um ciclo estrutural de ameaças imaginárias que limita a direção e o emprego do falo real. Aí está o sentido do complexo de castração, e é nisso que o homem fica preso. Mas existe também um outro uso, que é, se podemos dizê-lo, oculto pelas fantasias mais ou menos temíveis da relação do homem com os interditos, na medida em que estes incidem sobre o uso do falo: é a função simbólica do falo. Na medida em que ele está ali ou não está ali, e unicamente na medida em que ele está ou não está ali, é que se instaura a diferenciação simbólica entre os sexos.

Este falo, a mulher não o tem, simbolicamente. Mas não ter o falo, simbolicamente, é dele participar a título de ausência, logo, é tê-lo de alguma forma. O falo está sempre para além de toda relação entre o homem e a mulher. Ele pode ser, ocasionalmente, objeto de uma nostalgia imaginária por parte da mulher, na medida em que ela tem apenas um falo muito pequenino. Mas este falo que ela pode sentir como insuficiente não é o único que entra em função para ela, uma vez que, na medida em que ela está presa na relação intersubjetiva, existe para o homem, mais além dela, este falo que ela não tem, isto é, o falo simbólico, que existe ali como ausência. Isso é independente, por completo, da inferioridade que ela possa sentir no plano imaginário, pela participação real que ela tem com o falo.

Esse pênis simbólico, que eu situava outro dia no esquema da homossexual, desempenha uma função essencial no ingresso da menina na troca simbólica. É na medida em que a menina não tem esse falo, isto é, também na medida em que ela o tem no plano simbólico, na medida em que ela entra na dialética simbólica de ter ou não ter o falo, é por aí que ela entra nessa relação ordenada e simbolizada que é a diferenciação dos sexos, relação inter-humana assumida, disciplinada, tipificada, ordenada, marcada por interditos, marcada, por exemplo, pela estrutura fundamental da lei do incesto. É isso que Freud quer dizer quando escreve que é por intermédio daquilo que chama de a ideia da castração — e que é justamente o seguinte, que ela não tem o falo, mas não o tem simbolicamente, portanto, pode tê-lo — que a menina entra no complexo de Édipo, enquanto é por aí que o menino sai dele.

Vemos aqui em que é justificado, falando estruturalmente, o androcentrismo que, na esquematização de Lévi-Strauss, marca as estruturas elementares do parentesco. As mulheres são trocadas entre as linhagens fundadas na linhagem masculina, escolhida justamente por ser simbólica e improvável. Isso é um fato, as mulheres são trocadas como objetos entre as linhagens masculinas. Entram nelas através de uma troca, a do falo que elas recebem simbolicamente, em troca do que elas dão essa criança que assume, para elas, função de *Ersatz*, de substituto, de equivalente do falo, e pelo que elas introduzem na genealogia simbólica patrocêntrica, em si mesma estéril, a fecundidade natural. É na medida em que elas se apegam a este objeto único central, caracterizado pelo fato de não ser, justamente, um objeto, mas um objeto que se submeteu da maneira mais radical à valorização simbólica, é por intermédio da relação ao falo que elas entram na cadeia da troca simbólica, que elas aí se instalam, que aí tomam seu lugar e seu valor.

Isso se exprime de mil maneiras, uma vez que o tenham visto. Este tema fundamental, que a mulher se dá, o que exprime se o observarmos de perto senão a afirmação do dom? Reunimo-nos aqui à experiência psicológica concreta, tal como nos é dada, que é, nessa ocasião, paradoxal. No ato do amor, é a mulher que recebe realmente, ela recebe bem mais do que dá. Tudo nos indica, e a experiência analítica o acentuou, que não existe posição mais captadora, até mesmo mais devoradora no plano imaginário. Se isso é invertido na afirmação contrária, que a mulher se dá, é na medida em que deve ser assim simbolicamente, a saber, que ela deve dar alguma coisa em troca daquilo que recebe, isto é, o falo simbólico.

Aí está, pois, o fetiche, nos diz Freud, representando o falo como ausente, o falo simbólico. Como não ver que é necessária esta espécie de inversão inicial para que possamos compreender coisas que, do contrário, seriam paradoxais? Por exemplo, é sempre o menino que é fetichista, nunca a menina. Se tudo residisse no plano da diferença, ou mesmo da inferioridade imaginária, entre os dois sexos, seria de preferência naquele que é realmente privado do falo que o fetichismo se deveria declarar mais abertamente. Ora, não é nada disso. O fetichismo é excessivamente raro na mulher, no sentido próprio e individualizado em que ele se encarna num objeto que podemos considerar como respondendo, de uma maneira simbólica, ao falo como ausente.

Vamos tentar ver, inicialmente, como se pode engendrar essa singular relação do sujeito com um objeto que não é um objeto.

## 2

O fetiche, nos diz a análise, é um símbolo. Nesse sentido, ele é quase colocado, de saída, em pé de igualdade com qualquer outro sintoma neurótico.

Mas se, com o fetichismo, não se trata de uma neurose, mas de uma perversão, isso não é evidente por si mesmo. É assim que as coisas se classificam, nosograficamente falando, por razões de aparência clínica que têm sem dúvida alguma um certo valor, mas é preciso examinar bem de perto para confirmá-lo na estrutura, do ponto de vista da análise. Na verdade, muitos autores demonstram aqui alguma hesitação, e chegam a situar o fetichismo no limite entre as perversões e as neuroses, em razão, precisamente, do caráter eletivamente simbólico da fantasia crucial.

Partindo do mais alto da estrutura, vamos nos deter por um instante nessa posição de interposição que faz com que o que é amado no objeto do amor seja alguma coisa que está mais além. Essa alguma coisa não é nada, sem dúvida, mas tem essa propriedade de estar ali simbolicamente. Porque é símbolo, não apenas ela pode, mas deve ser este nada. O que pode materializar para nós da maneira mais nítida essa relação de interposição, que faz com que o que seja visado esteja para além daquilo que se apresenta senão o seguinte, que é realmente uma das imagens mais fundamentais da relação humana com o mundo: o véu, a cortina?

O véu, a cortina diante de alguma coisa, ainda é o que melhor permite ilustrar a situação fundamental do amor. Pode-se mesmo dizer que com a presença da cortina, aquilo que está mais além, como falta, tende a se realizar como imagem. Sobre o véu pinta-se a ausência. Isso não é mais que a função de uma cortina qualquer. A cortina assume seu valor, seu ser e sua consistência justamente por ser aquilo sobre o que se projeta e se imagina a ausência. A cortina é, se podemos dizê-lo, o ídolo da ausência. Se o véu de Maia é a metáfora de uso mais corrente para exprimir a relação do homem com tudo o que o cativa, isso não ocorre, sem dúvida, sem alguma razão, mas está certamente ligado ao sentimento que ele tem de uma certa ilusão fundamental em todas as relações tecidas por seu desejo. É nisso mesmo que o homem encarna, idolatra seu sentimento deste nada que está para além do objeto do amor.

Este esquema fundamental, vocês devem guardá-lo em mente se quiserem situar corretamente os elementos que entram em jogo na instauração da relação fetichista, em qualquer momento que a consideremos.

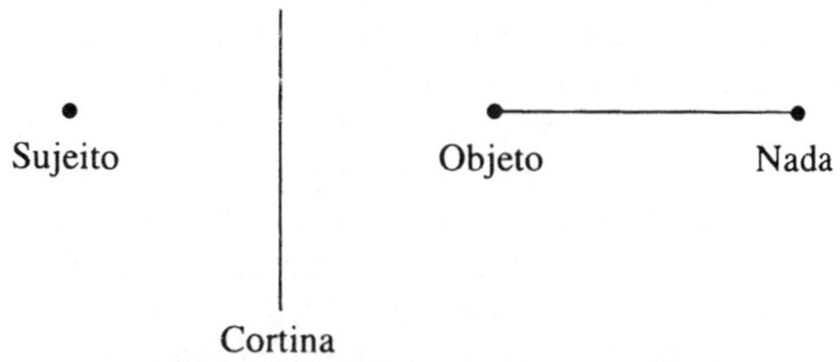


ESQUEMA DO VÉU

Aí estão o sujeito e o objeto, e este mais-além que é nada, ou ainda o símbolo, ou ainda o falo na medida em que falta à mulher. Mas desde que se coloca a cortina, sobre ela se pode pintar alguma coisa que diz: o objeto está para além. O objeto pode então assumir o lugar da falta, e ser também, como tal, o suporte do amor, mas na medida em que ele não seja, justamente, o ponto onde se agarra o desejo. De certo modo, o desejo aparece aqui como metáfora do amor, mas o que o agarra, a saber, o objeto, este aparece como ilusório, e na medida em que é valorizado como ilusório.

O famoso *splitting* do *ego*, quando se trata do fetiche, nos é explicado com o argumento de que a castração da mulher é ali ao mesmo tempo afirmada e negada. Se o fetiche está ali é porque ela, justamente, não perdeu o falo mas ao mesmo tempo pode-se fazê-la perdê-lo, isto é, castrá-la. A ambiguidade da relação com o fetiche é constante, e incessantemente manifestada nos sintomas. Esta ambiguidade, que se verifica como vivida, ilusão sustentada e valorizada como tal, é ao mesmo tempo vivida num equilíbrio frágil que está a cada instante à mercê do fechar da cortina, ou de seu descerrar. É dessa relação que se trata, na relação do fetichista com seu objeto.

Freud, quando seguimos seu texto, fala em *Verleugnung* a propósito da posição fundamental de negação na relação com o fetiche. Mas ele também diz que se trata de *fazer manter-se de pé, aufrecht zu halten*, essa relação complexa, como se falasse de um cenário. A linguagem de Freud, tão imajada e tão precisa ao mesmo tempo, tem termos que assumem aqui todo o seu valor. *O horror da castração*, diz ele, *erigiu para ela, nessa criação de um substituto, um monumento*. O fetiche é um *Denkmal*. A palavra *troféu* não aparece, mas na verdade está ali, duplicando o *signo de um triunfo, das Zeichen des Triumphes*. Muitas vezes os autores, à aproximação do fenômeno típico do fetiche, vão falar daquilo pelo que o sujeito torna heráldica a sua relação com o sexo. Freud aqui nos faz dar um passo à frente.

Por que isso se produz? Por que isso é necessário? Chegaremos até lá. Como sempre, nos apressamos demais. Se formos primeiro ao porquê, entraremos imediatamente num caos pandemônico de todas as tendências que vêm maciçamente explicar o que faz com que o sujeito possa estar mais ou menos longe do objeto, e sentir-se aprisionado ou ameaçado por este, em conflito com ele. Vamos nos deter por um instante na estrutura.

A estrutura, aqui está ela na relação entre o mais-além e o véu. Sobre o véu pode se estampar, isto é, instaurar como captura imaginária e lugar do desejo, a relação a um mais-além, que é fundamental em toda instauração da relação simbólica. Trata-se aqui na descida ao plano imaginário do ritmo ternário sujeito-objeto-mais além, fundamental da relação simbólica. Em outras palavras, na função do véu, trata-se da projeção da posição intermediária do objeto.

Antes de ir mais adiante e abordar a exigência que faz com que o sujeito tenha necessidade de um véu, vamos perceber um outro viés sob o qual existe, também, instituição de uma relação simbólica no imaginário.

Falei-lhes da última vez a propósito da estrutura perversa na metonímia, e também na alusão e na relação entre as linhas, que são formas elevadas da metonímia. Da maneira mais clara, Freud não nos diz outra coisa, a não ser pelo emprego do termo *metonímia*. O que constitui o fetiche, o elemento simbólico que fixa o fetiche e o projeta sobre o véu, é retirado especialmente da dimensão histórica. Este é o momento da história onde a imagem se fixa.

Lembro-me de haver outrora empregado a comparação do filme que subitamente se congela, justo antes do momento em que aquilo que é buscado na mãe, isto é, esse falo que ela tem e que ela não tem, deve ser visto como presença-ausência e ausência-presença. A rememoração da história se detém e se suspende num momento imediatamente anterior.

Falo da rememoração da história, pois não há outro sentido a se dar ao termo lembrança encobridora, que é tão fundamental na fenomenologia e conceitualização freudianas. A lembrança encobridora, o *Deckerinnerung*, não é simplesmente um instantâneo, é uma interrupção da história, um momento em que ela se detém e se congela e onde, ao mesmo tempo, indica a continuação de seu movimento para além do véu. A lembrança encobridora está ligada à história por toda uma cadeia, ela é uma parada nessa cadeia e é nisso que é metonímica, pois a história, por sua natureza, continua. Detendo-se ali, a cadeia indica sua sequência a partir daí velada, sua sequência ausente, a saber, o recalque em questão, como Freud diz claramente.

Falamos em recalque apenas na medida em que há cadeia simbólica. Se podemos designar como o ponto de um recalque um fenômeno que pode passar por imaginário, pois o fetiche é de certa maneira imagem, e imagem projetada, é que esta imagem não passa do ponto-limite entre a história, na medida em que esta continua, e o momento a partir do qual ela se interrompe. Ela é o signo, a referência do ponto de recalque.

Se lerem atentamente o texto de Freud, verão que essa maneira de articular as coisas dá, da forma mais clara, seu pleno peso às expressões por ele empregadas.

Mais uma vez, vemos aqui distinguir-se a relação com o objeto de amor da relação de frustração com o objeto. Essas são duas relações diferentes. É por uma metáfora que o amor se transfere ao desejo que se apega ao objeto como ilusório, ao passo que a constituição do objeto não é metafórica, mas metonímica. Ela é um ponto na cadeia da história, lá onde a história se interrompe. Ela é o signo de que é ali que começa o mais-além constituído pelo sujeito. Por quê? Por que é ali que o sujeito deve constituir esse mais-além? Por que o véu é mais precioso para o homem que a realidade? Por que a ordem dessa relação ilusória se torna um constituinte essencial, necessário, de sua relação com o objeto? Eis a questão levantada pelo fetichismo.

Antes de ir mais longe, vocês já podem ver todos os tipos de coisas se esclarecerem a partir daí, inclusive e até o fato de Freud nos dar como primeiro exemplo de uma análise de fetichista essa maravilhosa história de trocadilho. Um senhor que passara sua primeira infância na Inglaterra e que viera se tornar fetichista na Alemanha, buscava sempre um pequeno brilho no nariz, que ele via, aliás, *ein Glanz auf die Nase*. Isso nada mais queria dizer senão *um olhar sobre o nariz*, nariz este que era, naturalmente, um símbolo. A expressão alemã só fazia transpor a expressão inglesa *a glance at the nose*, que lhe vinha de seus primeiros anos. Veem aqui entrar em jogo, e projetar-se num ponto sobre o véu, a cadeia histórica, que pode mesmo conter uma frase inteira e, bem mais ainda, uma frase numa língua esquecida.

Quais são as causas da instauração da estrutura fetichista? Nesse ponto, os gramáticos não lhes garantem nada.

## 3

Os autores já há algum tempo estão bastante embaraçados. Por um lado, não podemos perder o contato com a noção de que a gênese do fetichismo está essencialmente articulada ao complexo de castração. Por outro lado, é nas relações pré-edipianas, e em nenhum outro lugar, que aparece mais assegurado que a mãe fálica é o elemento central, a mola decisiva. Como unir as duas coisas?

Os autores estão mais ou menos à vontade para fazê-lo. Vamos observar simplesmente as facilidades, aliás medíocres, que podem encontrar aqui os membros da escola inglesa, graças ao sistema da sra. Melanie Klein. Este sistema estrutura as primeiras etapas das tendências orais, particularmente em seu momento mais agressivo, introduzindo ali a presença do pênis paterno por projeção retroativa, isto é, retroagindo o complexo de Édipo às primeiras relações com os objetos como introjetáveis. Tem-se, assim, um acesso mais fácil a um material que permite interpretar o que está em questão. Como jamais me lancei a uma crítica exaustiva do que quer dizer o sistema da sra. Melanie Klein, vamos deixar de lado, por ora, o que pode ser tratado com este fim por tal ou tal autor. Para nos atermos àquilo que nós mesmos revelamos aqui, vamos partir da relação fundamental que é aquela da criança real com a mãe simbólica e o falo desta, que é, para ela, imaginário.

Este é um esquema a ser manejado com precaução, pois concentra-se num mesmo plano, ao passo que responde, de fato, a planos diversos, e entra em funcionamento em etapas sucessivas da história. Durante muito tempo, com efeito, a criança não é capaz de se apropriar da relação de pertinência imaginária que faz a profunda divisão da mãe com referência a ela. Tentaremos, este ano, elucidar esta questão. Estamos a caminho de ver como e em que momento isso entra em jogo para a criança, como se dá a entrada da criança na relação com o objeto simbólico, na medida em que é o falo a moeda principal. Existem aqui questões temporais, cronológicas, de ordem e de sucessão, que tentamos abordar, como nos indica a história da psicanálise, pelo ângulo da patologia.

O que nos mostram aqui as observações, quando se as desnuda? Mostram fenômenos que se manifestam correlativamente a este sintoma singular que põe o sujeito numa relação eletiva com um fetiche, o objeto fascinante inscrito sobre o véu, em torno do qual gravita a sua vida erótica. Digo *gravita* porque é claro que o sujeito conserva uma certa liberdade de movimento, que se percebe quando se analisa e não se faz simplesmente uma descrição clínica. Tomando-se um caso, veem-se muito bem elementos que já articulei hoje para vocês e que Binet já havia assinalado, por exemplo este ponto cativante da lembrança encobridora, que fixa a interrupção na barra da saia da mãe, até mesmo de seu espartilho, ou ainda a relação essencialmente ambígua do sujeito com o fetiche, relação de ilusão, vivida como tal, e como tal preferida, e também a função particularmente satisfatória de um objeto inerte, plenamente à mercê do sujeito para a manobra de suas relações eróticas. Tudo isso se vê num caso clínico, mas é necessária a análise para definir um pouco melhor o que acontece a cada vez que, por uma razão qualquer, o recurso ao fetiche se dobra, se extenua, se desgasta ou simplesmente se furta.

O comportamento amoroso, e mais simplesmente a relação erótica do sujeito, se resume numa defesa. Vocês podem avaliar isso, lendo no *International Journal* os relatos de caso da sra. Sylvia Payne, XX-2, do sr. Gillespie, da sra. Greenacre, do sr. Dugmore Hunter, XXXV-3, ou ainda as obras publicadas no *Psycho-Analytic Study of the Child*. Isso também foi vislumbrado por Freud, e está articulado em nosso esquema. Freud nos diz que o fetichismo é uma defesa contra a homossexualidade, e o sr. Gillespie observa que a margem entre ambos é extraordinariamente estreita. Em suma, encontramos nas relações com o objeto amoroso que organizam esse ciclo no fetichista uma alternância de identificações. Identificação com a mulher, confrontada com o pênis destruidor, com o falo imaginário das experiências primordiais do período oro-anal, centradas na agressividade da teoria sádica do coito, e, com efeito, muitas experiências que são reveladas pela análise mostram uma observação da cena primitiva percebida como cruel, agressiva, violenta, até mesmo assassina. Inversamente, identificação do sujeito com o falo imaginário, que o faz ser para a mulher um puro objeto, que ela pode devorar e, no limite, destruir.

A essa oscilação de dois polos da relação imaginária primitiva a criança se confronta de uma maneira que se pode dizer bruta, antes da instauração da relação na sua legalidade edipiana pela introdução do pai como sujeito, centro de ordem e de posse legítima. Ela está entregue à oscilação bipolar da relação entre dois objetos irreconciliáveis, que resulta, seja como for, numa saída destrutiva, até mesmo assassina. Eis o que se encontra no fundo das relações amorosas, cada vez que estas irrompem na vida do sujeito, tendem a se esboçar e tentam se ordenar. Numa certa via de compreensão da análise que é, precisamente, a via moderna, e que nesse ponto não deixa de recordar meu próprio caminho, é aí que o analista intervém para fazer com que o sujeito perceba a alternância de suas posições, ao mesmo tempo que a significação destas. Pode-se dizer que, de certa forma, ele introduz a distância simbólica necessária para que o sujeito perceba o seu sentido.

As observações são aqui extremamente ricas e frutíferas, quando nos mostram, por exemplo, as mil formas que pode assumir, na atualidade da vida precoce do sujeito, a incompletude fundamental que entrega o sujeito à relação imaginária pela via seja da identificação com a mulher, seja do lugar tomado ao falo imaginário, isto é, seja como for, numa insuficiente simbolização da relação terceira. Os autores notam, com muita frequência, a ausência às vezes repetida do pai na história do sujeito, a carência, como se diz, do pai como presença: ele sai em viagem, vai à guerra etc.

Além disso, observa-se um certo tipo de posição do sujeito, às vezes singularmente reproduzida nas fantasias, a de uma imobilização forçada. Ela é manifestada, algumas vezes, por uma imobilização do sujeito realmente ocorrida, de que temos um exemplo muito bonito no relato de caso de Sylvia Payne. Em consequência de uma extravagante prescrição médica, uma criança fora impedida de andar até a idade de dois anos, laços efetivos a prendiam à cama. Isso não poderia deixar de ter alguma consequência. O fato de que ela vivesse assim, estritamente vigiada no quarto de seus pais, colocava-a na posição exemplar de estar inteiramente entregue a uma relação puramente visual, sem qualquer esboço de reação muscular que partisse dela. Sua relação com os pais era assumida no estilo da raiva e da cólera que vocês bem podem supor. Se casos tão exemplares são raros, alguns autores insistiram no fato de que a fobia de certas mães que mantêm seu filho à distância, mais ou menos como se tratasse de uma fonte de infecção, não deixa de ter, certamente, algo a ver com a prevalência dada à relação visual na constituição da primitiva relação com o objeto materno.

Bem mais instrutivo que tal exemplo de vício da relação primária é a relação patológica que se apresenta como o avesso, ou o complemento da aderência libidinal ao fetiche. O fetichismo é, com efeito, uma classe que engloba nosologicamente todos os outros tipos de fenômenos cuja afinidade ou parentesco com o fetichismo nos são indicados, de certa maneira, pela nossa intuição.

O fato de que tal sujeito, de quem nos fala a sra. Payne, esteja fixado a um impermeável parece da mesma natureza do que se estivesse fixado em sapatos. Não nos enganamos ao pensar isso. Estruturalmente falando, no entanto, o impermeável contém em si mesmo relações, e indica uma posição um pouco diferente daquelas comportadas pelo sapato ou a cinta. Esses objetos estão eles próprios, diretamente, na posição do véu entre o sujeito e o objeto. O mesmo não ocorre com o impermeável, nem com outras espécies de fetiches de trajes mais ou menos envolventes. É preciso, além disso, dar lugar à qualidade especial comportada pela borracha. Esse traço, encontrado muito frequentemente, não deixa de encerrar algum último mistério, que sem dúvida seria esclarecido psicologicamente pela sensorialidade encerrada no contato especial com a própria borracha. Talvez haja algo aí que possa, mais facilmente que outra coisa, ser tomado como a duplicação da pele, ou ainda que comporte capacidades especiais de isolamento. Seja qual for a própria estrutura das relações, tais como estas se dão em certos centros onde a observação é feita analiticamente, vê-se que o impermeável desempenha ali um papel que não é, exatamente, o do véu. Seria, antes, algo atrás do qual o sujeito se centra. Ele se situa, não à frente do véu, mas por trás, isto é, no lugar da mãe, aderindo a uma posição de identificação onde esta tem necessidade de ser protegida, aqui pelo envolvimento.

Isso é o que nos dá a transição entre os casos de fetichismo e os casos de travestismo. O envolvimento não é da ordem do véu, mas da proteção. Trata-se de uma égide, em que se envolve o sujeito identificado com o personagem feminino.

Outra relação típica, às vezes particularmente exemplar, as explosões de um exibicionismo em certos casos verdadeiramente reativo, até mesmo, por vezes, suas alternâncias com o fetichismo. Isso se observa sempre que o sujeito se esforça para sair de seu labirinto, em razão de alguma entrada em jogo do real que o coloca numa posição de equilíbrio instável, onde se produz uma cristalização ou uma inversão de seu posicionamento. Isso é muito manifestamente ilustrado pelo esquema do caso freudiano de homossexualidade feminina, onde a introdução do pai como elemento real faz com que se intercambiem os termos, de tal sorte que o que estava situado no mais-além, o pai simbólico, vem se prender na relação imaginária, enquanto o sujeito assume uma posição homossexual demonstrativa com referência ao pai.

Temos, igualmente, casos muito bonitos em que se vê o sujeito, na medida em que tentou ter acesso a uma relação plena em certas condições de realização artificial, de forçamento do real, exprimir por seu *acting-out*, isto é, no plano imaginário, aquilo que estava simbolicamente latente na situação. Temos disso um exemplo com o sujeito que tenta, pela primeira vez, uma relação real com uma mulher, mas que se envolve ali nessa posição de experiência, onde ele vai lá para mostrar que é capaz de fazê-lo. Ele alcança seu objetivo mais ou menos bem graças à ajuda da mulher, mas logo depois, e quando nada até então deixava prever nele a possibilidade de tais sintomas, entrega-se a uma exibição muito singular, e muito bem calculada, que consiste em mostrar seu sexo à passagem de um trem internacional, de modo que ninguém pode pegá-lo com a mão na botija. O sujeito foi forçado aqui a deixar sair alguma coisa que estava implícita em sua posição. Seu exibicionismo é apenas a expressão, ou a projeção no plano imaginário, de algo de que ele mesmo não compreendeu todas as ressonâncias simbólicas, a saber, que o ato que acabava de efetuar, afinal de contas, não passava da tentativa de mostrar — de mostrar que ele era capaz, como qualquer outro, de ter uma relação normal.

Reencontramos diversas vezes essa espécie de exibicionismo reativo nas observações que são muito próximas de fetichismo, ou mesmo que são francamente de fetichismo. Trata-se, bem o percebemos, de atos delinquentes que são equivalências do fetichismo. Melitta Schmideberg nos representa, por exemplo, um homem que havia se casado com uma mulher mais ou menos duas vezes maior que ele, verdadeira vida conjugal à Dubout, onde ele desempenhava o papel de ubuesca vítima, de sofredor. Um belo dia, este homem, que fazia o melhor que podia naquela horrível situação, é avisado de que vai ser pai. Precipita-se para um jardim público e começa a mostrar seu órgão a um grupo de mocinhas.

A sra. Schmideberg, que parece aqui um pouco anna-freudiana demais, encontra todos os tipos de analogias com o fato de que o pai do rapaz já era um tanto vítima de sua mulher, e que havia conseguido se libertar da situação fazendo-se surpreender, um dia, com uma criada, o que, por intermédio da reivindicação ciumenta, pusera a cônjuge um pouco à sua mercê. Isso não explica nada. A sra. Schmideberg evita o principal da coisa. Ela crê haver analisado uma perversão, ter feito dela uma *short analysis*. Não há a menor necessidade de se maravilhar com isso, pois não se trata em absoluto de perversão, e ela tampouco fez análise alguma. Ela deixou de lado o fato de que foi por um ato de exibicionismo que o sujeito se manifestou naquela ocasião. Não existe outro modo de explicar este ato senão referindo-se ao mecanismo de desencadeamento pelo qual aquilo que, no real, chega como um acréscimo, inassimilável simbolicamente, tende a fazer precipitar-se aquilo que está no fundo da relação simbólica, a saber, a equivalência falo-criança.

À falta de poder de alguma maneira assumir essa paternidade, à falta mesmo de poder acreditar nela, este bom homem foi mostrar, no lugar certo, o equivalente da criança, ou seja, o que lhe restava então do uso de seu falo.

30 DE JANEIRO DE 1957

# X

# A IDENTIFICAÇÃO AO FALO

*O travestismo e o uso da roupa.*
*Mostrar ≠ dar a ver.*
*Girl = Phallus.*
*O objeto e o ideal em Freud.*
*Frustração de amor e satisfação da necessidade.*

Na última vez, dei um passo no sentido da elucidação do fetichismo, que é um exemplo particularmente fundamental da dinâmica do desejo.

O desejo nos interessa no mais alto grau por uma dupla razão. Por um lado, lidamos com este desejo em nossa prática. Não é um desejo construído, mas um desejo com todos os seus paradoxos, assim como lidamos com um objeto com todos os seus paradoxos. Por outro lado, é claro que o pensamento freudiano partiu desses paradoxos. Em particular, no que diz respeito ao desejo, ele partiu do desejo perverso. Seria, realmente, lamentável esquecer isso em nossa tentativa de unificação ou de redução, quando lidamos com as teorias mais ingenuamente intuitivas a que se refere a psicanálise de hoje.

Escuto, de vez em quando, os ecos da maneira como recebem essa pequena novidade que lhes trago a cada vez, ou pelo menos assim o espero. Ora, esse pequeno passo que dei surpreendeu alguns, que já estavam bastante satisfeitos com a teoria do amor tal como eu a apresentava, onde o amor está fundado no fato de que o sujeito se dirige à falta que está no objeto. Isso já havia fornecido a alguns a oportunidade de uma meditação que lhes parecia suficientemente esclarecedora, embora tivessem certa dificuldade para perceber que à relação sujeito-objeto se acrescentavam um mais-além e uma falta. Trouxe, da última vez, uma complicação suplementar, com um termo situado à frente do objeto, a saber, o véu, a cortina, o lugar onde se faz a projeção imaginária. Aqui aparece o que se torna figuração da falta, o fetiche, que pode ser o suporte oferecido a algo que assume ali, justamente, seu nome, o desejo, mas o desejo como perverso. É sobre o véu que o fetiche vem figurar precisamente o que falta para além do objeto.

Esta esquematização é destinada a instaurar esses planos sucessivos que lhes devem permitir, em certos casos, entender um pouco melhor essa perpétua ambivalência e confusão, onde o sim equivale ao não, o que é dirigido num sentido ao que é dirigido no sentido exatamente contrário — em suma, tudo aquilo que, infelizmente, os analistas costumam qualificar, para saírem do embaraço, de ambivalência.

## 1

Bem no final do que lhes disse da última vez a propósito do fetichismo, mostrei a vocês o surgimento de uma posição de certa maneira complementar. Esta aparece também nas fases da estrutura fetichista, até mesmo nas tentativas do fetichista para se unir a este objeto de que está separado por essa alguma coisa da qual, naturalmente, ele próprio não compreende a função nem o mecanismo. Esta posição, que se pode chamar de simétrica, o respondente, o correspondente, o polo oposto com referência ao fetichismo, é a função do travestismo.

No travestismo, o sujeito se identifica com aquilo que está por trás do véu, com aquele objeto a que falta alguma coisa. Os autores viram isso com clareza na análise, e o dizem na língua deles: o travesti se identifica com a mãe fálica, na medida em que esta, por outro lado, vela a falta de falo.

Esse travestismo nos faz ir muito longe na questão. Tampouco esperamos por Freud para abordar a psicologia das roupas. Em todo uso da roupa, existe algo que participa da função do travestismo. Se a apreensão imediata, corrente, comum da função da roupa é esconder as *pudenda*, a questão deve se complicar um pouco aos olhos do analista. Bastaria que alguém dentre os autores que falam na *mãe fálica* quisesse mesmo perceber o sentido daquilo que diz. As roupas não são feitas apenas para esconder o que se tem, no sentido de *ter ou não*, mas também, precisamente, o que não se tem. Ambas as funções são essenciais. Não se trata, sempre e essencialmente, de esconder o objeto, mas também de esconder a falta de objeto. Esta é uma simples aplicação, no caso da dialética imaginária, daquilo que é esquecido com demasiada frequência, a saber, a presença e a função da falta de objeto.

Inversamente, no uso maciço que é feito da relação escopofílica, subentende-se sempre como evidente por si mesmo que o fato de se mostrar é muito simples, que é correlativo da atividade do ver, do voyeurismo. Ali, também, uma dimensão é facilmente esquecida.

Não é verdade que, sempre e em toda ocasião, o sujeito simplesmente se mostre, na medida em que mostrar-se é o polo correlativo à atividade de ver. Não se trata simplesmente da implicação do sujeito num par de captura visual. Existe na escopofilia uma dimensão suplementar da implicação, expressa no uso da língua pela presença do reflexivo, esta forma do verbo que existe em outras línguas e que se chama a voz média. Seria, aqui, *dar-se a ver*. Combinando uma a outra essas duas dimensões, podemos dizer que em todo um tipo de atividades confundidas sob o rótulo da relação voyeurismo-exibicionismo, o que o sujeito dá a ver, mostrando-se, é outra coisa diferente daquilo que ele mostra. Portanto, é errado mergulhar isso tudo naquilo a que se chama maciçamente a relação escopofílica.

Autores como Fenichel, que são teóricos muito ruins sob sua aparente clareza, mas que não deixam de ter experiência analítica mesmo assim, perceberam muito bem isso. Se o esforço de teorização de algum de seus artigos chega a um fracasso desesperador, por outro lado encontrarão ali, às vezes, pérolas clínicas de grande beleza, e até mesmo o pressentimento de toda uma ordem de fatos que, por uma experiência de faro que o analista felizmente extrai da sua experiência, se agrupam em torno de um tema escolhido da articulação analítica, a partir de um ramal de relações imaginárias fundamentais. Em torno da escopofilia ou do travestismo, por exemplo, agrupam-se ramos de fatos que se distinguem uns dos outros na fenomenologia, mas cujo parentesco, comunidade, o autor sente de maneira mais ou menos obscura.

É assim que, ao me informar de toda uma vasta e insípida literatura para me dar conta de até que ponto os analistas penetraram numa real articulação desses fatos, interessei-me, recentemente, por um artigo de Fenichel, publicado no *Psychoanalytic Quarterly*, volume XVIII, nº 3, de 1949, que aborda o que vai chamar de *Girl = Phallus*, que não deixa de se relacionar, como ele próprio observa, com a série de equações bem conhecidas, fezes = criança = pênis. Ainda que se veja manifestar aí uma falta flagrante de orientação, que nos deixa a todo instante desejar uma lógica que lhe fosse isenta, ele concerne a fatos encontrados na análise e agrupados pelo autor, segundo os quais a criança pode ser considerada como equivalente no inconsciente do sujeito, especialmente feminino, ao falo. Aí está em suma a gênese dessa afirmação: tudo se liga ao fato de que a criança é dada à mãe como substituto, ou mesmo equivalente, do falo.

Muitos fatos diversos são reunidos no mesmo parêntese, o que não deixa de ser bastante surpreendente. Quando falei da criança, não se tratava da criança feminina em especial, ao passo que este artigo visa especificamente à menina. Ele parte de traços bem conhecidos na especificidade fetichista, ou quase fetichista, de certas perversões que marcam que a menina pode ser interpretada como o equivalente do falo do sujeito. Os dados analíticos indicam igualmente que a menina, de uma maneira geral a própria criança, pode conceber a si mesma como um equivalente do falo, manifestá-lo por seu comportamento, e viver a relação sexual sobre um modo que comporta que ela mesma traga ao parceiro masculino seu falo. Isso se marca às vezes até nos detalhes de sua posição amorosa privilegiada, quando esta vem agarrar-se a seu parceiro, enrolar-se num certo ponto do corpo dele. Este gênero de fatos não pode deixar de nos surpreender e chamar a atenção. Acrescente-se a isso, enfim, que em certos casos o sujeito masculino pode igualmente se dar à mulher como sendo aquilo que lhe falta, como trazendo a ela o falo, a título do que lhe falta, falando imaginariamente.

Os fatos aqui destacados e aproximados estão incluídos numa mesma equação, para a qual parece apontar o conjunto. Ora, trata-se aí de fatos de ordens extremamente diferentes. Nas quatro ordens de relações que acabo de designar, o sujeito não está, em absoluto, relacionado da mesma forma ao objeto, conforme ele traga, dê, deseje ou até mesmo substitua. Uma vez que tenhamos nossa atenção voltada para esses registros, não podemos deixar de ver que o reagrupamento desses fatos sob a equivalência assim instituída vai muito além de uma simples exegese teórica. O fato de que a menina possa ser o objeto de uma fixação prevalente para um tipo de sujeitos põe em evidência uma função que se pode dizer mítica, que se origina, ao mesmo tempo, de miragens perversas e de toda uma série de construções literárias que podemos agrupar segundo os autores, sob títulos mais ou menos ilustres.

Alguns falam, naturalmente, de um tipo *Mignon*. Todos vocês conhecem a criação de Goethe, Mignon a nômade, cuja posição bissexuada é frisada pelo próprio autor, e que vive com uma espécie de protetor enorme, brutal e manifestamente superpaterno, chamado Harfner. Ele lhe serve, em suma, de servidor superior, mas ela, ao mesmo tempo, lhe é muito necessária. Goethe diz em algum lugar sobre este casal — *Harfner, de quem ela tem a maior necessidade, e Mignon sem a qual ele nada pode fazer*. Encontramos aí acoplados a potência encarnada em estado maciço, brutal, e, por outro lado, aquilo sem o que esta é desprovida de eficácia, aquilo que falta à própria potência, e que, afinal de contas, é o segredo de sua potência verdadeira. Aquilo nada mais é que uma falta.

Aí está o último ponto em que se situa a famosa magia que a teoria analítica atribui sempre de maneira tão confusa à ideia da onipotência. Como já disse a vocês, a estrutura da onipotência não está, contrariamente ao que se acredita, no sujeito, mas na mãe, isto é, no Outro primitivo. É o Outro quem é todo-poderoso. Mas, por trás desse todo-poderoso, existe a falta última a que está suspensa sua potên- cia. Desde que o sujeito percebe, no objeto de que espera a onipotência, esta falta que o faz, a ele mesmo, impotente, a última instância da onipotência é referida para além, a saber, ali onde alguma coisa não existe ao máximo. Isso é o que, no objeto, não passa de simbolismo da falta, fragilidade, pequenez. Isso é o que torna para nós tão interessante o que chamamos hoje de tipo *Mignon*, reproduzido na literatura em numerosos exemplares.

Há três anos, eu anunciava uma conferência sobre *Le diable amoureux* de Cazotte. Existem poucos testemunhos tão exemplares da mais profunda adivinhação da dinâmica imaginária que tento desenvolver diante de vocês, hoje especialmente. Lembrei-me disso como de uma ilustração importante do que está em questão, e que acentua o sentido desse ser mágico para além do objeto, a que pode se fixar toda uma série de fantasias idealizadoras.

O conto começa em Nápoles, numa caverna onde o autor se entrega à evocação do diabo, o qual, após as formalidades habituais, não deixa de aparecer. Ele se manifesta sob a forma de uma formidável cabeça de camelo, provida, em especial, de grandes orelhas, e pergunta ao autor com a voz mais cavernosa que se possa imaginar, — *O que queres? Che vuoi?*

Esta interrogação fundamental nos dá, da maneira mais cativante, uma ilustração da função do supereu. Mas o interesse não reside aí, e sim no fato de que o mesmo ser é suposto se transformar, imediatamente depois de concluído o pacto, num cachorrinho que, por uma transição que não espanta a ninguém, se torna um rapaz encantador, e depois uma encantadora jovem, ambos não deixando, até o fim, de se entremesclar numa perfeita ambiguidade. Este personagem amado, que tem um nome significativo, Biondetta, se torna, por algum tempo, para o narrador, a fonte surpreendente de todas as felicidades, realiza todos os seus desejos, proporciona-lhe a satisfação mágica de tudo o que ele possa querer. O todo, entretanto, está imerso numa atmosfera de fantasia, de irrealidade perigosa, de ameaça permanente, que não deixa de dar seu tom ao ambiente. A situação se resolve, no final, por uma súbita ruptura desta corrida cada vez mais acelerada e louca, e pela dissipação catastrófica da miragem no momento em que, como convém, o sujeito volta ao castelo de sua mãe.

Um outro romance, de Latouche, *Fragoletta*, apresenta um curioso personagem, claramente travesti, sobre quem, até o fim, nada é finalmente revelado, senão para o leitor. Trata-se de uma moça que é um rapaz e que desempenha um papel funcionalmente análogo àquele que acabo de descrever como o tipo *Mignon*. Existem ali detalhes, refinamentos de que vou poupá-los. O conjunto resulta num duelo durante o qual o herói do romance mata Fragoletta, que se apresenta a ele como rapaz, sem reconhecê-la, o que bem mostra a equivalência de um certo objeto feminino da *Verliebtheit* com o outro como rival. Este é o mesmo outro que está em jogo quando Hamlet mata o irmão de Ofélia.

Vimos aqui, em ação, um personagem enfeitiçado, ou uma fada — é a mesma palavra, ambos se referem a *factiso* em português, de onde historicamente a palavra *feitiço* (*fétiche*) nasceu, e que nada mais é que o termo *factício*. Este ser feminino ambíguo encarna de certa forma, para além da mãe, o falo que lhe falta. Ele o encarna tanto melhor na medida em que ele próprio não o possui; antes, está inteiramente envolvido na sua representação, sua *Vorstellung*. Temos aí uma função a mais, que esclarece a relação de enamoramento, tal como esta pode se estabelecer nas vias perversas do desejo. Estas podem ser exemplares para nos esclarecer quanto às posições a se distinguir quando analisamos este desejo.

Eis-nos enfim conduzidos a formular a questão do que está subjacente aí, perpetuamente posto em causa por essa própria crítica, a saber, a noção de identificação.

## 2

A noção de identificação está presente na obra de Freud desde a origem — latente, emergente a todo instante, voltando a desaparecer em seguida. Já existem implicações disso na *Interpretação dos sonhos*. Seu ponto de explicação principal é atingido com a *Psicologia das massas e análise do eu*, que comporta um capítulo, o VII, expressamente consagrado à identificação.

Este capítulo tem por propriedade nos mostrar, como acontece com muita frequência em Freud — e este é o valor da sua obra —, a maior perplexidade do autor. Freud confessa seu embaraço, até mesmo sua impotência, em sair do dilema colocado pela perpétua ambiguidade que se lhe propõe entre dois termos que ele define, a saber, identificação e escolha de objeto. Os dois termos aparecem num grande número de casos como substituindo um ao outro com o mais desconcertante poder de metamorfose, de tal maneira que a própria transição não é captada.

Existe, no entanto, uma necessidade evidente de se manter a distinção entre ambos, pois, como diz Freud, não é a mesma coisa estar do lado do objeto ou do lado do sujeito. O fato de um objeto se tornar objeto de escolha não é o mesmo de se tornar suporte da identificação do sujeito.

Este fato é formidavelmente instrutivo em si. Não é menos instrutivo ver a desconcertante facilidade com que cada um parece se acomodar a ele e usar, de modo estritamente equivalente, um e outro, sem perguntar mais sobre isso, quer se trate de observação ou de teorização. Quando se interroga mais, produz-se um artigo como o de Gustav-Hans Graber em *Imago*, em 1937 — "As duas espécies de mecanismos de identificação" —, que é realmente a coisa mais espantosa que se possa imaginar, pois tudo parece resolvido para ele no que diz respeito à distinção entre a identificação ativa e a identificação passiva. Quando se examina de perto, é impossível deixar de ver, e ele mesmo percebe isso, que os dois polos, ativo e passivo, estão presentes em toda espécie de identificação, de maneira que nos é realmente necessário voltar a Freud e retomar, ponto por ponto, a forma como ele próprio articula a questão.

O capítulo VIII de *Psicologia das massas e análise do eu* que sucede ao capítulo sobre a identificação começa com uma frase que remete imediatamente à atmosfera de alguma coisa pura, diferente do que temos o hábito de ler: *O emprego linguístico permanece, mesmo em seus caprichos, sempre fiel a uma* Wirklichkeit, *uma realidade eficaz qualquer.*

Gostaria de destacar, de passagem, que Freud começou a tratar da identificação no capítulo anterior, falando da identificação ao pai como do exemplo por onde entramos da maneira mais natural nesse fenômeno. Chegamos ao segundo parágrafo, e aqui está um exemplo das más traduções francesas dos textos de Freud. Lemos no texto alemão: *Ao mesmo tempo que esta identificação com o pai, talvez também um pouco mais cedo* — o que é traduzido por *um pouco mais tarde* —, *o menino começa a dirigir para sua mãe seus desejos libidinosos* — e podemos nos perguntar, com esta tradução, se a identificação com o pai não seria anterior.

Encontramos outro exemplo disso na passagem a que quero chegar esta manhã, e que escolhi para vocês como a mais condensada, e mais apropriada para lhes mostrar as perplexidades de Freud. Trata-se do estado amoroso em suas relações com a identificação. Acompanhando o texto de Freud, a identificação é uma função mais primitiva, mais fundamental, na medida em que ela comporta uma escolha de objeto, mas uma escolha de objeto que não deixa de ser forçosamente articulada de uma maneira muito problemática, pois a análise freudiana vai ligá-la profundamente ao narcisismo. Para ir o mais longe possível no sentido perfeitamente articulado por Freud, digamos que este objeto seja uma espécie de outro eu (*moi*) no sujeito. Trata-se, pois, de saber como articular *a diferença entre a identificação e a* Verliebtheit *nas suas manifestações mais elevadas, mais plenas, conhecidas sob o nome de fascinação, de submissão, de* Hörigkeit, *que é fácil de descrever*. Lemos na tradução francesa: *No primeiro caso, o eu se enriquece com as qualidades do objeto, assimilando este último...* quando se deve ler, simplesmente, o que Ferenczi disse, a saber, *introjeta*. Esta é a questão das relações da introjeção com a identificação.

*No segundo caso ele se empobrece, tendo-se dado por inteiro ao objeto, tendo-se apagado diante deste*, traduz-se em francês. Não é isso, de modo algum, o que diz Freud: *objeto que ele colocou no lugar de seu elemento mais constituinte*. Isso está absolutamente truncado na frase francesa, onde não se vê que ela traduza uma coisa tão articulada por *tendo-se apagado diante deste*.

Freud se detém aqui na oposição entre, por um lado, o que o sujeito introjeta e com que se enriquece e, por outro lado, aquilo que lhe toma algo de si próprio e o empobrece. Com efeito, Freud se deteve anteriormente, por longo tempo, no que acontece no estado amoroso, onde o sujeito se despossui cada vez mais de tudo o que é de si mesmo, em benefício do objeto amado. Ele é tomado de humildade e cai em completa sujeição ao objeto de seu investimento. Este objeto em cujo benefício ele se empobrece é aquele mesmo que ele põe no lugar de seu elemento constituinte mais importante, *Bestandteil*.

Aí está a abordagem que Freud faz do problema. Ele prossegue, voltando atrás — pois ele não nos facilita seus movimentos, avança e, percebendo que aquilo não está completo, volta sobre seus passos — para dizer que esta descrição faz surgir oposições que, na realidade, não existem, *nicht bestehen*, do ponto de vista econômico: *Sob o ponto de vista econômico, não se trata nem de enriquecimento, nem de empobrecimento, pois mesmo o estado amoroso extremo pode ser concebido como uma introjeção do objeto no eu.*

A seguinte distinção incidiria, talvez, sobre pontos mais essenciais: *No caso de identificação, o objeto se volatiliza e desaparece para reaparecer no eu, o qual sofre uma transformação parcial, segundo o modelo do objeto desaparecido. No outro caso, o objeto substituto se vê dotado de todas as qualidades pelo eu e às expensas deste.*

É isso o que nos diz o texto francês. Por que o objeto se volatilizaria e desapareceria, para reaparecer no eu, depois de se haver submetido a uma transformação parcial conforme o objeto do modelo desaparecido? Mais vale nos reportarmos ao texto alemão: *Talvez uma outra distinção seja o essencial. No caso da identificação, o objeto foi perdido* — uma referência a essa noção fundamental que se reencontra o tempo todo desde o início, a formação do objeto, tal como Freud a explica para nós, repousa sobre a noção fundamental da perda do objeto — *ou abandonado*. Não se trata, pois, de objeto que se volatilize, nem que desapareça, pois, justamente, ele não desaparece.

*Ele é, então, novamente reerigido no eu, e o eu se transforma parcialmente de acordo com o modelo do objeto perdido.*

*No outro caso* — o da Verliebtheit — *o objeto é conservado,* erhalten geblieben, *e como tal ele é sobreinvestido,* überbesetz, *por parte do eu e às expensas deste.*

*Mas esta distinção, por sua vez, levanta uma nova reflexão: será mesmo certo que a identificação suponha o abandono do investimento do objeto? Não se pode igualmente ter uma identificação com o objeto conservado? E, antes de entrarmos nessa discussão particularmente espinhosa, devemos também nos deter por um instante nesta consideração que apresentamos, a de que existe uma outra alternativa na qual se pode conceber a essência deste estado de coisas, e que é, explicitamente, que o objeto seja colocado no lugar do* Ich *ou do* Ich-Ideal, *do eu ou do ideal do eu.*

Este é um texto cujo encaminhamento nos deixa muito embaraçados. Não resulta nada de muito claro, ao que parece, desses movimentos para frente e para trás. O próprio lugar a ser dado ao objeto em seus diferentes momentos de ida e vinda, conforme este se constitua como objeto de identificação ou como objeto da captura amorosa, é marcado por uma ambiguidade que Freud torna patente, e permanece quase inteiramente em estado de interrogação. Ao menos, esta interrogação merece ser exposta, e é isso apenas que eu quis destacar. Não se pode dizer que este seja o texto testamentário de Freud, mesmo que seja um daqueles onde ele atingiu o ápice de sua elaboração teórica.

Tentemos agora retomar o problema a partir dos pontos de referência que marcamos em nossa elaboração das relações da frustração com a constituição do objeto.

### 3

Trata-se em primeiro lugar de conceber a ligação que estabelecemos comumente, em nossa prática e em nossa maneira de falar, entre identificação e introjeção. Vocês, aliás, já a viram aparecer desde o começo do trecho de Freud que lhes acabo de ler.

Proponho-lhes o seguinte: a metáfora subjacente à introjeção é uma metáfora oral. Fala-se indiferentemente em introjeção e incorporação. Deixamo-nos escorregar comumente nas articulações propostas à época kleiniana. Evoca-se, por exemplo, a famosa constituição dos objetos primordiais, que se dividem, como convém, em bons e maus. Trata-se da introjeção dos objetos, considerados como simples dados presentes nesse famoso mundo primitivo sem limite, onde o sujeito faria um todo por seu próprio englobamento no corpo materno. Nessa acepção, a introjeção é considerada uma função estritamente equivalente e simétrica à da projeção. Do mesmo modo, o objeto está perpetuamente numa espécie de movimento que o faz passar de fora para dentro, para ser, em seguida, ejetado de dentro para fora, quando se torna demasiado intolerável no interior. Isso deixa numa simetria perfeita introjeção e projeção.

É contra este abuso, que está muito longe de ser um abuso freudiano, que se ergue o que vou tentar articular para vocês.

Observamos, por exemplo, no tratamento de um fetichista, impulsos de bulimia manifestos, que são correlativos de um momento de virada na redução simbólica do objeto a que nos acontece de nos apegarmos com mais ou menos sucesso nos perversos. Como conceber esta correlação, a evocação, nesse momento preciso, da pulsão oral? Sua conceitualização é impossível, é impossível construir o que quer que seja de ordenado, não somente em nossos pensamentos, mas na prática e na clínica, se nos atemos à vaga noção que está sempre, nesses casos, a nosso dispor — o sujeito regride, dizem, porque naturalmente ele está ali para isso. Assim, no próprio momento em que o sujeito está progredindo na análise, isto é, tentando tomar a perspectiva de seu fetiche, ele regride. Vocês sempre podem dizer isso, ninguém irá contradizê-los.

Eu digo, ao contrário, que cada vez que a pulsão aparece, na análise ou em qualquer outro lugar, ela deve ser concebida, quanto à sua função econômica, com referência ao desenvolvimento de uma relação simbolicamente definida. O esquema primitivo que lhes dei da estrutura simbólica do amor não nos dá instrumentos para esclarecer isso?

Vamos partir do suporte da primeira relação amorosa, da mãe como objeto de apelo e, portanto, tão ausente quanto presente. Existem, por um lado, os seus dons, que são signos de amor, e como tais apenas isso, isto é, são anulados na medida em que sejam qualquer outra coisa além de signos de amor. Por outro lado, existem os objetos de necessidade, que ela apresenta à criança sob a forma de seu seio. Não veem que entre os dois é de um equilíbrio e de uma compensação que se trata? Cada vez que há uma frustração de amor, esta é compensada pela satisfação da necessidade. É na medida em que a mãe falta à criança que a chama que esta se agarra ao seu seio, e que este seio se torna mais significativo que tudo. Enquanto o tem na boca e se satisfaz com ele, por um lado a criança não pode ser separada da mãe, por outro lado isso a deixa alimentada, repousada e satisfeita. A satisfação da necessidade é, aqui, a compensação da frustração do amor, e começa a se tornar, ao mesmo tempo, o seu álibi.

O valor prevalente assumido pelo objeto — no caso, o seio ou a chupeta — está baseado no seguinte: um objeto real assume sua função como parte do objeto de amor, assume sua significação como simbólico, e a pulsão se dirige ao objeto real como parte do objeto simbólico, este se torna, como objeto real, uma parte do objeto simbólico. É a partir daí que se abre toda compreensão possível da absorção oral e de seu mecanismo que se autointitula regressivo, que pode intervir em toda relação amorosa. A partir do momento em que um objeto real, que satisfaz uma necessidade real, pode tornar-se elemento do objeto simbólico, qualquer outro objeto capaz de satisfazer uma necessidade real pode vir colocar-se em seu lugar e, principalmente, este objeto já simbolizado, mas também perfeitamente materializado, que é a palavra.

Na medida em que a regressão oral ao objeto primitivo de devoração vem compensar a frustração de amor, essa reação de incorporação dá seu modelo, seu molde, seu *Vorbild*, a este tipo de incorporação que é a incorporação de certas palavras dentre outras, que está na origem da formação precoce daquilo a que se chama o supereu. O que o sujeito incorpora sob o nome de supereu é algo de análogo ao objeto de necessidade, não na medida em que ele mesmo seja o dom, mas na medida em que ele substitui a falta do dom, o que não é absolutamente o mesmo.

A partir daí, igualmente, o fato de possuir ou não possuir um pênis pode assumir um duplo sentido, e entrar por duas vias de abordagem muito diferentes na economia imaginária do sujeito. Inicialmente, o pênis pode, num dado momento, situar seu objeto na linhagem e no lugar deste objeto que é o seio ou a teta. Há, assim, uma forma oral de incorporação do pênis que desempenha seu papel no determinismo de certos sintomas e de certas funções. Mas existe uma outra maneira pela qual o pênis entra na economia imaginária. Ele pode entrar nela, não como objeto compensatório da frustração do amor, mas na medida em que ele está para além do objeto de amor e que falta a este.

Uma coisa é o pênis, que é assim mesmo uma função imaginária, na medida em que é imaginariamente que se o incorpora. Outra coisa é o falo na medida em que falta à mãe, e que está para além desta e de sua potência de amor.

É a propósito do falo, na medida em que este falta, que formulo para vocês esta questão, desde que comecei o seminário deste ano: em que momento o sujeito descobre essa falta? Quando e como ele faz essa descoberta? — a partir da qual, vai se ver engajado em vir, ele próprio, substituí-la, isto é, escolher uma outra via na redescoberta do objeto de amor que se furta, trazendo-lhe sua própria falta.

Esta distinção é capital, e nos permite hoje expor um primeiro esboço do que é mais ou menos exigível para que este tempo se produza.

Temos a estruturação simbólica e a introjeção possível, que é, como tal, a forma mais caracterizada da identificação freudiana primitiva. É num segundo tempo que se produz a *Verliebtheit*. Esta não é concebível, não é articulada em parte alguma, senão no registro da relação narcísica, em outras palavras, da relação especular tal como aquele que lhes fala definiu e articulou.

Lembro a vocês que é numa data situável e que, necessariamente, não se dá antes do sexto mês que se produz a relação com a imagem do outro, que dá ao sujeito a matriz em torno da qual se organiza para ele o que eu chamaria de sua incompletude vivida: a saber, o fato de que ele está em falta. É com relação a esta imagem que se apresenta como total, não apenas preenchedora, mas fonte de júbilo em razão da relação específica do homem com sua própria imagem, que este realiza que algo pode lhe faltar. É na medida em que o imaginário entra em jogo que, sobre os fundamentos das duas primeiras relações simbólicas entre o objeto e a mãe da criança, pode aparecer que, tanto à mãe quanto à ela, algo pode faltar imaginariamente. É na relação especular que o sujeito tem a experiência e a apreensão de uma falta possível, de que alguma coisa mais além pode existir, alguma coisa que é uma falta.

É somente para além da realização narcísica, e na medida em que começa a se organizar a ida e vinda tensional, profundamente agressiva, do sujeito ao outro, em torno do que vão se infiltrar, se cristalizar as camadas sucessivas daquilo que irá constituir o eu, que pode se introduzir aquilo que faz surgir para o sujeito, para além do que ele próprio constitui como objeto para a mãe, esta forma em que o objeto de amor é tomado, cativado, retido, em alguma coisa que ele próprio, como objeto, não chega a atingir: a saber, uma nostalgia, que se relaciona à própria falta do objeto de amor.

Tudo isso, no ponto em que estamos, repousa sobre o efeito de transmissão, que faz com que suponhamos — porque a experiência nos impõe, e porque Freud aderiu completamente a isso, até o último momento de suas formulações — que nenhuma satisfação por um objeto real qualquer que venha aí como substituto jamais consegue preencher a falta na mãe. Ao lado da relação com a criança, permanece nela, como um ponto de fixação de sua inserção imaginária, a falta do falo. É somente depois do segundo tempo da identificação imaginária especular à imagem do corpo, que está na origem do seu eu e que dá a matriz deste, que o sujeito pode realizar o que falta à mãe. A experiência especular do outro como formando uma totalidade é uma condição prévia. É com referência a esta imagem que o sujeito realiza que, a ele, alguma coisa pode faltar. O sujeito leva assim para além do objeto do amor esta falta a que pode ser conduzido a substituir, a se propor ele mesmo como o objeto que a preenche.

Conduzi vocês hoje até a apresentação de uma forma que devem guardar no espírito, para que possamos retomar as coisas neste ponto da próxima vez. A que responde esta forma? O que veem esboçar-se aqui é uma nova dimensão e uma nova propriedade daquilo que lhes é apresentado no sujeito consumado, onde se diferenciam as funções chamadas supereu, ideal do eu, eu. Trata-se de saber, como bem disse Freud ao final de seu artigo, o que é este objeto que, na *Verliebtheit*, vem se situar no lugar do eu ou do ideal do eu.

No que, até agora, lhes expliquei sobre o narcisismo, precisei acentuar a formação ideal do eu, digo realmente a formação do eu na medida em que esta é uma formação ideal, na medida em que é a partir do ideal do eu que o eu se destaca. Não articulei o suficiente para vocês a diferença existente. Mas abram simplesmente Freud com suas obscuridades fecundas, e observem seus esquemas que passam de mão em mão sem que ninguém tenha, por um instante, sonhado reproduzi-los. O que encontram no final deste capítulo? Este esquema, onde ele situa os eus dos diferentes sujeitos:

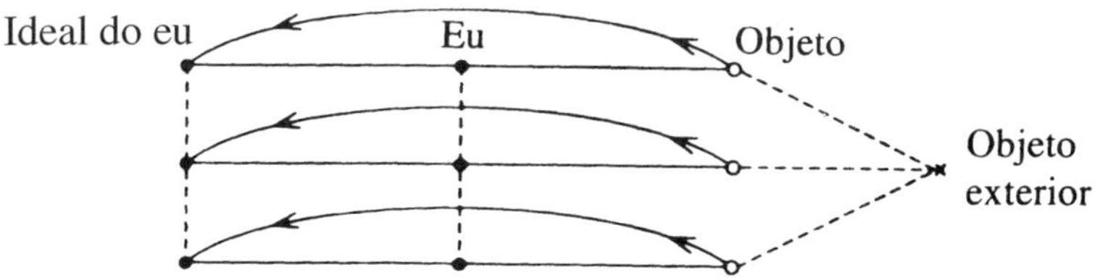


*GRAPHISCHE DARSTELLUNG* DE FREUD

Trata-se de saber por que os sujeitos comungam num mesmo ideal. Freud nos explica que existe identificação do ideal do eu com objetos que se supõe serem o mesmo. Simplesmente, se observarmos os esquemas, percebemos que ele tomou o cuidado de ligar esses três objetos a um objeto exterior, que está por trás de todos. Não encontram aí uma semelhança espantosa com aquilo que lhes estou explicando? A propósito do *Ich-Ideal*, não se trata simplesmente de um objeto, mas de algo que está para além do objeto, e que vem se refletir, como diz Freud, não pura e simplesmente no eu, que sem dúvida sente alguma coisa e pode se empobrecer, mas em algo que está nas próprias bases do eu, em suas primeiras formas, em suas primeiras exigências, e, para dizer tudo, sobre o primeiro véu, e se projetando aí sob a forma do ideal do eu.

Vou retomar, da próxima vez, do ponto em que os deixo, na relação entre o ideal do eu, o fetiche e o objeto, na medida em que é o objeto que falta, isto é, o falo.

6 DE FEVEREIRO DE 1957

# XI

# O FALO E A MÃE INSACIÁVEL

*O dom se manifesta ao apelo.*
*A substituição das satisfações.*
*A erotização da necessidade.*
*O espelho, do júbilo à depressão.*
*Papel significante do falo imaginário.*

Tenho a intenção de retomar hoje os termos com que tento formular para vocês o remanejamento necessário da noção de frustração. À falta deste remanejamento, com efeito, é possível que não cesse de aumentar a distância entre as teorias dominantes na psicanálise de hoje — aquilo a que se chama suas tendências atuais — e a doutrina freudiana, que a meus olhos constitui nada menos que a única formulação conceitual correta da experiência que esta própria doutrina fundou.

O que vou tentar articular hoje talvez seja um pouquinho mais algébrico que o habitual, mas tudo o que fizemos anteriormente o preparou.

Antes de tornar a partir, vamos pontuar o que se destaca de alguns dos termos que fomos levados a articular até aqui.

## 1

Tentei situar a frustração para vocês num pequeno quadro triplo entre a castração, de que partiu a teoria freudiana, e a privação, a que alguns a referem. Digamos que a referem de modo diverso.

A psicanálise de hoje põe a frustração no centro de todas as faltas cujas consequências analisáveis seriam marcadas nos sintomas que se originam de nosso campo. É necessário que a compreendamos na sua experiência fundamental, para fazer dela um uso válido, pois se a experiência analítica elevou-a ao primeiro plano dos termos em uso, isso não pode ser, em absoluto, sem motivo. Embora sua prevalência não altere profundamente a economia de nosso pensamento na presença de fenômenos neuróticos, ela conduz mesmo assim a impasses, como me esforço para demonstrar a vocês, com sucesso, espero, em muitos exemplos. À medida que vocês passarem a praticar mais a literatura analítica, e com o olho aberto, verão esses impasses sempre mais comprovados.

Da frustração, vamos afirmar inicialmente que ela não é a recusa de um objeto de satisfação no sentido puro e simples. Satisfação quer dizer satisfação de uma necessidade, não preciso insistir neste ponto.

Em geral, quando se fala em frustração, utiliza-se a palavra sem examiná-la em perspectiva: temos experiências frustrantes, achamos que elas deixam marcas. Esquecemos simplesmente que, se as coisas fossem assim tão simples, seria preciso ainda explicar por que o desejo, que teria sido assim frustrado, responderia a esta característica que Freud acentua tanto desde o início, e de cujo enigma todo o desenvolvimento de sua obra é feito, justamente, para interrogar: a saber, o fato de que o desejo, no inconsciente, recalcado, é indestrutível.

Esta propriedade é, falando propriamente, inexplicável na simples perspectiva da necessidade. Toda a experiência que podemos ter daquilo que ocorre numa economia animal nos demonstra isso. A frustração de uma necessidade acarreta modificações diversas, mais ou menos suportáveis pelo organismo, mas se existe alguma coisa bem evidente e confirmada pela experiência é que ela não engendra a manutenção do desejo como tal. Ou o indivíduo sucumbe, ou o desejo se modifica, ou declina. Em todos os casos, nenhuma coerência se impõe entre a frustração e a permanência do desejo, até mesmo sua insistência, para empregar o termo que fui levado a pôr em primeiro plano quando falamos do automatismo de repetição.

Freud também nunca fala da frustração. Ele fala da *Versagung*, que se inscreve muito mais adequadamente na noção de denúncia, no sentido em que se diz *denunciar um tratado*, onde se fala da retirada de um engajamento. Isso é tão verdadeiro que se pode mesmo, no caso, situar a *Versagung* na vertente oposta, pois o termo pode querer dizer ao mesmo tempo *promessa* e *ruptura de promessa*. Este é, frequentemente, o caso, nessas palavras precedidas por *ver-*, prefixo tão essencial em alemão, e que ocupa, na escolha de palavras da teoria analítica, um lugar eminente.

Vamos dizer logo, a tríade *frustração-agressão-regressão*, se for assim apresentada, está muito longe de ter o caráter sedutor de significação imediatamente compreensível que se lhe supõe. Basta considerá-la por um instante para perceber que ela não é compreensível em si mesma. Não há razão alguma para que não se apresente uma outra série qualquer. Inteiramente ao acaso, eu lhes diria, *frustração-depressão-contrição*; poderia inventar muitas outras. Trata-se para nós de formular agora a questão das relações entre a frustração e a regressão. Isso nunca foi feito de uma maneira satisfatória. O que foi feito, não digo que seja falso, digo que não é absolutamente satisfatório, porque a própria noção de regressão não está elaborada nesse caso.

A frustração, portanto, não é recusa de um objeto de satisfação. Não é a isso que ela se liga. Quero, nesse sentido, desenvolver diante de vocês um encadeamento tal que possam guardar suas articulações principais a fim de ver se estas servem, e vou me contentar em situar, em seguida, uma série de fórmulas que já foram trabalhadas aqui, estando eu relativamente dispensado, salvo por alusão, de comprová-las.

Vamos nos submeter a essa via que consiste em tomar as coisas no ponto de partida — não digo no desenvolvimento, pois isso não tem o caráter de um desenvolvimento, mas no nível da relação primitiva da criança com sua mãe. Digamos que, originariamente, a frustração — não uma frustração qualquer, mas aquela que é utilizável em nossa dialética — só é pensável como a recusa do dom, na medida em que o dom é símbolo do amor.

Ao dizer isso, não estou dizendo nada que não esteja, com todas as letras, em Freud. O caráter fundamental da relação de amor, com tudo o que esta comporta de elaborado, não em segundo grau, mas em terceiro, não implica somente, diante de si, um objeto, e sim um ser. Isso é dado em muitas passagens de Freud como a relação que está no princípio. O que quer dizer isso? Isso não quer dizer que a criança tenha feito a filosofia do amor, que ela distinga, por exemplo, o amor e o desejo. Isso quer dizer que ela já está totalmente engajada, o que implica a existência da ordem simbólica. Encontramos provas disso na sua conduta. Certas coisas que acontecem só são concebíveis se a ordem simbólica já estiver presente.

Encontramos sempre aqui uma ambiguidade que nasce do fato de termos uma ciência que é uma ciência do sujeito, não uma ciência do indivíduo. Ora, sucumbimos à necessidade de pôr no começo o sujeito, esquecendo que o sujeito como sujeito não é identificável ao indivíduo. Mesmo que o sujeito se destaque, como indivíduo, da ordem que lhe concerne como sujeito, esta ordem nem por isso deixa de existir. Com efeito, a lei das relações intersubjetivas governa profundamente aqueles de quem o indivíduo depende, e portanto vai implicá-lo nesta ordem, esteja ele consciente ou não disso, como indivíduo. Esta é uma tentativa desesperada, e no entanto repetida, de tentar fazer surgir a partir das angústias da criança no escuro a imagem do pai. Faço alusão, aqui, ao que é articulado por um certo Mallet sobre as fobias primitivas. Essa tentativa só pode se fazer graças a barbantes grossos como um braço. A ordem da paternidade existe como tal, quer a criança viva ou não terrores infantis, os quais só vêm assumir seu sentido articulado na relação intersubjetiva pai-criança, que é profundamente organizada simbolicamente, e forma o contexto subjetivo em que a criança desenvolve sua experiência. A experiência da criança é a cada instante tomada e retroativamente remanejada pela relação intersubjetiva em que ela se engaja por uma série de esboços que são esboços apenas na medida em que, justamente, vão se engajar.

Falei do dom. O dom implica todo o ciclo da troca, onde o sujeito se introduz tão primitivamente quanto possam supor. Só existe dom porque existe uma imensa circulação de dons que recobre todo o conjunto intersubjetivo. O dom surge de um mais-além da relação objetal, já que ele supõe atrás de si toda a ordem da troca em que a criança ingressou, e só pode surgir deste mais-além com o caráter que o constitui como propriamente simbólico. Nada é dom se não for constituído pelo ato que, previamente, o anulou ou revogou. É sobre um fundo de revogação que o dom surge, é sobre este fundo, e como signo de amor, inicialmente anulado para ressurgir em seguida como pura presença, que o dom se dá ou não ao apelo.

Direi mais. Falo do apelo porque aí está o primeiro plano, o primeiro tempo, da palavra, mas lembrem-se do que lhes disse no momento em que tratávamos da psicose. Eu lhes dizia que o apelo era essencial à palavra. Estaria errado se ficasse por aí, de vez que a estrutura da palavra implica, no Outro, que o sujeito receba sua própria mensagem sob uma forma invertida. Ainda não estamos nesse nível, mas desde já o apelo não pode ser sustentado isoladamente, como bem nos demonstra a imagem freudiana do menininho com seu *Fort-Da*. Já no nível do apelo, é preciso que exista, à frente, o seu contrário. Chamar vai referenciá-lo. Se o apelo é fundamental, fundador na ordem simbólica, é na medida em que aquilo que é chamado pode ser rejeitado. O apelo já é uma introdução, totalmente engajada na ordem simbólica, à palavra.

O dom se manifesta ao apelo. O apelo se faz escutar quando o objeto não está lá. Quando está lá, o objeto se manifesta essencialmente como sendo apenas signo do dom, isto é, como nada em termos de objeto de satisfação. Ele está lá justamente para ser rejeitado na medida em que é este nada. Este jogo simbólico tem, portanto, um caráter fundamentalmente decepcionante. Aí está a articulação essencial a partir de que a satisfação se situa e assume seu sentido.

Não quero dizer que não haja na criança, por ocasião desse jogo, uma satisfação atribuída ao que seria puro ritmo vital. Digo que toda satisfação posta em causa na frustração advém sobre o fundo do caráter fundamentalmente decepcionante da ordem simbólica. A satisfação aqui não passa de substituto, compensação. A criança anula o que há de decepcionante no jogo simbólico, na captura oral do objeto real de satisfação, no caso, o seio. O que a adormece nessa satisfação é justamente sua decepção, sua frustração, a recusa que, na ocasião, ela experimentou.

A dolorosa dialética do objeto, ao mesmo tempo ali e nunca ali, em que ela se exercita, nos é simbolizada neste exercício genialmente captado por Freud em estado puro, na sua forma isolada. Esta é a base da relação do sujeito com o par presença-ausência, relação com a presença sobre fundo de ausência, e com a ausência na medida em que esta constitui a presença. A criança aniquila, na satisfação, a insaciedade fundamental dessa relação. Ela adormece o jogo na captação oral. Sufoca aquilo que se origina da relação fundamentalmente simbólica.

A partir daí, não é surpreendente para nós que seja justamente no sonho que se manifesta a persistência do desejo no plano simbólico. Enfatizo para vocês nesta ocasião: mesmo o desejo da criança nunca está ligado à pura e simples satisfação natural. Vejam o sonho, pretensamente arquissimples, que é o sonho infantil, aquele, por exemplo, da pequena Anna Freud. Ela diz em sonho: *Framboesa, flan etc.* Todos estes objetos são para ela objetos transcendentes. Eles já entraram, doravante, na ordem simbólica, e tão bem que são todos, justamente, objetos interditos. Nada nos obriga a pensar que a pequena Anna Freud estivesse insaciável naquela noite, muito pelo contrário. O que se mantém no sonho como um desejo, certamente expresso sem disfarce, mas com toda a transposição da ordem simbólica, é o desejo do impossível.

E se vocês ainda pudessem duvidar de que a palavra desempenhe aqui um papel essencial, eu os faria observar que se a pequena Anna Freud não tivesse articulado aquilo em palavras jamais teríamos sabido nada disso.

## 2

Vamos prosseguir a dialética da frustração, e nos perguntar: o que ocorre no momento em que a satisfação da necessidade entra em jogo e substitui a satisfação simbólica?

Pelo simples fato de substituí-la, ela própria sofre uma transformação. Quando o objeto real se torna ele próprio signo na exigência de amor, isto é, na procura simbólica, acarreta imediatamente uma transformação. Qual? Como lhes digo que o objeto real assume então valor de símbolo, poderia lhes dizer que, por isso, ele se torna símbolo, ou quase, mas isso seria apenas um puro e simples passe de mágica. O que assume ênfase e valor simbólico é a atividade, o modo de apreensão, que põe a criança na posse do objeto.

É assim que a oralidade se torna o que é. Sendo um modo instintual da fome, ela é portadora de uma libido que conserva o corpo próprio, mas não é somente isso. Freud se interroga quanto à identidade dessa libido: será a libido da conservação ou a libido sexual? Certamente, ela visa à conservação do indivíduo: ela é de fato o que implica a *destrudo*, mas, precisamente porque entrou na dialética da substituição da exigência de amor pela satisfação, ela é uma atividade erotizada. Ela é libido no sentido próprio, e libido sexual.

Tudo isso não é vã articulação retórica, mas responde, de outra maneira que não pela elisão, a objeções que pessoas certamente não muito sutis — por exemplo, o sr. Charles Blondel, no último número de *Études philosophiques* consagrado ao centenário de Freud — puderam fazer a certas observações analíticas sobre o tema da erotização do seio, por exemplo. Esse autor dizia num de seus artigos, como nos lembra a sra. Favez-Boutonier, *Quero realmente entender tudo, mas o que fazer no caso em que a criança não é alimentada no seio materno, e sim na mamadeira?* É justamente a esta objeção que responde o que acabo de lhes estruturar. A partir de seu ingresso na dialética da frustração, o objeto real não é em si mesmo indiferente, mas não tem necessidade alguma de ser específico. Mesmo que não seja o seio da mãe, nem por isso ele perderá algo do valor de seu lugar na dialética sexual, de onde se origina a erotização da zona oral. Não é o objeto que desempenha, em seu interior, o papel essencial, mas o fato de que a atividade assumiu uma função erotizada no plano do desejo, o qual se ordena na ordem simbólica.

Chamo a atenção de vocês neste ponto para o fato de que isso vai tão longe que é possível que, para desempenhar o mesmo papel, não exista em absoluto objeto real. Trata-se, com efeito, apenas daquilo que dá lugar a uma satisfação substitutiva da saturação simbólica. Apenas isso pode explicar a verdadeira função de um sintoma como o da anorexia mental. Já lhes disse que a anorexia mental não é um *não comer*, mas um *comer nada*. Insisto: isso quer dizer *comer nada*. Nada, isso é justamente algo que existe no plano simbólico. Não é um *nicht essen*, é um *nichts essen*. Este ponto é indispensável para compreender a fenomenologia da anorexia mental. O que está em questão neste detalhe é que a criança come nada, o que é diferente de uma negação da atividade. Esta ausência saboreada como tal, ela a emprega diante daquilo que tem à sua frente, a saber, a mãe de quem depende. Graças a este nada, ela faz a mãe depender dela. Se não compreenderem isso, não poderão compreender nada, não só sobre a anorexia mental, mas também sobre outros sintomas, e irão cometer os maiores erros.

Situei para vocês, portanto, o momento de inversão que nos introduz na dialética simbólica da atividade oral. Outras atividades são apreendidas mais tarde, da mesma maneira, na dialética libidinal. Mas isso não é tudo o que se produz. Inversamente, e dessa maneira, no momento em que se introduz no real a inversão simbólica da atividade substitutiva, a mãe, que até então era o sujeito da exigência simbólica, o simples lugar onde podia se manifestar a presença ou ausência, aquilo que coloca a questão da irrealidade da relação primitiva com a mãe, torna-se um ser real. Com efeito, podendo recusar indefinidamente, ela pode literalmente tudo. Como lhes disse, é no seu nível — e não no nível de não-sei-que hipótese de uma espécie de megalomania, que projeta na criança aquilo que está no espírito do analista —

que aparece pela primeira vez a dimensão da onipotência, a *Wirklichkeit*, que em alemão identifica eficácia e realidade. A eficácia essencial se apresenta em primeiro lugar como a onipotência do ser real de que depende, absoluta e irrecorrivelmente, o dom ou o não-dom.

Estou dizendo a vocês que a mãe é primordialmente toda-poderosa, que não podemos eliminá-la dessa dialética, que esta é uma condição essencial para compreender o que quer que seja. Não estou lhes dizendo, seguindo a sra. Melanie Klein, que a mãe contém tudo. Este é um outro assunto, a que só faço alusão de passagem. O fato de que todos os objetos fantasísticos primitivos se encontrem reunidos no imenso continente do corpo materno, podemos entrever agora como isso é possível. Que isso seja possível, a sra. Melanie Klein nos mostrou de forma genial, mas sempre ficou muito atrapalhada para nos explicar como era possível, e seus adversários não deixaram de argumentar que ela estava sonhando. Naturalmente, ela estava sonhando, e tinha razão em sonhar, pois este fato só é possível mediante uma projeção retroativa de toda a gama de objetos imaginários no seio do corpo materno. Eles estão mesmo ali, com efeito, já que a mãe constitui um campo virtual de aniquilação simbólica, do qual todos os objetos vindouros irão tirar, cada um por sua vez, seu valor simbólico. Tomando simplesmente o sujeito num nível um pouco mais avançado, por exemplo, uma criança por volta dos dois anos de idade, não é de modo algum espantoso que ela ali encontre os objetos reprojetados retroativamente. E podemos dizer num certo sentido que, como tudo o mais, uma vez que estavam prontos a advir ali um dia, eles já estavam ali. Neste ponto, a criança se encontra na presença da onipotência materna.

Já que acabo de fazer uma alusão rápida à posição paranoide, como a sra. Melanie Klein a chama, vou acrescentar que, quanto à posição depressiva que então se esboça em seus dizeres, podemos suspeitar que tenha algo a ver com a relação à onipotência. Esta é uma espécie de aniquilamento, de micromania, que é o contrário da megalomania. Mas vamos evitar avançar muito rápido, porque isso não é autoevidente pelo simples fato de que a mãe, revelada como onipotente, seja real. Para que a onipotência real engendre no sujeito um efeito depressivo, é preciso ainda que ele possa refletir sobre si mesmo e sobre o contraste de sua impotência. A experiência clínica permite situar os arredores do ponto em torno desse sexto mês que Freud destacou, e onde se produz o fenômeno do estádio do espelho.

Vocês vão me objetar que eu ensinei que, no momento em que o sujeito captura a totalidade de seu corpo próprio em sua reflexão especular, onde ele se realiza de certa maneira neste outro total e se apresenta a si mesmo, o que ele experimenta é antes um sentimento de triunfo. Aí está uma reconstrução, que não deixa de ser confirmada pela experiência, e o caráter jubilatório deste encontro não é duvidoso. Mas convém, aqui, não confundir duas coisas.

Existe, por um lado, a experiência do domínio, que vai dar à relação da criança com seu próprio eu um elemento de *splitting* essencial, de distinção de si mesmo, que irá permanecer até o fim. Existe, por outro lado, o encontro com a realidade do mestre. Na medida em que a forma do domínio é dada ao sujeito sob a forma de uma totalidade a ele mesmo alienada, mas estreitamente ligada a ele e na sua dependência, isso é o júbilo, mas as coisas correm de outra maneira quando, uma vez que esta forma lhe foi dada, ele reencontra a realidade do mestre. Assim, o momento de seu triunfo é também o mediador de sua derrota. Quando se encontra em presença desta totalidade sob a forma do corpo materno, ele deve constatar que ela não lhe obedece. Quando a estrutura especular reflexa do estádio do espelho entra em jogo, a onipotência materna só é refletida, então, em posição claramente depressiva, e aí surge o sentimento de impotência da criança.

É aí que pode se inserir aquilo a que eu aludia há pouco, quando lhes falei da anorexia mental. Poderíamos nos apressar um pouco e dizer que o único poder detido pelo sujeito contra a onipotência é dizer "não" no nível da ação, e introduzir aqui a dimensão do negativismo, que não deixa de ter relação com o momento que viso. Todavia, chamo a atenção para o fato que a experiência nos demonstra, e não sem razão, que não é no nível da ação e sob a forma de negativismo que se elabora a resistência à onipotência na relação de dependência, e sim no nível do objeto que nos apareceu sob o signo do nada. É no nível do objeto anulado como simbólico que a criança põe em xeque a sua dependência, e precisamente alimentando-se de nada. É aí que ela inverte sua relação de dependência, fazendo-se, por esse meio, o mestre da onipotência ávida de fazê-la viver, ela que depende da onipotência. A partir daí, é ela quem depende por seu desejo, é ela quem está à sua mercê, à mercê das manifestações de seu capricho, à mercê da onipotência de si mesma.

Portanto precisamos realmente sustentar em nosso espírito que a ordem simbólica é, se assim podemos dizer, o leito necessário à entrada em jogo da primeira relação imaginária, sobre a qual se faz o jogo da projeção e de seu contrário.

Para ilustrar agora em termos psicológicos — mas isso é uma degradação com referência à primeira exposição que lhes acabo de fazer —, a intencionalidade do amor constitui muito precocemente, antes de qualquer mais-além do objeto, uma estruturação fundamentalmente simbólica, que é impossível de conceber, senão formulando que a própria ordem simbólica como tal já está instituída e presente. A experiência nos mostra isso. Como a sra. Susan Isaacs nos fez observar há muito tempo, desde uma idade muito precoce uma criança distingue uma punição de uma sevícia casual. Antes mesmo da palavra, uma criança não reage da mesma maneira a um encontrão e a uma palmada.

Vou deixá-los meditar o que isso implica. Vão me dizer que também o animal é curioso, pelo menos o animal doméstico. Esta objeção é fácil de reverter. Isso prova justamente que o animal pode chegar a um esboço de mais-além que vai colocá-lo em relações de identificação muito particulares com aquele que é seu mestre. Mas, precisamente porque, à diferença do homem, o animal não está inserido, por todo o seu ser, numa ordem de linguagem, isso não gera mais nada nele, senão que seja um bom cãozinho. Resta-lhe chegar a algo tão elaborado como distinguir entre o fato de que lhe deem tapinhas nas costas e o fato de que se lhe apliquem um corretivo.

Já que se trata, por ora, de esclarecer os contornos, talvez vocês tenham visto uma espécie de caderno publicado em dezembro de 1956 como o quarto número do ano do *International Journal of Psycho-Analysis*. Parece que andaram dizendo que haveria alguma coisa de interessante na linguagem, e parece que algumas pessoas foram chamadas a responder à encomenda. O artigo do sr. Loewenstein é marcado por uma prudente distância não desprovida de habilidade que consiste em, depois de ter citado alguns personagens laterais do *Hamlet*, lembrar que o sr. de Saussure ensinou que existe um significante e um significado. Em suma, demonstra-se que se está mais ou menos a par, mas isso permanece absolutamente inarticulado com a nossa experiência, a não ser para sublinhar que é preciso pensar no que se diz. Ao ver o nível de elaboração em que isso se arrasta, perdoo ao autor por não citar meu ensino — estamos muito mais adiantados.

Há também um sr. Charles Rycroft que, em nome dos londrinos, tenta se aprofundar um pouco mais e fazer — o que, em suma, fazemos nós — a teoria analítica das instâncias intrapsíquicas e de suas articulações. Talvez se devesse lembrar, diz o autor, que a teoria da comunicação existe. Assim ele nos recorda que, quando uma criança grita, existe uma situação total que compreende a mãe, o grito, a criança. Por conseguinte, estamos aí em plena teoria da comunicação: a criança chora e a mãe recebe seu choro como um sinal, um sinal da necessidade. Se partíssemos daí, sugere o autor, talvez pudéssemos chegar a reorganizar nossa experiência.

No que estou ensinando a vocês não é absolutamente isso que está em questão. Como mostra o que Freud valoriza na manifestação da criança, o grito de que se trata não é considerado como sinal. Trata-se do choro na medida em que ele convoca sua resposta, que faz apelo, se posso dizê-lo, sobre um fundo de resposta. O grito se produz num estado de coisas onde não apenas a linguagem já está instituída para a criança, mas esta já está imersa num meio de linguagem, e é a título de par de alternância que ela compreende e articula seus primeiros balbucios.

O *Fort-Da* é aqui essencial. O grito que levamos em conta na frustração se insere num mundo sincrônico de gritos organizados em sistema simbólico. Os gritos são, doravante, virtualmente organizados num sistema simbólico. O sujeito humano não é apenas avisado do grito como de algo que, a cada vez, assinala um objeto. É vicioso, falacioso, errôneo formular a questão do signo quando se trata do sistema simbólico. Desde a origem, o grito é feito para que se tome conhecimento dele, até mesmo para que, mais-além, se o relate a um outro. Basta ver a necessidade essencial que a criança tem de receber esses gritos modelados e articulados que se chamam palavras, e o interesse que ela tem no sistema de linguagem em si mesma. O dom-tipo é justamente o dom da palavra, porque, com efeito, o dom aqui é, se posso dizer, igual em seu princípio. Desde a origem, a criança se alimenta tanto de palavras quanto de pão, e perece por palavras. Como diz o Evangelho, o homem não perece apenas pelo que entra na sua boca, mas também pelo que dela sai.

Vocês perceberam bem — mais exatamente, não perceberam, mas insisto em sublinhar isso para encerrar este tema —, o termo regressão pode assumir aqui uma incidência sob a qual não costuma lhes aparecer.

O termo "regressão" é aplicável ao que se passa quando o objeto real, e ao mesmo tempo a atividade feita para captá-lo, vem substituir a exigência simbólica. O fato de que a criança anule sua decepção em sua saciedade e seu assujeitamento ao contato do seio ou de um outro objeto qualquer, isso é o que lhe permitirá ingressar na necessidade do mecanismo, que faz com que a uma frustração simbólica possa sempre suceder a regressão. Aquela abre a porta para esta.

## 3

Trata-se agora de construir a etapa seguinte, e para isso é preciso darmos um *jump*.

Poderíamos nos contentar em observar, mas isso seria artificial, que a partir da abertura dada ao significante pela entrada do imaginário, tudo corre por si. Com efeito, todas as relações com o corpo próprio que se estabelecem por intermédio da relação especular, todas as pertinências do corpo entram em jogo e são transformadas por seu advento no significante. O fato de que os excrementos se tornem, durante um certo tempo, o objeto eletivo do dom não deve certamente nos surpreender, já que é, evidentemente, no material que se oferece a ela em relação a seu próprio corpo que a criança pode encontrar o real feito para alimentar o simbólico. O fato de que a retenção possa se tornar recusa tampouco deve surpreendê-los. Em suma, os refinamentos e a riqueza dos fenômenos que a experiência analítica descobriu no nível do simbolismo anal não são feitos para nos deter por muito tempo.

Se lhes falei em *jump* é porque se trata agora de ver como, na dialética da frustração, se introduz o falo.

Ainda aí, defendam-se das exigências vãs de uma gênese natural. Se quisessem deduzir de uma constituição qualquer dos órgãos genitais o fato de que o falo desempenha um papel prevalente em todo o simbolismo genital jamais o conseguiriam. Iriam entregar-se apenas a contorções como as que espero lhes mostrar detalhadamente, as do sr. Jones, quando tenta fazer um comentário satisfatório da fase fálica tal como Freud a afirmou sem mais nem menos, de forma bruta, e mostrar-nos como se dá que o falo, que ela não tem, possa ter tamanha importância para a mulher. Isso é realmente muito engraçado de se ver.

Na verdade, a questão não está absolutamente aí. A questão é, em primeiro lugar e antes de mais nada, uma questão de fato. É um fato.

Se não descobríssemos nos fenômenos a prevalência, a preeminência do falo em toda a dialética imaginária que preside às aventuras, aos avatares e também aos fracassos e ao esvaecimento do desenvolvimento genital, com efeito, não haveria problema.

Alguns se extenuam afirmando que a criança feminina também deve ter suas pequenas sensações próprias em seu ventre, e que sua experiência é, sem dúvida alguma, e talvez desde a origem, distinta daquela do menino. Isso é evidente, mas a questão não está aí em absoluto, como observa Freud. Se, de acordo com Freud, a mulher tem muito mais dificuldade que o rapaz para fazer entrar a realidade do que acontece no útero ou na vagina numa dialética do desejo que a satisfaça, é, com efeito, porque ela precisa passar por alguma coisa diante da qual se comporta inteiramente diferente do homem, com o qual se relaciona pelo que lhe falta, isto é, o falo. Mas a razão que explica por que a coisa é assim não deve ser deduzida certamente de algo que tenha sua origem numa disposição fisiológica qualquer. Deve-se partir da existência de um falo imaginário.

O falo imaginário é o pivô de toda uma série de fatos que exigem seu postulado. É preciso estudar este labirinto onde o sujeito habitualmente se perde, e pode mesmo vir a ser devorado. O fio para se poder sair é dado pelo fato de que à mãe falta o falo, que é porque ele lhe falta que ela o deseja, e é apenas na medida em que alguma coisa lho proporcione que ela pode ser satisfeita.

Isso pode parecer literalmente estupefaciente. Pois bem, é preciso partir do estupefaciente. A primeira virtude do conhecimento é ser capaz de enfrentar o que não é evidente por si. O fato de que seja a falta, aqui, o desejo principal, talvez fiquemos um pouco preparados para admiti-lo se admitirmos que esta também é a característica da ordem simbólica. Em outras palavras, é na medida em que o falo imaginário desempenha um papel significante principal que a situação se apresenta dessa forma. O significante não é inventado por cada sujeito conforme seu sexo ou suas disposições, ou suas estripulias no nascimento. O significante existe. O fato de que o papel do falo como significante seja subjacente não deixa dúvida, já que foi necessária a análise para descobri-lo, mas nem por isso ele é menos essencial.

Deixemos por um instante o terreno da análise para retomar a questão que expus ao sr. Lévi-Strauss, o autor de *As estruturas elementares do parentesco*. O que disse a ele? O senhor nos dá a dialética da troca das mulheres através das linhagens. Por uma espécie de postulado, creio, o senhor formula que as mulheres são trocadas entre gerações. Tomei uma mulher de uma outra linhagem, devo à geração seguinte ou a uma outra linhagem uma outra mulher. Se isso acontece por casamentos preferenciais com primos cruzados, as coisas circularão muito regularmente em um círculo que não terá razão alguma para se fechar ou se quebrar, mas se é com primos paralelos podem acontecer coisas bastante aborrecidas, pois a troca tende a convergir depois de algum tempo, e provocar quebras e fragmentos. Formulo, pois, a questão: E se o senhor fizesse o círculo das trocas invertendo as coisas, e dizendo que são as linhagens femininas que produzem os homens e que os trocam entre si? Pois, enfim, esta falta de que falamos na mulher, já sabemos que não se trata de uma falta real. O falo, todos sabem que elas podem tê-lo, elas o têm, o falo, e além disso os produzem, elas fazem meninos, falóforos. Por conseguinte, pode-se descrever a troca através das gerações na ordem inversa. Pode-se imaginar um matriarcado cuja lei seria: *Dei um menino, quero receber o homem.*

A resposta de Lévi-Strauss é a seguinte. Pode-se, sem dúvida, do ponto de vista da formalização, descrever as coisas exatamente da mesma maneira tomando um eixo de referência, um sistema de coordenadas simétrico fundado nas mulheres, mas então um bocado de coisas seria inexplicável, e em particular a seguinte. Em todos os casos, mesmo nas sociedades matriarcais, o poder político é androcêntrico. Ele é representado por homens e por linhagens masculinas. As anomalias muito bizarras nas trocas, as modificações, exceções, paradoxos, que aparecem nas leis da troca no nível das estruturas elementares do parentesco são explicáveis somente com relação a uma referência que está fora do jogo do parentesco e que se liga ao contexto político, isto é, à ordem do poder, e muito precisamente à ordem do significante, onde cetro e falo se confundem.

É por razões inscritas na ordem simbólica, transcendendo o desenvolvimento individual, que o fato de ter ou não o falo imaginário e simbolizado assume a importância econômica que tem no nível do Édipo. Isso é o que motiva ao mesmo tempo a importância do complexo de castração e a preeminência das famosas fantasias da mãe fálica, o que cria o problema que vocês conhecem, desde que surgiu no horizonte analítico.

Antes de levá-los à maneira pela qual a dialética do falo se articula, se elabora e se resolve, no nível do Édipo, quero mostrar-lhes que eu também posso ficar por algum tempo nos estágios pré-edipianos, sob a única condição de ser guiado por esse fio condutor que é o papel fundamental da relação simbólica.

No nível de sua função imaginária, no nível da pretensa exigência da mãe fálica, que papel desempenha o falo? Quero aqui mostrar-lhes mais uma vez o quanto a noção de falta de objeto é essencial, bastando que se leiam os bons autores analíticos, dentre os quais situo o sr. Abraham.

Num artigo admirável publicado em 1920 sobre o complexo de castração nas mulheres, ele nos dá, à página 341, o exemplo de uma menininha de dois anos que apanha a caixa de charutos depois do almoço. Ela dá o primeiro ao papai, o segundo à mamãe, que não fuma, e põe o terceiro entre as pernas. Mamãe recolhe toda a panóplia e repõe na caixa. Não é por acaso que a garotinha volta e recomeça, pois isso é bem adequado. Lamento que isso não seja comentado de uma maneira mais articulada. O sr. Abraham admite implicitamente que o terceiro gesto da menina indica que este objeto simbólico lhe falta. Ela manifesta a falta dessa maneira. Mas é sem dúvida também a este título que ela o deu em primeiro lugar àquele a quem não falta, para marcar realmente aquilo em que ela pode desejá-lo, a saber, como a experiência prova, para satisfazer àquela a quem ele falta. Se vocês lerem o artigo de Freud sobre a sexualidade feminina, vão aprender que não é simplesmente de faltar o falo que se trata, no que diz respeito à menina, mas simplesmente de dá-lo à sua mãe, ou dar a esta um equivalente dele, exatamente como se fosse um menino.

Essa história é evocada aqui para introduzi-los ao que é preciso que saibam imaginar: que nada é concebível da fenomenologia das perversões, quero dizer de uma maneira direta, a menos que se parta da ideia de que se trata do falo. Esta é uma ideia muito mais simples do que aquilo que lhes é dado em geral, uma treva de identificação, de reidentificação, de projeções, um tricô de todas as malhas que faz um labirinto onde nos perdemos. Trata-se do falo, e de saber como a criança realiza mais ou menos conscientemente que sua mãe onipotente tem falta, fundamentalmente, de alguma coisa, e é sempre a questão de saber por que via ela vai lhe dar esse objeto faltoso, e que sempre falta a ela mesma.

Não nos esqueçamos: com efeito, o falo do menininho não é muito mais valioso que o da menina. Isso foi visto, naturalmente, pelos bons autores, e o sr. Jones percebeu mesmo assim que a sra. Karen Horney era mais favorável àquele com quem ele estava em conflito, no caso, Freud. O caráter fundamentalmente deficiente do falo do garotinho, até mesmo a vergonha que este pode experimentar dele, e a insuficiência profunda em que pode se sentir, tudo isso ela soube muito bem valorizar, não para tentar preencher a diferença entre o menino e a menina, mas para esclarecer um pelo outro. Devemos lembrar da importância dessa descoberta do menino sobre si próprio para compreender o valor exato de suas tentativas de sedução diante da mãe, de que sempre se fala. Elas são profundamente marcadas pelo conflito narcísico. Este é sempre o caso das primeiras lesões narcísicas, que não passam, ali, de prelúdios, até mesmo de pressupostos, de certos efeitos ulteriores da castração. Afinal de contas, muito mais que da simples pulsão ou agressão sexual, trata-se do fato de que o menino quer se acreditar um macho ou um portador de falo, quando só o é pela metade.

Em outras palavras, em todo o período pré-edipiano em que as perversões se originam, trata-se de um jogo que prossegue, um jogo de passa-anel ou ainda o *bonneteau**, até mesmo nosso jogo de par ou ímpar, onde o falo é fundamental como significante, fundamental neste imaginário da mãe a que se trata de unir, já que o eu da criança repousa sobre a onipotência da mãe. Trata-se de ver onde ele está e onde não está. Ele nunca está realmente ali onde está, e nunca está completamente ausente ali onde não está. Toda a classificação das perversões deve se fundar nesse ponto. Qualquer que seja o valor das contribuições sobre a identificação com a mãe e a identificação com o objeto etc., o essencial é a relação ao falo.

Vamos tomar por exemplo o travestismo. No travestismo, o sujeito põe em causa o seu falo. Esquecemos que o travestismo não é simplesmente um caso de homossexualidade mais ou menos transposta, que não é simplesmente um caso de fetichismo particularizado. É preciso que o fetiche seja portado pelo sujeito. Fenichel, em seu artigo *Psychoanalysis of Transvestism*, publicado no *IJP* nº 2, 1930, acentua muito bem o fato de que aquilo que está sob as vestes femininas é uma mulher. O sujeito se identifica com uma mulher, mas com uma mulher que tem um falo, apenas ela tem um, na medida que oculto.

---

* Jogo em que três cartas são embaralhadas e postas na mesa viradas para baixo, cabendo ao jogador adivinhar onde está uma delas. (N.T.)

O falo deve sempre participar do que o esconde. Vemos aí a importância essencial daquilo a que chamei o véu. É pela existência das roupas que se materializa o objeto. Mesmo quando o objeto real está ali, é preciso que se possa pensar que ele possa não estar, e que seja sempre possível pensar-se que ele está ali, precisamente onde não está.

Do mesmo modo, na homossexualidade masculina, para nos limitarmos a ela hoje, é ainda de seu falo que se trata para o sujeito, mas, coisa curiosa, é do seu na medida em que vai buscá-lo num outro.

Todas as perversões põem sempre em jogo, por algum lado, este objeto significante na medida em que ele é, por sua natureza e por si mesmo, um verdadeiro significante, isto é, algo que não pode em caso algum ser tomado por seu valor aparente. Quando se o apreende, quando se o encontra e se fixa nele definitivamente, como é o caso na perversão das perversões, que chamamos de fetichismo — é ela realmente, que mostra não apenas onde ele de fato está, mas o que ele é —, o objeto é exatamente nada. É uma roupa velha usada, uma roupa que não serve mais. Isso é o que se vê no travestismo: um sapatinho usado. Quando ele aparece, quando se revela realmente, é o fetiche.

A etapa crucial se situa logo antes do Édipo, entre a relação primeira de que eu parti hoje e que fundamentei para vocês, a da frustração primitiva, e o Édipo. Esta é a etapa em que a criança se engaja na dialética intersubjetiva do engodo! Para satisfazer o que não pode ser satisfeito, a saber, esse desejo da mãe que, em seu fundamento, é insaciável, a criança, por qualquer caminho que siga, engaja-se na via de se fazer a si mesma de objeto enganador. Este desejo que não pode ser saciado, trata-se de enganá-lo. Precisamente na medida em que mostra a sua mãe aquilo que não é, constrói-se todo o percurso em torno do qual o eu assume sua estabilidade.

As etapas mais características são sempre marcadas, como Freud mostrou em seu último artigo sobre o *splitting*, pela ambiguidade fundamental do sujeito e do objeto. Na medida em que se faz de objeto para enganar, a criança se vê engajada diante do outro numa posição em que a relação intersubjetiva é inteiramente constituída. Não é simplesmente um engodo imediato, como se produz no reino animal, onde se trata, para aquele que está ornado das cores da exibição, de erigir toda a situação, produzindo-se. Ao contrário, o sujeito supõe no outro o desejo. É um desejo de segundo grau que se trata de satisfazer, e como este é um desejo que não pode ser satisfeito, só se pode enganá-lo.

Esquece-se sempre que o exibicionismo humano não é um exibicionismo como os outros, como o do pintarroxo. É abrir uma calça em dado momento, e voltar a fechá-la. Se não existe calça, falta uma dimensão do exibicionismo.

Reencontramos aqui a possibilidade da regressão. Esta mãe insaciável, insatisfeita, em torno de quem se constrói toda a escalada da criança no caminho do narcisismo, é alguém real, ela está ali e, como todos os seres insaciados, ela procura o que devorar, *quaerens quem devoret*. O que a própria criança encontrou outrora para anular sua insaciedade simbólica, vai reencontrar possivelmente diante de si como uma boca escancarada. A imagem projetada da situação oral, vamos reencontrá-la também no nível da satisfação sexual imaginária. O furo aberto da cabeça da Medusa é uma figura devoradora que a criança encontra como saída possível em sua busca da satisfação da mãe.

Aí está o grande perigo que nos é revelado por suas fantasias, *ser devorado*. Vamos encontrá-lo na origem, e reencontrá-lo nesse desvio, onde nos dá a forma essencial sob a qual se apresenta a fobia.

Reencontramos isso nos temores do pequeno Hans. O caso se apresenta agora em condições talvez um pouco mais esclarecidas. Com o suporte daquilo que acabo de lhes trazer hoje, vocês vão ver melhor as relações entre a fobia e a perversão. Verão melhor também aquilo que lhes indiquei da última vez, como se perfila sobre esse fundo a função do ideal do eu. Eu até diria que o caso do pequeno Hans será melhor interpretado por vocês do que pôde ser feito por Freud, pois existe uma flutuação no relato deste sobre a maneira como se deve identificar o que a criança chama de girafa grande e girafa pequena.

Como disse o sr. Prévert, as girafas grandes são mudas, as girafas pequenas são raras.

Mesmo sendo isso tão mal interpretado na observação, podemos nos aproximar do que está em jogo. Pelo simples fato de que a pequena girafa — apesar dos gritos da grande girafa que é incontestavelmente a mãe —, o pequeno Hans a amassa com os dedos e se senta em cima — isso não fica bastante claro?

27 DE FEVEREIRO DE 1957

# A Estrutura dos Mitos
# Na Observação da Fobia do Pequeno Hans

# XII

# SOBRE O COMPLEXO DE ÉDIPO

*A equação Pênis = Criança.*
*O ideal monogâmico na mulher.*
*O Outro, entre a mãe e o falo.*
*O pai simbólico é impensável.*
*A bigamia masculina.*

| AGENTE | FALTA | OBJETO |
|---|---|---|
| | Castração<br>S | i |
| Mãe simbólica | Frustração<br>I | r |
| | Privação<br>R | s |

Tentamos, da última vez, rearticular a noção de castração, ou pelo menos o uso deste conceito em nossa prática.

Na segunda parte desta lição, situei para vocês o lugar onde se produz a interferência do imaginário nessa relação de frustração, infinitamente mais complexa que o emprego que se faz habitualmente, que une a criança à mãe. Disse-lhes que isso era só de maneira puramente aparente, e pela ordem da exposição nos víamos, assim, progredindo retroativamente, figurando tipos de etapas que se sucederiam numa linha de desenvolvimento. Muito pelo contrário, trata-se sempre de apreender aquilo que, intervindo do exterior em cada etapa, remaneja retroativamente o que foi iniciado na etapa anterior. Isso, pela simples razão de que a criança não está só. Não apenas ela não está só devido a seu meio biológico, mas existe ainda uma esfera muito mais importante, a saber, a esfera legal, a ordem simbólica. São as particularidades da ordem simbólica, frisei de passagem, que dão, por exemplo, sua prevalência a este elemento do imaginário que se chama o falo.

Aí está, pois, aonde chegamos, e para começar a terceira parte de minha exposição, eu os tinha posto no caminho da angústia do pequeno Hans. Desde o início, com efeito, havíamos assinalado como exemplares estes dois objetos, o objeto fetiche e o objeto fóbico.

É no nível do pequeno Hans que vamos tentar articular nossa fala de hoje.

Nossa tentativa não será de rearticular a noção de castração, porque Deus sabe que é articulada intensamente em Freud, de maneira insistente e repetida, mas simplesmente tornar a falar sobre isso, já que, desde que se evita falar dela, o uso do complexo de castração, a referência que dele se pode tomar, tornam-se cada vez mais raros nas observações.

Para abordar hoje a noção de castração, temos que nos encadear na linha de nosso discurso da vez anterior.

## 1

O que está em jogo no fim da fase pré-edipiana, e na borda do Édipo?

Trata-se de que a criança assuma o falo como significante, e de uma maneira que faça dele instrumento da ordem simbólica das trocas, na medida em que ele preside à constituição das linhagens. Trata-se, em suma, de que ela se confronte com esta ordem que fará da função do pai o pivô do drama.

Isso não é tão simples. Pelo menos, já lhes disse o bastante até agora sobre este tema para que, quando lhes digo *isso não é tão simples*, algo responda em vocês: com efeito, o pai, *isso não é tão simples*. O pai, sua existência no plano simbólico, no significante *pai*, com tudo o que este termo comporta de profundamente problemático, como foi que tal função veio ao centro da organização simbólica?

Isso permite pensar que teremos algumas questões a nos formular quanto aos três aspectos da função paterna. Com efeito, aprendemos, desde o primeiro ano de nossos seminários, a distinguir a incidência paterna no conflito, sob o tríplice aspecto do pai simbólico, do pai imaginário e do pai real. Vimos, em particular, que era impossível orientar-se no caso do Homem dos Lobos, cujo exame ocupou a segunda parte do ano, sem essa distinção essencial.

Vamos tentar abordar, do ponto a que chegamos, a introdução da criança no Édipo, que se propõe a nós na ordem cronológica.

Deixamos a criança na posição de engodo em que ela se insinua junto à mãe. Este não é, como eu lhes disse, um simples logro em que ela estaria completamente implicada, no sentido etológico. No jogo da exibição sexual, podemos — nós que estamos de fora — perceber elementos imaginários, aparências que cativam o parceiro. Não sabemos até que ponto os sujeitos utilizam isso como um engodo, ainda que saibamos que poderíamos fazê-lo ocasionalmente, por exemplo, apresentando ao desejo do simples adversário um simples brasão. O engodo de que se trata aqui é bastante manifesto nas ações e mesmo nas atividades que observamos no menino, e, por exemplo, em suas atividades sedutoras com relação à mãe. Quando ele se exibe, não é pura e simples mostração, é mostração de si mesmo, por si mesmo, à mãe, que existe como um terceiro. Ao que se acrescenta aquilo que surge por trás da mãe, a boa fé, na qual a mãe pode ser capturada, se assim podemos dizer. Isso já constitui toda uma trindade, até mesmo uma quaternidade intra-subjetiva que ali se esboça.

O que está em questão, afinal, no Édipo? Trata-se de que o sujeito seja ele mesmo capturado neste engodo, de tal forma que se veja engajado na ordem existente, que é de uma dimensão diferente daquela do engodo psicológico por onde ele entrou e onde o deixamos.

Se a teoria analítica atribui ao Édipo uma função normativa, vamos lembrar que nossa experiência nos ensina que não basta que esta conduza o sujeito a uma escolha objetal, mas é preciso ainda que esta escolha de objeto seja heterossexual. Nossa experiência nos ensina também que não basta ser heterossexual para sê-lo conforme as regras, e que existem todas as espécies de formas de heterossexualidade aparente. A relação francamente heterossexual pode ocultar, ocasionalmente, uma atipia posicional que a investigação analítica vai nos mostrar ser derivada, por exemplo, de uma posição francamente homossexualizada. Portanto, não basta que o sujeito, depois do Édipo, alcance a heterossexualidade, é preciso que o sujeito, moça ou rapaz, chegue a ela de forma tal que se situe corretamente com referência à função do pai. Aí está o centro de toda a problemática do Édipo.

Já o indicamos, através de nossa maneira de abordar este ano a relação de objeto, e Freud o articula expressamente em seu artigo de 1931 sobre a sexualidade feminina: tomada do ponto de vista pré-edipiano, a problemática da mulher é muito mais simples. Se ela aparece muito mais complicada em Freud, isso se liga à ordem da descoberta. Freud, com efeito, descobriu o Édipo antes daquilo que é pré-edipiano, e como poderia ser de outro modo? Só podemos falar da maior simplicidade da posição feminina no nível do desenvolvimento que qualificamos como pré-edipiano porque sabemos, desde antes, que devemos atingir a estrutura complexa do Édipo.

Poderíamos dizer que o falo, a menina o tem mais ou menos situado, ou aproximado, no imaginário onde ele se encontra, no mais-além da mãe, através da descoberta progressiva feita por ela da insatisfação fundamental experimentada pela mãe na relação mãe-criança. Trata-se então, para ela, de deslizamento deste falo do imaginário para o real. É isso mesmo que Freud nos explica quando nos fala da nostalgia do falo originário que começa a se produzir na menina no nível imaginário, na referência especular ao semelhante, outra menina ou menino, e nos diz que a criança será o substituto do falo.

Aqui está uma forma um pouco abreviada do que ocorre no fenômeno observado. Vejam a posição, tal como a desenho: aqui, o imaginário, isto é, o desejo do falo na mãe; ali, a criança, nosso centro, que tem que descobrir esse mais-além, a falta no objeto materno. Esta é, ao menos, uma das saídas possíveis: a partir do momento em que a criança consegue saturar a situação e dela sair, concebendo-a como possível, a situação gira em torno dela.

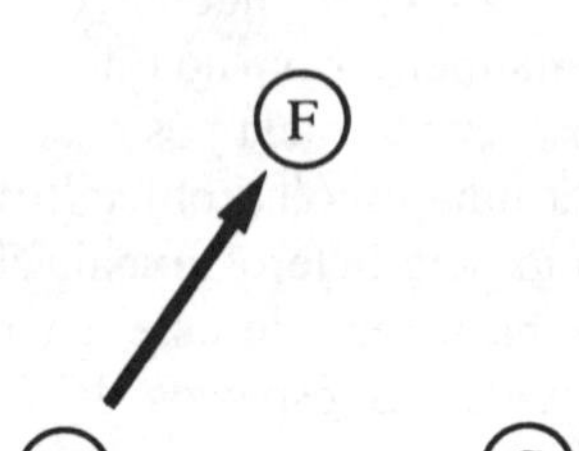


A NOSTALGIA DO FALO

O que encontramos efetivamente na fantasia da menina, e também na do menino? Na medida em que a situação gira em torno da criança, a menina encontra, então, o pênis real ali onde ele está, mais além, naquele que pode lhe dar a criança, a saber, nos diz Freud, no pai. É na medida em que ela não o tem como pertence, é mesmo na medida em que renuncia a ele, claramente, nesse plano, que ela poderá tê-lo como dom do pai. Eis por que é pela relação ao falo que a menina, nos diz Freud, entra no Édipo, e, como veem, de uma maneira simples. O falo, em seguida, só terá de deslizar do imaginário para o real por uma espécie de equivalência — é este mesmo o termo que Freud emprega em seu artigo de 1925 sobre a distinção anatômica entre os sexos — *Nun aber gleitet die Libido des Mädchens — man kann nur sagen: längs der vorgezeichneten symbolischen Gleichung Penis = Kind.* A menina já está, assim, suficientemente introduzida no Édipo.

Não digo que não possa haver muito mais aí, e com isso todas as anomalias que se possam produzir no desenvolvimento da sexualidade feminina, mas existe, doravante, fixação no pai como portador do pênis real, como aquele que pode dar realmente a criança, e isso já é consistente o bastante para ela, para que se possa dizer, afinal, que o Édipo, como caminho de integração na posição heterossexual típica, é muito mais simples para a mulher, mesmo que este Édipo traga por si mesmo todos os tipos de complicações, até mesmo de impasses no desenvolvimento da sexualidade feminina.

Essa maior simplicidade não deve evidentemente nos espantar, na medida em que o Édipo é essencialmente androcêntrico ou patrocêntrico. Essa dissimetria evoca todos os tipos de considerações quase históricas, que podem nos fazer perceber a razão dessa prevalência no plano sociológico, etnográfico. A descoberta freudiana, que permite analisar a experiência subjetiva, nos mostra a mulher numa posição que é, se podemos dizê-lo — já que falei de ordenamento, de ordem, ou de ordenação simbólica — subordinada. O pai é para ela, inicialmente, objeto de seu amor — isto é, objeto do sentimento que se dirige ao elemento de falta no objeto, na medida em que é pela via desta falta que ela foi conduzida a esse objeto que é o pai. Esse objeto de amor se torna em seguida aquele que dá o objeto de satisfação, o objeto da relação natural de procriação. A partir daí, só é preciso que ela tenha um pouco de paciência para que o pai venha enfim ser substituído por aquele que irá preencher exatamente o mesmo papel, o papel do pai, dando-lhe, efetivamente, uma criança.

Isso comporta um traço a que voltaremos, e que dá seu estilo particular ao desenvolvimento do supereu feminino. Existe nela uma espécie de balança entre a renúncia ao falo e a prevalência da relação narcísica, cuja importância no desenvolvimento da mulher um Hanns Sachs viu muito bem. Com efeito, feita esta renúncia, o falo é abjurado por ela como pertence, e torna-se propriedade daquele a quem, desde então, se liga o seu amor, o pai, cuja criança ela efetivamente espera. Esta espera daquilo que, a partir de então, constitui para ela apenas o que lhe deve ser dado, vai colocá-la numa dependência muito particular, que faz nascer paradoxalmente, em dado momento, como observaram os autores, fixações propriamente narcísicas. Ela é, de fato, o ser mais intolerante a uma certa frustração. Talvez voltemos a isso mais tarde, quando tornarmos a falar do ideal monogâmico na mulher.

A simples redução da situação à identificação entre o objeto de amor e o objeto que dá satisfação explica também, aliás, o lado especialmente fixado, até mesmo precocemente estagnado, do desenvolvimento da mulher com relação ao desenvolvimento que se pode qualificar de normal. Em certos momentos de seus escritos, Freud assume um tom singularmente misógino para se queixar amargamente da grande dificuldade que existe, ao menos para certos sujeitos femininos, em mobilizá-las, fazê-las sair de uma espécie de moral, como ele diz, *de sopa com bolinhos*, que comporta exigências muito imperiosas quanto às satisfações a usufruir, por exemplo, da própria análise.

Só faço aqui indicar um certo número de abordagens. Voltaremos ao desenvolvimento introduzido por Freud a propósito da sexualidade feminina, pois é do menino que queremos tratar hoje.

No caso do menino, a função do Édipo parece muito mais claramente destinada a permitir a identificação do sujeito com o seu próprio sexo, que se produz, em suma, na relação ideal, imaginária, com o pai. Mas não é este o verdadeiro objetivo do Édipo, que é a justa situação do sujeito com referência à função do pai, isto é, que ele próprio aceda um dia a essa posição tão problemática e paradoxal de ser um pai. Ora, este acesso apresenta inversamente uma montanha de dificuldades.

Não é porque não se tenha visto essa montanha que as pessoas se interessam cada vez menos pelo Édipo, é justamente por tê-la visto que preferem virar-lhe as costas.

Toda a interrogação freudiana — não apenas na doutrina, mas na experiência do próprio sujeito Freud, que encontramos retraçada através das confidências que ele nos faz, de seus sonhos, do progresso de seu pensamento, de tudo o que sabemos agora sobre sua vida, seus hábitos, e até mesmo suas atitudes no interior de sua família que o sr. Jones nos relata de uma maneira mais ou menos completa, mas correta — toda a interrogação freudiana se resume no seguinte: *O que é ser um pai?*

Este foi para ele o problema central, o ponto fecundo a partir do qual toda sua pesquisa realmente se orientou.

Observem que, se este é um problema para cada neurótico, é também um problema para cada não-neurótico no decorrer de sua experiência infantil. O que é um pai? Essa pergunta é uma maneira de abordar o problema de significante do pai, mas não nos esqueçamos de que também está em jogo que os sujeitos, ao fim de contas, se tornam pais. Formular a questão *o que é um pai?* é algo diverso de ser-se um pai, aceder à posição paterna. Vamos examinar isso de perto. Se é fato que, para cada homem, o acesso à posição paterna é uma busca, não é impensável dizer que, finalmente, ninguém jamais o foi por completo.

Na dialética supomos, e é preciso partir desta suposição, que existe em algum lugar alguém que pode assegurar plenamente a posição do pai, alguém que pode responder: *Eu o sou, pai.* Esta suposição é essencial para todo o progresso da dialética edipiana, mas isso não resolve de modo algum a questão de saber qual é a posição particular, intersubjetiva, daquele que, para os outros, e especialmente para a criança, preenche esse papel.

Vamos, pois, tornar a partir do pequeno Hans.

## 2

É muito vasta a observação do pequeno Hans. Se, das *Cinco psicanálises*, esta foi a que deixei por último no trabalho de comentário que desenvolvo, não foi por acaso.

As primeiras páginas do texto estão, muito precisamente, no nível em que eu os havia deixado da última vez, e não é sem razão que Freud nos apresenta as coisas nessa ordem. A primeira questão é a do *Wiwimacher*, que se traduziu em francês por *fait-pipi*, "faz-pipi". Seguindo Freud à letra, as questões expostas pelo pequeno Hans concernem, não simplesmente ao seu faz-pipi, mas aos faz-pipi dos seres vivos, e em especial o das pessoas maiores que ele.

Vocês já viram as observações pertinentes que se pode fazer no que diz respeito à ordem das questões levantadas por uma criança. Na ordem, é à sua mãe, em primeiro lugar, que ele formula a pergunta: *Você também tem um faz-pipi?* Voltaremos a falar sobre o que a mãe lhe responde. Hans deixa escapar então: *Sim, eu só estava pensando...*, isto é, ele está, justamente, tramando uma porção de coisas. Repete em seguida a pergunta ao pai, depois se diverte por ter visto o faz-pipi do leão, o que não é em absoluto por acaso, e a partir daí, isto é, antes do surgimento da fobia, ele marca claramente que, se sua mãe tem um faz-pipi, como esta lhe afirma com certa impudência, em sua opinião isso ficaria à mostra. Uma noite, com efeito, pouco tempo depois dessa interrogação, ele vai vigiá-la enquanto se despe, observando-lhe que, se ela tivesse um, deveria ser tão grande quanto o de um cavalo.

A palavra *Vergleichung* é traduzida em francês por *comparaison*, comparação. O termo *péréquation* ("equiparação") quase nos parece melhor, senão na tradição estrita, pelo menos na economia. Na perspectiva falicista imaginária onde deixamos o sujeito da última vez, trata-se com efeito de um esforço de equiparação entre uma espécie de objeto absoluto, o falo, e sua colocação à prova do real. Não se trata de um tudo ou nada. Até ali o sujeito jogava o jogo do *bonneteau*, brincava de esconder, o falo nunca estava ali onde se o procura, nunca ali onde se o encontra. Agora, trata-se de saber onde ele está, realmente.

Até então, a criança era aquela que fazia de conta, ou que brincava de fazer de conta. Não é à toa que, um pouco mais adiante na observação, vamos ver — como observam Freud e os pais — que o primeiro sonho em que intervém um elemento de deformação, um deslocamento, põe em cena um jogo de prendas. Se estão lembrados da dialética imaginária, tal como a abordei por ocasião das primeiras lições, ficarão surpresos ao ver que ela está inteiramente ali, atuando na superfície, na etapa pré-fóbica do desenvolvimento do pequeno Hans. Tudo está ali, inclusive, e até mesmo, os filhos fantasísticos. Logo em seguida ao nascimento de sua irmãzinha, ele adota de repente uma porção de meninas imaginárias com as quais faz tudo o que se pode fazer com crianças. O jogo imaginário está realmente completo, quase sem intenção. Trata-se de toda a distância a percorrer, que separa aquele que faz semblante daquele que sabe que tem a potência.

O que revela esta primeira abordagem por Hans da relação edipiana? O que se desempenha no ato de comparação não nos faz sair do plano imaginário. O jogo continua no plano do engodo. A criança apenas acrescentou a suas dimensões o modelo materno, a imagem maior, mas que permanece essencialmente homogênea. Se é assim que se engaja para ela a dialética do Édipo, ela estará sempre lidando, afinal de contas, apenas com um duplo de si mesmo, um duplo aumentado. A introdução, perfeitamente concebível, da imagem materna sob a forma ideal do eu nos deixa na dialética imaginária, especular, da relação do sujeito com o pequeno outro. Sua sanção não nos tira deste *ou ... ou, ou ele ou eu*, que ali fica ligado à primeira dialética simbólica, aquela da presença ou ausência. Não saímos do jogo de par ou ímpar, não saímos do plano do engodo. O que resulta disso?

Disso sabemos pelo aspecto tanto teórico quanto exemplar: vemos sair disso, unicamente, o sintoma, a manifestação da angústia, nos diz Freud.

Este sublinha desde o começo da observação que convém separar corretamente a angústia da fobia. Se existem aí duas coisas que se sucedem, não é sem razão: uma vem em socorro da outra, o objeto fóbico vem preencher sua função sobre o fundo da angústia. Mas no plano imaginário nada permite conceber o salto que faça a criança sair de seu jogo de tapeação diante da mãe. Alguém que é tudo ou nada, aquele que é suficiente ou não é suficiente — com certeza, pelo simples fato da questão ser formulada, ficamos no plano da insuficiência fundamental.

Aí está o esquema primeiro, vulgar, da entrada no complexo de Édipo: a rivalidade quase fraterna com o pai. Somos levados aqui a fazer nuanças, muito mais do que o que se articula comumente. Com efeito, a agressividade em questão é do tipo daquelas que entram em jogo na relação especular, onde o *eu ou o outro* é sempre a mola fundamental. Por outro lado, a fixação na mãe, tornada objeto real depois das primeiras frustrações, permanece inalterada. É devido a esta etapa, ou, mais exatamente, a esse vivido central essencial do Édipo no plano imaginário, que este complexo se expande em todas as suas consequências neurotizantes, que encontramos em mil aspectos da realidade analítica.

É desse modo em particular que vemos introduzir-se um dos principais termos da experiência freudiana, essa degradação da vida amorosa a que Freud consagrou um estudo especial. Devido ao apego permanente do sujeito a este primitivo objeto real que é a mãe enquanto frustrante, todo objeto feminino será para ele não mais que um objeto desvalorizado, um substituto, um modo quebrado, refratado, sempre parcial, com referência ao objeto primeiro materno. Vamos ver, um pouco mais tarde, o que convém pensar disso.

Não vamos nos esquecer, no entanto, que se o complexo de Édipo pode ter consequências perduráveis ligadas ao impulso imaginário que ele faz intervir, isso não é tudo. Normalmente, e isso desde o começo da doutrina freudiana, está na natureza do complexo de Édipo a sua resolução. Quando Freud nos fala sobre isso, diz-nos que, com certeza, a superação da hostilidade ao pai pode ser legitimamente ligada a um recalque. Mas na mesma frase ele faz questão de sublinhar que esta é mais uma ocasião para se constatar que a noção de recalque se aplica sempre a uma articulação particular da história, e não a uma relação permanente. Ele admite que, por extensão, aplica-se aqui o termo recalque, mas entendam bem que o declínio do complexo de Édipo, sua anulação e sua destruição, que se produz normalmente entre as idades de cinco anos e cinco anos e meio, é algo diverso do que descrevemos até agora, algo diferente do apagamento ou atenuação imaginária de uma relação basicamente, em si mesma, perdurável. Existe crise, existe resolução. E este acontecimento deixa atrás de si um resultado, que é a formação de alguma coisa de particular e de datado no inconsciente, a saber, o supereu.

Em suma, somos confrontados aqui com a necessidade de fazer surgir algo de original e de novo, e que tenha sua resolução própria na relação edipiana. Para vê-lo, basta utilizar nosso esquema habitual.

No ponto a que chegamos da última vez, a criança oferece à mãe o objeto imaginário do falo, para proporcionar-lhe sua satisfação completa, e isso, sob a forma de engodo. Ora, o exibicionismo do menino diante da mãe só pode ter sentido fazendo intervir junto à mãe o grande Outro, que é, de certa forma, sua testemunha, aquele que vê o conjunto da situação. Sua presença está implicada simplesmente pelo fato da apresentação, até mesmo da oferenda feita pelo menino à mãe. Para que o Édipo exista, é evidentemente no nível do Outro que ele deve produzir a presença de um termo que, até então, não estava em jogo, a saber, alguém que, sempre e em qualquer circunstância, é capaz de jogar e de ganhar.

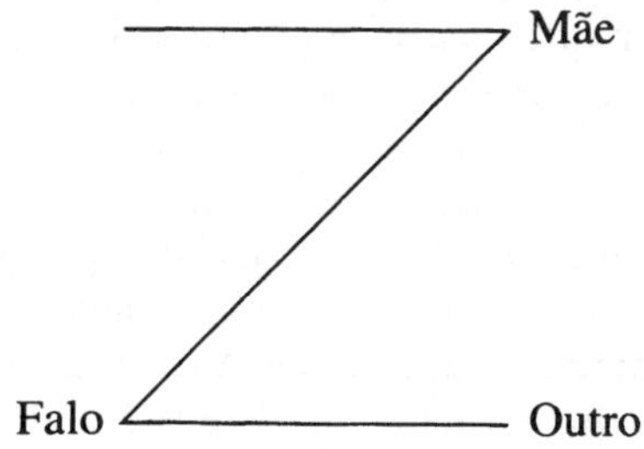


A PRESENÇA DO OUTRO

O esquema do jogo de prendas, encontramos seus rastros aos milhares nas observações, na atividade da criança, e vamos encontrá-lo sob mil formas no caso do pequeno Hans. Vamos encontrá-lo, por exemplo, em sua maneira de subitamente se isolar no escuro de um pequeno banheiro, aquele mesmo que se torna o seu próprio, quando até aquele momento ele usava o de todos. Há um momento em que tudo oscila, e onde se dá a passagem que acrescenta ao jogo a dimensão esperada, o plano da relação simbólica. O que até então não passava desta convocação e dessa evocação de que lhes falei da última vez, que caracteriza a mãe simbólica, torna-se a noção de que, no nível do grande Outro, existe alguém que pode responder em qualquer situação, e que responde que, em todo caso, o falo, o verdadeiro, o pênis real, é ele quem o tem. É ele que tem o trunfo maior, e sabe disso. Ele se introduz na ordem simbólica como um elemento real, inverso da primeira posição da mãe, simbolizada no real por sua presença e sua ausência.

Até então, o objeto ao mesmo tempo estava e não estava lá. Era desse ponto que o sujeito havia partido com referência a qualquer objeto, a saber, que um objeto estava ao mesmo tempo presente e ausente, e que sempre se podia jogar com a presença ou a ausência de um objeto. A partir desse momento de virada, o objeto não é mais o objeto imaginário com o qual o sujeito pode tapear, mas o objeto sobre o qual um Outro é sempre capaz de mostrar que o sujeito não o tem, ou o tem de forma insuficiente. Se a castração exerce esse papel essencial para toda a continuação do desenvolvimento, é porque ela é necessária à assunção do falo materno como um objeto simbólico. Somente a partir do fato de que, na experiência edipiana essencial, ela está privada do objeto por aquele que o tem, que sabe que o tem, que o tem em todas as ocasiões, é que a criança pode conceber que este mesmo objeto simbólico lhe será dado um dia.

Em outras palavras, a assunção do próprio signo da posição viril, da heterossexualidade masculina, implica a castração no seu ponto de partida. Isso é o que nos ensina a noção freudiana do Édipo. Precisamente porque o macho, ao contrário da posição feminina, possui perfeitamente um apêndice natural, detém o pênis como pertence, é preciso que ele o obtenha de algum outro, nessa relação com aquilo que é o real no simbólico: aquele que é realmente o pai. E é por isso que ninguém pode dizer, finalmente, o que é realmente ser pai, a não ser que isso seja algo, justamente, que já se encontra ali no jogo. É o jogo jogado com o pai, jogo de *quem perde ganha*, se assim posso dizer, que por si só permite à criança conquistar o caminho por onde nela será depositada a primeira inscrição da lei.

### 3

O que se torna o sujeito, no drama em que se encontra?

Como nos descreve a dialética freudiana, trata-se de um pequeno criminoso. É pela via do crime imaginário que ele entra na ordem da lei. Mas ele só pode entrar nessa ordem da lei se, ao menos por um instante, tiver diante de si um parceiro real, alguém que trouxe efetivamente ao nível do Outro algo que não é simplesmente convocação e evocação, par de presença e ausência, elemento fundamentalmente aniquilador do simbólico — alguém que lhe responde.

Ora, se as coisas podem ser expressas assim no plano do drama imaginário, é no nível do jogo imaginário que essa experiência deve ser feita. Não é sem razão que a dimensão exigida da alteridade absoluta, daquele que tem simplesmente a potência e que responde a ela, não intervém em nenhum diálogo particular. Ela é encarnada em personagens reais, mas esses personagens reais são, eles próprios, sempre dependentes de alguma coisa que se apresenta, afinal de contas, como um eterno álibi. O único que poderia responder absolutamente à posição do pai, na medida em que é o pai simbólico, é aquele que poderia dizer, como o Deus do monoteísmo: *Eu sou aquele que sou*. Mas esta frase, que encontramos no texto sagrado, não pode ser literalmente pronunciada por ninguém.

Vocês então vão me dizer: *O senhor nos ensinou que a mensagem que recebemos é a nossa própria sob uma forma invertida, portanto, tudo vai se resolver pelo* Tu és aquele que és. Não acreditem em nada disso, pois, para dizer isso a quem quer que seja, quem sou eu? Em outras palavras, o que lhes quero indicar aqui é que o pai simbólico é, falando propriamente, impensável.

O pai simbólico não está em parte alguma. Ele não intervém em parte alguma.

A prova disso se encontra na própria obra de Freud. Foi preciso um espírito tão ligado, quanto o de Freud, às exigências do pensamento científico e positivo para fazer essa construção à qual Jones nos confia que ele se apegava mais que a toda sua obra. Ele não a colocava em primeiro plano, pois sua obra principal, a única — isso ele escreveu, afirmou e jamais desmentiu —, é a *Interpretação dos sonhos*, mas a que lhe era mais cara, com um êxito que lhe parecia uma performance, é *Totem e tabu*, que nada mais é que um mito moderno, um mito construído para explicar o que permanecia em hiância em sua doutrina, a saber: *Onde está o pai?*

Basta ler *Totem e tabu*, mantendo simplesmente o olho aberto, para perceber que, se isso não é o que lhes digo, ou seja, um mito, é inteiramente absurdo. *Totem e tabu* é feito para nos dizer que, para que os pais subsistam, é preciso que o verdadeiro pai, o pai singular, o pai único, esteja antes do surgimento da história, e que seja o pai morto. Mais, ainda: que seja o pai assassinado. E, realmente, como isso poderia ser pensado fora do valor mítico? Pois, que eu saiba, o pai em questão não é concebido por Freud, nem por ninguém, como um ser imortal. Por que é preciso que os filhos tenham, de certa forma, antecipado sua morte? E tudo isso, com que fim? Para, afinal de contas, interditarem a si mesmos o que se tratava de arrebatar a ele. Não o mataram senão para mostrar que ele é incapaz de ser morto.

A essência do principal drama introduzido por Freud repousa sobre uma noção estritamente mítica, na medida em que ela é a própria categorização de uma forma do impossível, até mesmo do impensável, a saber, a eternização de um só pai na origem, cujas características consistem em ter sido morto. E por que, senão para conservá-lo? Chamo a atenção de vocês, de passagem, para o fato de que em francês, e em algumas outras línguas, entre as quais o alemão, *tuer*, matar, vem do latim *tutare*, que quer dizer *conservar*.

Este pai mítico, que nos mostra com que tipo de dificuldades Freud estava lidando, mostra-nos ao mesmo tempo o que ele visava de fato na noção do pai. Isso é algo que não intervém em momento algum da dialética, senão por intermédio do pai real, que vem, num momento qualquer, preencher esse papel e função, e permite vivificar a relação imaginária e dar a esta sua nova dimensão. Ele sai do puro jogo especular do *ou eu ou o outro* para dar sua encarnação a essa frase, sobre a qual dissemos há pouco que era impronunciável, *tu és aquele que tu és*. Se me permitem o trocadilho e a ambiguidade que já utilizei no momento em que estudávamos a estrutura paranoica do presidente Schreber, não é *tu es celui que tu es* (tu és aquele que tu és), mas *tu es celui qui tuais* (tu és aquele que matava).

O fim do complexo de Édipo é correlativo da instauração da lei como recalcada no inconsciente, mas permanente. É nessa medida que existe algo que responde no simbólico. A lei não é simplesmente, com efeito, aquilo sobre o que nos perguntamos por que, afinal, a comunidade dos homens nela é introduzida e implicada. Ela também está baseada no real, sob a forma desse núcleo deixado atrás de si pelo complexo de Édipo, que a análise mostrou, de uma vez por todas, ser a forma real sob a qual se inscreve aquilo que os filósofos até então nos haviam mostrado com maior ou menor ambiguidade, como a densidade, o núcleo permanente da consciência moral — que sabemos se encarnar em cada sujeito sob as formas mais diversas, mais extravagantes, mais caricatas — que se chama o supereu.

Se isso assume tal forma é porque sua introdução no nível do *Es* como um elemento homogêneo aos outros elementos libidinais participa sempre de algum acidente. Nunca se sabe, com efeito, em que momento do jogo imaginário a passagem se fez, nem quem esteve ali para responder.

Este supereu tirânico, fundamentalmente paradoxal e contingente, representa por si só, mesmo entre os não neuróticos, o significante que marca, imprime, impõe o selo no homem de sua relação ao significante. Há no homem um significante que marca sua relação ao significante, e a isso se chama o supereu. Existem, mesmo, muito mais que um deles, e a isso se chama os sintomas.

É com esta chave, e apenas com ela, que vocês podem compreender o que está em jogo quando o pequeno Hans fomenta a sua fobia. O que caracteriza esta observação, e penso poder demonstrá-lo a vocês, é que, apesar de todo o amor do pai, toda a sua gentileza, toda a sua inteligência graças à qual temos a observação, não existe pai real.

Toda a sequência do jogo prossegue no engodo, no final insuportável, angustiante, intolerável, da relação do pequeno Hans com sua mãe, de onde não se sai. Ele ou ela, um ou outro, sem que jamais se saiba qual, é o falóforo ou a falófora, a grande ou a pequena girafa.

Apesar das ambiguidades de apreciação feitas pelos diversos autores que abordam este caso, fica claro que a pequena girafa deve se situar como pertence materno, em torno do que gira a questão de saber quem tem e quem terá. É uma espécie de sonho acordado o que faz o pequeno Hans, e apesar dos grandes gritos soltados por sua mãe, este sonho o faz possuidor do risco, e ele está ali para nos sublinhar o mecanismo da maneira mais imajada.

Gostaria de acrescentar aqui algumas considerações que lhes vão permitir se habituar ao manejo estrito da categoria da castração tal como estou tentando articulá-la para vocês.

A perspectiva que lhes trago permite situar, cada um em seu plano e em suas relações recíprocas, o jogo imaginário do ideal do eu com referência à intervenção sancionadora da castração, graças a que os elementos imaginários assumem sua estabilidade no simbólico, onde se fixa sua constelação. Quem ousaria, nessa perspectiva, recorrer à noção de uma relação de objeto concebida antecipadamente como harmoniosa e uniforme? Como se, por algum concurso da natureza e da lei, idealmente e de maneira constante, todos devessem cada um encontrar a sua, para a máxima satisfação do casal, sem mesmo se deter por um instante na questão de saber o que o conjunto da comunidade poderia pensar disso.

Se, ao contrário, soubermos distinguir entre a ordem e a lei das harmonias imaginárias, até mesmo a própria posição da relação amorosa, e se é verdade que a castração é a crise essencial por onde todo sujeito se introduz, se habilita a ser, se posso dizê-lo, edipianizado de pleno direito, vamos concluir daí que é perfeitamente natural — mesmo no nível das estruturas complexas, até mesmo inteiramente livres, do parentesco, como aquelas em que vivemos, e não somente nas estruturas elementares — expor, ao menos no limite, a fórmula pela qual toda mulher que não é permitida é interditada pela lei. Esta fórmula repercute o eco muito claro de que todo casamento, e não simplesmente entre os neuróticos, porta em si a castração. Se uma civilização que é aquela em que vivemos viu florescer o ideal, a confusão ideal entre o amor e o *conjugo* é na medida em que ela pôs em primeiro plano o casamento como fruto simbólico do consentimento mútuo, isto é, levou tão longe a liberdade das uniões que esta confina sempre com o incesto.

Basta, aliás, refletir um pouco na própria função das leis primitivas da aliança e do parentesco, para perceber que toda conjunção, qualquer que seja, mesmo instantânea, de escolha individual no interior da lei, toda conjunção do amor e da lei, mesmo que seja um ponto de cruzamento necessário de união entre os seres, participa do incesto. Segue-se que, afinal de contas, se a doutrina freudiana atribui à fixação durável na mãe os fracassos, até mesmo as degradações da vida amorosa, e vê em sua permanência uma coisa qualquer que marca por uma tara original o ideal que seria desejado da união monogâmica, não se deve crer, todavia, que exista uma nova forma de um *ou ... ou*, mostrando que se o incesto não se produz ali onde o desejamos, isto é, no atual, ou nos lares perfeitos, como se diz, é justamente porque ele se produziu em outro lugar. Em ambos os casos, é realmente de incesto que se trata. Em outras palavras, existe aí algo que porta em si seu limite, uma duplicidade fundamental, uma ambiguidade sempre pronta a renascer.

É isso que nos permite afirmar, em conformidade com a experiência, que se o ideal da união conjugal é monogâmico na mulher pelas razões que dissemos no início, a saber, que ela quer o falo apenas para si, não é de surpreender — esta é nossa única vantagem — que o esquema inicial da relação da criança com a mãe tenda sempre a se reproduzir do lado do homem. E na medida em que a união típica, normativa, legal é sempre marcada pela castração, ela tende a reproduzir nele a divisão, o *split*, que o faz fundamentalmente bígamo. Não digo *polígamo*, contrariamente ao que se acredita, ainda que, naturalmente, a partir do momento em que o dois é introduzido, não há mais razão para se limitar o jogo no palácio das miragens. Mas é para além daquilo a que o pai real autoriza aquele que entrou na dialética edipiana a fixar sua escolha, é para além dessa escolha que está o que é sempre visado no amor, a saber, não o objeto legal, nem o objeto de satisfação, mas o ser, isto é, o objeto capturado naquilo que lhe falta.

É por isso que, de maneira institucionalizada ou de maneira anárquica, jamais vemos confundir-se o amor e a união consagrada. Muitas civilizações evoluídas não hesitaram em doutriná-lo e pô-lo em prática. Numa civilização como a nossa, nada se sabe articular a não ser que tudo se produz de certa forma por acidente, a saber, porque se é um eu mais ou menos fraco, um eu mais ou menos forte, e porque se está mais ou menos ligado a tal ou tal fixação arcaica, até mesmo ancestral.

É desde a relação imaginária primitiva, aquela por onde a criança é doravante introduzida a este mais-além de sua mãe, que o sujeito vê, toca, experimenta o fato de que o ser humano é um ser privado e um ser abandonado. A própria estrutura que nos impõe a distinção entre a experiência imaginária e a experiência simbólica que a normatiza, mas unicamente por intermédio da lei, implica que muitas coisas se conservam dela, coisas que não nos permitem, em caso algum, falar da vida amorosa como sendo simplesmente do registro da relação de objeto, ainda que esta fosse a mais ideal, a mais motivada pelas afinidades mais profundas. Essa estrutura deixa basicamente aberta, em toda vida amorosa, uma problemática.

Freud, sua experiência, nossa experiência cotidiana, estão aí para nos fazer constatar isso, e ao mesmo tempo para nos fazer afirmá-lo.

6 DE MARÇO DE 1957

# XIII

# SOBRE O COMPLEXO DE CASTRAÇÃO

*Crítica da* aphanisis.
*O pai imaginário e o pai real.*
*O "ser amado".*
*A angústia, do engodo ao pênis que agita.*
*Os animais da fobia.*

| AGENTE | FALTA DE OBJETO | OBJETO |
|---|---|---|
| Pai real | Castração | Imaginário |
| Mãe simbólica | Frustração | Real |
| Pai imaginário | Privação | Simbólico |

Vamos, hoje, tentar falar da castração.

A castração está em toda parte na obra de Freud, como o complexo de Édipo. No entanto um e outro não se dão da mesma maneira.

É só tardiamente, no artigo de 1924 consagrado a um tema inteiramente novo, *Der Untergang des Ödipuskomplexes*, que Freud tenta articular plenamente a fórmula do complexo de Édipo, quando este estava presente em seu pensamento desde o início. É possível inclusive pensar que aí esteja o grande problema pessoal de que ele partiu: *o que é um pai?* Não existe quanto a este ponto, para dizer a verdade, dúvida alguma. Sua biografia, as cartas a Fliess, confirmam suas preocupações e a presença do complexo de Édipo desde a origem. Só muito tarde foi que se explicou. Quanto à castração, não há nada igual em parte alguma. Freud jamais articulou plenamente o sentido preciso, a incidência analítica precisa deste temor, ou dessa ameaça, dessa instância ou desse momento dramático — todas essas palavras podem ser igualmente evocadas, com um ponto de interrogação, a propósito da castração.

Quando comecei, da última vez, a abordar o problema, fazendo intervir a castração abaixo da frustração e do jogo fálico imaginário com a mãe, muitos de vocês, se compreenderam o esboço que eu fazia da intervenção do pai, de seu personagem puramente simbólico nos sonhos, permaneceram, no entanto, na interrogação quanto ao sujeito da castração. O que é essa castração? Para que o sujeito atinja maturidade genital, é preciso, em suma, que ele tenha sido castrado. O que dizer sobre isso?

São essas as questões cujos ecos recebi. Vamos ver como responder a elas.

## 1

Tomando as coisas no nível simples da leitura, pode-se dizer que a castração é o signo do drama do Édipo, como também dela é ele o pivô implícito.

Ainda que isso não esteja articulado assim em parte alguma, está literalmente implicado por toda a parte da obra de Freud.

Pode-se querer eludir essa formulação, e tomá-la numa espécie de *como se*. A corrente do discurso analítico atual leva-os a isso. Mas não valeria a pena deterem-se um pouco aqui, como os convido a fazer? Concordo que o aspecto abrupto dessa afirmação lhes pareça problemático; com efeito, é. Mas, por paradoxal que seja, podem tomá-la ainda assim como ponto de partida.

O que quer dizer, pois, semelhante formulação? Em que implica? O que supõe? Entretanto, existem certos autores a quem a singularidade de uma tal consequência não deixou de deter, dentre eles, em lugar de destaque, Ernest Jones.

Vocês percebem isso ao ler sua obra: o sr. Jones jamais conseguiu superar as dificuldades do manejo do complexo de castração como tal.

Devido a isso ele formulou um termo que lhe é particular mas que, como tudo o que ele introduziu na comunidade analítica, abriu seu caminho e gerou ecos, principalmente dentre os autores ingleses. Foi a *aphanisis*, que significa em grego o *desaparecimento*.

A solução que Jones tentou dar ao modo de insistência do drama psíquico da castração na história do sujeito é a seguinte. Em sua perspectiva, o temor da castração não pode ficar sujeito ao acidente, à contingência das ameaças, no entanto sempre tão singularmente reproduzidas na história dos sujeitos, que se exprimem no enunciado parental bem conhecido: *Vamos chamar alguém para te cortar isso*. Não foi somente o lado paradoxalmente motivado, não enraizado em uma constante necessária da relação interindividual, dessa ameaça, que deteve os autores, e sim a dificuldade existente para integrar em sua forma positiva o próprio manejo da castração, que no entanto Freud articula realmente como uma ameaça incidindo sobre o pênis, o falo. Eis o que levou Jones — no momento em que abordava o problema da constituição do *Superego* e tentava assentar seu mecanismo — a pôr em primeiro plano a noção da *aphanisis*, sobre a qual penso será suficiente que eu mesmo a articule para vocês a fim de que compreendam até que ponto ela própria tampouco deixa de apresentar grandes dificuldades.

Com efeito, a *aphanisis* é o desaparecimento, mas desaparecimento de quê? Em Jones, é o desaparecimento do desejo. A *aphanisis*, substituindo a castração, é o temor para o sujeito de ver extinguir-se nele o desejo.

Penso que vocês não podem deixar de ver a relação altamente subjetivada que semelhante noção representa em si mesma. Será concebível que seja esta a fonte de uma angústia primordial? Talvez, mas certamente, esta é uma angústia singularmente refletida. Seria preciso, aqui, realmente dar um salto na compreensão e supor que o sujeito é capaz, não apenas de tomar, com referência às suas primeiras relações com os objetos, a distância que lhe é dada por uma frustração articulada como tal, mas também de sujeitar a essa frustração a apreensão de um estancamento do desejo. Para dizer a verdade, isso é supor transposto um imenso *gap*.

De fato, foi em torno da noção de privação, na medida em que esta faz surgir o temor da *aphanisis*, que Jones tentou articular toda a sua gênese do *Superego*, onde ele vê a formação em que desemboca normalmente o complexo de Édipo. É assim que ele encontra, de imediato, distinções às quais chegamos a dar uma forma um pouco mais manejável. Igualmente, falando de privação, ele não consegue, por um só instante, deixar de distinguir a pura privação, que faz com que o sujeito não seja satisfeito em qualquer de suas necessidades, e a privação que ele chama de deliberada, aquela que supõe, diante do sujeito, um outro sujeito que lhe recusa a satisfação buscada. Como não é fácil partir assim de dados tão pouco resolvidos, articular a passagem de uma a outra, sobretudo quando se as conserva em estado de sinônimos, ele chega naturalmente a indicar que, na maioria das vezes, a privação é considerada uma frustração, é equivalente para o sujeito à frustração, o que facilita, é claro, a articulação do processo. Mas, se as coisas ficam facilitadas para o locutor, isso não quer dizer que o sejam igualmente para o ouvinte um pouco mais exigente.

Com efeito, não dou em absoluto no meu quadro o mesmo sentido dado por Jones ao termo privação. A privação em jogo aqui é o termo com referência ao qual se demarca a noção de castração. Quanto ao termo frustração, tento devolver-lhe sua complexidade de relação verdadeira, e o fiz de forma bem articulada na sessão anterior à interrupção de fevereiro. Para vocês, sem dúvida, permanece o bastante dela para verem que não emprego o termo na forma sumária pela qual é habitualmente empregado.

Não é possível articular o que quer que seja sobre a incidência da castração sem isolar a noção de privação, na medida em que ela é aquilo que chamei de um furo real. Em lugar de ficar "cozinhando" o peixe*, vamos tentar, ao contrário, isolá-lo. A privação é a privação do peixe. É, em especial, o fato de que a mulher não tem pênis, que ela é privada dele. Esse fato, a assunção desse fato tem uma incidência constante na evolução de quase todos os casos que Freud nos expõe e é, no caso do menino, o exemplo mais saliente, se assim posso dizer, que se reencontra a todo instante nos casos de Freud. A castração, que tentamos definir, toma por base a apreensão no real da ausência de pênis na mulher. Na maioria dos casos é este o ponto crucial, na experiência do sujeito masculino, o fundamento em que se apoia, de um modo especialmente eficaz, e angustiante, a noção da privação. Existe, de fato, uma parte dos seres da humanidade que é, como se

---

* Em francês, *noyer le poisson*: "numa discussão, tergiversar até que o oponente se canse, e ceda". (N.E.)

diz nos textos, castrada. É claro que este termo é perfeitamente ambíguo. Eles são castrados na subjetividade do sujeito. No real, na realidade, naquilo que é invocado como experiência real, eles são privados.

No ensinamento dos textos de Freud, a experiência da castração gira em torno da referência do real. Tentemos articular corretamente nossos pensamentos nesse sentido e compreender, nós mesmos, o que está em questão, sem nos ocuparmos por ora da experiência do doente.

A própria noção de privação, tão sensível e visível numa experiência como aquela, implica a simbolização do objeto no real. Pois, no real, nada é privado de nada. Tudo o que é real basta a si mesmo. Por definição, o real é pleno. Se introduzimos no real a noção de privação, é na medida em que já o simbolizamos bastante, e mesmo plenamente. Indicar que alguma coisa não está ali é supor sua presença possível, isto é, introduzir no real, para recobri-lo e perfurá-lo, a simples ordem simbólica.

O objeto de que se trata no caso é o pênis. No momento e no nível em que falamos de privação, este é um objeto que nos é dado em estado simbólico. Quanto à castração, na medida em que ela é eficaz, experimentada, presente na gênese de uma neurose, incide, como indica a ordem necessária do quadro, sobre um objeto imaginário. Nenhuma castração, daquelas em jogo na incidência de uma neurose, é jamais uma castração real. Ela só entra em jogo na medida em que atua no sujeito sob a forma de uma ação incidindo sobre um objeto imaginário.

O problema para nós é justamente conceber por que, pelo efeito de que necessidade, a castração se introduz no desenvolvimento típico do sujeito, onde se trata para ele de unir-se a esta ordem complexa que constitui a relação do homem com a mulher. A realização genital está, com efeito, submetida na espécie humana a um certo número de condições.

Vamos então tornar a partir, como da última vez, da relação originária do sujeito com a mãe, na etapa que se qualifica de pré-edipiana. Esta etapa, esperamos tê-la melhor articulado, de maneira mais diferenciada que o que se faz habitualmente. Mesmo quando seus termos são demonstrados no discurso dos autores, eles são ali menos bem manejados e argumentados. Vamos tornar a partir daí para tentar de certa forma compreender em sua origem a necessidade do fenômeno de castração, na medida em que este se apodera desse objeto imaginário como que de seu instrumento, que simboliza uma dívida ou uma punição simbólicas, e que se inscreve na cadeia simbólica.

Para nos servir de guia, e a fim de que possamos nos referir a termos anteriores, peço-lhes que aceitem por um instante como adquirida a hipótese em que se vai apoiar nossa articulação, e que expusemos da última vez, ou seja, que por trás da mãe simbólica está o pai simbólico.

O pai simbólico, por sua vez, é uma necessidade da construção simbólica, que só podemos situar num mais-além, diria quase que numa transcendência, pelo menos como um termo que, como lhes indiquei de passagem, só é alcançado por uma construção mítica. Insisti frequentemente no fato de que este pai simbólico, afinal de contas, não está representado em parte alguma. Cabe à continuação de nosso percurso confirmar para vocês se isso é válido, efetivamente útil, se isso nos fará reencontrar na realidade complexa este elemento do drama da castração.

Encontramos agora em nosso quadro o pai real e o pai imaginário. Se o pai simbólico é o significante de que jamais se pode falar senão reencontrando ao mesmo tempo sua necessidade e seu caráter, e que portanto nos é necessário aceitar como um dado irredutível do mundo do significante, o pai imaginário e o pai real são dois termos que nos trazem muito menos dificuldade.

O pai imaginário é aquele com que lidamos o tempo todo. É a ele que se refere, mais comumente, toda a dialética, a da agressividade, a da identificação, a da idealização pela qual o sujeito tem acesso à identificação ao pai. Tudo isso se passa no nível do pai imaginário. Se o chamamos de imaginário, é também porque ele está integrado à relação imaginária que forma o suporte psicológico das relações com o semelhante, que são, falando propriamente, relações de espécies, que estão no fundo de qualquer captura libidinal, como no fundo de qualquer ereção agressiva. O pai imaginário participa também desse registro e apresenta características típicas. É o pai assustador que conhecemos no fundo de tantas experiências neuróticas, e que não tem de forma alguma, obrigatoriamente, relação com o pai real da criança. Vemos intervir frequentemente nas fantasias da criança uma figura ocasionalmente caricata do pai, e também da mãe, que tem somente uma relação extremamente longínqua com aquilo que esteve presente do pai real da criança, e que é unicamente ligada à função desempenhada pelo pai imaginário num momento dado do desenvolvimento.

O pai real é uma coisa completamente diferente, do qual a criança só teve uma apreensão muito difícil, devido à interposição de fantasias e à necessidade da relação simbólica. O mesmo acontece, aliás, com cada um de nós. Se existe algo que está no fundamento de toda a experiência analítica, é certamente o fato de que temos uma enorme dificuldade de apreender aquilo que há de mais real em torno de nós, isto é, os seres humanos tais como são. Toda a dificuldade, tanto do desenvolvimento psíquico quanto, simplesmente, da vida quotidiana, é de saber com o que realmente estamos lidando. Assim se dá com este personagem do pai que, em condições comuns, pode ser com razão considerado como um elemento constante daquilo a que se chama em nossos dias o meio ambiente da criança. Logo, peço-lhes que aceitem por ora o que talvez lhes vá parecer paradoxal à primeira abordagem deste quadro, a saber que, contrariamente a uma função normativa ou típica que se lhe desejaria dar no drama do Édipo, é ao pai real que se defere, efetivamente, a função de destaque no complexo de castração.

Essas considerações não tornam mais explicável a castração, e o que já pode aparecer como sua contingência. Por que essa castração? Por que esta forma bizarra de intervenção na economia do sujeito, que se chama a castração? Isso tem algo de chocante em si mesmo.

É-nos oferecido um recurso que devemos recusar. Não é por acaso, nem em razão de alguma extravagância das primeiras abordagens do sujeito, que o médico teve inicialmente sua atenção voltada para essas cenas da sedução primitiva que se reconheceram mais fantasísticas do que se pensava originalmente. Vocês sabem que esta é uma etapa do pensamento de Freud, que se instala antes mesmo que ele analise e elabore uma doutrina sobre o tema. Mas, quanto à castração, não se trata em absoluto de fantasiar todo o assunto, como se fez com as cenas de sedução primitiva. Se a castração merece efetivamente ser isolada por um nome na história do sujeito, ela está sempre ligada à incidência, à intervenção, do pai real. Ela pode igualmente ser marcada de uma maneira profunda, e profundamente desequilibrada, pela ausência do pai real. Essa atipia, quando ocorre, exige então a substituição do pai real por alguma outra coisa, o que é profundamente neurotizante.

Vamos partir da suposição do caráter fundamental do elo entre o pai real e a castração, para tentar entender os dramas complexos que Freud elabora para nós. Temos com frequência o sentimento de que ele se deixa guiar antecipadamente por uma linha direta que é, de vez em quando, tão certa — como no caso do pequeno Hans — que, ao segui-lo, temos nós mesmos a impressão de que nos encontramos a cada instante guiados, mas sem nada entender dos motivos que nos fazem escolher o caminho certo em cada encruzilhada.

Peço-lhes, pois, que admitam em caráter provisório essa posição, com base na qual vamos começar a tentar compreender a significação e a necessidade do complexo de castração, tomando agora o caso do pequeno Hans.

## 2

O pequeno Hans, a partir dos quatro anos e meio, faz o que se chama uma fobia, isto é, uma neurose.

Essa fobia é assumida por seu pai, que por acaso é um dos discípulos de Freud. É um homem muito bom, o que pode haver de melhor como pai real, e o pequeno Hans tem realmente por ele todos os bons sentimentos, ele gosta muito de seu pai, e está longe de temer por parte deste um tratamento tão abusivo quanto o da castração.

Por outro lado, não se pode dizer que o pequeno Hans seja frustrado de qualquer coisa. Tal como o vemos no início da observação, o pequeno Hans, filho único, nada em felicidade. É objeto de uma atenção que o pai, certamente, não esperou a aparição da fobia para lhe manifestar, e é também objeto dos cuidados mais ternos da mãe, inclusive tão ternos que tudo lhe é permitido. É preciso, na verdade, a sublime serenidade de Freud para ratificar a ação da mãe, quando hoje em dia todos os anátemas cairiam sobre ela, que admite todas as manhãs o pequeno Hans como terceiro no leito conjugal, e isso contra as reservas expressas do pai e marido. Não apenas este se mostra, nesse ponto, de uma tolerância bem particular, mas podemos julgar que ele esteja completamente sem controle da situação, pois, diga ele o que disser, as coisas continuam a ocorrer da maneira mais decidida, sem que a mãe em questão tenha por um só minuto a menor consideração pelas observações que lhe são respeitosamente sugeridas pelo personagem do pai.

Ele não é frustrado de nada, este pequeno Hans, não é realmente privado de nada. Assim mesmo, vemos, no início da observação, que a mãe chegou a proibir-lhe a masturbação, e a pronunciar as palavras fatais: *Se você se masturbar, vamos chamar o doutor A. para te cortar isso*. Mas não temos a impressão de que isso seja uma coisa decisiva. A criança continua, é claro, aquilo que não é um elemento de apreciação. Os pais estão suficientemente informados, o que não os impede de se conduzirem exatamente como se não soubessem de nada. Se esta intervenção deve ser notada em razão do caráter escrupuloso do relato, não é, certamente, neste momento que o próprio Freud pensa por um só instante em referir o que quer que seja de decisivo quanto à aparição da fobia. A criança escuta essa ameaça, diria quase que como convém. Vocês vão ver surgir, só-depois, que não se pode dizer nada mais a uma criança, e que é isso, justamente, que lhe servirá de material para construir aquilo de que precisa, isto é, o complexo de castração. Mas a questão é, justamente, a de saber por que ela precisa disso. É nesta questão que estamos, e não estamos perto de lhe dar uma resposta imediata.

Por ora, não se trata da castração, trata-se da fobia, e do fato de que não podemos de modo algum ligá-la de maneira simples e direta à interdição da masturbação. Como diz muito bem Freud, a masturbação em si mesma não acarreta, naquele momento, nenhuma angústia, a criança continua a se masturbar. É claro que ele vai integrá-la, mais tarde, ao conflito, como se diz, que irá se manifestar no momento de sua fobia, mas não parece, certamente, que esta seja uma incidência traumatizante que permita compreender o seu surgimento. As condições que cercam essa criança são ótimas, e o advento da fobia permanece um problema, que se deve saber introduzir como tal, com o caráter realmente digno que ele reveste. É sob esta condição que poderemos encontrar os recortes que serão esclarecedores, e irão favorecer nossa tentativa teórica.

Para começar, vou fazer para vocês uma recordação da situação fundamental que prevalece quanto ao falo na relação pré-edipiana da criança com a mãe.

A mãe é aqui objeto de amor, objeto desejado por sua presença. A reação, a sensibilidade da criança à presença da mãe é muito precocemente manifesta em seu comportamento. Esta presença se articula muito depressa neste par presença-ausência de que partimos. Esta é uma reação tão simples quanto vocês a podem supor, e se foram criadas dificuldades a propósito do mundo objetal primeiro da criança foi em razão de uma insuficiente distinção do próprio termo "objeto". Existe para a criança um objeto primordial que não podemos em caso algum considerar como constituído idealmente, isto é, em nossa ideia. O fato de que o mundo da criança seja feito apenas de um puro estado de sujeição, de limites indeterminados, ao órgão que a satisfaz, isto é, ao órgão de nutrição, não sou o primeiro a contradizê-lo. A obra de Alice Balint, por exemplo, está aí para articular, de uma maneira decerto diferente e que creio menos sustentável, o que lhes estou dizendo, a saber, que a mãe existe, o que não supõe, no entanto, que já haja um eu e um não-eu.

A mãe existe como objeto simbólico e como objeto de amor. A experiência o confirma, e é isso que formulo pela posição que dou à mãe no quadro. A mãe é inicialmente mãe simbólica, e é só na crise da frustração que ela começa a se realizar, em razão de um certo número de choques e de particularidades que se produzem nas relações entre a mãe e a criança. A mãe objeto de amor pode ser a cada instante a mãe real, na medida em que ela frustra esse amor.

A relação da criança com a mãe, que é uma relação de amor, abre a porta para o que se chama habitualmente, por não se saber articulá-lo, a relação indiferenciada primeira. De fato, o que acontece fundamentalmente na primeira etapa concreta da relação de amor, que é o fundo sobre o qual se dá ou não se dá a satisfação da criança, com a significação que ela implica? Trata-se de que a criança inclua a si mesma na relação como objeto do amor da mãe. Trata-se de que ela aprenda o seguinte: que ela traz prazer à mãe. Esta é uma das experiências fundamentais da criança, a de saber se sua presença requer, por menos que seja, a presença que lhe é necessária, se ela mesma introduz o esclarecimento que faz com que esta presença esteja ali e a cerque, se ela mesma lhe traz uma satisfação de amor. Em suma, o *ser amado*, o *geliebt werden*, é fundamental para a criança. Este é o fundo sobre o qual se exerce tudo o que se desenvolve entre a mãe e ela.

Como lhes indiquei, a questão que nos é proposta pelos fatos é a de saber como a criança apreende o que ela é para a mãe. Nossa hipótese de base, como sabem, é que ela não está só. Alguma coisa se articula pouco a pouco na experiência da criança, algo que lhe indica que, na presença da mãe com ela mesma, ela não está só. É em torno desse ponto que se vai articular toda a dialética do progresso da relação mãe-criança.

Uma das experiências mais comuns é que inicialmente ela não está só porque existem outras crianças. Mas nossa hipótese de base é a de que há um outro termo em jogo, este radical, constante e independente das contingências da história, isto é, da presença ou ausência de outra criança. Isso é o fato de que, em grau diferente conforme os sujeitos, a mãe conserva o *Penis-neid*. A criança o preenche ou não o preenche, mas a questão se coloca. A descoberta da mãe fálica para a criança, a do *Penis-neid* para a mãe, são estritamente coextensivas do problema que abordamos.

Isso não está no mesmo nível. Se optei por partir de um certo ponto para chegar a um certo ponto, partir da etapa pré-edipiana para chegar ao Édipo e ao complexo de castração, foi porque devemos considerar o *Penis-neid* como um dos dados fundamentais da experiência analítica, e como um termo de referência constante da relação da mãe com a criança. A experiência prova que não há meio de articular de outro modo as perversões, na medida em que, contrariamente ao que se diz, estas não são integralmente explicáveis pela etapa pré-edipiana, ainda que necessitem de sua experiência. É na relação com a mãe que a criança experimenta o falo como o centro do desejo dela. E ela própria se situa ali em diferentes posições pelas quais é levada a manter, isto é, muito exatamente, a tapear este desejo da mãe.

Era neste ponto que incidia a articulação da lição a que eu aludia há pouco. A criança se apresenta à mãe como lhe oferecendo o falo nela mesma, em graus e posições diversos. Ela pode se identificar com a mãe, se identificar com o falo, ou apresentar-se como portadora de falo. Existe aí um grau elevado, não de abstração, mas de generalização da relação imaginária que chamo de tapeadora, pela qual a criança atesta à mãe que pode satisfazê-la, não somente como criança, mas também quanto ao desejo e, para dizer tudo, quanto àquilo que lhe falta. Esta situação é decerto estruturante, já que é unicamente em torno dela que se articula a relação do fetichista com seu objeto, e que se alinham todas as gamas intermediárias que podem ligá-lo a essa relação tão complexa e tão elaborada, à qual só a análise pôde dar ênfase, falando em travestismo, sendo a homossexualidade aqui reservada, pois esta concerne à necessidade de objeto, de pênis real, no outro.

Em que momento algo põe fim à relação assim sustentada? O que vem acabar com isso no caso do pequeno Hans?

## 3

No começo da observação, por um feliz encontro, por esse milagre feliz produzido a cada vez que fazemos uma descoberta, vemos a criança completamente engajada numa relação onde o falo desempenha o papel mais evidente.

As anotações do pai sobre aquilo que destacou no desenvolvimento da criança até a hora H em que começa a fobia dão crédito a isso. Elas nos informam que o pequeno Hans está o tempo todo fantasiando o falo, interrogando a mãe sobre a presença do falo na mãe, depois no pai, depois nos animais. Só se fala de falo. Se nos ativermos às afirmações que nos são feitas, o falo é realmente o objeto pivô, o objeto central, da organização de seu mundo. Estamos aqui diante do texto de Freud, e tentamos lhe dar sentido.

O que é que muda, quando nada de crítico acontece na vida do pequeno Hans? O que muda, é que o seu próprio pênis começa a tornar-se alguma coisa completamente real. Seu pênis começa a agitar, e a criança começa a se masturbar. O elemento importante não é tanto que a mãe intervenha neste momento, mas que o pênis se tenha tornado real. Este é o fato concreto da observação. A partir daí, devemos nos perguntar se não existe uma relação entre este fato e o que aparece então, isto é, a angústia.

Ainda não abordei neste seminário o problema da angústia, pois temos de tomar as coisas por ordem. Como conceber a angústia, que é, como sabem, uma questão permanente ao longo de toda a obra de Freud? Não vou lhes dar, com uma frase, o resumo do caminho percorrido por Freud, mas indico a vocês que, como mecanismo, a angústia está sempre ali presente nas etapas de sua observação, a doutrina vindo depois.

A angústia de que se trata nessa ocasião, como devemos concebê-la? O mais próximo possível do fenômeno. Peço-lhes que recorram, por um instante, a esse modo que consiste em dar prova de um pouco de imaginação, e vão perceber que a angústia, nessa relação tão extraordinariamente evanescente por onde nos aparece, surge a cada vez que o sujeito é, por menos sensivelmente que seja, descolado de sua existência, e onde ele se percebe como estando prestes a ser capturado por alguma coisa que vocês vão chamar, conforme o caso, de imagem do outro, tentação etc. Em suma, a angústia é correlativa do momento em que o sujeito está suspenso entre um tempo em que ele não sabe mais onde está, em direção a um tempo onde ele será alguma coisa na qual jamais se poderá reencontrar. É isso aí, a angústia.

Vocês não veem que ela se introduz aqui no momento em que aparece no pequeno Hans sob a forma de uma pulsão no sentido mais elementar do termo, essa coisa que agita, o pênis real, e onde começa a lhe aparecer como uma armadilha aquilo que para ele foi por muito tempo o paraíso, a felicidade? A saber, este jogo onde se é o que não se é, onde se é para a mãe tudo o que a mãe quer.

Não posso falar de tudo ao mesmo tempo, e contento-me aqui em lhes indicar que tudo isso depende, afinal, daquilo que a criança realmente é para a mãe. Daqui a pouco vamos introduzir aí alguma diferença, e tentaremos abordar mais de perto o que era Hans para sua mãe. Por ora, permanecemos neste ponto crucial que nos dá o esquema geral da coisa.

Até então, a criança está no paraíso do engodo. Será isso satisfatório para ela? Não existe razão alguma para que ela não possa levar adiante por muito tempo este jogo de uma forma satisfatória. A criança tenta se moldar, integrar-se naquilo que ela é para o amor da mãe, e, com um pouco de sorte — até mesmo com muito pouca — consegue isso, pois basta um indício, por mínimo que seja, para sancionar essa relação tão delicada. Mas, a partir do momento em que intervém sua pulsão, seu pênis real, aparece este descolamento de que eu falava há pouco. Ela é aprisionada em sua própria armadilha, vítima de seu próprio jogo, presa de todas as discordâncias, confrontada com a hiância imensa que existe entre satisfazer uma imagem e ter algo de real para apresentar: apresentar *cash*, se posso dizer. O que não deixa de se produzir não é simplesmente que a criança fracasse nas suas tentativas de sedução por tal ou tal razão, ou que ela seja, por exemplo, rejeitada pela mãe. O que desempenha, então, um papel decisivo é que aquilo que ela tem, afinal de contas, para apresentar aparece — disso temos mil experiências na realidade analítica — como algo de miserável. A criança é então colocada diante dessa abertura de ser o cativo, a vítima, o elemento apassivado de um jogo onde vira presa das significações do Outro. Aí existe dilema.

Indiquei a vocês no ano passado: é muito precisamente neste ponto que se origina a paranoia. A partir do momento em que o jogo fica sério, e em que, ao mesmo tempo, não passa de um jogo de tapeação, a criança é inteiramente sujeita àquilo que o parceiro lhe indica. Todas as manifestações do parceiro se tornam para ela sanções de sua suficiência ou de sua insuficiência. Na medida em que a situação prossegue, isto é, em que não intervém, devido à *Verwerfung* que o deixa de fora, o termo do pai simbólico — que veremos concretamente o quanto é necessário — a criança se vê na situação muito particular de estar inteiramente entregue ao olho e ao olhar do Outro. Mas deixemos de lado o paranoico do futuro. Para aquele que não o é, a situação é literalmente sem saída por si mesma, a não ser a saída que se chama o complexo de castração. Aqui estou para lhes mostrar como.

O complexo de castração retoma no plano puramente imaginário tudo aquilo que está em jogo com o falo. É precisamente por esta razão que convém que o pênis real seja posto fora do jogo. A intervenção do pai introduz aqui a ordem simbólica com suas defesas, o reino da lei, a saber, que o assunto ao mesmo tempo sai das mãos da criança e é resolvido alhures. O pai é aquele com quem não há mais chance de ganhar, senão aceitando tal e qual a divisão das apostas. A ordem simbólica intervém precisamente no plano imaginário. Não é à toa que a castração incide sobre o falo imaginário, mas de certo modo fora do par real. A ordem é assim restabelecida, e no seu interior a criança poderá aguardar a evolução dos acontecimentos.

Isso pode lhes parecer uma solução um pouco simples. Não é a solução, é uma indicação rápida, é uma ponte lançada. Se fosse assim tão fácil, se bastasse fazer uma ponte, não haveria necessidade de fazê-la. O interessante é o ponto em que estamos, a saber, aquele onde chegou o pequeno Hans, no momento, justamente, onde nada disso acontece com ele.

Com que o pequeno Hans é confrontado? Ele é posto no ponto de encontro entre a pulsão real e o jogo imaginário do engodo fálico, e isso com relação à mãe. O que se produz, então, já que há uma neurose? Não vão se espantar ao saber que produz-se uma regressão.

Preferiria que se espantassem, pois dou a este termo o estrito alcance que lhe dei na última sessão antes da interrupção, quando falamos da frustração. Eu lhes dizia então que, em presença da falta da mãe, a criança se anulava na satisfação alimentar. Da mesma forma, aqui, onde a criança é que é o centro, a regressão se produz no momento em que não mais basta dar o que ela tem a dar, em que ela se vê no desamparo de não mais bastar. Produz-se o mesmo curto-circuito com que se satisfaz a frustração primitiva, e que conduz a criança a apoderar-se do seio para encerrar todos os problemas, isto é, a hiância que se abre diante dela, a de ser devorada pela mãe.

Esta é igualmente a primeira roupagem vestida pela fobia, como veem no caso do seu rapazinho. Mesmo que seja qualquer cavalo o objeto de sua fobia, é sempre de um cavalo que morde que se trata. O tema da devoração é sempre encontrável, por qualquer lado, na estrutura da fobia.

Isso será tudo? Não, é claro, pois não é uma coisa qualquer que morde ou que devora. Não podemos resolver tudo ao mesmo tempo. Como a cada vez que lidamos com um certo número de relações fundamentais, é realmente necessário deixar algumas delas de lado para poder articular algo de claro. O que é certo é que os objetos da fobia, que são, em particular, animais, marcam-se de saída aos olhos do observador mais superficial pela característica de se tratar de objetos que pertencem por essência à ordem simbólica. O leão, por exemplo — principalmente quando a criança não habita regiões onde este animal apresente o mínimo caráter, não só de perigo, mas simplesmente de presença —, o lobo, até mesmo a girafa, são justamente objetos estranhos. O cavalo se situa aí num limite extremamente preciso, que mostra bem que esses objetos são tomados de empréstimo a uma categoria de significantes de mesma natureza, homogêneos àqueles que se encontram nos brasões. Não é outra coisa que motiva, na construção de *Totem e tabu*, a analogia entre o pai e o totem. Estes objetos têm, com efeito, uma função bem especial, que é suprir o significante do pai simbólico.

Este significante, não vemos qual é seu último termo, e podemos nos perguntar por que ele se reveste de tal ou tal forma. É realmente necessário que haja, naquilo que encontramos, algo que seja da ordem do fato ou da experiência positiva, e do irredutível. Não lhes trago uma dedução, mas um aparato necessitado pelo sustentáculo do que encontramos na experiência. Tampouco estamos aí para resolver o problema de saber por que a fobia assume a forma de tal animal. Não é essa a questão.

## 4

Peço-lhes que tomem, daqui até a próxima vez, o texto da observação do pequeno Hans. Vocês percebem que esta é uma fobia, sem dúvida alguma, mas, se assim posso dizer, uma fobia em andamento. Os pais colocaram-se na fila desde que ela apareceu, e o pai sai enquanto ela não acabar.

Gostaria que vocês lessem este texto. Terão dele todas as impressões estonteantes que esta leitura pode originar, terão mesmo a sensação, em muitas ocasiões, de estar completamente perdidos. Todavia, gostaria que aqueles de vocês que se quiserem submeter a esta prova me digam da próxima vez se, no que leram, não ficaram surpreendidos por um contraste.

Na etapa inicial, vemos o pequeno Hans desenvolver a todo vapor todos os tipos de imaginações extraordinariamente romanceadas concernentes a suas relações com todos aqueles que adota como seus filhos. Este é um tema do imaginário onde ele se demonstra bem à vontade. É que ele prolonga aí o jogo de tapeação com a mãe. E, se ele se sente inteiramente à vontade, é porque se inscreve ali, ele próprio, numa posição que se mistura à identificação com a mãe, já que se trata da adoção de crianças, toda as formas da relação amorosa, que ele prossegue com grande desenvoltura no plano da ficção. Ele mantém, com efeito, toda uma gama de relações que vão desde a garotinha que ele abraça e meio que corteja, e que é a filha dos proprietários do lugar onde sua família passa as férias, até a menina que ele ama à distância.

Este episódio faz contraste com o que se passa depois das intervenções do pai. Sob a pressão da interrogação analítica, mais ou menos dirigida, do pai diante dele, entrega-se a uma espécie de romance fantástico onde reconstrói a presença de sua irmãzinha, muitos anos antes de seu nascimento, numa caixa, no carro, em cima de cavalos. Em suma, a coerência se marca maciçamente entre o que chamarei de orgia imaginária no decorrer da análise e a intervenção do pai real.

Se a fobia alcança uma cura das mais satisfatórias — veremos o que quer dizer *cura satisfatória* a propósito da sua fobia —, é na medida em que interveio o pai real, que havia intervindo tão pouco até então, e que aliás só pôde fazê-lo porque teve atrás de si o pai simbólico, que era Freud. Mas, na medida em que ele intervém, tudo o que tendia a se cristalizar no plano de uma espécie de real prematuro, torna a partir num imaginário radical, tão radical que não se sabe mais muito bem onde se está. A todo instante nos perguntamos se o pequeno Hans não está ali zombando de todo o mundo. Ele dá provas, incontestavelmente, de um humor refinado, já que se trata de um imaginário que atua para reorganizar o mundo simbólico.

Uma coisa é certa, é que a cura chega no momento em que se exprime da maneira mais clara, sob a forma de uma história articulada, a castração como tal. A saber, que o bombeiro — o assim chamado "instalador" — vem, lhe desaparafusa e lhe dá uma nova. É exatamente neste ponto que se interrompe o relato. Pode-se concluir daí que a solução da fobia está ligada à constelação dessa tríade: orgia imaginária, intervenção do pai real, castração simbólica.

O pai real, voltaremos a ele da próxima vez, por mais sustentado e respaldado que seja pelo pai simbólico, entra aí como um pobre coitado. Freud é forçado a dizer a todo instante: *Foi melhor que nada, era realmente preciso deixá-lo falar. Mas, principalmente* — vão encontrar isso numa nota de rodapé — *não compreenda depressa demais*. Com todas as questões com que pressiona manifestamente o filho, o pai segue um caminho errado. Não importa, o resultado é escandido em torno de sua intervenção por esses dois pontos: a orgia imaginária de Hans e o advento da castração plenamente articulada, sob as espécies da substituição daquilo que é real por algo de mais belo e maior. A revelação da castração dá fim à fobia, e mostra igualmente, não direi sua finalidade, mas aquilo que ela vem suprir.

Vocês bem percebem que nos encontramos apenas num ponto intermediário de meu discurso, e eu só quis lhes dar o bastante para que pudessem ver o quanto se abre seu leque de questões. Vamos retomar da próxima vez a dialética da relação da criança com a mãe, e vamos nos dedicar a destacar o valor, a verdadeira significação do complexo de castração.

13 DE MARÇO DE 1957

# XIV

# O SIGNIFICANTE NO REAL

*A rede da Carta roubada.*
*Sozinho com Mariedl.*
*A criança metonímica.*
*O preto diante da boca.*
*A fobia estrutura o mundo.*

Vou começar por um esclarecimento relativo ao artigo publicado em *La Psychanalyse* nº 2 sob o título de *Seminário sobre "A carta roubada"*, e especialmente a sua introdução.

Alguns de vocês tiveram tempo de lê-lo, e examiná-lo com algum cuidado. Sou reconhecido pela atenção daqueles que se dedicaram a esse exame. É de se acreditar, todavia, que a lembrança do contexto em que foi conduzido aqui o que é retomado nessa introdução não é de fácil acesso a todos, já que recaem no erro concretizado em que alguns se teriam deixado capturar no momento em que eu expunha esses termos. Imaginava-se, por exemplo, que eu negasse o acaso. Faço alusão a isso em meu próprio texto, e não voltarei mais a este ponto.

Vou esclarecer, agora, o que está em questão.

## 1

Não é inútil recordar para vocês os dados iniciais.

Tomamos por três os signos + e - ordenados ao acaso numa sucessão temporal. Ordenamos com 1, 2 e 3 esses agrupamentos, conforme eles representem uma sucessão de sinais idênticos + + +, - - -, ou uma alternância, + - +, - + -, ou ainda, ao contrário, uma série que pode ser a seguinte, + + -, mas também esta aqui, - - +, agrupamentos estes que, à primeira vista, distinguem-se uns dos outros por não ter simetria. É a isso que eu chamo, com um termo intraduzível no francês, *odd* — isso que, de saída, salta aos olhos como sendo ímpar, irregular. É uma simples questão de definição — basta formulá-lo assim, por convenção, para que seja instaurada a existência de um símbolo. Embora isso talvez esteja inscrito no meu texto de maneira bastante fechada, o que pode ter causado dificuldades a alguns, o contexto impede que haja ambiguidade, e que se considere por um só instante esta definição como algo diferente do que foi convencionado no início.

Trata-se agora de chamar α, β, γ, δ, uma outra série de símbolos que se constroem a partir da série precedente. Esta operação se funda na observação de que, quando se conhecem os dois termos extremos dessa segunda série, o termo médio é unívoco. Logo, a convenção aqui é inscrever um signo que, por sua amplitude, inclua uma série de cinco signos da primeira linha. Ir do mesmo ao mesmo, ou seja, de simétrico a simétrico, quer se trate de 1 a 1, de 1 a 3 ou de 3 a 1, isto é α. De *odd* a *odd*, é γ. Partir do mesmo para chegar a *odd* é β. Voltar de *odd* ao mesmo é δ. Tais são as convenções.

Pode-se, a partir daí, construir uma rede como um paralelepípedo formado por vetores. Uma pessoa dentre as que examinaram a coisa da maneira mais precisa, e mesmo mais competente, o descobriu, aliás.

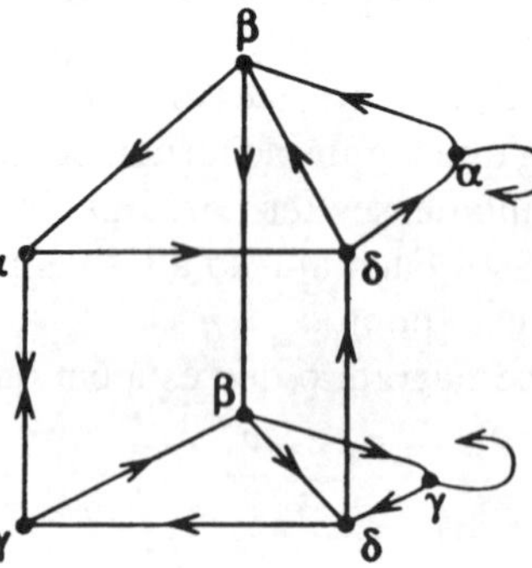


A REDE

É preciso que esta rede seja orientada, e aí está, exatamente, como ela o é. O α pode se reproduzir indefinidamente, o que não é o caso nos outros pontos, a não ser que isso seja expressamente indicado pelo fechamento assim definido. Em suma, essa rede resume de modo exaustivo as sucessões possíveis, e as únicas possíveis. Uma série que não pode se inscrever nesta rede é uma série impossível.

Por que não coloquei isso no meu texto? Em primeiro lugar, porque não o havia representado para vocês aqui. Este é um simples aparelho de controle de cálculos, que permite aferrolhar definitivamente o problema e ter a certeza de que não se omitiu nenhuma das soluções possíveis. Ele interessa a vocês na medida em que sempre pode se reportar a ele como a um instrumento confiável, que lhes irá indicar, seja qual for o problema que formulem a propósito dessa série, que vocês esqueceram alguma solução possível, ou que estão completamente enganados.

Chego ao ponto de litígio. Estão vendo que, nesta rede, existem, de certa forma, duas espécies de β e duas espécies de δ. Se observarem os vértices assim demarcados verão que há sempre uma divisão dicotômica que se propõe a partir de cada um deles. Depois de δ, existem duas saídas possíveis: depois deste δ, pode vir um outro δ, ou um γ, enquanto que depois deste outro d, pode haver um b ou um a. Outro exemplo: depois de γ, pode haver α ou β, por um lado, ou, por outro lado, γ ou δ.

A objeção que alguns levantaram a propósito da ênfase dessa diversidade funcional é a seguinte. Segundo eles, os vértices poderiam ser chamados por oito letras diferentes, em vez de se chamá-las por quatro letras diferentes, ou de empregar α e α índice 2. Foi-me dito que não havia ali definição clara e distinta de um símbolo, e que tudo o que eu representava e articulava não passaria, por conseguinte, de uma espécie de opacificação do mecanismo. Assim, o jogo de símbolos que faria surgir por si mesmo esta lei interna, sempre implicada pela criação do símbolo, iria além do que é dado de saída, a saber, o puro acaso, e é aí que começa o problema produzido no espírito de alguns. Acredito dever me explicar quanto a isso.

Isso, de certa maneira, é absolutamente exato. Pode-se dizer, com efeito, que a escolha dos símbolos introduz uma certa ambiguidade inicial, ligada à simples indicação da *oddity*, isto é, da dissimetria, ao passo que, uma vez que existe sucessão temporal, as coisas são orientadas, e não é evidentemente a mesma coisa que haja primeiro 2 e depois 1, ou 1 e depois 2. Confundi-los seria introduzir no próprio símbolo uma ambiguidade, quando se pode exprimir-se mais claramente fazendo sua distinção.

Trata-se de saber o que quer dizer a clareza em questão. O que vocês chamam de uma ambiguidade, reconheçam que isso é justamente o que se trata de fazer sentir. O símbolo, na medida em que é mais, supõe o menos. O símbolo, na medida em que é menos, supõe o mais. A ambiguidade está sempre presente, quanto mais avançamos na construção, e fiz o mínimo que se pode fazer agrupando os símbolos por três. Se não o demonstrei durante o artigo, foi porque não tinha outro objetivo senão recordar-lhes o contexto em que fora introduzida a carta roubada, *purloined*. Admitam, por um instante, que isso seja o mínimo, pois é na medida em que o símbolo encerra essa ambiguidade que surge o que chamo a lei.

O que aconteceria, com efeito, se recusássemos este passo e substituíssemos quatro desses vértices pela série $\varepsilon$, $\xi$, $\eta$, $\theta$? Teríamos sequências diferentes, extremamente complicadas, já que estaríamos lidando com oito termos, e cada um deles se acoplaria a dois dos outros, segundo uma ordem que estaria longe de ser evidente. Isto é o que demonstra o interesse da escolha de símbolos ambíguos que unem este vértice $\alpha$ a este outro vértice que também chamamos de $\alpha$, embora tenha, com efeito, funções diferentes. Agrupando-os assim, vocês veem resultar a lei extremamente simples que lhes exprimi por um dos esquemas do texto.

$$\frac{\alpha, \delta}{\gamma, \beta} \longrightarrow \alpha, \beta, \gamma, \delta \longrightarrow \frac{\alpha, \beta}{\gamma, \delta}$$

1º TEMPO    2º TEMPO    3º TEMPO

### O REPARTIDOR

Este esquema permite dizer que, se no primeiro e no segundo tempos vocês podem ter um símbolo qualquer, o terceiro tempo está submetido a uma dicotomia que exclui que, a partir de $\alpha$ ou $\delta$ no primeiro tempo, possam obter no terceiro $\gamma$ ou $\delta$, e que a partir de $\gamma$ ou $\beta$ no primeiro, possam obter $\alpha$ ou $\beta$ no terceiro.

Indiquei em meu texto algumas consequências que visam pôr em evidência outras frases da mesma forma, as propriedades e leis de sintaxe que se podem deduzir dessa fórmula extremamente simples.

Tentei escolhê-las de maneira que fossem metafóricas, a fim de poderem entrever em que o significante é realmente organizador de algo inerente à memória humana. Esta, com efeito, na medida em que implica sempre em sua trama alguns elementos de significante, encontra-se fundamentalmente estruturada de uma maneira diferente da memória vital, da qual toda concepção repousa na persistência ou no apagamento de uma impressão. Desde que introduzimos o significante no real, e ele é aí introduzido a partir do momento em que simplesmente se fala, ou menos ainda, a partir do momento em que simplesmente se calcula, o que é apreendido na ordem da memória é estruturado de maneira fundamentalmente diferente de tudo o que possa acarretar uma teoria da memória fundada no tema da propriedade vital pura e simples.

É isso que tento ilustrar, aí metaforicamente, quando lhes falo do futuro anterior, e faço intervir, depois do terceiro tempo, um quarto tempo. Considerem este quarto tempo como ponto de chegada. Qualquer um dos quatro símbolos é possível neste lugar, já que o quarto tempo tem a mesma função de um segundo tempo. Se escolherem para este lugar um dos quatro símbolos, disso irão resultar certas eliminações no segundo e no terceiro tempos, o que pode servir para ilustrar o que é necessário num futuro imediato, a partir do momento em que este se torna o futuro anterior com referência a um objetivo, um projeto determinado. Quanto ao fato de que alguns elementos significantes sejam impossibilitados simplesmente por este fato, sobre isso ilustrarei metaforicamente a função que poderíamos dar àquilo a que chamarei nesta ocasião o significante impossível, o *caput mortuum* do significante.

Saibam inclusive que não fabriquei tudo isso como uma espécie de excursão matemática, com a incompetência universal que me caracterizaria. Estariam errados se pensassem assim. Para começar, essas não são coisas sobre as quais eu tenha começado ontem a refletir. Além disso, fiz com que isso fosse controlado por um matemático. Não acreditem que, pelo fato desses esclarecimentos terem sido acrescentados, se tenha introduzido o menor elemento de incerteza ou de fragilidade.

Interrompi aqui o meu desenvolvimento. Mas, como alguns poderiam ainda tergiversar, em nome de uma espécie de falsa evidência, partindo do fato de que nem todo tipo de mistério desaparece, pois que se podem extrair leis, e todas igualmente simples ao serem consideradas de uma maneira diferenciada, termos dos diferentes vértices na construção do paralelepípedo que lhes ofereci, vou indicar a vocês que não é disso que se trata. E é por isso que gostaria que mantivessem por um instante em suas mentes a noção de que isso quer dizer simplesmente que, desde que existe grafia, existe ortografia.

Vou ilustrar isso em seguida de uma outra maneira, que talvez lhes pareça de valor mais comprobatório, o que em nada prejudica minha demonstração anterior.

Torno a partir da mesma hipótese, no sentido, distinto do emprego habitual, em que se trata de definições simples e de premissas delas decorrentes. Se parto novamente da série *odd* sem distinguir de saída — como também o poderia ter feito, conforme me foi dito — o *odd* com duas sílabas breves no começo e o *odd* com as duas sílabas breves no final, o anapesto e o dáctilo, é porque todo o interesse da questão consiste em partir de definições, com efeito, rudimentares, de onde são eliminados certos elementos intuitivos, e em especial este elemento intuitivo particularmente interessante, fundado na escansão, e que já comporta uma espécie de engajamento corporal. A poesia começa aí. Aqui, nem mesmo entramos na poesia, apenas fazemos intervir a noção de simetria ou de assimetria. Vou lhes dizer por que me parece interessante limitar a este estrito elemento a criação do primeiro significante.

Retomo meu quadro, e convido-os a considerar o que se produz no sexto tempo.

Podem se inscrever ali α, β, γ, δ. Estão vendo o excesso de possibilidades que temos. Fizemos disso todos os símbolos possíveis, e os temos em dois níveis. Só que o mínimo exame da situação vai lhes mostrar o seguinte. Se escolherem como ponto de chegada, no quinto tempo, uma letra qualquer, a letra β por exemplo, se tomarem como ponto de partida uma outra letra, por exemplo a letra α, e disserem: *Quero ter uma série tal que no primeiro tempo haja* α *e no quinto tempo haja* β — logo verão que, no terceiro tempo, não pode ser γ de jeito nenhum, nem nada desta linha, uma vez que, devido a inicialmente terem partido de α, só poderão ter, no tempo 3, aquilo que se produz aqui, acima da linha de dicotomia, isto é, α ou β. No quarto tempo, poderão ter α, β, γ, δ. Mas o que é preciso que tenham no tempo 3 para que tenham β no tempo 5? É preciso que no tempo 3 vocês tenham α.

Daí resulta que, quando pretendem fazer uma série onde se encontrem duas letras determinadas num espaçamento de tempo 5, a letra média, aquela que se instala no terceiro tempo, é determinada de maneira unívoca.

Poderia mostrar-lhes outras propriedades igualmente surpreendentes, mas vou me ater a esta, esperando que consiga fazer surgir em seus espíritos a dimensão que se trata de evocar. Com efeito, resulta desta propriedade que, se tomarem um termo qualquer da cadeia, poderão imediatamente verificar, de uma forma simples, que não comporta nenhum problema visual — esta é uma verificação que pode ser feita por um tipógrafo —, se há algum erro e isso reportando-se ao termo duas vezes anterior e ao termo duas vezes posterior. Só existe, no centro, uma única letra possível. Em outras palavras, o mínimo surgimento de grafia faz surgir ao mesmo tempo a ortografia, isto é, o possível controle de um erro.

É por isso que se constrói este exemplo. Ele demonstra a vocês que, desde o surgimento mais elementar do significante, surge a lei, independentemente de todo elemento real. Isso não quer dizer em absoluto que o acaso seja comandado, mas que a lei surge com o significante, de maneira interna, independente de toda experiência. Eis o que esta especulação sobre os α, β, γ, δ é feita para demonstrar.

Essas coisas parecem acarretar grandes resistências em alguns espíritos. Pareceu-me todavia que, para fazê-los sentir uma certa dimensão, esta era uma via mais simples que aconselhar-lhes, por exemplo, a leitura do sr. Frege, matemático deste século que se consagrou aos fundamentos desta ciência, aparentemente a mais simples dentre as simples, que é a aritmética. Ele acreditou dever fazer rodeios consideráveis — quanto mais uma coisa está perto da simplicidade, mais ela é difícil de compreender — para demonstrar que não existe nenhuma dedução possível do número três a partir da simples experiência. Isso acarreta uma série de especulações filosóficas e matemáticas que achei melhor não fazê-los comprovar, comentando essa obra.

Mesmo assim isso para nós é muito importante, pois se, ao contrário do que podia acreditar o sr. Jung, nenhuma dedução da experiência nos pode fazer ter acesso ao número três, é certo, a partir daí, que a ordem simbólica como distinta do real entra no real como uma relha de arado, nele introduzindo uma dimensão original. Esta dimensão, nós analistas, na medida em que operamos no registro da fala, devemos levar em conta a sua originalidade. É isso que está em causa, no momento.

Receio fatigar-lhes, e vou fazer outra coisa. Vou lhes dar uma ideia que me ocorreu, mais intuitiva, mas menos certa na sua afirmação.

Esta observação me veio à mente num dia em que me encontrava num formidável zoológico situado sessenta quilômetros ao norte de Londres. Ali os animais pareciam estar na mais completa liberdade, as grades sendo enterradas no solo no fundo de fossos invisíveis. Eu contemplava o leão cercado por três magníficas leoas, tudo isso num aspecto de boa convivência e do humor mais pacífico. E me perguntava por que essa boa convivência entre esses animais, quando, conforme o que conhecemos, normalmente deveria ter visto eclodir entre eles signos de rivalidade ou conflito mais manifestos. Não me parece que tenha dado, em meu espírito, um salto muito grande quando disse comigo: *Pois é, isso é simplesmente porque o leão não sabe contar até três.*

Entendam bem que é porque o leão não sabe contar até três que as leoas não experimentam, entre elas, o menor sentimento de ciúme, ao menos aparentemente. Deixo isso à meditação de vocês. Em outras palavras, jamais devemos negligenciar a introdução do significante para compreender o surgimento do que está em questão a cada vez que nos encontramos diante daquilo que é nosso objeto principal na análise, a saber, a realidade do conflito inter-humano.

Poderíamos mesmo ir mais longe, e dizer que, afinal de contas, é porque os homens não sabem contar melhor que o leão, a saber, porque o número três nunca é completamente integrado por eles, mas somente articulado, que o conflito existe. A relação dual fundamentalmente animal não deixa de continuar prevalecendo numa certa zona, a do imaginário, e é justamente na medida em que o homem, mesmo assim, sabe calcular, que se produz, em última análise, aquilo que chamamos de um conflito. Se não fosse tão difícil chegar a articular o número três, não haveria este *gap* entre o pré-edipiano e o edipiano que tentamos, em nossos dias, transpor como podemos, com a ajuda de pequenas escadas de corda e de outros troços. Trata-se justamente de perceber que, a partir do momento em que se tenta transpô-lo, é sempre aos truques que nos entregamos. Não existe nenhuma espécie de ultrapassagem realmente experiencial do *gap* entre o dois e o três.

É muito precisamente neste ponto que chegamos com o pequeno Hans.

## 2

Deixamos o pequeno Hans no momento em que ele vai abordar essa passagem que se chama o complexo de castração.

No início, é bem evidente que ele não está ali, pois brinca com este *Wiwimacher* que está aqui, que não está lá, que é o de sua mãe ou do cavalo grande, ou do cavalo pequeno, ou do papai, que é o seu também, e não se vê que isso seja para ele algo além de um belo objeto de brincadeira de esconde-esconde, do qual ele é inclusive capaz de tirar o maior prazer.

Um certo número de vocês, penso, terá se remetido ao texto e terá podido se assegurar de que é daí mesmo que se parte, que é unicamente disso que se trata. Esta criança se vê, sem dúvida na opinião dos pais, apresentando de saída uma problemática do falo imaginário, que está em toda parte e não está em parte alguma. Este falo é o elemento essencial da relação da criança com aquilo que Freud chama, naquele momento, de a outra pessoa, a saber, a mãe.

Foi até aí que Hans chegou, e tudo parece ir perfeitamente bem, Freud o sublinha para nós, graças a esse liberalismo, até mesmo esse laxismo educativo bastante característico da pedagogia, que parece ter se originado dos primeiros tempos da psicanálise. A criança se desenvolve da maneira mais franca, mais clara, mais feliz. Ora, depois desses lindos antecedentes, chega, para surpresa geral, o que podemos chamar, sem dramatizar em demasia, de um pequeno obstáculo: a fobia. A partir de um certo momento, esta criança demonstra grande pavor diante de um objeto privilegiado que acontece de ser o cavalo, cuja presença já era anunciada no texto de maneira metafórica, quando a criança dizia à mãe: *Se você tem um faz-pipi, deve ter um faz-pipi muito grande, como um cavalo*. O fato de que a imagem do cavalo desponte no horizonte já indica que a criança se prepara para entrar na fobia.

Para prosseguir o trajeto que fazemos metaforicamente através da observação do pequeno Hans, devemos compreender como, de uma relação tão simples, e afinal tão feliz, tão claramente articulada, a criança passa à fobia.

Onde está o inconsciente? Onde está o recalque? Não parece que haja nenhum. É com a maior liberdade que ele interroga seu pai e sua mãe sobre a presença ou ausência do faz-pipi, que lhes diz que esteve no zoológico onde viu um leão provido de um grande faz-pipi. O faz-pipi desempenha um papel que tende a se presentificar por todos os tipos de razões, que não são inteiramente ditas no começo da observação, mas que veremos aparecer só-depois. O fato de que a criança encontre um grande prazer em se exibir é bem demonstrado por algumas de suas brincadeiras. O caráter essencialmente simbólico do faz-pipi se manifesta quando ele vai se exibir no escuro — ele o mostra, mas como objeto oculto. Serve-se dele, igualmente, como de um elemento intermediário em suas relações com os objetos de seu interesse, isto é, as meninas a quem pede ajuda e a quem permite que o olhem. A ajuda, dada neste sentido por sua mãe ou seu pai no sentido de pô-lo para fora, é enfatizada, e desempenha um papel importante na instauração de seus órgãos como um elemento de interesse, por onde se dá a alegria de atrair a atenção, até mesmo as carícias de um certo número de pessoas de seu círculo.

Para ter uma ideia da harmonia que prevalece antes da fobia, notem bem que o pequeno Hans se vê manifestando no plano imaginário as atitudes mais formalmente típicas que se podem esperar daquilo a que chamamos, em nossa linguagem rude, a agressão viril. Em suas relações com as meninas, ele põe em prática uma corte, mais ou menos presente, que se diferencia em dois modos: existem as meninas que ele abraça, aperta, agride, e outras que ele trata à distância, *Liebe per Distanz*. São dois modos de relação muito diferenciados, já muito sutis, diria mesmo quase muito civilizados, muito ordenados, muito cultivados. Este último termo é empregado pelo próprio Freud para qualificar a diferenciação operada pelo pequeno Hans entre seus objetos — ele não se comporta da mesma maneira com as meninas que considera como damas cultivadas, damas do seu mundo, e as meninas da aldeia. Em suma, existe aí toda a aparência de um desfecho particularmente feliz da transferência, ou reinvestimento em outros objetos femininos, dos sentimentos dirigidos ao objeto feminino sob o aspecto da mãe — desenvolvimento facilitado, ao que nos dizem, pela relação aberta e dialogante, que não proíbe nenhum modo de expressão entre a mãe e a criança.

O que se produz então? Vamos retomar o problema, não mais perpassando o texto como fiz até agora, mas acompanhando passo a passo a observação para fazer sua crítica.

Penso não estar forçando o texto ao sublinhar para vocês um detalhe que nunca foi comentado, e que já é o signo da estruturação subjacente que lhes dei como sendo a da relação da criança com a mãe, a partir da qual se concebe a chegada da crise, devido à entrada em jogo do pênis real. A criança sonha que está com Mariedl, uma de suas amiguinhas que ele vê, no verão, numa estação da Áustria, em Gmunden, e conta seu sonho. Depois, quando o pai torna a contar o sonho para a mãe, na presença dele, Hans faz uma bonita correção: *Não apenas com Mariedl, mas sozinho com Mariedl, ganz allein mit der Mariedl.* Como de muitos outros elementos que se encontram em profusão na observação, livramo-nos disso dizendo que não passa de história da criança, mas essa réplica tem sua importância, Freud o diz bem, tudo tem significação. Esta réplica só é concebível na dialética imaginária, a qual lhes mostrei que era o plano inicial das relações da criança com a mãe. Isso se dá, com efeito, quando Hans tem três anos e nove meses, quando sua irmãzinha nasceu há três meses. Não apenas *sozinho*, mas *sozinho com*, isto quer dizer que se pode estar com ela inteiramente a sós, e não ter, como com a mãe, esta intrusa. Não há dúvida alguma de que a criança Hans leva seis meses para se habituar à presença da irmãzinha.

Esta observação evidente, e do tipo mais clássico, só pode satisfazê-los. Todavia, não me atenho a isso, como sabem. Se a intrusão real da outra criança na relação da criança com a mãe é, certamente, bem feita para precipitar tal momento crítico, tal angústia decisiva, ainda assim permanece o fato de que, se não hesito em acentuar este *sozinho com*, é porque parti do seguinte: qualquer que seja a situação real, a criança nunca está sozinha com a mãe. Todo o progresso que pode conhecer a relação aparentemente dual da criança com a mãe é, de fato, marcado por esse elemento essencial, do qual a experiência da análise de sujeitos femininos nos dá a certeza, e que é o ponto de referência, o eixo, que Freud manteve com firmeza até o fim no que diz respeito à sexualidade feminina: a criança só intervém como substituto, compensação, em suma, numa referência, qualquer que seja ela, ao que falta essencialmente à mulher. Isso é o que não a deixa jamais inteiramente sozinha, *ganz allein*, com a mãe. A mãe se situa, e é apreendida pouco a pouco pela criança, como marcada por esta falta fundamental, que ela mesma procura completar, e com relação à qual a criança lhe dá uma satisfação que podemos apenas chamar de provisoriamente substitutiva.

É nessas bases que se concebe toda espécie de nova hiância, toda reabertura da questão, especialmente aquela que sobrevém com a maturação genital real, isto é, no menino, com a introdução da masturbação e a entrada em jogo de seu gozo real com seu próprio pênis real. Nada pode ser compreendido senão sobre o fundamento desta constelação inicial, por onde se introduzem os elementos críticos cujos resultados diversos constituem um complexo de Édipo na saída normal. O complexo de Édipo não é de modo algum, como tal, o princípio de uma neurose ou de uma perversão, como habitualmente ensinam a vocês, abordando-o de maneira mais ou menos negativizada.

Portanto, vamos retomar do ponto em que estamos, e façamos aqui uma observaçãozinha.

A situação entre a mãe e a criança comporta que esta última tem que descobrir essa dimensão, a de que alguma coisa é desejada pela mãe para além dela mesma, isto é, para além do objeto de prazer que ela sente inicialmente ser ela mesma para a mãe, e que aspira a ser. Esta situação, como toda situação analítica, deve ser concebida, isso é o que lhes ensino, numa referência intersubjetiva. A dimensão original de cada sujeito é sempre correlativa da realidade da perspectiva intersubjetiva, tal como esta se ancora em cada sujeito. Ora, em toda situação intersubjetiva tal como se estabelece entre a mãe e a criança, temos uma questão a nos formular previamente, e que só será resolvida, provavelmente, ao final.

Esta questão, mesmo que se trate de um ponto oculto no início e que só chegaremos a revelar no fim, vocês já sabem o bastante sobre ela, a partir da observação, para poder ao menos formulá-la. Ela se refere a esses dois termos que empreguei no passado, com ou sem razão, e que articulam uma divisão maior da abordagem significante de qualquer realidade num sujeito, a saber: a metáfora e a metonímia. É bem o caso de se aplicar esta distinção, nem que seja colocando aqui pontos de interrogação.

Com efeito, o que faz imagem para o espírito na função de substituição não quer dizer nada. Substituição, isso é fácil de dizer, mas tentem substituir por uma pedra um pedaço de pão quando o enfiarem na tromba do elefante — ele não vai aceitar isso tão facilmente quanto possam crer. Não se trata de substituição real, trata-se de substituição significante e de saber o que ela significa. Resumindo, trata-se de saber qual é a função da criança para a mãe, e com referência a esse falo que é o objeto de seu desejo. A questão anterior é: metáfora ou metonímia? Não é, em absoluto, a mesma coisa o fato da criança ser, por exemplo, a metáfora de seu amor pelo pai ou a metonímia de seu desejo do falo, que ela não tem e não terá jamais.

O que acontece neste caso? Tudo na conduta da mãe com o pequeno Hans — a quem ela carrega consigo para todo canto, desde o banheiro até sua cama — indica que a criança lhe é um apêndice indispensável. A mãe de Hans, que Freud adora, essa mãe tão boa, tão cheia de cuidados com a criança, *sehr besorgte*, bonita que só ela, acha um meio de trocar de calças diante do filho. Isso, mesmo assim, tem uma dimensão muito particular. Se existe algo realmente feito para ilustrar o que lhes digo quanto à dimensão essencial do que está por detrás do véu, é mesmo a observação do pequeno Hans — e de muitos outros mais. Já não se vê aqui que a criança é, para ela, a metonímia do falo?

Isso não quer dizer, no entanto, que ela tenha consideração pelo falo da criança. Ela o mostra bem, essa pessoa tão liberal em matéria de educação: quando se trata de agir concretamente e pôr o dedo na coisinha que a criança mostra e lhe pede para tocar, ela é tomada de um pavor louco: *Das ein Schweinerei ist*. Pelo menos é isso o que ela brada, com esse tom tão vivo. É preciso tentar esfregar esta observação do pequeno Hans para que ela brilhe.

Logo, como veem, dizer que a criança é considerada uma metonímia do desejo do falo por parte da mãe não quer dizer que seja como falófora que ela é metonímica, mas implica, ao contrário, que ela é metonímica como totalidade. E é aí que se estabelece o drama. Tudo iria muito bem para ele se se tratasse de seu *Wiwimacher*, mas não se trata disso, é ele por inteiro que está em causa, e é por isso que a diferença começa, seriamente, a aparecer no momento em que entra em jogo o *Wiwimacher* real, e que este se torna para Hans um objeto de satisfação. Neste momento começa a se produzir aquilo a que se chama angústia, ligada ao seguinte: que ele pode avaliar toda a diferença que existe entre aquilo pelo qual ele é amado e o que ele pode dar.

Dada a posição originária da criança com relação à mãe, o que ela pode fazer? Ela está ali para ser objeto de prazer. Portanto, está numa relação onde é fundamentalmente imaginada, e num estado puramente passivo. Se não virmos que é aí que se insere esse apassivamento primordial, nada poderemos compreender da observação do Homem dos Lobos. O que a criança pode fazer de melhor nessa situação em que está aprisionada na captura imaginária, nessa armadilha onde ela se introduz para ser o objeto de sua mãe, é passar além e se dar conta, pouco a pouco, se assim podemos dizer, daquilo que ela realmente é. Ela é imaginada, portanto, o que pode fazer de melhor é imaginar-se tal como é imaginada, isto é, se podemos nos exprimir assim, passar para o caminho do meio. Mas a partir do momento em que ela existe também como real, não há mais muita escolha. É então que ela vai se imaginar como fundamentalmente diferente daquilo que é desejado e, como tal, rejeitada do campo imaginário onde, pelo lugar que ali ocupava, a mãe podia conseguir se satisfazer.

Freud o sublinha, uma angústia sobrevém inicialmente, mas angústia de quê? Temos alguns traços dela num sonho do qual ele desperta soluçando porque sua mãe ia embora. Num outro momento, ele diz ao pai: *Se você fosse embora.* Trata-se, em todos os casos, de uma separação. Podemos completar este termo com mil outros traços. É quando ele é separado da mãe e está com alguma outra pessoa que suas angústias se manifestam. Freud frisa que essas angústias aparecem em primeiro lugar, e que o sentimento de angústia se distingue da fobia. Mas o que é uma fobia? Isso não é assim tão fácil de compreender.

Vamos tentar defini-la.

## 3

Pode-se, é claro, saltar alegremente e dizer que a fobia é, ali dentro, o elemento representativo. Está bem, mas em que isso nos faz avançar? Por que uma representação tão singular? E que papel ela desempenha?

Outra cilada consiste em dizer que existe uma finalidade, que a fobia deve servir para alguma coisa. Por que, então, ela serviria para alguma coisa? Não existem também coisas que não servem para nada? Por que decidir antecipadamente, dizendo que a fobia serve para alguma coisa? Talvez ela sirva, exatamente, para nada? Tudo se teria passado igualmente bem se ela não houvesse estado ali. Por que ter, nessa ocasião, ideias preconcebidas de finalidade?

Vamos tentar saber qual é a função da fobia. O que é a fobia, nessa ocasião? Qual a estrutura particular da fobia do pequeno Hans? Eis o que talvez nos venha a dar algumas noções sobre a estrutura geral de uma fobia.

Seja como for, gostaria desde já de fazê-los observar que a diferença entre angústia e fobia é, aqui, perfeitamente sensível.

Não sei se a fobia é tão representativa assim, pois é muito difícil saber de que a criança tem medo. O pequeno Hans articula isso de mil maneiras, mas permanece um resíduo absolutamente singular. Se leram a observação sabem que este cavalo, que é castanho, branco, preto, verde — essas cores não deixam de ter um certo interesse —, apresenta um enigma que fica sem resolução até o final do caso, e que é não-sei-que espécie de mancha preta que ele tem na frente, diante do focinho, que faz dele um animal dos tempos pré-históricos. E o pai interroga a criança: *É o pedaço de ferro que eles têm na boca?* — *Não*, diz a criança. *São os arreios?* — *Não. E o cavalo que você está vendo ali, também tem a mancha?* — *Não, não*, diz a criança. E depois, um belo dia, já cansado, ele diz: — *Sim, aquele ali tem, não vamos falar mais disso*. O certo é que não se sabe o que é esta coisa preta que está diante da boca do cavalo.

Logo, não é tão simples assim uma fobia, pois ela comporta elementos quase irredutíveis, muito pouco representativos. Se existe alguma coisa que dá o sentimento desse elemento negativo alucinatório sobre o qual se falou recentemente, durante um desses surtos teóricos que sobrevêm regularmente na análise, é realmente este elemento de imprecisão, que é, afinal, o que nos aparece de mais claro no fenômeno dessa cabeça de cavalo, cujo mistério não deixa de evocar o cavalo acima de Vênus e Vulcano no quadro de Ticiano.

Uma coisa é certa, é a diferença radical entre os dois sentimentos, o sentimento de medo e o sentimento de angústia que aparece quando a criança se sente, de súbito, como sendo ela própria algo que pode ser colocado completamente fora do jogo. Certamente, a irmãzinha prepara ao máximo a questão, mas, repito, é sobre uma base muito mais profunda que a criança se inaugura, que o solo lhe foge aos pés. A criança concebe então que pode não mais preencher de maneira nenhuma sua função, nada mais ser, não ser nada mais que este algo que parece ser alguma coisa, mas que ao mesmo tempo não é nada, e que se chama uma metonímia.

Falo, aqui, de um termo que estudamos. A metonímia é um procedimento do romance realista. Se um romance realista, que não passa, afinal de contas, de um amontoado de clichês, pode nos interessar, isso não se deve ao pequeno matiz real que ele nos traz. Se tais clichês nos interessam é porque, por trás disso, visam sempre a uma outra coisa. Visam, precisamente, ao que parece ser o mais contrário, isto é, tudo aquilo que falta. Isso é o que faz com que, muito para além de todos os detalhes, de todo esse cintilar de seixos que nos é dado, existe aquilo que nos captura. Quanto mais metonímico ele for, mais a visada do romance estará além.

Nosso caro pequeno Hans se vê, então, de repente, precipitado nisso, ou pelo menos precipitável, por sua função de metonímia. Para dizer isso de forma mais viva que teórica, ele se imagina como um nada.

O que acontece a partir do momento em que a fobia entra em jogo na sua existência? Uma coisa é certa, é que, diante dos *cavalos da angústia*, *Angstpferde*, e apesar do tom dado por essa palavra, não é angústia o que ele experimenta, e sim medo. A criança tem medo de que aconteça alguma coisa de real, duas coisas, nos diz ela: que os cavalos mordam, que os cavalos caiam. A fobia não é de modo algum a angústia. A angústia — e aí não faço mais que repetir Freud, que o articulou com perfeição — é algo que é sem objeto. Os cavalos saem da angústia, mas o que eles portam é o medo. O medo concerne sempre a alguma coisa articulável, nomeável, real: estes cavalos podem morder, eles podem cair, eles têm ainda muitas outras propriedades.

Pode ser até mesmo que conservem neles os vestígios da angústia. A imprecisão, a mancha preta talvez não deixem de ter algo a ver com ela, como se os cavalos recobrissem algo que aparece por baixo, e ilumina por detrás, a saber, este preto que começa a flutuar. Mas no vivenciado o que há no pequeno Hans é o medo. Medo de quê? Não o medo do cavalo, mas o medo dos cavalos, de modo que, a partir da emergência da fobia, o mundo lhe aparece pontuado por toda uma série de pontos perigosos, pontos de alarme que o reestruturam.

Em conformidade com a indicação de Freud que, ao formular questões sobre a função da fobia, aconselha, para resolvê-la, reportar-se a outros casos, vamos nos reportar, antes de ver se a fobia é uma espécie mórbida ou uma síndrome, a uma de suas formas mais típicas, mais difundidas, a saber, a agorafobia, que certamente tem um valor em si, e que nos apresenta um mundo pontuado por sinais de alarme demarcando um campo, um domínio, uma área. Se devemos, absolutamente, tentar indicar em que direção se inicia, não digo a função da fobia, porque não devemos nos precipitar, mas seu sentido, é o seguinte: ela introduz no mundo da criança uma estrutura, ela põe, precisamente, em primeiro plano, a função de um interior e de um exterior. Até então, a criança estava, em suma, no interior de sua mãe, e acaba de ser rejeitada dali, ou de se imaginar rejeitada, ela está na angústia, e ei-la que, com ajuda da fobia, instaura uma nova ordem do interior e do exterior, uma série de limiares que se põem a estruturar o mundo.

Haveria muito que aprender, aqui, pelo estudo de certos elementos que nos são trazidos pela etnografia, concernentes à maneira como os espaços são construídos numa aldeia. Nas civilizações primitivas, não se constroem as aldeias de qualquer maneira, existem campos cultivados e outros virgens, e no interior disso, limites que significam coisas fundamentais quanto aos pontos de referência de que dispõem essas pessoas mais ou menos próximas da libertação da natureza. Haveria muito que aprender aí, e talvez mais tarde eu lhes diga algumas palavras sobre isso.

Aqui, também, existe limiar, e existe também o que se pode apresentar como a imagem que guarda o limiar — *Schützbau, Vorbau*, construção que fica na entrada, casa de guarda. Este é o termo expressamente articulado por Freud: a fobia é construída à frente do ponto de angústia.

Já começa a nos aparecer alguma coisa que se articula e nos mostra sua função. Quero, simplesmente, não ir depressa demais, e peço a vocês que não parem por aí. Contentamo-nos com muito pouco, habitualmente. Sem dúvida, isso é muito bonito, transformamos a angústia em medo, e o medo é, aparentemente, mais tranquilizador que a angústia. Mas isso tampouco é certo.

Quisemos somente pontuar hoje que não podemos, em absoluto, fazer do medo um elemento primitivo na construção do eu, contrariamente ao que foi articulado da maneira mais formal, para fazer disso a base de toda a sua doutrina, alguém que jamais nomeio, e que acontece de ocupar uma posição de *leadership* numa certa escola dita, com mais ou menos justiça, parisiense. O medo não pode, em caso algum, ser considerado como elemento primitivo, elemento último na estrutura da neurose. No conflito neurótico, o medo intervém como um elemento de sentinela avançada, e contra alguma coisa inteiramente diversa, que é, por natureza, sem objeto, a saber, a angústia. Aí está o que a fobia nos permite articular.

Vou ficar, por hoje, nessa *Vorbau* do meu discurso, depois de havê-los conduzido até o ponto preciso em que a questão da fobia se formula, com referência àquilo que ela é levada a responder: peço-lhes que tomem a palavra no seu sentido mais profundo. Vamos tentar, da próxima vez, ver aonde a sequência das coisas nos poderá levar.

20 DE MARÇO DE 1957

# XV

# PARA QUE SERVE O MITO

*Funções e estrutura dos mitos.*
*O* Krawall *e o orgasmo infantil.*
*A fantasia das duas girafas.*
*O enraizado, o perfurado, o amovível.*
*A transposição simbólica do imaginário.*

Vamos retomar nosso passeio pela observação do pequeno Hans.

Passear, fazer um passeio não é uma maneira ruim de se reconhecer num espaço considerado. Mas, trata-se para mim de ensiná-los a imaginar a topografia de um campo fora dos itinerários já percorridos. Acontece, por exemplo, de vocês retornarem ao ponto de partida sem se dar conta. Ou ainda, quando estão num lugar tão familiar e tão perfeitamente autônomo quanto o seu banheiro, não lhes ocorre, com frequência, que se furassem a parede estariam no primeiro andar da livraria ao lado, que todos os dias, enquanto tomam seu banho, o trabalho continua na livraria vizinha, que está ali, ao alcance de suas mãos? Então dizem: — *Que metafísico, esse maldito Lacan.*

Trata-se de lhes permitir observar certas conexões, e fazê-los perceber, ao mesmo tempo, os elementos do plano do conjunto, de modo que não fiquem reduzidos ao que vou chamar, intencionalmente, de cerimonial dos itinerários referenciados.

## 1

Eis-nos, portanto, chegados com o pequeno Hans ao ponto em que, numa situação onde nem tudo ia assim tão mal, sobrevêm a angústia e a fobia. Lembro a vocês que distingui uma da outra, conformando-me estritamente ao que podem encontrar no texto de Freud.

Trata-se de topografia, e não de passeio ao acaso, ainda que seja através de um passeio inabitual que espero poder lhes representar essa topografia. Por ser inabitual, este passeio nem por isso deixou de já ter sido percorrido, ele está na observação do pequeno Hans.

Quero simplesmente lhes mostrar, aí, coisas que qualquer imbecil poderia encontrar — a não ser um psicanalista, porque este não é um imbecil qualquer. Nossa referência é o quadro que já lhes apresentei quando de nosso penúltimo encontro.

O objeto imaginário da castração é, naturalmente, o falo. A mãe simbólica se torna real na medida em que se manifesta em sua recusa de amor. O objeto da satisfação, o seio, por exemplo, torna-se ele próprio simbólico da frustração, recusa de objeto de amor. O furo real da privação é justamente uma coisa que não existe. Sendo o real pleno por sua natureza, é preciso, para fazer um furo real, nele introduzir um objeto simbólico.

De que se trata? Chegamos, no processo dito pré-edipiano, ao seguinte ponto. Para fazer-se objeto de amor para esta mãe que é, para ela, o que há de mais importante, que é mesmo essencialmente o que importa, a criança é levada progressivamente a perceber que deve deslizar para uma posição terceira, enfiar-se em algum lugar entre o desejo de sua mãe, que ela aprende a experimentar, e o objeto imaginário que é o falo.

Essa representação, devemos postulá-la, porque é a mais simples que nos permite sintetizar toda uma série de acidentes, inconcebíveis de outra maneira senão como os frutos da estrutura de relações simbólica e imaginária do período pré-edipiano. Ela está estritamente articulada no capítulo dos *Três ensaios sobre a teoria da sexualidade* intitulado "Die infantile Sexualforschung", isto é, "As pesquisas da criança", ou "As teorias infantis sobre a sexualidade", onde verão formulado, como lhes digo, que as perversões, o que se chama assim, se concebem e se explicam em seu conjunto em relação à teoria infantil da mãe fálica, e a necessidade da passagem pelo complexo de castração.

Ainda existem pessoas que sustentam que a perversão é algo de fundamentalmente tendencial, instintual e que é um curto-circuito direto no sentido da satisfação que faz, realmente, sua densidade e seu equilíbrio. Pensam, assim, interpretar a noção freudiana de que a perversão é o negativo da neurose, como se a perversão fosse em si mesma a satisfação recalcada na neurose, como se esta fosse o seu positivo. O que diz Freud é exatamente o contrário. O negativo de uma negação não é de modo algum, forçosamente, seu positivo, como demonstra o fato de Freud afirmar, da maneira mais clara, que a perversão está estruturada em relação a tudo aquilo que se ordena em torno da ausência e da presença do falo. A perversão tem sempre alguma relação, nem que seja de horizonte, com o complexo de castração. Em consequência, do ponto de vista genético, ela está no mesmo nível da neurose. Ela pode ser estruturada de maneira a ser o seu negativo, ou mais exatamente o seu inverso, mas é tão estruturada quanto aquela, e pela mesma dialética, para empregar o vocabulário de que me sirvo aqui.

A importância dada muito cedo por Freud à própria noção da teoria infantil, e a seu papel na economia do desenvolvimento da criança, merece incontestavelmente que nos detenhamos nela. O pleno florescimento da concepção, a saber, o capítulo que lhes designei, só foi acrescentado aos *Três ensaios* muito depois da primeira edição — em 1915, creio, pois a edição alemã tem o defeito de não recordar, a propósito de cada capítulo, a data em que este veio se acrescentar à composição do livro.

A importância das teorias infantis da sexualidade no desenvolvimento libidinal deveria, por si só, ensinar a um psicanalista a relativizar a noção cerrada e ligeiramente marcada por um tom pejorativo que ele maneja volta e meia sob o termo intelectualização. Qualquer coisa que se apresente, à primeira abordagem, como se situando no domínio intelectual pode realmente, é claro, ter uma importância da qual a simples oposição cerrada entre o intelectual e o afetivo não poderia dar conta de modo algum. O que se chama de teorias infantis, isto é, a atividade de pesquisa que é a da criança em relação à realidade sexual, responde a uma necessidade inteiramente diversa daquilo a que chamamos, aliás indevidamente, com uma noção difusa, a atividade intelectual, cujo caráter superestrutural é admitido, de maneira mais ou menos implícita, no fundo de crença que ordena a consciência comum.

É de uma coisa inteiramente diferente que se trata nesta atividade. Ela é bem mais profunda, se podemos empregar este termo. Ela concerne ao conjunto do corpo. Ela envolve toda a atividade do sujeito, e motiva o que se pode chamar de seus temas afetivos, o que significa que ela dirige os afetos ou afeições do sujeito de acordo com as linhas mestras de imagens. Ela é, em suma, correlata de toda uma série de realizações, no sentido mais amplo, manifestando-se por ações absolutamente irredutíveis a fins utilitários. Vamos classificar este conjunto de ações ou atividades sob um termo que talvez não seja o melhor, nem o mais global, mas que tomo por seu valor expressivo, aquele das atividades não somente cerimoniais, mas cerimoniosas.

Vocês sabem tudo o que se pode pôr sob este registro tanto na vida individual quanto na vida coletiva. Não existe exemplo de atividade humana que o elimine. Mesmo as civilizações de tendência muito fortemente utilitária e funcional veem, singularmente, essas atividades cerimoniais se reproduzir nos nichos mais inesperados. É preciso que haja alguma razão para isso. Em suma, para centrar o valor exato daquilo a que se chamam as teorias infantis da sexualidade, e de toda a ordem de atividades que são, na criança, estruturadas em torno destas, devemos nos referir à noção de mito.

Não é preciso, para perceber isso, ser muito versado no assunto, isto é, ter aprofundado a noção do mito, o que no entanto é realmente minha intenção fazer aqui. Vou tentar fazê-lo aos poucos, por etapas, já que também me parece necessário acentuar cada vez mais a continuidade entre nosso campo e os elementos referenciais a que creio dever remetê-los. Não que eu pretenda, de modo algum, como já me disseram algumas vezes, dar a vocês aqui uma metafísica geral, nem cobrir todo o campo da realidade. Quero somente lhes falar da nossa, e daquelas mais vizinhas, mais imediatamente conectadas. Seria perfeitamente descabido cair num sistema do mundo, como se faz com muita frequência, projetando nosso domínio, de maneira insuficiente e bem pobre, sobre toda uma série de ordens e campos escalonados da realidade, a pretexto de que eles podem ter alguma analogia de conjunto com aquilo que fazemos, porque o grande se encontra sempre no pequeno. Esta projeção não poderia, certamente, esgotar de jeito nenhum a realidade, tampouco o conjunto dos problemas humanos. Em contrapartida, seria aberrante isolar completamente nosso campo e recusarmo-nos a ver o que, neste, não é análogo, mas sim diretamente conectado, em comunicação, às voltas com uma realidade que nos é acessível através de outras disciplinas, outras ciências humanas. Estabelecer essas conexões me parece indispensável para bem situar nosso domínio, e mesmo, simplesmente, para que nós o entendamos melhor.

Se convém agora introduzir a noção do mito, é porque estamos desembocando da maneira mais natural na noção das teorias infantis. Durante todo este tempo em que lhes venho falando de Hans, vocês puderam perceber que, se este caso é um labirinto, até mesmo, à primeira abordagem, uma mixórdia, é em razão do lugar que nele ocupa toda uma série de elucubrações do pequeno Hans, algumas muito ricas, que dão a impressão de uma proliferação, de um luxo. Não pode deixar de lhes aparecer que isso entra, precisamente, na classe dessas elaborações teóricas que desempenham um papel tão importante.

Vamos simplesmente nos aproximar do mito como de uma primeira evidência.

O que se chama um mito, seja ele religioso ou folclórico, em qualquer etapa de seu legado que se o considere, apresenta-se como uma narrativa. Pode-se dizer muita coisa sobre esta narrativa, e tomá-la sob diferentes aspectos estruturais. Pode-se dizer, por exemplo, que ela tem alguma coisa de atemporal. Pode-se tentar definir sua estrutura quanto às configurações que ela define. Pode-se tomá-la sob sua forma literária, cujo parentesco com a criação poética é surpreendente, ao passo que o mito é, ao mesmo tempo, muito distinto desta, no sentido que demonstra certas constâncias que não estão absolutamente submetidas à invenção subjetiva.

Vou indicar também o problema suscitado pelo fato de que o mito tem, no conjunto, um caráter de ficção. Mas esta ficção apresenta uma estabilidade que não a torna de modo algum maleável às modificações que lhe podem ser trazidas, ou, mais exatamente, que implica que toda modificação implica por sua vez, por essa razão, uma outra, sugerindo invariavelmente a noção de uma estrutura. Por outro lado, essa ficção mantém uma relação singular com alguma coisa que está sempre implicada por trás dela, e da qual ela porta, realmente, a mensagem formalmente indicada, a saber, a verdade. Aí está uma coisa que não pode ser separada do mito.

Em alguma parte do *Seminário sobre "A carta roubada"*, a propósito do fato de que analisava uma ficção, pude escrever que essa operação era, ao menos num certo sentido, perfeitamente legítima, porque do mesmo modo, dizia eu, em toda ficção corretamente estruturada, pode-se constatar essa estrutura que, na própria verdade, pode ser designada como a mesma da ficção. A necessidade estrutural que é carreada por toda expressão da verdade é justamente uma estrutura que é a mesma da ficção. A verdade tem uma estrutura, se podemos dizer, de ficção.

O mito se apresenta, também em sua visada, com um caráter de inesgotável. Para empregar um termo antigo, digamos que ele participa do caráter de um esquema no sentido kantiano. Ele está muito mais próximo da estrutura que de todo conteúdo, e se reencontra e se reaplica, no sentido mais material da palavra, sobre todas as espécies de dados, com essa eficácia ambígua que o caracteriza. O mais adequado é dizer que a espécie de molde oferecido pela categoria mítica é um certo tipo de verdade na qual, por nos limitarmos ao que é nosso campo e nossa experiência, não podemos deixar de ver que se trata de uma relação do homem — mas com quê?

Não vamos responder depressa demais a este *com quê*, nem ao acaso, nem facilmente. Responder *com a natureza* vai nos deixar insatisfeitos, depois das observações que lhes fiz sobre o fato de que a natureza, tal como se apresenta ao homem, tal como se coopta a ele, é sempre profundamente desnaturada. Responder *com o ser* não é, decerto, inexato, mas talvez fosse um pouco longe demais, desembocando na filosofia, até mesmo naquela, mais recente, de nosso amigo Heidegger, por mais pertinente que seja essa referência. Temos, com certeza, referências mais próximas e termos mais articulados, que são esses mesmos que podemos de imediato abordar em nossa experiência.

Cabe a nós, apenas, perceber que se trata de temas da vida e da morte, da existência e da não existência, do nascimento, em especial, isto é, da aparição daquilo que ainda não existe. Trata-se, pois, de temas ligados, por um lado, à existência do próprio sujeito e aos horizontes que sua experiência lhe traz, por outro lado, ao fato de que ele é o sujeito de um sexo, do seu sexo natural. Aí está ao que nossa experiência nos mostra que a atividade mítica se emprega na criança. Ela se demonstra, assim, por seu conteúdo e por sua visada, completamente de acordo — sem recobri-lo completamente — com aquilo que se inscreve sob o termo próprio de mito na exploração etnográfica.

Os mitos, tais como se apresentam em sua ficção, visam sempre mais ou menos, não à origem individual do homem, mas à sua origem específica, à criação do homem, à gênese de suas relações nutrizes fundamentais, à invenção dos grandes recursos humanos, ao fogo, à agricultura, à domesticação dos animais. Encontramos aí também, constantemente questionada, a relação do homem com uma força secreta, maléfica ou benéfica, mas essencialmente caracterizada pelo que tem de sagrado.

Essa potência sagrada, diversamente designada nos relatos míticos que explicam como o homem adveio em relação a ela, deixa-se situar para nós numa identidade manifesta com o poder da significação, e muito especialmente, de seu instrumento significante. Esta é a potência que faz o homem capaz de introduzir na natureza aquilo que une o próximo e o distante como o homem e o universo, capaz também de introduzir na ordem natural, não somente suas próprias necessidades e os fatores de transformação a elas submetidos, mas a noção, que vai mais além, de uma identidade profunda, jamais apreendida minimamente entre, por um lado, o poder que ele tem de manejar o significante ou ser por este manejado, incluir-se num significante, e, por outro lado, o poder que ele tem de encarnar a instância deste significante em uma série de intervenções que não se apresentam, originalmente, como atividades gratuitas, quero dizer, de realizar a pura e simples introdução do instrumento significante na cadeia das coisas naturais.

A relação de contiguidade dos mitos com a criação mítica infantil é suficientemente indicada pelas aproximações que lhes acabo de fazer. Daí o interesse que podemos ter pela investigação dos mitos, pela mitologia científica ou comparada, que já há algum tempo, e cada vez mais, se elabora segundo um método cujo caráter de formalização indica que um certo passo já foi dado. A fecundidade comportada por essa formalização dá a pensar que nesse sentido é que foi possível prosseguir, mais que pelo método das analogias, as referências culturalistas e naturalistas até aqui empregadas na análise dos mitos.

A formalização isola nos mitos elementos ou unidades cujo funcionamento estrutural é, em seu nível, comparável — sem no entanto lhe ser idêntico — àquele isolado pelo estudo da linguística, as elaborações dos diferentes elementos modernos taxiemáticos. Tais elementos puderam ser isolados e sua eficácia posta em prática. Essas são as unidades da construção mítica, que definimos sob o nome de mitemas.

Continuando a experiência numa série de mitos, colocados à prova dessa decomposição para ver como funciona a recomposição, percebe-se uma surpreendente unidade entre os mitos aparentemente mais distantes, sob a condição de se abstrair toda analogia aparente. Dizer, por exemplo, que um incesto e um assassinato são coisas equivalentes, isso não nos virá à mente, mas a comparação de dois mitos, ou de dois estágios do mito, pode fazer com que isso apareça. Nos diferentes vértices de uma constelação que se parece com aqueles pequenos cubos que eu desenhava no quadro da última vez, vocês vão dispor, por exemplo, os termos pai e mãe, a mãe sendo desconhecida para o sujeito. Na primeira geração, há incesto. Quando passarem à geração seguinte, recenseamentos precisos, segundo leis que só interessam por apresentar uma formalização sem ambiguidades, irão demonstrar que a noção de irmãos gêmeos é a transformação do par pai-mãe na primeira geração, e que o assassinato, o de Polinice, está situado no mesmo lugar do incesto. Tudo repousa na operação de transformação, já regulada por um certo número de hipóteses estruturais sobre a maneira de se tratar o mito.

Isso nos dá uma ideia do peso, da presença, da instância do significante como tal, de seu impacto próprio. O que se isola aqui é sempre, de alguma maneira, o mais oculto, já que se trata de alguma coisa que em si não significa nada, mas que carrega, certamente, toda a ordem das significações. Se existe algo dessa natureza, em nenhum lugar é tão sensível quanto no mito.

Este preâmbulo lhes indica com que espírito vamos abordar, para submetê-la a esta prova, a proliferação de temas, à primeira abordagem francamente imaginativos, que encontramos no relato do caso do pequeno Hans.

## 2

Qual é a autenticidade dos temas imaginativos do pequeno Hans? Freud mesmo o evoca, é muito possível que eles lhe houvessem sido sugeridos.

Mas a palavra sugestão deve ser tomada aqui no sentido mais simples? A saber, que aquilo que é articulado por um sujeito passa, num outro, ao estado de verdade recebida, ao menos de forma aceita, a que se liga um certo caráter de crença, e que constitui de certa maneira uma vestimenta dada à realidade. O próprio termo, sugestão, implica uma certa dúvida a respeito da autenticidade da construção em jogo, na medida em que ela é recebida pelo sujeito, e introduz uma crítica fácil que é, sem dúvida, legítima, por que não? Mas isso não é algo que merece ainda mais ser levado em consideração? A quem, mais que nós, cabe dizê-lo, a partir do momento em que a organização simbólica do mundo, com os elementos culturais que a sustentam, não pertence, por sua natureza, a ninguém, e deve ser recebida por cada sujeito? Não é isso algo que dá fundamento incontestável à noção de sugestão?

Não somente esta sugestão existe no caso do pequeno Hans, mas vamos vê-la eclodir abertamente. O modo interrogatório do pai se apresenta a todo instante como uma verdadeira inquisição, às vezes pressionadora, que tem mesmo o caráter de uma direção dada às respostas da criança. Como Freud sublinha em muitas passagens, o pai intervém de maneira aproximativa, grosseira, até mesmo francamente desajeitada. Todos os tipos de mal-entendidos se manifestam na maneira como ele registra as respostas da criança, e como ele se apressa em compreender demais, e depressa demais, o que Freud igualmente sublinha. Isso é absolutamente manifesto à leitura da observação — as construções de Hans estão longe de ser independentes da intervenção paterna, com seus constantes erros apontados por Freud; respondem a elas da maneira mais sensível, como seu próprio comportamento. Vê-se o mesmo, a partir de um certo momento, acelerar-se, arrebatar-se, e a fobia assumir um caráter de hiperprodutividade absolutamente notável.

Do mesmo modo, é extremamente interessante notar a que correspondem os diferentes momentos da produção mítica no pequeno Hans, e também — embora ela tenha um caráter imaginativo, com tudo o que este termo comporta de implícito na linguagem de cada um — de invenção gratuita. Recentemente, a propósito de uma de minhas apresentações de doentes, alguém me havia sublinhado, no paciente que eu interrogava, o caráter imaginativo de algumas de suas construções, o que lhe parecia indicar uma certa nota histérica de sugestão, ou de efeito de sugestão, quando era fácil perceber que não era nada disso. Ainda que provocada ou estimulada por uma pergunta, a produtividade pré-delirante do doente se manifestava estritamente segundo suas próprias estruturas, com sua marca e sua força de proliferação próprias.

Quando se trata de Hans, não se tem em momento algum a impressão de uma produção delirante. Tem-se, muito mais, a nítida impressão de uma produção lúdica. Isso é mesmo de tal modo lúdico que o próprio Hans tem às vezes uma certa dificuldade para levar a coisa até o fim e sustentar a via em que se engajou, por exemplo, aquela magnífica e absurda história, nos limites da farsa, sobre a invervenção da cegonha no nascimento de sua irmãzinha Anna. Ele é bem capaz de dizer: *Olhem, afinal, não acreditem no que estou dizendo*. Em todo o caso, nesse próprio jogo, aparecem menos termos constantes que uma certa configuração. Esta é às vezes fugaz, outras vezes perceptível de modo impressionante.

Aí está aquilo a que eu gostaria de introduzi-los, a saber, a necessidade estrutural que preside, não apenas à construção de cada um desses a que podemos chamar, com as precauções habituais, pequenos mitos de Hans, mas também ao seu progresso e suas transformações. Gostaria em especial de chamar a atenção de vocês para o seguinte: que nem sempre, obrigatoriamente, é o seu conteúdo que importa, quero dizer, o reviver mais ou menos ordenado de estados de ânimo anteriores, como por exemplo o que se chama de complexo anal.

O complexo anal desempenha seu papel na observação, mas não vai mais adiante do que Hans deixa mostrar a propósito do *loumf*. Sua aparição é perfeitamente inesperada pelo pai, que Freud nos diz ter deliberadamente deixado na ignorância de dois temas que ele muito provavelmente iria encontrar, conforme a previsão de Freud, e que efetivamente surgiram durante a exploração da criança por seu pai, a saber, o complexo anal e, nem mais nem menos, o complexo de castração.

Não vamos nos esquecer de que, se na época em que nos situamos, 1906-08, o complexo de castração já é uma chave de capital importância para Freud, esta ainda não foi inteiramente esclarecida e revelada a todos como a chave central, muito longe disso. É uma pequena chave que anda no meio das outras, com ares de pouca importância. Afinal de contas, Freud quer dizer que o pai não estava de modo algum advertido de que o complexo de castração é a cavilha por onde passam a instauração e a resolução da constelação subjetiva, a fase ascendente e a fase descendente do Édipo.

Logo, vemos ao longo de toda a observação o pequeno Hans reagir à intervenção do pai real. Sua colocação na estufa, sob o fogo cruzado da interrogação paterna, mostra ter sido favorável nele a uma verdadeira cultura da fobia. Nada nos permite pensar que a fobia teria tido semelhantes prolongamentos e ecos sem a intervenção paterna, nem mesmo que ela teria tido, em seu centro, este desenvolvimento, nem esta riqueza, nem mesmo talvez essa insistência tão pressionante durante algum tempo. O próprio Freud admite, e retoma por sua conta que poderia ter havido ali, momentaneamente, uma combustão, uma precipitação, uma intensificação da fobia sob a ação do pai.

Essas não são mais que verdades primeiras, e no entanto era preciso ainda dizê-las. Vamos retomar as coisas no ponto em que estamos. Para não deixá-los diante dessa confusão, vou lhes indicar o esquema geral em torno do qual se ordena de maneira satisfatória para nós o que vamos tentar compreender sobre o fenômeno da análise de Hans, de seu ponto de partida a seus resultados.

Hans está, pois, numa certa relação com sua mãe, onde se misturam a necessidade direta que ele tem do amor desta e aquilo que chamamos de jogo do engodo intersubjetivo. Este jogo se manifesta da maneira mais clara, e por parte de todos, nas declarações da criança desde o começo da observação. É necessário para ele que a mãe tenha um falo, o que não quer dizer, no entanto, que este falo seja para ele algo de real. A todo instante, pelo contrário, eclode em suas afirmações a ambiguidade que faz aparecer essa relação numa perspectiva de jogo. Afinal de contas, a criança sabe, realmente, alguma coisa, pelo menos indica isso quando diz: — *Eu estava pensando...* — e se interrompe. Isso em que ele pensava é: — *Ela tem ou não tem?* E ele lhe pergunta, e a faz dizer que ela tem um *Wiwimacher*, e quem sabe se a resposta o satisfaz, e até que ponto? *Macher* não é completamente traduzido, pois a ideia de um obreiro, de um agente, é indicada, como em *Uhrmacher*: é um *fazedor* de pipi. Um masculino está implicado aí, e se reencontra em outras palavras precedidas pelo prefixo *wiwi*.

Quando as relações da criança com sua mãe estão inteiramente impregnadas da intimidade que vimos, e ele está com ela na conivência do jogo imaginário, sobrevém de súbito uma certa descompensação que se manifesta por uma angústia no tocante, precisamente, a essas relações com a mãe.

Tentamos, da última vez, ver a que respondia essa angústia. Ela está ligada, dissemos, a diversos elementos de real que vêm complicar a situação. Esses elementos de real não são unívocos. Existem novidades entre os objetos da mãe, a saber, o nascimento da irmãzinha com todas as reações que isso acarreta em Hans, mas estas não se manifestam de imediato, já que somente quinze meses mais tarde é que eclode a fobia. Existe a intervenção do pênis real, com tudo o que introduz de complicações, mas este está em jogo há pelo menos um ano, a masturbação tendo sido confessada pela criança no plano da elocução, graças às boas relações existentes entre ela e seus pais.

Seja como for, por onde esses elementos de descompensação podem entrar em jogo? Observamos isso da última vez.

Numa vertente, Hans está excluído, cai da situação, é dela ejetado pela irmãzinha. Noutra, intervém o falo sob uma outra forma: falo da masturbação. É sempre o mesmo objeto, mas ele se apresenta sob uma forma inteiramente diferente, devido à integração de sensações ligadas, no mínimo, à turgescência, e, muito possivelmente, a alguma coisa que podemos chegar a qualificar de orgasmo, sem ejaculação, é claro. Existe um problema, o difícil problema do orgasmo na masturbação infantil. Freud não o resolve, pois não tem, então, observações suficientes para abordá-lo, e eu tampouco o abordo de saída. Assinalo a vocês, apenas, que ele está no horizonte de nosso questionamento.

É singular que Freud não formule a questão de saber se a confusão, o tumulto, *Krawall*, que é um dos temores que a criança experimenta diante do cavalo, não está em relação com o orgasmo, até mesmo com um orgasmo que não seria o seu. Quanto a saber se ele não teria percebido uma cena entre os pais, Freud admite com muita facilidade a afirmação dada por estes, de que nada poderia ter sido entrevisto pela criança. Este é um pequeno enigma de que teremos a solução certa.

Toda a nossa experiência nos indica que existe manifestamente, no passado das crianças, no seu vivido e seu desenvolvimento, um elemento muito difícil de integrar. Insisti há muito tempo — na minha tese ou num texto quase contemporâneo — no caráter devastador, muito especialmente no paranoico, da primeira sensação orgásmica completa. Por que no paranoico? Tentaremos responder a isso no percurso. Mas encontramos constantemente, em certos sujeitos, o testemunho do caráter de invasão dilacerante, de irrupção atordoante, que apresentou para eles esta experiência. Isso é o bastante para nos indicar, no desvio em que nos encontramos, que a novidade do pênis real deve desempenhar seu papel como elemento de integração difícil.

Todavia, dado que isso já dura há algum tempo, não é isso que se apresenta em primeiro plano no momento da irrupção da angústia. Por que a angústia chega neste momento, e só neste momento? A questão permanece muito claramente formulada.

### 3

Eis nosso pequeno Hans tendo chegado o momento do surgimento da fobia.

Não é Freud, mas sem dúvida alguma, como a sequência da observação bem mostra, o pai, comunicando-se com este, quem tem de imediato a noção de que ali está alguma coisa ligada a uma tensão com a mãe. Quanto a saber o que desencadeia, particularmente, a fobia, qual o excitador do distúrbio, o pai não esconde, desde as primeiras linhas de sua carta a Freud, com a clareza que dá toda a sua importância à primeira observação deste caso, que: — *Eu não saberia dizê-lo*, diz ele, e entra na descrição da fobia.

O que está em questão? Deixemos de lado a sequência e vamos refletir.

Demos toda sua importância à mãe, e à relação simbólica imaginária da criança com ela. Dissemos que a mãe se apresenta para a criança com a exigência daquilo que lhe falta, a saber, o falo que não tem. Dissemos: este falo é imaginário. Ele é imaginário para quem? É imaginário para a criança. Por que falamos disso nestes termos? Porque Freud nos diz que isso desempenha seu papel na mãe. Por quê? Vocês me dirão, porque ele descobriu isso. Mas, se ele o descobriu, é porque é verdade. E, se é verdade, por que é verdade?

Trata-se de saber em que sentido isso é verdade. Os analistas, em especial os analistas do sexo feminino, objetam regularmente que não se vê por que as mulheres estariam fadadas, mais que os outros, a desejar justamente aquilo que não têm, ou a se acreditarem providas dele. Pois bem, isso é por razões — vamos nos limitar a isso — que são da ordem da existência do significante e de sua insistência própria. É porque o falo tem um valor simbólico no sistema significante, e porque ele é, assim, retransmitido através de todos os textos do discurso inter-humano, que ele se impõe, de maneira prevalente dentre as outras imagens, ao desejo da mulher.

O problema não consiste em que, justamente neste desvio, neste momento de descompensação, a criança tenha que dar um passo literalmente impossível de transpor por si só? Que passo é esse? Até então, ela brincava com o falo desejado pela mãe, com o falo tornado para ela um elemento do desejo da mãe, e portanto algo pelo qual era preciso que ela passasse para cativar a mãe. Esse falo é um elemento imaginário. Trata-se agora de que a criança perceba que este elemento imaginário tem valor simbólico. E isso é que é impossível, para ela, superar.

Em outras palavras, o sistema do significante ou da linguagem, para defini-lo sincronicamente, o sistema do discurso, para defini-lo diacronicamente, a criança entra aí logo de início, mas não entra em toda a envergadura do sistema, entra de uma maneira pontual a propósito das relações com a mãe que está ali ou não está ali. Mas essa primeira experiência simbólica é inteiramente insuficiente. Não se pode construir o sistema de relações do significante em toda a sua amplitude em torno do fato de que alguma coisa que se ama está ou não está aí. Não podemos nos contentar com dois termos, precisamos de outros.

Um mínimo de termos é necessário ao funcionamento do sistema simbólico. Trata-se de saber se são três, se são quatro. Certamente não são apenas três. O Édipo nos dá, certamente, três, mas implica com certeza um quarto, na medida em que é preciso que a criança atravesse o Édipo. Logo, é preciso que alguém intervenha no assunto, e é o pai.

O pai, dizem-nos como intervém contando-nos a historinha, a rivalidade com o pai e o desejo inibido pela mãe. Nesse sentido, quando vamos passo a passo, observamos bem que nos encontramos aqui numa situação particular. Já o dissemos. O pai de Hans tem um modo curioso de presença. Será simplesmente o grau de carência paterna que desempenha seu papel nesse assunto? Será preciso que nos baseemos nessas características *soi-disant* reais e concretas, tão difíceis de definir com precisão? O que significa isso exatamente, que o pai real é mais ou menos carente?

Neste ponto, cada um se contenta com a aproximação, e dizem-nos, finalmente, sem mesmo se deter, em nome de não-sei-que lógica que seria a nossa própria, que as coisas aqui são mais contraditórias. Pois bem, vamos ver, ao contrário, tudo se ordenar em função do seguinte: para a criança, certas imagens têm um funcionamento simbólico.

O que isso quer dizer? As imagens que a realidade traz por ora a Hans, talvez demasiado abundantes, presentes, proliferantes, estão com certeza num estado de incorporação manifesta. O que está em questão para ele é fazer entrar em acordo o mundo da relação materna — que, no conjunto, havia funcionado harmoniosamente para ele até então — com esse elemento de abertura imaginária, ou de falta, que o tornava, para a mãe, tão divertido, tão excitante mesmo. Diz-se, em algum lugar, que ela fica ligeiramente irritada no momento em que o pai lhe diz para tirar a criança de sua cama, e ela protesta, brinca, faz-se de coquete. Este *wohl gereizt* que se traduz por *bastante irritada* quer dizer aqui *muito excitada*. É claro que não é à toa que ele está ali, na cama da mãe. Vamos saber exatamente por que ele está ali, este é um dos eixos da observação.

Vou ilustrar para vocês o que digo, quando digo que as imagens são inicialmente aquelas originadas da relação com a mãe, mas também existem outras, novas, que a criança enfrenta bastante bem. Desde que existe uma irmãzinha, e que, nesse mundo com a mãe, as coisas já não se passam tão simples, noções como a de grande e pequeno intervêm, confrontadas segundo diferentes antinomias, ou a noção do que está ali e do que não está ali, mas aparece etc... Ora, ela sabe muito bem enfrentar essas noções do plano da realidade, nós a vemos agora manejando tudo isso extremamente bem. Quando fala da irmãzinha, diz: *Ela ainda não tem dentes*, o que implica que tem uma noção muito exata dessa emergência.

Freud, que faz ironias, faz ironias à parte. Não se deve pensar que esta criança seja um metafísico. O que ela diz é absolutamente sadio e normal, ela se defronta rapidamente com noções que não são tão evidentes assim, e que são três. Primeiramente, a emergência, a aparição de algo de novo. Em segundo lugar, o crescimento: ela vai crescer, ou o que ela não tem vai crescer, não há o que ironizar neste ponto. Enfim, a proporção ou o tamanho, termo mais simples, ao que parece, mas não o que é mais imediatamente dado.

Fala-se de tudo isso à criança, e parece ser ainda cedo demais para que ela aceite as explicações que lhe são dadas. Existem alguns que não têm, o sexo feminino não tem falo, isto é o que seu pai lhe diz. Ora, essa criança, que é bastante capaz de manejar essas noções de maneira desenvolta e pertinente, como já mostrou anteriormente, longe de se contentar com isso, passa por desvios que parecem, à primeira vista, medonhos, assustadores, mórbidos. Existe, ao término, a solução do problema, mas é claro que, para se chegar a ela, a criança deve seguir caminhos incrivelmente desviados com referência à apreensão que tem de formas suscetíveis de objetivar o real de maneira satisfatória. Vamos encontrar a todo instante o extrapolar, o exaurir do imaginário ao simbólico, e verão que isso não pode se produzir sem a estruturação em círculos no mínimo ternários, dos quais lhes mostrarei, da próxima vez, um certo número de consequências.

Hoje vou lhes dar, de imediato, um exemplo.

Conforme as instruções de Freud — vocês vão ver, da próxima vez, o que significam essas instruções de Freud — o pai martela a Hans que as mulheres não têm falo, e que é inútil procurá-lo. O fato de ser Freud que tenha dito ao pai para intervir assim é interessante, mas vamos deixar isso de lado.

Como a criança reage a essa intervenção do pai? Ela reage pela fantasia das duas girafas.

A criança aparece no meio da noite, com medo, refugia-se no quarto dos pais, não quer lhes dizer ainda em que pensou, torna a adormecer na cama deles. Levam-no de volta a seu quarto e, pela manhã, perguntam-lhe de novo o que aconteceu. Trata-se de uma fantasia. Ali, uma girafa grande, aqui uma pequena girafa *zerwutzelte*, o que se traduziu por *amassada*, quando quer dizer *enrolada como uma bola*. Pergunta-se à criança como era isso, ela responde tomando um pedaço de papel e embolotando-o.

Como isso é interpretado? Para o pai, isso não traz de imediato dúvida alguma. Dessas duas girafas, a grande é o símbolo do pai. A pequena, de que a criança se apodera para sentar em cima, sob grandes gritos por parte da grande, é uma reação do falo materno, e remete à nostalgia da mãe e à falta desta. Isso é imediatamente nomeado, percebido, reconhecido, observado pelo pai como sendo a significação da girafa pequena, o que não o impede, aliás, sem que isso lhe pareça contraditório, de fazer igualmente do par de girafas o casal pai-mãe. Tudo isso levanta os problemas mais interessantes. Pode-se discutir infinitamente sobre a questão de saber se a girafa grande é o pai, se a pequena é a mãe. Trata-se, com efeito, para a criança, de retomar a posse da mãe, para grande irritação, até mesmo cólera, do pai. Ora, esta cólera nunca se produz no real, o pai jamais se entrega à cólera, e o pequeno Hans lhe sublinha isso: *Você deve estar com raiva, você deve estar com ciúmes*. Explica-lhe o Édipo, em suma. Infelizmente o pai nunca está ali para fazer o papel do deus Trovão.

Vamos nos deter um pouco no que se manifesta aqui. Uma girafa grande e uma girafa pequena, elas são iguais, uma é o dobro da outra. Existe o lado do *grande e pequeno*, mas também existe o lado *sempre girafa*. Em outras palavras, reencontramos aqui algo absolutamente análogo ao que eu lhes dizia da última vez sobre a criança considerada no desejo fálico da mãe como uma metonímia. A criança, na sua totalidade, é o falo. Logo, no momento em que se trata de restituir à mãe o seu falo, a criança faliciza a mãe por inteiro, sob a forma de um duplo. Ela fabrica uma metonímia da mãe. O que até ali não passava do falo enigmático e desejado, crido e não crido, mergulhado na ambiguidade, a crença, o jogo de engodo com a mãe que é o nosso termo de referência, pois bem, isso começa a se articular como uma metonímia. E como se não bastasse, para nos mostrar bem a introdução da imagem num jogo propriamente simbólico, para bem nos explicar que atravessamos a passagem da imagem ao símbolo, existe essa girafa pequena da qual ninguém compreende nada, e no entanto é tão visível. Hans o diz para nós, essa pequena girafa é de tal modo um símbolo que não passa de um desenho numa folha de papel que se pode amassar.

A passagem do imaginário ao simbólico não pode ser melhor traduzida senão por esses detalhes aparentemente contraditórios e impensáveis. Vocês sempre fazem do que contam as crianças algo que participa do domínio de três dimensões, quando existe também alguma coisa do jogo dos símbolos que está em duas dimensões. Assinalei para vocês na *Carta roubada* o momento em que nada mais resta da carta senão algo que a rainha tem entre as mãos, e que só é preciso amassar, embolotar. É este o mesmo gesto de Hans, pelo qual ele se esforça por dar a compreender o que está em questão na girafa pequena. A pequena girafa amassada significa algo da mesma ordem que o desenho de uma girafa que o pai fizera antes para Hans, e que eu lhes dou aqui, com o faz-pipi acrescentado pela criança. Este desenho já estava no caminho do símbolo, pois enquanto o resto está inteiramente desligado e todos os membros se sustentam bem em seus lugares, o faz-pipi acrescentado à girafa é realmente gráfico, é um traço, e ainda por cima, para que nada ignoremos dele, separado do corpo da girafa.

A GIRAFA
COM FAZ-PIPI

Entramos agora no grande jogo do significante, o mesmo sobre o qual ministrei o *Seminário sobre "A carta roubada"*. A pequena girafa é um duplo da mãe, reduzido ao suporte, sempre necessário para a veiculação do significante, a saber, algo que se pode segurar, que se pode amassar, e sobre o qual se pode sentar. Este é um testemunho. O pequeno apaixonado tem sempre em mãos algo que é uma espécie de libelo, de ameaça.

Observem que este não é o único ponto em que podemos captar a passagem do imaginário ao simbólico, existem todos os tipos de outros. Vemos estabelecer-se aqui, pouco a pouco, um paralelo entre a observação do homem dos lobos e a do pequeno Hans, e podemos comparar as vias por onde, em ambos os casos, é abordada a imagem fóbica. Ainda não definimos sua significação, mas, para fazê-lo, é preciso realmente que se tenha primeiro recorrido à experiência de sua abordagem pela criança. No homem dos lobos, é francamente uma imagem, sem dúvida, mas uma imagem que está num livro de figuras, e o objeto fóbico é o lobo que saiu do livro. Isso também não está ausente em Hans. No seu livro de figuras, na mesma página onde se encontra a imagem que ele nos mostra, da caixa vermelha na qual a cegonha traz as crianças, isto é, do ninho de cegonhas no alto da chaminé, figura, como que por acaso, um cavalo que está sendo ferrado.

O que vamos encontrar ao longo de toda a observação? Vamos encontrar, já que estamos procurando, estruturas, jogando uma espécie de jogo giratório de instrumentos lógicos que se completam uns aos outros, e formam uma espécie de círculo através do qual o pequeno Hans procura a solução. A solução de quê? É que, nessa série formada por esses três elementos ou instrumentos que se chamam a mãe, a criança e o falo, o falo não é mais apenas algo com que se joga, ele se torna recalcitrante, tem suas fantasias, suas necessidades, suas reclamações, e promove a maior confusão. Trata-se de saber como isso vai se resolver, isto é, como vão se arranjar as coisas nesse trio original.

Vemos, aqui, aparecer uma tríade.

*Ele está enraizado, meu pênis, angewachsen*. Aqui está uma forma de garantia. Infelizmente, uma vez que o levaram a professar que está enraizado, tem-se logo em seguida uma explosão da fobia. É de se acreditar que haja também um perigo a que ele esteja enraizado.

Vemos então aparecer um outro termo, o perfurado. Se soubermos procurar este termo de uma maneira conforme à análise dos temas míticos, vamos vê-lo aparecer de mil maneiras. Primeiro, ele, num sonho, é perfurado, depois a boneca é perfurada, e existem coisas perfuradas de fora para dentro, de dentro para fora.

O terceiro termo que ele encontra é particularmente expressivo, porque não pode se deduzir das formas naturais. É um instrumento lógico, que ele introduz na sua passagem mítica, e que constitui o terceiro vértice de um triângulo com o enraizado e o furo hiante do perfurado deixando um vazio. Se o pênis não está enraizado, não existe mais nada, e é por isso que é preciso uma mediação que permita colocá-lo, retirá-lo e tornar a colocá-lo. Em suma, é preciso que ele seja amovível. De que a criança se serve para isso? Ele introduz o parafuso. O instalador, ou o serralheiro, vem e o aparafusa, depois do que o instalador ou o bombeiro vem e lhe desaparafusa o pênis para recolocar um outro maior.

A introdução desse instrumento lógico, desse tema tomado de empréstimo à sua pequena experiência de criança, desse elemento mítico, vai trazer a verdadeira resolução do problema, através da noção de que o falo é também algo tomado no jogo simbólico, que pode ser combinado, que é fixo quando se o instala, mas que é mobilizável, que circula, que é um elemento de mediação. É a partir desse momento que a criança está a caminho de encontrar um primeiro alívio em sua busca frenética de mitos conciliadores jamais satisfatórios, e que nos levarão à solução definitiva que ela vai encontrar, que é, como vão ver, uma solução aproximativa do complexo de Édipo.

Isso lhes indica em que sentido analisar os termos e seu uso nessa criança. Um outro problema se esboça, que não é dos menores, o dos elementos significantes tomados de empréstimo a elementos simbolizados, que ele faz intervir em sua organização. Por exemplo, o cavalo que é ferrado é uma das formas de solução ocultas do problema da fixação do elemento faltoso. Como tal, este pode ser representado por uma coisa qualquer, e, mais facilmente que por uma coisa qualquer, por qualquer objeto que apresente uma rigidez suficiente. Afinal de contas, o objeto que, nessa construção mítica, simboliza da maneira mais simples o falo é a pedra. Nós a encontramos em toda parte, na cena principal do diálogo com o pai, que é, como veremos, o verdadeiro diálogo resolutivo. Essa pedra é também o ferro, o cravo que se martela na pata do cavalo, e que desempenha seu papel no pânico auditivo da criança. Esta, com efeito, fica especialmente assustada quando o cavalo escoiceia o chão com aquela ferradura na qual se fixou algo que não deve estar completamente fixado, problema a que a criança dará, finalmente, a solução do parafuso.

Em suma, este progresso do imaginário ao simbólico constitui uma organização do imaginário em mito, ou, pelo menos, está a caminho de uma construção mítica verdadeira, isto é, coletiva, e nos lembra disso por todos os lados, a ponto mesmo de evocar para nós os sistemas de parentesco. Isso jamais é atingido, falando propriamente, já que é uma construção individual, mas é nessa via que se realiza o progresso. Para que uma solução seja encontrada, é preciso que um número mínimo de desvios tenha sido cumprido. Vocês podem encontrar o modelo dessa eficiência no esqueleto, ou na metonímia, se preferirem, dada por minhas histórias de α, β, γ, δ. É alguma coisa desta ordem que a criança precisa ter percorrido até um certo ponto, para transpor a passagem difícil de uma certa carência ou hiância, e para encontrar seu repouso e alguma harmonia. Talvez nem todos os complexos de Édipo precisem passar por uma tal construção mítica, mas é certo que eles necessitam realizar a mesma plenitude na transposição simbólica. Isso pode ser sob uma outra forma mais eficaz, pode ser em ação. A presença do pai pode, com efeito, ter simbolizado a situação, por seu ser ou seu não-ser.

É certamente alguma coisa dessa ordem cuja superação está implicada na análise do pequeno Hans, e espero mostrar isso a vocês, com mais detalhes, da próxima vez.

27 DE MARÇO DE 1957

# XVI

# COMO SE ANALISA O MITO

*Dar a ver e ser surpreendido.*
*O Professor bom Deus.*
*O método de Claude Lévi-Strauss.*
*Nua e de camisola.*
*Captura no mecanismo permutatório.*

| AGENTE | FALTA | OBJETO |
|---|---|---|
| Pai real | Castração simbólica | Falo imaginário |
| Mãe simbólica | Frustração imaginária | Seio real |
| Pai imaginário | Privação real | Falo simbólico |

Qual é a nossa tentativa deste ano?

É a de conservar o relevo e a articulação de Freud na famosa e pretensa relação de objeto, que se verifica ao exame não ser assim tão simples quanto se diz, e até mesmo jamais ter sido tão simples assim. Caso contrário, não se veria por que a obra de Freud daria um lugar a essas duas dimensões — ainda, e talvez cada vez mais, enigmáticas — chamadas complexo de castração e mãe fálica, o que nos levou a concentrar nossas pesquisas no caso do pequeno Hans, onde tentamos agora aplicar a análise para desemaranhar as relações fundamentais do sujeito, aquilo a que se chama o seu meio ambiente, destacando tipos relacionais que seriam de uso analítico.

Pudemos ver ontem à noite o quanto este instrumento ainda deixa a desejar. Quando abordamos essa referência que é para nós fundamental, a relação da criança com a mãe, falamos da relação dual como fixada na mãe fálica, dizemos que ela é envolvida pela mãe, ou que não o é etc. Em suma, mantemo-nos nas características que talvez sejam bem gerais, como o sr. Prot nos disse ontem à noite na sessão da Sociedade, para permitir demarcar as incidências eficazes que ali se poderiam destacar. Com efeito, é singular que categorias tão frouxas quanto as que Freud introduziu não possam ser recortadas de maneira suficientemente usual para nos permitir, por exemplo, diferenciar no interior de uma mesma família de relações um traço de caráter e um sintoma. Não basta estabelecer a analogia entre eles — já que ocupam funções diferentes, devem estar em jogo relações de estrutura diferentes.

É isso mesmo que tentamos constatar a propósito desses exemplos eminentes que são as observações freudianas. Como sabem, no decorrer dos anos, demos um sentido às três relações ditas do simbólico, do imaginário e do real, que são três modos essenciais profundamente distintos, e sem a distinção dos quais pretendemos ser impossível nos orientar, nem que seja na experiência mais cotidiana. Este sentido, esforçamo-nos em indicá-lo à experiência, porque não há melhor definição a dar de um conceito do que pô-lo em uso.

## 1

Tínhamos, pois, chegado da última vez à noção de que o pequeno Hans, que captamos na observação, num momento de sua biografia, é marcado por um certo tipo de relação com sua mãe, cujos termos fundamentais são definidos pela presença manifesta do objeto fálico entre eles dois.

Isso não seria de surpreender. Através de outras observações, já havíamos visto, desde o início do ano, como o falo, na medida em que é objeto imaginário do desejo materno, constituía um ponto realmente crucial da relação mãe-filho. Numa primeira etapa, pode-se definir o acesso da criança à sua própria situação em presença da mãe, dizendo que ela necessita, por parte desta, do reconhecimento, até mesmo da assunção do papel essencial deste objeto imaginário, o objeto fálico, que entra como um elemento de composição absolutamente primordial na estruturação primitiva da relação mãe-criança.

Nenhuma observação pode nos servir melhor, neste sentido, que o caso do pequeno Hans. Tudo, com efeito, parte do jogo entre ele e a mãe: ver, não ver, espreitar o falo, espiar onde ele está. Vamos sublinhar que permanecemos a este respeito numa total ambiguidade quanto ao tema do que se pode chamar a crença de Hans. Temos realmente a impressão de que, no momento em que a observação começa, já há muito tempo que, do ponto de vista real, ele tem, como se diz, sua ideiazinha. *Pensei em tudo isso, ich hab'gedacht*, diz ele, quando lhe dão essas respostas, ao mesmo tempo rápidas e servindo para encerrar o assunto, a que os pais se veem obrigados diante de qualquer interrogação um pouco abrupta da criança.

Enquanto a relação imaginária pode passar por ser, por excelência, a reação do ver e do ser visto, quero, mais uma vez, pontuar o quanto já é importante manter nesse nível a articulação intersubjetiva, que está longe de ser dual, como verão. Se a relação dita escotofílica, com seus dois termos opostos, mostrar e se mostrar, merece deter por um instante a nossa atenção, é porque ela já está distinta da relação imaginária primitiva, que é um modo de apreensão no campo daquilo a que poderíamos chamar um confronto visual recíproco.

Insisti longamente neste ponto, no tempo em que me referia ao reino animal e aos singulares duelos visuais dos casais animais, onde se vê o animal, quer se trate de um lagarto ou de um peixe, capturado em certas reações típicas, ditas de exibição. Entre os dois adversários ou parceiros, erige-se tudo a partir de um certo conjunto de fâneros, de sinais, de aparelhos de captura visual num e noutro — e depois, unicamente no plano deste confronto visual, alguma coisa num deles cede, ele se apaga, ocorre uma esquiva motriz e um empalidecimento das cores, ele se afasta da visão daquele que assumiu a posição dominante. A experiência nos mostra que isso não se dá sempre estritamente em benefício do macho contra a fêmea, mas às vezes é entre dois machos que uma manifestação dessa espécie se produz. O que se produz no plano da comunicação visual prepara e se prolonga diretamente no ato de enlaçamento, até mesmo na opressão, no domínio, que curva um dos sujeitos diante do outro, que permite a um deles prevalecer sobre o outro.

Se existe aí o ponto de referência biológico ou etológico que nos permite dar toda a ênfase à relação imaginária em sua articulação ao conjunto do processo — não da exibição (*parade*), mas da parceria, do acoplamento —, é para que fique bem marcado o quanto as coisas são, desde o início, diferentes naquilo que chamei aqui de adivinhação pela criança do mundo imaginário materno. O que está ali em questão não é tanto ver e sofrer o domínio daquilo que é visto, mas procurar ver, espiar, aquilo que ao mesmo tempo está e não está ali. O que é visado na relação em jogo é algo que está ali na medida em que permanece velado, e deve-se sustentar o engodo para manter alguma coisa que está ali e não está. O drama imaginário tende para uma situação fundamental da qual não podemos desconhecer o caráter crucial, onde ele se insere e assume um sentido ainda mais elaborado — a situação da surpresa.

Não omitam o caráter ambíguo deste termo na língua francesa. A *surprise*, surpresa, se refere ao ato de surpreender, no sentido em que se diz — *eu o peguei de surpresa, eu o surpreendi*, onde há a surpresa da força de Enéas, ou ainda a surpresa de Diana, que culmina nessa mitologia que vocês sabem que não torno a evocar aqui por acaso, já que, igualmente, toda a relação de Acteão, a que eu me referia ao final de meu escrito sobre "A Coisa freudiana", está fundada nesse momento essencial. Mas há também uma outra face dessa palavra. Se Diana é surpreendida, nem por isso ela experimenta espanto. Em contrapartida, ficar surpreso corresponde também a uma descoberta inesperada. Aqueles que assistem à minha apresentação de pacientes puderam perceber num de nossos pacientes transexuais, que a descreveu para nós, o caráter realmente dilacerante da surpresa dolorosa que ele experimentou no dia em que, pela primeira vez, nos disse, viu sua irmã nua.

É assim que, num grau superior ao ver e ser visto, a dialética imaginária resulta num dar-a-ver e ser surpreendido pelo desvelamento. Esta dialética é a única que nos permite compreender o sentido fundamental do ato de ver. Ela é essencial na própria gênese da perversão. Ela é mais que evidente no exibicionismo. A técnica do ato de exibir consiste, para o sujeito, em mostrar o que ele tem, precisamente na medida em que o outro não tem. Como sobressai de suas declarações, o exibicionista procura, por este desvelamento, capturar o outro no que está longe de ser uma simples captura na fascinação visual, e que lhe dá o prazer de revelar ao outro aquilo que este é suposto não ter, para mergulhá-lo ao mesmo tempo na vergonha daquilo que lhe falta.

É sobre este fundo que atuam todas as relações de Hans com sua mãe. A mãe participa plenamente disso, e faz com que a criança participe com a maior complacência do funcionamento de seu corpo. Mas ela não deixa de perder seu próprio domínio, e manifestar severidade, respostas ásperas, até mesmo condenações, diante da participação exibicionista que lhe é demandada pelo pequeno Hans. Se o objeto imaginário desempenha aqui um papel fundamental, é na medida em que ele já está capturado na dialética do velamento e do desvelamento.

É nesse desvio que abordamos o pequeno Hans, e nos perguntamos por que ele faz sua fobia depois de um intervalo, um ano depois mais ou menos, da ocorrência de coisas fundamentais em sua vida, especialmente o nascimento da irmãzinha, e a descoberta de que esta, por sua vez, é também um termo essencial na relação com a mãe.

Já indicamos que esta fobia deve ser localizada dentro de um processo em que se trata, para a criança, de alterar profundamente todo o seu modo de relações com o mundo, a fim de admitir aquilo que está admitido ao final e que os sujeitos levam, às vezes, toda uma vida para assumir, a saber que, nesse campo privilegiado do mundo que é o dos seus semelhantes, existem efetivamente sujeitos que são privados deste famoso falo imaginário.

Estariam errados se acreditassem que basta ter a noção científica e articulável para que isso seja admitido nas crenças do sujeito. A profunda complexidade das relações do homem com a mulher vem precisamente do que poderíamos chamar, em nossa rude linguagem, a resistência dos sujeitos masculinos em admitir, efetivamente, que os sujeitos femininos sejam realmente desprovidos de alguma coisa, e, com mais forte razão, que sejam providos de alguma coisa diferente.

Eis o que é preciso articular poderosamente sobre o ato e o apoio de nossa experiência analítica. É neste nível que se enraíza um desconhecimento frequentemente mantido com uma tenacidade que influencia toda a concepção do mundo do sujeito, e em especial sua concepção das relações sociais. Este desconhecimento é mantido para além de qualquer limite nos sujeitos que não deixam de considerar a si próprios, com um sorriso, como tendo aceitado perfeitamente a realidade. O apagamento deste fato em nossa experiência mostra até que ponto ainda somos incapazes de nos beneficiar dos termos mais elementares do ensino de Freud. Por que isso é assim tão difícil de admitir? Talvez consigamos responder ao cabo de nosso percurso deste ano.

Por ora, vamos partir da observação do pequeno Hans e articular como se formula o problema de um reconhecimento semelhante nessa criança. Por que este reconhecimento se torna, de repente, necessário? Quando o que até então o mais importante era, justamente, brincar de que ele não o fosse. É retroativamente que vamos esclarecer por que era tão importante brincar de que não fosse.

Vamos ver, igualmente, como se dá que a assunção da privação real só possa se operar — e dar resultados subjetivamente vivenciáveis para o sujeito, quero dizer, que permitam sua integração na dialética sexual tal que esta permita ao ser humano não simplesmente suportá-la, mas vivê-la — sob a condição de se produzir a integração de um fato já dado, a saber, o fato de que a mãe já é uma adulta e está presa no sistema de relações simbólicas no interior das quais se situam as relações sexuais inter-humanas. É preciso que a própria criança tome este caminho e experimente a crise do Édipo, de que a castração é um momento essencial. É isso que o exemplo do pequeno Hans ilustra — mas talvez não ilustre completa nem perfeitamente. Talvez seja nessa incompletude que veremos particularmente se evidenciar o movimento essencial da observação.

Se essa análise é privilegiada, é porque nela vemos produzir-se abertamente a transição que faz passar a criança da dialética imaginária do jogo intersubjetivo com a mãe em torno do falo para o jogo da castração na relação com o pai. A passagem se faz por uma série de transições que são precisamente o que chamo os mitos forjados pelo pequeno Hans.

Por que vemos isso de uma maneira tão pura? Comecei a articulá-lo, e retomo agora do ponto em que havíamos parado.

## 2

Deixei-os, da última vez, neste fenômeno fascinante: a narrativa por Hans da fantasia das duas girafas, onde vemos como uma ilustração, dada ao seminário, a passagem do imaginário ao simbólico.

Literalmente, o pequeno Hans nos mostra aqui, tal como um prestidigitador, a imagem duplicada da mãe, sua metonímia, que não passa de um pedaço de papel, uma girafa amassada sobre a qual ele se senta.

Existe aí como que o esboço do esquema geral, e a indicação de que estamos no caminho certo. Se eu pretendesse inventar uma metáfora da passagem do imaginário ao simbólico, jamais teria conseguido inventar a história das duas girafas, tal como a fantasiou o pequeno Hans, e tal como ele a articula em todos os seus elementos. Trata-se da transformação de uma imagem desenhada numa bola de papel, que é inteiramente símbolo, elemento mobilizável como tal. E ele se senta em cima de sua mãe enfim reduzida ao símbolo, a este trapo de papel, do qual podemos nos apoderar e exclamar: *Ah, aí está o salvo-conduto do pequeno Hans!* Decerto, isso não é suficiente, senão ele estaria curado, mas ele nos mostra, através deste ato, de onde está voltando.

Como desconhecer, aqui, que os atos espontâneos de uma criança são algo de muito mais direto e mais vivo que as concepções mentais de um ser adulto depois de longos anos de cretinização amplificadora constituída comumente por aquilo que se chama educação.

Vejamos realmente o que se passa, servindo-nos de nosso quadro como se ele já estivesse confirmado. O que quer dizer que deva ser um pai imaginário a pôr, definitivamente, ordem no mundo, a saber, a formular que nem todo o mundo tem falo? Isso é fácil de reconhecer: o pai imaginário é o pai todo-poderoso, é o fundamento da ordem do mundo na concepção comum de Deus, a garantia da ordem universal nos seus elementos reais mais densos e mais brutais; foi ele quem fez tudo.

Nada mais faço, aqui, além de simplesmente forjar meu quadro, vocês só precisam reportar-se agora à observação do pequeno Hans. Quando o pequeno Hans fala do bom Deus, como o faz em duas ocasiões, fala disso de uma forma muito bonita. Seu pai começou a lhe dar certos esclarecimentos, daí resultou uma melhora, aliás passageira. A 15 de março, ao sair e perceber que há um pouco menos de carros e de cavalos que habitualmente, ele diz: *Como é gentil e esperto, da parte do bom Deus, ter posto menos cavalos hoje.*

O que significa isso? Não sabemos. Será que significa que os cavalos são menos necessários hoje? Não é impossível, mas *gescheit* não quer dizer *gentil*, e sim *francamente astuto*, malicioso. Tendemos a crer que o bom Deus lhe poupou dificuldades, mas como o cavalo não é apenas uma dificuldade, mas também um elemento essencial, isso quer dizer que ele, Hans, precisa menos de cavalos hoje. Seja como for, o bom Deus está ali como um ponto de referência essencial.

É absolutamente surpreendente ver que depois do encontro com Freud — que acontece a 30 de março, logo depois que ele faz da mãe uma bola de papel, sem ficar completamente satisfeito com isso, mas no caminho certo — é ainda ao bom Deus que o pequeno Hans faz alusão. Para dizer tudo, o Professor deve ter conversas com o bom Deus para ter dito tudo o que acaba de dizer. Freud não deixa de experimentar com isso um sentimento ao mesmo tempo divertido e feliz. Aliás, ele mesmo faz a ressalva de que, sem dúvida, tem algo a ver com isso, em razão de sua própria *gabolice*, pois não deixou de assumir essa posição arquissuperior que consistiu em lhe dizer: *Muito antes que você nascesse, eu havia previsto que um dia um garotinho iria gostar demais da mãe dele e por causa disso ia ter problemas com o pai.*

É espantoso ver Freud assumir essa posição. Não vamos nem pensar em censurá-lo por isso. Há muito tempo observei para vocês a dimensão original, excepcional, que Freud assume em todas as suas análises, na medida em que a palavra interpretativa que ele dá ao sujeito não é um enunciado que ele transmite, mas algo que ele mesmo realmente encontrou, e que passa diretamente por sua boca na autenticidade da palavra, referência que lhes ensino ser tão essencial. Não podemos deixar de perceber o quanto uma interpretação de Freud é diferente de todas aquelas que podemos dar, depois dele. Como vimos com muita frequência, Freud não se impõe, aqui, nenhuma espécie de regra, ele assume justamente a posição que eu poderia chamar de divina — é do alto do Sinai que ele fala ao jovem Hans, e este não deixa de demonstrar que sabe disso.

Entendam bem que a posição do pai simbólico, tal como a situei para vocês na articulação simbólica, permanece velada. Colocar-se, como faz Freud, como o mestre absoluto, não emana do pai simbólico, mas do pai imaginário, e é assim que Freud aborda a questão.

É muito importante conceber as particularidades da relação de Hans com sua análise. Se quisermos compreender esta observação, devemos perceber que ele tem de fato algo de absolutamente excepcional dentre todas as análises de crianças. A situação é desenvolvida de uma maneira tal que o elemento do pai simbólico é aí bastante distinto do pai real e, como estão vendo, do pai imaginário. É, sem dúvida, a isso — vamos confirmá-lo em seguida — que devemos a ausência notável de fenômenos de transferência, por exemplo, e ao mesmo tempo fenômenos de repetição, e é por isso que o elevamos ao estado puro do funcionamento das fantasias.

O interesse dessa observação é também nos mostrar que a *Durcharbeitung* não é, contrariamente à opinião corrente, um simples remanejamento ao fim do qual aquilo que é assimilado apenas intelectualmente acabaria por entrar na pele do sujeito à força, ou como uma impregnação. Se a *Durcharbeitung* é coisa necessária, é sem dúvida porque é necessário que um certo número de circuitos, em diversos sentidos do termo, sejam percorridos para que a função de simbolização do imaginário seja eficazmente satisfeita. É por isso que vemos o pequeno Hans seguir uma via labiríntica — na medida em que podemos reconstituí-la, pois ela é, a todo instante, quebrada, cortada pelas intervenções do pai, que não são, com certeza, as mais bem dirigidas, nem as mais respeitosas do sujeito, como Freud nos sublinha. Todavia, vemos produzir-se e reproduzir-se uma série de construções míticas cujos verdadeiros elementos componentes se trata de discernir. Em vez de nos satisfazermos recobrindo o fato com termos que servem para qualquer coisa — complexo disso, complexo daquilo, relação anal, ligação com a mãe —, mais vale tentar ver as funções, os elementos representativos, figurativos, que elas nos trazem, como essas narrativas muito articuladas que são os mitos antigos.

Temos o hábito de dar, aos termos em jogo, equivalentes em profusão, dizendo: isso representa o pai, isso representa a mãe, isso representa o pênis. Ora, cada um dos elementos, o cavalo, por exemplo, só é concebível em sua relação com um certo número de outros elementos igualmente significativos. É impossível fazer corresponder o cavalo, não mais que qualquer outro dos elementos dos mitos freudianos, a uma significação unívoca. O cavalo é, inicialmente, a mãe, o cavalo é no final o pai, entre ambos ele também pôde ser o pequeno Hans que, com efeito, de vez em quando brinca de cavalo, ou ainda o pênis, do qual o cavalo é, manifestamente, o representante em diversos pontos da história.

Isso, que é verdadeiro da maneira mais manifesta no que se refere ao cavalo, o é também para qualquer elemento significante que se encontre nos diferentes modos da criação mítica, extremamente abundante, a que se entrega o pequeno Hans. A banheira é, em dado momento, a mãe, mas é, no final, o traseiro do pequeno Hans — e é isso que compreendem tanto Freud quanto o pai, e o próprio pequeno Hans. Podem fazer a mesma operação a propósito de cada um dos elementos em causa, a mordida, por exemplo, ou ainda a nudez.

Para que percebam essas coisas, é necessário que se esforcem, em cada etapa, em cada momento da observação, para não compreender imediatamente. Esta é uma questão de método. É preciso que se esforcem, como Freud lhes recomenda expressamente em dois pontos da observação, por não compreender de imediato. A melhor maneira de não compreender é fazer um fichamento e anotar dia a dia, numa folha de papel, os elementos que Hans aborda e que se devem compreender como tais, como significantes. Insisti, por exemplo, no *sozinho com Mariedl*. Se não entenderem nada disso, guardem este elemento significante e, como a inteligência lhes virá quando estiverem comendo, vão perceber que isso se recorta estritamente com algo de diferente que vão poder escrever na mesma folha. Não apenas estar *com* alguém, mas estar *sozinho com*, o que isso supõe? Supõe que poderia haver um outro.

Este método de análise dos mitos é o que nos foi apresentado pelo sr. Claude Lévi-Strauss num artigo do *Journal of American Folklore* de outubro-dezembro de 1955, intitulado "A estrutura dos mitos". Praticando-o, podemos chegar a ordenar todos os elementos de um mito. Estes são alinhados de tal modo que, lidos num certo sentido, sejam a sequência do mito. Mas o retorno dos mesmos elementos, retorno que não é simples, mas ordenado, obriga a ordená-los, não simplesmente numa só linha, mas numa superposição de linhas que se dispõem como numa partitura, e vocês podem ver, então, estabelecer-se uma série de sucessões legíveis tanto horizontal quanto verticalmente. O mito se lê num sentido, mas seu sentido, ou sua compreensão, surge à superposição dos elementos analógicos que voltam sob formas diversas, a cada vez transformadas, sem dúvida para realizar um certo percurso que vai, como diria o sr. de la Palice, do ponto de partida ao ponto de chegada, e que faz com que algo que no começo parecia irredutível se integre no sistema.

Do mesmo modo, na história do pequeno Hans, partimos da irrupção do pênis real no jogo criança-mãe, que é nosso ponto de partida e, ao final, o pênis real consegue se alojar de uma maneira suficiente para que o pequeno Hans possa prosseguir sua vida sem angústia. Disse *suficiente* e não *necessária*, porque ela poderia ser ainda mais plena, e é isso mesmo que vamos ver. O complexo de Édipo no pequeno Hans talvez não chegue a uma solução completamente satisfatória. Ela basta, simplesmente, para libertá-lo da intervenção do elemento fóbico, torna desnecessária a conjunção do imaginário com a angústia que se chama a fobia, e desemboca na redução desta última.

Com efeito, para ir direto ao epílogo, não vamos esquecer que quando Freud reencontra o menino Hans já aos dezenove anos, este não se lembra de mais nada. Dão-lhe a ler sua história, tudo está apagado. Freud compara lindamente este apagamento ao que se produz quando um sujeito desperta no meio da noite, começa mesmo a analisar seu sonho — já conhecemos isso — e, passada a noite, pela manhã tudo está esquecido, sonho e análise. Esta comparação é bem sedutora, e nos permite pensar, com Freud, que o que está em jogo na observação de Hans — podemos constatá-lo — não é de modo algum comparável à integração ou reintegração pelo sujeito de sua história, que se realiza pela suspensão eficaz de uma amnésia, com a manutenção dos elementos conquistados. Trata-se, ao contrário, de uma atividade muito especial, no limite do imaginário e do simbólico, que é da mesma ordem que aquela do sonho. Igualmente, nessa mitificação em jogo ao longo de toda a observação, os sonhos desempenham um papel econômico, em todos os pontos assimilável ao das fantasias, até mesmo dos simples jogos e invenções de Hans.

Não vamos esquecer que Freud nos diz, de passagem, que ainda assim alguma coisa chamou a atenção de Hans na leitura de sua história, a propósito da qual ele diz: *Com efeito, bem pode ser que isso se refira a mim.* Trata-se do que diz respeito à irmãzinha, e todos os fantasiamentos que se instalam na relação com ela. Os pais de Hans estão, então, divorciados, como o decorrer da observação poderia deixar prever, e Hans não está mais infeliz por isso. Só existe uma coisa que permanece para ele como uma ferida, é esta irmãzinha, doravante separada dele. Esta irmãzinha foi levada pelo decorrer da vida a representar para ele este termo distanciado, para além daquilo que é acessível ao amor, que é o objeto de amor idealizado, a saber, esta *girl = phallus* de que partimos em nossa análise, e que irá permanecer, não temos por que duvidar disso, ainda que isso não passe de uma extrapolação, como a marca que irá dar seu estilo e seu tipo a toda a vida amorosa do pequeno Hans.

Certamente, apesar da magistral análise de que Hans foi objeto, nem tudo se mostra ter sido plenamente encerrado, e a relação de objeto por ela atingida não é inteiramente satisfatória.

## 3

Voltemos ao ponto de partida, a Freud, ao pai da criança, que é seu discípulo, e às instruções que lhe são dadas por Freud, pois vimos agora como ele assume aqui seu próprio papel. Como ele vai dizer a seu agente para se comportar? Faz-lhe duas recomendações.

A primeira recomendação tem duas vertentes. Uma vez informado da atitude do pequeno Hans e dos fenômenos penosos e angustiantes de que este é objeto, Freud diz ao pai que explique à criança que aquela fobia é uma bobagem, *eine Dummheit*, e que a bobagem em questão está ligada a seu desejo de se aproximar da mãe. Além disso, como Hans se ocupa muito, há algum tempo, do *Wiwimacher*, ele lhe faz saber que, como ele próprio havia observado, isso não fica bem em absoluto, *unrecht*, e é por isso que o cavalo é tão malvado e quer mordê-lo.

Isso vai longe, pois temos de saída uma manobra direta sobre a culpa. Esta manobra consiste, por um lado, em suspender a culpa dizendo à criança que essas coisas são simples, e perfeitamente naturais, que basta ordenar e dominar um pouco, mas, por outro lado, acentua o elemento de interdição, pelo menos relativo, sobre as satisfações masturbatórias. Veremos qual o resultado disso na criança.

A segunda recomendação de Freud é ainda mais característica da linguagem que ele emprega. Já que a satisfação do pequeno Hans é, manifestamente, de ir descobrir — e foi por esse motivo que retomei há pouco a dialética do descobrir e do surpreender — o objeto escondido que é o pênis ou o falo da mãe, este desejo lhe será retirado, retirando-lhe o objeto da satisfação: *Você vai lhe dizer que esse falo desejado não existe*. Isso é textualmente articulado por Freud no começo da observação, p. 263 e 264 do volume das *Gesammelte Werke*. Como intervenção de pai imaginário, dificilmente se vê coisa melhor. Aquele que ordena o mundo diz que, aqui, não há nada a procurar.

Vemos, também, a que ponto o pai real é incapaz de assumir semelhante função. Quando tenta fazê-lo, Hans reage por um caminho inteiramente diverso daquele que lhe é sugerido, como, em outro momento, reagira com a história das duas girafas. Logo em seguida à articulação afirmada que lhe é feita da ausência do falo, ele fantasia a história seguinte, que é muito bonita: conta que viu sua mãe, de camisola e inteiramente nua, mostrar-lhe o *Wiwimacher* dela, que ele próprio fez a mesma coisa, e toma como testemunha do que a mãe fez a criada, a famosa Grete.

Resposta soberba, e perfeitamente de acordo com o que eu tentava articular há pouco. O que está em questão é, muito precisamente, ver aquilo que está velado, na medida em que está velado. A mãe está ao mesmo tempo nua e de camisola, exatamente como na história de Alphonse Allais, que exclamava, com as mãos para o céu, *Olhem para esta mulher, por debaixo das roupas ela está nua!* Observação sobre a qual talvez vocês nunca tenham avaliado a incidência e a importância nas subjacências metafísicas de seu comportamento social, mas que é fundamental para a relação inter-humana.

Neste ponto, o pai do pequeno Hans, que não se distingue por um modo excessivamente perspicaz de apreensão das coisas, lhe diz: *Mas das duas uma: ou ela está nua, ou de camisola.* Ora, aí está todo o problema: para Hans, ela está ao mesmo tempo nua e de camisola, exatamente como para todos vocês que estão aqui. Daí a impossibilidade de assegurar a ordem do mundo por uma intervenção autoritária. Evidentemente, o pai imaginário existe já há muito tempo, esta é uma certa forma do bom Deus, mas não é isso que resolve as nossas dificuldades, nós o sabemos de uma maneira não menos experimentada e permanente.

Antes dessa tentativa, o pai fizera uma primeira abordagem, tentando, como Freud lhe havia dito, reduzir a culpa do pequeno Hans. Deu a este um primeiro esclarecimento a respeito da relação existente entre um cavalo e alguma coisa de interdito, que é pôr a mão no seu sexo. Essa intervenção, que em suma visava apaziguar a angústia da culpa, nós analistas, depois de uns vinte ou trinta anos de experiência, sabemos que é fadada a fracassar sempre, e que não se deve jamais abordar a culpa de frente, a não ser para transformá-la em diversas formas metabólicas. Isso é o que não deixa de se produzir em Hans. No momento mesmo em que o pai lhe diz que o cavalo não passa de um substituto assustador de algo que afinal não é tão importante assim, a criança, que até então tinha medo de cavalos, é obrigada a olhá-los, como diz.

Vamos nos deter por um instante nesse mecanismo que merece ser notado. O que quer dizer, em suma, aquilo que lhe é dito? Cabe a ele dizer que é permitido olhar os cavalos. Assim como nos sistemas totalitários que se definem pelo fato de que tudo o que é permitido é obrigatório, ele se sente agora obrigado a isso. Diz-se ao pequeno Hans que é permitido ir em direção aos cavalos, mas como o problema está noutra parte, disso resulta que ele se sente obrigado a olhá-los.

O que pode realmente querer dizer o mecanismo que resumi desta forma: *o que é permitido se torna obrigatório?* Inicialmente temos uma transição, que é a eliminação daquilo que era anteriormente proibido, e aquilo que se torna assim permitido se reveste, agora, com o termo de obrigação. Logo, isso deve ser como que um mecanismo feito para manter sob uma outra forma o direito ao que era proibido. Em outras palavras, o que é preciso agora olhar é justamente o que antes não se devia olhar.

Quanto ao cavalo, já sabemos que ele defende alguma coisa, na medida em que a fobia é uma sentinela avançada, uma proteção contra a angústia. O cavalo marca um limiar, esta é sua função essencial. Por outro lado, tem uma relação com o elemento novo que lança o problema no conjunto do jogo do sujeito, a saber, o pênis real. Será que isso significa que o cavalo é o pênis real? Certamente que não. Como mil exemplos vão lhes mostrar, na sequência, o cavalo está longe de ser o pênis real, já que no decorrer das transformações do mito de Hans ele é também a mãe, o pai, e ocasionalmente o pequeno Hans. Vamos fazer intervir aqui uma noção simbolizante essencial que desenvolvi para vocês ao longo de todo o penúltimo ano sobre o jogo de palavras de Angelus Silesius, *Ort-Wort*, e digamos que, nessa ocasião, é este o lugar onde deve, não sem provocar temor e angústia, vir se alojar o pênis real.

Com essa primeira contribuição, ainda pouco encorajadora, do pai, vemos mesmo assim engajar-se na criança a estrutura significante. Ela resiste às intervenções imperativas do pai, mas vai, todavia, reagir a essas intervenções, mesmo que canhestras e confusas, e produzir esta série de criações míticas que, por uma série de transformações, vai integrar pouco a pouco, no sistema de Hans, o elemento novo que necessita ir além da intersubjetividade do engodo, no entanto fundamental, com a ajuda de que Hans brinca de surpreender, de se fazer surpreender, de apresentar como ausente, mas ao mesmo tempo, através do jogo, sempre presente, o primeiro elemento de sua relação com a mãe, esse terceiro objeto fálico que deve, afinal de contas, integrar a si mesmo. Esse elemento novo e incômodo, que chegou há algum tempo, é, como sabem, seu próprio pênis, seu pênis real, com suas reações próprias, que arriscam fazer explodir o conjunto. Este é manifestamente, para ele, o elemento de perturbação e de distúrbio na série de suas criações imaginárias.

Já que estamos, hoje, em 3 de abril, vamos direto ao que acontece no 3 de abril de 1908, quando o pai e a criança especulam, por trás de suas janelas, sobre o que se passa no pátio em frente. No pátio em frente, já existem elementos significantes que vão dar a Hans um primeiro suporte a seu problema, e com os quais ele fará sua primeira construção mítica, *sob o signo*, nos diz Freud, *dos meios de transporte*.

Vocês sabem o que se passa constantemente sob seus olhos, os cavalos, as carroças que se movem, coisas que são descarregadas, meninos que sobem nos pacotes de carga etc. Para que vai servir tudo isso? Acreditam que haja uma pré-adaptação, prevista desde toda a eternidade pelo pai imaginário eterno, entre os meios de veiculação em uso sob o reino do imperador Francisco José, na Viena de antes de 1914, e as pulsões, as tendências naturais que surgem segundo a boa ordem do desenvolvimento instintual? É justamente o contrário. Esses elementos também têm sua ordem de realidade, mas a criança vai se servir deles como elementos necessários para seu jogo de permutação.

Volto sempre a isso: o uso do significante só é concebível se vocês partirem do seguinte, de que o jogo fundamental do significante é a permutação. Por mais civilizados, e mesmo instruídos, que sejam, vocês são, no uso corrente da vida, tão desajeitados quanto possível na exaustão de todas as permutações possíveis. Vou lhes provar isso comigo mesmo. Saibam que tenho uma gravata que tem um lado um pouco mais claro e outro um pouco mais escuro, e para botar o lado claro por baixo e o lado escuro por cima é preciso que eu faça mentalmente uma permutação, e me engano todas as vezes.

A ordem permutativa é o que está em jogo naquilo que será construído pelo pequeno Hans. Não tentem compreender de imediato o que quer dizer o cavalo, a carruagem, o pequeno Hans que está em cima, o descarregar. O pequeno Hans tem vontade de subir na carruagem, mas tem medo. Tem medo de quê? Que o carro arranque antes que ele passe para a plataforma de descarga. Inútil se apressar em dizer: *Conhecemos isso, ele tem medo de ser separado da mãe*. O pequeno Hans vai tranquilizá-los imediatamente, ele diz: *Se eu for levado, pego um fiacre e volto*. Ele está inteiramente firme na realidade. Logo, trata-se de outra coisa. O que conta é o fato de estar sobre um veículo diante de alguma coisa de que este pode se separar, com relação à qual ele pode se deslocar.

Quando tiverem isolado este elemento, voltarão a encontrá-lo em mil traços da observação do pequeno Hans, por exemplo, nessa fantasia que surge muito mais tarde, a do trem no qual ele é igualmente embarcado, quando vão para Gmunden, e não têm tempo de vestir as roupas antes de poder descer do trem. Haverá ainda muitas outras, já que uma das últimas fantasias do pequeno Hans, em 22 de abril, será a de se fazer colocar em triunfo, inteiramente nu, por um condutor, sobre um troço onde não há cavalo, passar a noite ali e poder, no dia seguinte, continuar sua viagem no mesmo veículo, tendo simplesmente dado cinquenta mil florins ao condutor. Não podem deixar de ver o evidente parentesco que há entre esses diferentes momentos do fantasiamento do pequeno Hans.

Verão também, no decorrer desta, todo o fantasiamento em torno da boa, excelente pequena Anna. Esta, num momento, encontra-se com o pequeno Hans num outro veículo que se parece muito com os anteriores, já que tem os mesmos cavalos da angústia. Anna vai cavalgar um dos cavalos, no interior deste primeiro mito que se pode chamar o mito do carro.

Vão tentar ver como o atrelar — é bem isso que está em jogo, fala-se todo o tempo em cavalo, mas ele pode estar com ou sem carro —, como os diferentes elementos significantes que compõem a atrelagem, e os condutores, e a referência do veículo a um certo plano fixo, parecem ter significações diferentes à medida em que a história progride. Vão tentar ver o que, em seu interior, é o mais importante, e a que se liga o progresso de Hans. Será ao papel do significante, como lhes expliquei em meu *Seminário sobre "A carta roubada"*, ou a outra coisa? Será — sim ou não? — ao deslocamento do elemento significante sobre as diferentes pessoas que se encontram presas à sua sombra e inscritas na sua posse? O progresso consiste no movimento giratório do significante em torno dos diferentes personagens a quem o sujeito interessa, e que são capturados no mecanismo de permutação? Ou no contrário? No caso, não se vê bem que tipo de progresso poderia ser este, senão um progresso na ordem do significante.

Pode-se dizer que nenhum dos elementos da realidade que o cerca está realmente fora dos meios de Hans, não existe traço, nesta observação, daquilo a que se pode chamar regressão, e se vocês pensam que há regressão porque, em dado momento, o pequeno Hans faz um imenso fantasiamento anal em torno do *lunf*, enganam-se redondamente: é um formidável jogo mítico, que não comporta nenhuma espécie de regressão. O pequeno Hans mantém, se podemos exprimir assim, seus direitos à masturbação do começo ao fim da observação, sem se deixar abalar. Se há algo que caracteriza o estilo geral do progresso do pequeno Hans, é precisamente seu lado irredutível, e o próprio Freud o sublinha. É realmente porque o elemento genital, num sujeito semelhante, é absolutamente sólido, presente, instalado, resistente, muito forte, que ele não faz uma histeria, e sim uma fobia. Isso é articulado muito claramente na observação.

Isso é o que vamos tentar ver da próxima vez. Veremos que o pequeno Hans emprega um único mito, um só elemento alfabético para resolver seus problemas, isto é, a passagem de uma apreensão fálica da relação com a mãe a uma apreensão castrada de relações com o conjunto do casal parental. Há a famosa história da banheira e do perfurador, que gira inteiramente em torno do que vou chamar a função lógica dos instrumentos fabricados. Não se pode deixar de ficar capturado pela maneira como esta criança se serve deles como de instrumentos lógicos, instrumentos agrupados em torno de modos de cooptação muito elaborados na adaptação humana. Esses elementos que se opõem uns aos outros são, por exemplo, o que está enraizado, ou mesmo simplesmente aderido de maneira natural — o perfurado, polo temido diante do qual a criança se detém, tomada de horror — o aparafusado, ou ainda o capturado por tenazes, quero dizer, aquilo que é seguro por tenazes e que desempenha um papel essencial no outro mito, aquele da banheira e da torneira.

Todo o progresso operado por Hans durante a observação está ligado ao detalhe dessa estruturação mítica, isto é, à utilização de elementos imaginários para o esgotamento de um certo exercício da troca simbólica. Isso é o que vai acabar por tornar inútil este elemento de limiar, isto é, de primeira estruturação simbólica da realidade, que era a sua fobia.

3 DE ABRIL DE 1957

# XVII

# O SIGNIFICANTE E O CHISTE

*Regra de ouro.*
*Valor combinatório do significante.*
*Hans no País das Maravilhas.*
*Malícia e ingenuidade.*
*O que se vai pelo buraco.*

A função do mito, aí está o que nosso progresso na observação do pequeno Hans levou a valorizar na crise psicológica atravessada pela criança, e que é inseparável da intervenção paterna guiada pelo conselho de Freud.

Essa noção global do que se chama o mito, não a implicamos aqui metaforicamente. Damos a ela um valor técnico, que supomos poder ser apreciado em sua justa importância. Com efeito, se a criação imaginativa de Hans vai sempre se desenvolvendo à medida das intervenções do pai, as quais, mesmo sendo mais ou menos hábeis ou canhestras, são orientadas suficientemente bem para não fazer calar, mas, ao contrário, estimular até o fim a série de suas produções, permanece o fato de que essa criação se apresenta como dificilmente separável de seu sintoma, isto é, de sua fobia, ainda ordenável com referência a esta.

## 1

Havíamos chegado, da última vez, ao dia comemorativo de 3 de abril, onde são destacadas as declarações de Hans sobre o conteúdo de sua fobia.

À noite do mesmo dia, o pai diz, em suma, que se seu filho assumiu um comportamento mais corajoso sob o efeito da intervenção de Freud de 30 de março, a fobia, por sua vez, também assumiu amplitude maior, e parece enriquecer-se, numa ambiguidade certamente indiscernível, com detalhes cuja incidência se torna mais fina e complicada, na medida em que Hans, doravante, sabe melhor avaliar o modo sob o qual sua fobia o pressiona e submete.

Esforço-me aqui, como veem, para inverter, ou mais exatamente, restabelecer em seus espíritos a verdadeira função do sintoma, bem como de suas produções diversamente qualificadas, que foram resumidas sob o nome de sintomas transitórios na análise. Para fazê-los sentir a importância de nossa abordagem, vou tentar expor um certo número de termos, de definições e, ao mesmo tempo, de regras.

Já lhes disse da última vez que, se quisermos fazer um trabalho que seja verdadeiramente analítico, verdadeiramente freudiano, verdadeiramente de acordo com os principais exemplos que Freud desenvolveu para nós, devemos perceber um fato que só se confirma pela distinção entre significante e significado: nenhum dos elementos significantes da fobia tem sentido unívoco, nem é equivalente a um significado único.

Existem muitos deles, nos quais nos podemos deter. O primeiro, naturalmente, é o cavalo. É impossível, seja como for, considerar esse cavalo como um puro e simples equivalente, por exemplo, da função do pai. É um caminho fácil dizer que seja a uma carência do pai que, segundo a fórmula clássica de *Totem e tabu*, responda o cavalo, que viria aí como uma espécie de neoprodução, e seria um equivalente do pai, representando-o, ou encarnando-o de alguma maneira. Dizer que o cavalo desempenha um papel determinado pelo que parece realmente ser a dificuldade naquele momento, a saber, a passagem do estado pré-edipiano ao momento — no sentido físico do termo — edipiano, seria, sem dúvida, conforme ao que lhes estou ensinando, mas permaneceria de todo insuficiente. O cavalo, como tal, não é aquilo que, com efeito, poderá talvez ser ao final, a saber, esse cavalo de aspecto orgulhoso que Hans vê passar na rua, e que associa a algo referente ao orgulho viril do pai.

Num momento do fim do tratamento, em seu ápice, ocorre a famosa conversa com o pai, onde ele lhe diz algo como: *Você deve estar com raiva de mim, você deve me querer mal por ocupar este lugar, por me apoderar da atenção da minha mãe e ocupar o seu lugar na sua cama*. E isso apesar das denegações do pai, que lhe diz que ele nunca foi mau. *Das muss wahr sein*, diz Hans. *Isso deve ser verdade*. Assim, a criança, sem dúvida alguma devidamente doutrinada há algum tempo, faz surgir o mito edipiano com um caráter imperativo todo especial, que aliás não deixou de impressionar alguns autores, principalmente Robert Fliess, que escreveu sobre isso um artigo no número do *IJP* consagrado ao centenário de Freud em janeiro/fevereiro de 1956.

O cavalo, antes de ocupar, de maneira definitiva, esta função metafórica, desempenhou muitos outros papéis. Há o cavalo quando é atrelado. Hans nos dá a este propósito, em 3 de abril, todas as explicações possíveis. Esse cavalo deve ser atrelado ou não? Deve sê-lo a um carro de um cavalo ou a um carro de dois cavalos? Em cada caso, a significação é diferente. Se nesse momento o cavalo é simbólico de alguma coisa, é da mãe, como a sequência irá demonstrar de forma mais desenvolvida. Ele é igualmente simbólico do pênis. Seja como for, ele é irredutivelmente ligado a esse carro, que é um carro carregado, como Hans insiste durante a sessão de 3 de abril, na qual explica qual é a ordem de satisfação que deve a todo o tráfego que ocorre diante de sua casa, com aqueles carros que chegam e tornam a partir, e que, enquanto estão ali, são descarregados e recarregados. Pouco a pouco surge a equivalência entre a função do carro, e ao mesmo tempo do cavalo, e a gravidez da mãe, e o problema da situação das crianças no ventre da mãe, de sua saída, do nascimento. Logo, o cavalo tem nesse momento uma função inteiramente diferente.

Um outro elemento constitui durante longo tempo tema de interrogação tanto para o pai como para Freud: o famoso *Krawall*, que quer dizer rumor, tumulto, barulho desordenado, com algumas conotações austríacas que fazem com que ele possa, ao que parece, chegar a ser utilizado para designar um escândalo. Em todo os casos, aparece o caráter inquietador e angustiante do *Krawall*, tal como apreendido pelo pequeno Hans. Isso se produziu em particular depois que o cavalo do ônibus caiu, *umfallen*, o que no dizer de Hans foi um dos acontecimentos precipitadores do valor fóbico do cavalo. Foi ali que ele ficou com a *Dummheit*, a bobagem. Esta queda, que se produziu uma vez, vai se encontrar a partir de então sempre nos bastidores do medo do cavalo. Isso é o que pode acontecer com alguns cavalos, especialmente os cavalos grandes atrelados a carros grandes, carros carregados. A queda acompanhada pelo barulho da agitação das patas dianteiras do cavalo, o *Krawall*, vai voltar sob mais de um ângulo durante o interrogatório do pequeno Hans, sem que jamais, em momento algum da observação, nos seja dada uma sua interpretação de maneira comprovada.

Aliás é preciso observar que, durante toda a observação, tanto Freud como o pai são levados a permanecer na dúvida, na ambiguidade, e mesmo na abstenção no que toca à interpretação de um certo número de elementos. Verifica-se que por mais que eles pressionem a criança a confessar, por mais que lhe sugiram todas as equivalências, todas as soluções possíveis, nada obtêm dela além de evasivas, alusões, escapatórias. Tem-se mesmo por vezes a impressão de que, sob certos aspectos, a criança zomba deles.

Isso, para dizer a verdade, não é duvidoso. O caráter de paródia de algumas fabulações da criança é manifesto. Penso principalmente em tudo o que se passa em torno do mito da cegonha, que o pequeno Hans torna tão rico, tão luxuriante, tão carregado de elementos humorísticos: ela entrou, tirou o chapéu, tirou uma chave do bolso etc. Este lado de paródia é tão caricatural que não deixou de impressionar os observadores.

Devemos, aqui, pôr em causa as insuficiências da observação, até mesmo sua incompletude? Bem ao contrário, em nossa perspectiva, isso se restabelece, encontra seu lugar e nos leva ao núcleo da questão. Esses equívocos constituem uma fase demonstrativa característica da observação, a via pela qual esta nos mostra o caminho do modo de compreensão que convém ao que está em jogo, por um lado, na fobia, esta formação sintomática ao mesmo tempo tão simples e tão rica, e por outro lado no próprio trabalho analítico. Na medida em que esta é uma observação freudiana, isto é, inteligente, não existe melhor ilustração do fato de que o significante como tal se distingue do significado.

O significante sintomático é constituído de maneira tal que é de natureza a recobrir, no decorrer do desenvolvimento e da evolução, múltiplos significados, e os mais diversos. Não apenas é de sua natureza fazê-lo, mas esta é também a sua função.

O conjunto dos elementos significantes que nos são dados no decorrer desta fatia de caso clínico, o aparelho significante do caso, é feito de tal maneira que, se quisermos que esta observação não seja pura e simplesmente um enigma, devemos nos impor, a fim de abordá-la, um certo número de regras. Não se vê, realmente, por que esta observação seria considerada confusa, até mesmo malsucedida, e não tal outra observação de tal autor ao qual temos o hábito de nos referir. Todavia, não podemos deixar de ficar impressionados com o caráter arbitrário, solicitado, sistemático das interpretações analíticas, especialmente diante da criança. Temos aqui o testemunho disso, e justamente porque a observação é notavelmente rica e complexa, e porque o que nos é dado no registro das produções é dos mais raros por sua abundância. Certamente, se temos alguma sensação ao penetrá-lo, é realmente a de nele nos perdermos. É por isso que eu gostaria, aqui, de propor a vocês, quanto a esse assunto, regras que podem ser formuladas mais ou menos assim.

Essas regras concernem, na análise, seja esta de criança ou de adulto, a todo elemento que possamos considerar como significante, no sentido em que o promovemos aqui, isto é, quer se trate de um objeto quanto de uma relação ou um ato sintomático, e quer este objeto, esta relação ou este ato sintomático sejam ou não primitivos e ainda confusos.

Pensem no primeiro surgimento do cavalo, quando ele aparece depois de um certo intervalo onde se manifesta a angústia da criança. O cavalo desempenha ali uma função que se trata de definir, e que aparece já singularmente marcada por um caráter dialético. Isso é sensível o suficiente no fato seguinte: no momento preciso em que está em questão a partida da mãe, a angústia surge: ele tem medo de que o cavalo entre no quarto. Mas, por outro lado, quem entra em seu quarto? Ele, o pequeno Hans. Logo, existe aí uma dupla relação muito ambígua, ligada por um lado à função da mãe pela via da tonalidade sentimental da angústia, mas também, por outro lado, ao pequeno Hans, pela via de seu movimento e de seu ato. Desde que aparece, o cavalo é, pois, carregado de uma profunda ambiguidade. Ele já é um signo próprio para tudo, exatamente como o é um significante típico. Basta entrarmos na observação do pequeno Hans e isso transborda por todos os lados.

Formulamos, portanto, a seguinte regra: nenhum elemento significante, objeto, relação ou ato sintomático, na neurose por exemplo, pode ser considerado como tendo uma importância unívoca.

Isso tem certas consequências no que tange ao tema deste ano. Um elemento significante não é equivalente a nenhum dos objetos, a nenhuma das relações, até mesmo a nenhuma das ações ditas imaginárias em nosso registro, sob o qual se funda a noção de relação de objeto tal como atualmente utilizada, com o que ela comporta de normativo, de progressivo na vida do sujeito, de geneticamente definido, de desenvolvimentista. É claro que esta noção, que é do registro imaginário, não deixa de ter valor, mas ela apresenta contradições insustentáveis quando se tenta articulá-la. Bastou-me ler trechos dos dois volumes coletivos publicados no começo do ano para que vocês tivessem a impressão de que eu estava sendo caricatural. As contradições do jogo desta noção são flagrantes, a partir do momento em que ela tenta exprimir-se na ordem de uma relação pré-genital que se generaliza, com a ideia de progresso que isso implica.

Logo, se seguirmos o que é para nós a regra de ouro, e que repousa sobre a noção que temos da estrutura da atividade simbólica, os elementos significantes devem ser definidos em primeiro lugar por sua articulação com os outros elementos significantes. É isso que justifica a aproximação que fazemos com a teoria recente do mito.

Esta se impôs de maneira singularmente análoga à maneira pela qual a simples apreensão dos fatos nos força, igualmente, a articular as coisas. O que guia o sr. Lévi-Strauss em seu artigo do *Journal of American Folklore*? Através do que a noção de um estudo estrutural do mito é inaugurada nesse texto? Por uma observação que ele toma de empréstimo, intencionalmente, a um de seus colegas, Hocart, e que diz que, se existe algo que devemos de saída inverter é realmente essa posição assumida no decorrer dos tempos em nome de não-sei-que prevenção íntima anti-intelectualista, e que consistiu em rejeitar as interpretações psicológicas fora do contexto presumidamente intelectual, para colocá-las no terreno qualificado de afetivo. Daí resulta, diz este autor muito formalmente, que, *aos defeitos inerentes à escola psicológica... acrescentava-se assim o erro de acreditar que ideias claras pudessem nascer de emoções confusas.*

O que se chama aqui de escola psicológica é aquela que tenta encontrar a fonte dos mitos numa pretensa constante, de certo modo genérica, da filosofia humana. Acumula-se a este inconveniente o erro de daí fazer derivar essas ideias bem definidas, claramente recortadas como sempre são as coisas com que lidamos tanto no mito quanto na produção sintomática. Remete-se, assim, a uma pulsão confusa aquilo que se apresenta no paciente sob uma forma muito geralmente articulada, e é mesmo este caráter articulado que faz o paradoxo do fenômeno, fazendo-o surgir a nossos olhos como parasita. Basta, simplesmente, não confundi-lo com o que é jogo mental, com não-sei-que superfluidade da dedução intelectual. Só se pode qualificá-lo assim numa perspectiva inteiramente superada da racionalização do delírio, por exemplo, ou do sintoma. Nossa perspectiva nos dá, ao contrário, a noção de que o jogo do significante se apossa do sujeito, tomando-o muito para além daquilo que o sujeito possa intelectualizar, mas que continua sendo o jogo do singificante com suas leis próprias.

Gostaria de tornar-lhes isso presente através de uma imagem. Quando o pequeno Hans se põe a nos revelar pouco a pouco suas fantasias, que vemos na nossa perspectiva, se ficarmos com os olhos bem abertos? De maneira mais geral, quando começamos a perceber a história de uma neurose, seu desenvolvimento no sujeito, a maneira como este foi capturado ou encerrado nela, o que vemos? O sujeito não entra ali de frente, entra, de certa forma, de ré, recuando. No momento em que a sombra do cavalo aparece acima do pequeno Hans, este entra pouco a pouco num cenário que se ordena, se organiza, se edifica em torno de si, mas que o captura muito mais que ele o desenvolve. O que impressiona é o aspecto articulado com que tal delírio assume seu desenvolvimento.

Digo *o delírio* — é quase como um lapso, pois o que está em questão não tem nada a ver com uma psicose, mas o termo não deixa de ser apropriado. Não podemos de modo algum nos satisfazer com sua dedução a partir de emoções vagas. Temos, ao contrário, a impressão de que a edificação ideativa — se podemos utilizar esta expressão no caso do pequeno Hans — tem sua motivação própria, seu plano próprio, sua instância própria. Isso talvez responda a tal necessidade ou tal função, mas certamente não ao que quer que seja que se possa justificar de tal pulsão, de tal impulso, de tal movimento emocional particular que aí se iria transpor, até mesmo que aí se iria exprimir, pura e simplesmente. É de um mecanismo inteiramente diverso que se trata, e que necessita do estudo estrutural do mito. Seu primeiro passo é jamais considerar nenhum dos elementos significantes independentemente dos outros que venham a surgir, e, de certa maneira, a revelá-lo — quero dizer, a desenvolvê-lo no plano de uma série de oposições, que são, antes de tudo, de ordem combinatória.

O que vemos surgir no pequeno Hans não são temas que teriam, mais ou menos, sua equivalência afetiva ou psicológica, como se diz, e sim grupamentos de elementos significantes que se transpõem progressivamente de um sistema em outro. Um exemplo irá ilustrar isso para vocês.

As primeiras tentativas de esclarecimento do pai, dirigido por Freud, isolam no cavalo esse elemento especialmente peniano que faz Hans reagir por uma compulsão a olhar para o cavalo. A criança, em seguida, é aliviada pela ideia interditora que o pai lhe traz no que se refere à sua masturbação. Chegamos mais perto de uma primeira tentativa de analisar a preocupação de Hans concernente àquilo que se relaciona com seu órgão urinário, o *Wiwimacher*, como ele o chama. No caminho de uma *Aufklärung*, de um esclarecimento real, o pai se esforça para alcançar mais diretamente aquilo que ele pensa ser, unicamente, o suporte real da angústia da criança: ele enuncia ao menino, e Freud o incitou a intervir neste sentido, que as meninas não o têm e que ele o tem. Hans é afetado por isso, e, de uma maneira cuja significação não escapa a Freud, sublinha que seu faz-pipi é *angewachsen*, aderente ou enraizado, e que irá crescer junto com ele.

Já não está aí um esboço do que parece caminhar no sentido de tornar inútil o suporte fóbico? Seria este o caso, se se tratasse do real, e se ali estivesse, pura e simplesmente, o equivalente da angústia ligada à apreensão de um real que até ali não fora plenamente realizado por ele. É então que vemos surgir a fantasia da grande girafa e da pequena girafa.

Já lhes mostrei que essa fantasia torna a nos lançar no campo de uma criação cujo estilo e a exigência simbólica que ali se marca são absolutamente fascinantes. Repito, para alguns que não estavam aqui — dei toda a sua importância, e isso só pode ser feito na nossa perspectiva, ao fato de que para Hans não existe contradição alguma, nem mesmo ambiguidade, em que uma girafa, a pequena, possa ser amarrotada. E uma girafa amarrotada é uma girafa que se pode amassar como se faz com uma folha de papel, Hans nos mostra. Esta intervenção faz passar um objeto que tivera, até ali, uma função imaginária para uma simbolização radical formulada como tal pelo próprio sujeito, e sublinhada pelo gesto que ele faz, em seguida, de apoderar-se da pequena girafa amarrotada, apesar dos gritos e protestos da grande. Isso, para o pequeno Hans, é especialmente satisfatório. Isso não é um sonho, é uma fantasia que ele próprio fabricou, veio até o quarto de seus pais para falar disso e vai desenvolvê-la.

A perplexidade em que ficamos, novamente, a propósito do que está em questão é bem marcada aí. Vocês vão observar a oscilação, na observação mesma. A girafa grande e a pequena são inicialmente, aos olhos do pai, o pai e a mãe. Todavia, ele diz da maneira mais formal que a girafa grande é a mãe, e a pequena o seu membro, *ihr Glied*, outra forma, ou valor, da relação dos dois significantes. Isso ainda não basta. O pai faz uma nova intervenção, dizendo à mãe: *Até logo, girafa grande*. A criança, que admitiu até então um registro interpretativo diferente, responde da maneira seguinte, cuja tradução francesa não transmite a precisão e todo o seu alcance: ele não diz: *Não é?*, como se traduz, mas *Não é verdade, Nicht wahr*. E acrescenta: — *A girafa pequena é Anna?*

O que constatamos aqui? O que vem fazer aí este outro modo de interpretação? Trata-se, realmente, de Anna e seu *Krawall?* Pois, muito mais adiante na observação, veremos aparecer a pequena Anna como bastante perturbadora com seus gritos, que não podemos deixar de identificar, sob a condição de termos sempre os ouvidos abertos ao elemento significante, aos gritos da mãe nessa fantasia.

Afinal de contas, o que significa a permanente ambiguidade em que ficamos quanto à interpretação dos dois termos da relação simbólica? A alegria, até mesmo a ponta de malícia que aparece no *Não é verdade* de Hans, nos designa por si, simplesmente, o que tem de inapropriado o esforço do pai para fazer se corresponderem dois a dois os termos simbólicos e os elementos imaginários ou reais que estariam ali para representar. O pai, aqui, segue o caminho errado, e a todo instante Hans está prestes a lhe demonstrar que não é isso, que nunca será isso.

Por que nunca será isso? Isso depende de com que Hans está lidando quando surge sua fobia, isso com que ele tem que se virar no momento de que falamos. É, a saber, a compreensão de certas relações que até ali não estavam constituídas para ele, e que têm valor próprio de relações simbólicas.

O homem, porque é homem, é posto em presença de problemas que são, como tais, problemas de significantes. O significante, com efeito, é introduzido no real por sua própria existência de significante, porque existem palavras que se dizem, porque existem frases que se articulam e se encadeiam, ligadas por um meio, uma cópula, da ordem do *por que* ou do *porque*. É assim que a existência do significante introduz no mundo do homem um sentido novo. Para dizê-lo nos termos com que eu me exprimia outrora, ao final de uma pequena introdução ao primeiro número da revista *La Psychanalyse*: *É atravessando diametralmente o curso das coisas que o símbolo se liga, para dar-lhes um outro sentido*. Portanto, estes são problemas de criação de sentido, com tudo o que comportam de livre e de ambíguo, estando sempre aberta a possibilidade de reduzir tudo ao nada arbitrariamente.

A irrupção do chiste sempre tem um aspecto totalmente arbitrário, e Hans é como o Humpty-Dumpty de *Alice no país das maravilhas*. Ele é capaz de dizer a todo instante: *As coisas são assim porque eu o decreto, porque eu sou o mestre*. Isso não impede que ele seja completamente subordinado à solução do problema que surge da necessidade em que se encontra de rever aquilo que até ali foi seu modo de relação com o mundo materno, organizado com base nessa dialética do engodo entre ele e a mãe, cuja importância já sublinhei para vocês. Quem, dos dois, tem o falo ou não o tem? *O que a mãe deseja quando deseja outra coisa além de mim, a criança?* Era aí que a criança estava, mas ela não pode mais se manter neste ponto.

A função do mito se inscreve aí. Tal como descobre para nós a análise estrutural, que é a análise correta, um mito é sempre uma tentativa de articular a solução de um problema. Trata-se de passar de um certo modo de explicação da relação-com-o-mundo do sujeito ou da sociedade em questão para outro modo — sendo esta transformação requerida pela aparição de elementos diferentes, novos, que vêm contradizer a primeira formulação. Eles exigem, de certo modo, uma passagem que é, como tal, impossível, que é um impasse. Isso é o que dá sua estrutura ao mito.

O mesmo acontece com Hans. Este se confronta com elementos que necessitam a revisão do primeiro esboço de sistema simbólico que estruturava sua relação com a mãe. Eis o que está em questão no surgimento da fobia, e, muito mais ainda, no desenvolvimento de tudo o que esta traz de elementos significantes. É com isso que Hans se confronta. Por isso, todas as tentativas de leitura parcial que o pai se esforça incessantemente em fazer lhe parecem derrisórias.

## 2

A propósito do estilo das respostas de Hans, não posso deixar de pedir-lhes que se remetam a esta obra imensa e admirável de Freud, ainda pouco explorada por nossa experiência, que se chama o *Witz*.

Esta obra talvez não tenha nenhum equivalente no que se pode chamar a filosofia psicológica. Não conheço nenhuma obra cuja contribuição seja assim tão nova e peremptória. Todas as obras sobre o riso, quer sejam de Bergson ou de outros, sempre serão de uma lamentável pobreza ao lado desta.

O *Witz* de Freud aponta diretamente, sem se desviar nem se perder em considerações secundárias, para o essencial da natureza do fenômeno. Do mesmo modo que, desde o primeiro capítulo da *Traumdeutung*, ele põe em primeiro plano que *o sonho é um enigma*, e ninguém percebe isso — esta frase, até aqui, passou completamente despercebida —, também não se parece haver percebido que a análise do dito espirituoso começa pelo quadro da análise de um fenômeno de condensação, o termo *familionário*, fabricação fundada no significante, por superposição de *familiar* e de *milionário*. Tudo o que Freud desenvolve em seguida consiste em mostrar o efeito de aniquilamento, o caráter realmente destruidor, disruptor do jogo do significante com relação àquilo a que se pode chamar a existência do real. Jogando com o significante, o homem põe em causa a todo instante seu mundo, até a sua raiz. O valor do dito espirituoso, e que o distingue do cômico, é a sua possibilidade de jogar com o *non-sens* fundamental de todo uso do sentido. É possível, a todo instante, pôr em causa todo sentido, na medida em que este é fundado num uso do significante. Com efeito, este uso é em si mesmo profundamente paradoxal, com relação a toda significação possível, já que é este mesmo uso que cria aquilo que está destinado a sustentar.

A distinção é das mais claras entre o domínio do espírito e o do cômico, que Freud só aborda nesse livro secundariamente, e para esclarecer seu contraste com o espírito. Ele encontra inicialmente as noções intermediárias, e nos faz perceber a dimensão do ingênuo, tão ambíguo, razão pela qual faço esta digressão.

Por um lado, podem surgir das manifestações do ingênuo um efeito cômico, que é mesmo necessário definir, já que existe. Mas, por outro lado, vemos bem até que ponto o ingênuo é intersubjetivo. A ingenuidade da criança, somos nós que a implicamos, sem que nunca paire sobre ela qualquer dúvida. Por quê?

Vamos tomar um exemplo. Freud ilustra o ingênuo com a história das crianças que reúnem à noite um grande número de adultos, prometendo apresentar-lhes uma pequena representação teatral. O palco começa a se agitar. Os jovens autores ou atores, diz Freud, contam a história de um marido e uma mulher que estão na mais profunda miséria: tentam sair dessa situação, o marido parte para regiões distantes, e volta tendo realizado imensas explorações e carregado de numerosas riquezas. Fala de sua prosperidade diante de sua mulher. Esta o escuta, abre uma cortina ao fundo do cenário e lhe diz: — *Veja, eu também trabalhei bastante enquanto você esteve fora.* E veem-se, ao fundo, dez bonecas enfileiradas.

Eis o exemplo dado por Freud para ilustrar a ingenuidade. Apreendendo-a como uma das formas do cômico, pode-se dizer que a descarga surge da economia espontaneamente realizada pelo relato em questão. Numa ordem diferente, dito por uma boca menos ingênua, comportaria, com efeito, uma parte de tensão, chegando mesmo, até certo ponto, a engendrar constrangimento. O fato de que a criança vá diretamente a um absurdo sem se abalar minimamente desencadeia o riso. Isso se torna muito *engraçado*, com tudo o que essa palavra [*drôle*, "engraçado", "estranho"] pode comportar de ressonâncias estranhas.

Estamos aqui num domínio limítrofe do cômico. A economia em questão é feita em relação às mediações sutis que esta construção deveria ter sofrido na boca de um adulto. A criança realiza diretamente o que nos leva ao cúmulo do absurdo. Faz, de certa forma, um chiste ingênuo. Esta é uma história engraçada que desencadeia o riso porque sai da boca de uma criança, o que dá aos adultos toda a possibilidade de se esbaldar: *Esses guris são impagáveis.* Supostamente, eles encontraram de saída, com toda a inocência, aquilo que um adulto teria tido muito mais trabalho para encontrar, ou que teria precisado enriquecer com alguma sutileza suplementar para que aquilo pudesse passar por engraçado, falando propriamente.

Mas essa ignorância que consegue acertar na mosca, não é certo que ela seja total. As histórias infantis, quando têm este caráter desconcertante que desata em nós o riso, nós as incluímos na perspectiva do ingênuo. Mas esta ingenuidade, bem sabemos, nem sempre deve ser tomada ao pé da letra. Existe o ser ingênuo e existe o fingir ser ingênuo. Se atribuirmos ao jogo da comédia infantil uma ingenuidade fingida, restituímos a ela, dessa maneira, todo o seu caráter de *Witz*, e dos mais tendenciosos, como se exprime Freud. Basta um nada — precisamente, a suposição de que a ingenuidade não seja completa — para que sejam as crianças a levar vantagem e serem donas do jogo.

Em outras palavras, Freud põe em evidência — peço-lhes que se reportem ao texto — que o dito espirituoso comporta sempre a noção de uma terceira pessoa. Conta-se o chiste de alguém diante de outro alguém. Que haja ou não, realmente, três pessoas, essa ternariedade é sempre necessária ao desencadeamento do riso pelo chiste, enquanto o cômico se contenta com uma relação dual. O cômico pode ser deslanchado simplesmente entre duas pessoas. A visão que uma pessoa tem de outra que leva um tombo, por exemplo, ou que se põe a efetuar coisas complicadas para realizar uma ação que para nós seria simples, pode bastar por si só, nos diz Freud. No ingênuo, ao contrário, a perspectiva da terceira pessoa, se permanecer virtual, é sempre mais ou menos implicada. Nada prova que para além dessa criança que tomamos por ingênua não exista um Outro — ele está ali, aliás — é este que supomos para que isso nos faça rir tanto. Bem poderia ser, afinal, que a criança afetasse ser ingênua, isto é, fingisse.

Esta dimensão do simbólico é exatamente o que se deixa sentir a todo instante nesse jogo de esconde-esconde, essa zombaria perpétua que colore todas as réplicas de Hans a seu pai, e dá seu tom.

O pai interroga seu filho: *O que você pensou quando viu o cavalo cair?* Foi a propósito dessa queda que Hans nos diz ter ficado com a bobagem. *Você pensou*, diz o pai sem tato algum, *que o cavalo estava morto*. Como o pai observa em seguida, é com um arzinho perfeitamente sério que, num primeiro tempo, Hans replica: — *Sim, sim, com efeito pensei isso*. E depois, de repente, se corrige, começa a rir — isso é observado —, e diz: *Não, não é verdade, foi só uma brincadeira, uma* Spass *que eu fiz dizendo isso*.

A observação é pontuada por pequenas marcas desse tipo. Esta, por exemplo. Depois de se ter deixado capturar por um instante pelo eco trágico da queda do cavalo — mas será certo que haja, ocasionalmente, este eco trágico, com muitos outros, na psicologia do pequeno Hans? —, de repente Freud pensa na outra figura do pai, aquele pai bigodudo e de óculos que ele vê no consultório ao lado do pequeno Hans. Ali, o homenzinho engraçado, todo embonecado, e ao seu lado o pai, pesado, cheio de reflexos em seus óculos, aplicado, cheio de boa vontade. Por um instante, Freud vacila. Ali estão eles se interrogando sobre o famoso *preto* que há diante da boca dos cavalos, procurando o que isso quer dizer com uma lanterna, quando Freud diz a si mesmo: — *Mas aí está, a cabeça comprida é este asno aqui*. E quando digo um asno...

Assim mesmo, digam a si próprios, realmente, que este *preto* que está ali voando diante da boca do cavalo é a hiância real sempre oculta por trás do véu e do espelho, e que sempre ressalta do fundo como uma mancha. Para dizer tudo, há uma espécie de curto-circuito entre o caráter divino da superioridade professoral, que Freud acentua, não sem humor, e esta apreciação que, segundo nos mostram as confidências de contemporâneos, estava sempre pronta a sair da boca de Freud, e que se exprime em letras francesas pela terceira letra do alfabeto seguida por três pontinhos. *Que grande* ...presidente... *ele é*, pensa Freud, que diz a si mesmo que aquilo ali diante dele recorta e vem reunir-se à intuição do caráter abissal do que sai das profundezas.

Não há dúvida, nessas condições, de que o pequeno Hans não conduz muito bem o jogo quando se corrige, ri e anula de súbito a longa série do que acaba de desenvolver diante do pai. Temos a impressão de que ele lhe diz: *Estou vendo onde quer chegar.* À primeira abordagem, a palavra *morto*, ele a aceita como equivalente de *caído*, mas no segundo tempo, ele diz para si mesmo: *Você está me repetindo a lição do Professor*. Isso é, muito precisamente, com efeito, o que o professor acaba de insinuar, a saber, que ele tem muita raiva do pai, a ponto de desejar a sua morte.

Este episódio, portanto, vem contribuir para as regras que são as nossas. Em primeiro lugar, observar os significantes em seu valor essencialmente combinatório. O conjunto de significantes postos em jogo reestrutura o real, nele introduzindo novas relações combinadas. Para retomar nossa referência ao primeiro número de *La Psychanalyse*, não é à toa que se encontra em sua capa o símbolo da função do significante como tal. O significante é uma ponte num domínio de significações. Por conseguinte, as situações não são reproduzidas por ele, mas transformadas, recriadas.

Logo, eis o que está em questão, e é por isso que devemos sempre centrar nossa questão no significante.

## 3

Em se tratando do pequeno Hans, devemos estar atentos para ver que giro significante ele opera, de que ele parte e para chegar a quê.

Assim, em cada uma das etapas que ele percorre durante os cinco primeiros meses do ano de 1908, vamos vê-lo, sucessivamente, se interessar pelo que se carrega e se descarrega, ou pelo que entra em movimento de repente, de maneira mais ou menos brusca, e que é capaz de se soltar prematuramente de seu ponto de partida. Existem aí elementos significantes ligados, diversamente fantasísticos, que giram em torno do tema do movimento, ou mais exatamente daquilo que, no movimento, é modificação, aceleração e, para dizer a palavra, abalo. Este elemento é essencial na estruturação das primeiras fantasias, e faz pouco a pouco surgir outros elementos, dentre os quais não podemos deixar de dar uma atenção toda especial às duas calças da mãe, uma amarela e outra preta.

Fora das perspectivas a que tento introduzi-los, essa passagem é incompreensível. O pai, aí, perde seu latim, é o caso de dizê-lo. Quanto ao próprio Freud, ao mesmo tempo em que diz que o pai inevitavelmente se confundiu, indica-nos, todavia, um certo número de perspectivas numa nota ao final. Sem dúvida, o pai desconheceu uma oposição fundamental, ligada à diferença de percepções auditivas entre o ato de urinar do homem e o da mulher.

O pequeno Hans parece nos dizer coisas bastante incompreensíveis. À medida que a calça é usada, diz ele, ela fica mais preta, e isso, depois de numerosos desenvolvimentos onde percebemos que quando ela é amarela tem para ele certo valor, quando é preta não o tem, quando está separada da mãe lhe dá vontade de cuspir, quando a mãe a está usando não lhe dá vontade de cuspir. Em suma, Freud insiste e diz que, sem dúvida alguma, o que o pequeno Hans quer nos indicar aqui é que as calças têm para ele uma função completamente diferente quando são usadas pela mãe e quando não o são.

Temos, portanto, suficientes indicações que mostram que o próprio Freud se dirige para um começo de relativização dialética total daquilo que significa o par de calças amarelas e calças pretas. Durante a longa e complicada conversa no decorrer da qual o pequeno Hans e seu pai tentam destrinchar juntos a questão, este par prova assumir valor apenas por manifestar uma série de oposições que é preciso ir procurar em traços que passam inicialmente despercebidos, ou pelo menos que passaram radicalmente desapercebidos quando se procura identificar maciçamente as calças amarelas à urina, por exemplo, e as pretas à defecação, que se chamaria, na linguagem de Hans, o *loumf*.

De fato, estaríamos errados em identificar o *loumf* à defecação, deixando de situar como tal este elemento essencial para Hans. Temos, do próprio testemunho do pai, a noção de que *loumf* é uma transformação da palavra *Strumpf* que quer dizer em primeiro lugar meia preta e que, num outro trecho da observação, é associado pelo pequeno Hans a uma blusa preta. Ele faz parte dessa função essencial da vestimenta, que é sua função de esconder. É também a tela sobre a qual se projeta o objeto principal da interrogação pré-edipiana de Hans, a saber, o falo faltoso. O fato de que o excremento como tal seja designado por um termo aliado à simbolização da falta de objeto mostra bem que a relação instintual, a analidade interessada no mecanismo da defecação, é pouca coisa perto da função simbólica. É esta que, mais uma vez, domina.

A função simbólica está ligada para o pequeno Hans a um questionamento que lhe é essencial: *O que é que se perde? O que é que pode ir pelo buraco?* Estes são elementos primeiros daquilo que se pode chamar de uma instrumentação simbólica, e eles vão se integrar em seguida ao desenvolvimento da construção mítica do pequeno Hans, sob a forma da banheira que, em seu primeiro sonho, o instalador vem desaparafusar. Será mais tarde o seu próprio traseiro a ser igualmente desaparafusado, e seu próprio pênis, para maior alegria do pai, tanto quanto de Freud, devemos dizer.

Essas pessoas estão de tal modo apressadas em impôr sua significação ao pequeno Hans que nem mesmo esperam que este tenha acabado de se expressar a propósito do desaparafusar de seu pequeno pênis, para dizer-lhe que a única explicação possível é que, naturalmente, trata-se de lhe dar um maior. O pequeno Hans não disse tudo isso, e não sabemos se o teria dito se o tivessem deixado falar. Nada indica que o dissesse. O pequeno Hans só falou da substituição de seu traseiro. Aí está, realmente, um caso onde se pode tocar na contratransferência. É o pai quem emite a ideia de que, se lhe trocam seu pênis, é para dar-lhe um maior. Eis um exemplo das faltas que são cometidas a todo instante. Não se deixou de perpetuar essa tradição desde Freud, segundo um modo de interpretação onde se busca sempre em não-sei-que tendência afetiva aquilo que iria motivar, justificar, o que é dito, que tem no entanto suas leis próprias, sua estrutura e sua gravitação próprias, e que deve ser estudado como tal.

Vamos terminar dizendo que, no desenvolvimento mítico de um sistema significante sintomático, devemos sempre considerar ao mesmo tempo sua coerência sistemática a cada momento, e o tipo de desenvolvimento próprio que é o seu na diacronia. O desenvolvimento no neurótico de um sistema mítico qualquer — o que chamei outrora do mito individual do neurótico — se apresenta como a saída, o desencaixe progressivo de uma série de mediações ligadas por um encadeamento significante cujo caráter é fundamentalmente circular. O ponto de chegada tem uma relação profunda com o ponto de partida, sem ser todavia o mesmo. O impasse, qualquer que seja, que é sempre contido na partida, se reencontra no ponto de chegada sob uma forma invertida, para ser considerado como a solução, com a diferença de uma mudança de sinal. O impasse de que se partiu se reencontra sempre, sob algum modo, ao fim do deslocamento operatório do sistema significante.

Vou lhes ilustrar isso em seguida, no percurso que faremos depois das férias, partindo do dado que se propõe ao pequeno Hans.

Este está aprisionado, de saída, na relação de engodo onde se desenrola inicialmente o jogo do falo. Isso é bastante para manter entre sua mãe e ele um movimento progressivo cujo objetivo, a perspectiva, o sentido, é a identificação perfeita com o objeto do amor materno. Sobrevém então um elemento novo.

Neste ponto, estou de acordo com os autores, com o pai e com Freud. Existe um problema cuja importância não se poderia exagerar no desenvolvimento da criança, e que está fundado no seguinte: não há nada preestabelecido, ordenado antecipadamente na ordem imaginária, que permita ao sujeito assumir o fato com que é confrontado de maneira aguda em dois ou três momentos de seu desenvolvimento infantil, a saber, o fenômeno do crescimento. Devido ao fato de que nada é predeterminado no plano imaginário, um fenômeno completamente distinto, mas que, para a criança, aí se apega imaginariamente, vem trazer um elemento essencial de perturbação no momento em que o primeiro confronto com o crescimento se produz: é o fenômeno da turgescência.

O fato de que o pênis de menor se torne maior, no momento das primeiras masturbações ou ereções infantis, nada mais é que um dos temas mais fundamentais das fantasias imaginárias de *Alice no país das maravilhas*, e é isso que dá a essa obra seu valor absolutamente eletivo para o estudo da imaginação infantil. É com um problema desse tipo que Hans se confronta, a saber, o de integrar a existência do pênis real, a existência distinta de um pênis que pode, ele mesmo, se tornar maior ou menor, mas que é também o pênis dos pequenos e dos grandes.

Para dizer tudo, o problema do desenvolvimento de Hans está ligado à ausência do pênis do maior, isto é, do pai. E é na medida em que Hans deve se defrontar com seu complexo de Édipo numa situação que necessita uma simbolização particularmente difícil que a fobia se produz.

Mas o fato de que a fobia se desenvolva como o faz, que a análise produza uma tal proliferação mítica, nos indica, à maneira pela qual a patologia revela o normal, a complexidade do fenômeno em jogo quando se trata, para a criança, de integrar o real de sua genitalidade, e sublinha o caráter fundamentalmente simbólico desse momento de passagem.

10 DE ABRIL DE 1957

# XVIII

# CIRCUITOS

*Por que o cavalo?*
*Do cavalo à estrada de ferro.*
*O vaivém de Hans.*
*Wegen e Wägen.*

Se eu precisasse lembrar a vocês o caráter constitutivo da incidência simbólica no desejo humano, parece-me que, à falta de uma justa acomodação baseada na experiência mais comum e cotidiana, um exemplo fascinante poderia ser encontrado na seguinte fórmula, cujo caráter imediato e onipresente não pode escapar a ninguém. Trata-se da formulação desse desejo que talvez seja o mais profundo de todos os desejos humanos, o mais constante, pelo menos, este desejo difícil de desconhecer em dado ponto da vida de todos nós e, em todos os casos, da vida daqueles a quem conferimos maior atenção, aqueles que são atormentados por algum mal-estar subjetivo. Este desejo se chama, para nomeá-lo, enfim, o desejo de outra coisa.

O desejo de outra coisa, o que pode querer dizer isso, em termos de cooptação instintual? O que pode querer dizer isso no registro da relação de objeto, se a concebermos como uma evolução desenvolvimentista imanente a si mesma, surgindo por um empuxo sucessivo que só se trataria de favorecer? Se a relação de objeto está referida a um objeto típico e, de certa forma, pré-formado, de onde pode vir o desejo de outra coisa?

Esta observação preliminar tem como objetivo introduzi-los, como se exprime Freud em algum trecho de suas cartas, a propósito dos deuses egípcios, na (...).

O que acabo de dizer não deixa de ter relação com meu tema, a saber, o pequeno Hans.

## 1

O que procuramos detectar até agora nessa fomentação mítica que é a característica essencial da observação de Hans?

O que chamo de fomentação mítica são os diferentes elementos significantes dos quais lhes mostrei a respeito de cada um, de maneira suficiente, a ambiguidade, e o quanto são feitos para poder recobrir aproximadamente qualquer significado, mas não todos os significados ao mesmo tempo. Quando um dos significantes recobre tal elemento do significado, os outros elementos significantes em causa recobrem outros. Em outras palavras, a constelação significante opera mediante o que podemos chamar de um sistema de transformações, isto é, um movimento giratório que, se examinarmos mais de perto, cobre a cada instante o significado de uma maneira diferente e, ao mesmo tempo, parece exercer sobre este uma ação profundamente remanejadora.

Por que isso? Como conceber a função dinâmica dessa espécie de operação de feiticeira, que tem por instrumento o significante e por objetivo, ou por resultado, uma reorientação do significado, sua repolarização, ou uma reconstituição depois de uma crise?

Se expomos a questão sob este ângulo, é por crer que se impõe expô-la assim. Com efeito, se nos interessamos pela fomentação mítica na criança, ou, para chamá-la por um termo mais atual, mas menos bem adaptado, que diz exatamente a mesma coisa, pelas teorias infantis da sexualidade, é realmente porque estas não são uma espécie de supérfluo, um sonho inconsistente, mas comportam em si mesmas um elemento dinâmico. É isso que está em jogo na observação de Hans, à falta do que esta não teria qualquer espécie de sentido.

Esta função do significante, devemos abordá-la sem ideias preconcebidas, e baseados neste caso clínico, porque ele é mais exemplar que outros. É porque ele ainda está capturado no milagre das origens, ali onde, se posso dizer, o espírito do inventor, e daqueles que o acompanharam, ainda não teve tempo de se libertar de todos os tipos de elementos tabus, e dispensa a referência a um real fundado sobre preconceitos que encontram não-sei-que apoio nas referências anteriores, que são precisamente aquelas postas em causa, abaladas, desvalorizadas, pelo campo que acaba de ser descoberto. A observação de Hans, em seu frescor, conserva ainda toda a sua potência reveladora, diria quase toda a sua potência explosiva.

No decorrer dessa evolução complexa, o diálogo com o pai em que Hans é capturado desempenha um papel inseparável do progresso da dita fomentação mítica. A cada intervenção do pai, a fomentação mítica, de certa forma estimulada, ressurge, põe-se novamente em andamento, e torna a vegetar. Mas, como Freud observa expressamente, ela tem suas leis, suas necessidades próprias. O que Hans nos dá nem sempre é o que esperamos, longe disso. Ele traz coisas que surpreendem, que o pai ao menos não espera, mesmo que o próprio Freud indique que as tivesse previsto, e, igualmente, ele traz coisas para além do que Freud mesmo pudesse prever, já que este não dissimula que muitos elementos permanecem ainda inexplicados, na ocasião não interpretados.

E nós, precisamos que eles sejam todos interpretados? Podemos, às vezes, levar um pouco mais adiante a interpretação feita em cooperação pelo pai e por Freud. Mas o que tentamos fazer aqui é reconstituir as leis próprias da gravitação, ou da coerência, deste significante aparentemente agrupado em torno do cavalo.

Freud nos diz isso expressamente: poderíamos ficar tentados a qualificar a fobia por seu objeto — o cavalo, no caso — se não percebêssemos que esse cavalo vai muito além daquilo que é o próprio cavalo. Trata-se primordialmente de uma figura heráldica, que é prevalente, que centra todo o campo, e que está prenhe de todas as espécies de implicações: de implicações significantes, em primeiro lugar.

Um certo número de pontos de referência é necessário para marcar o que irá constituir agora o progresso de nosso percurso.

Não abordamos nada de novo, já que o próprio Freud o articula da maneira mais expressa. Essa passagem se situa depois do primeiro diálogo com seu pai, quando Hans começa a fazer emergir da fobia aquilo que chamo de suas implicações significantes. O que Hans é capaz de construir em torno disso tem a riqueza de todo um aspecto mítico, ou mesmo romanesco, pois esse fantasiamento não é simplesmente do passado, mas se refere também ao que ele gostaria de fazer com o cavalo, ou em torno desse cavalo. Sem dúvida alguma, ele acompanha e modula sua angústia, mas tem também sua força de construção própria. Depois da conversa entre Hans e seu pai, a que vamos chegar agora, Freud indica, num outro momento, que a fobia aqui toma mais coragem, desenvolve-se e mostra suas diversas fases. Ele escreve o seguinte: — *Aqui temos a experiência do quão difusa esta fobia é na realidade. Ela reside no cavalo, mas também na carroça, mas também no fato de que os cavalos caem, e também no fato de que os cavalos mordem, e em cavalos que têm uma certa natureza e carroças que estão carregadas ou não* — e patati, patatá, tal é o tom de Freud. *Digamos simplesmente que todas essas particularidades tornam sensível que a angústia, originalmente, não tinha absolutamente nada a ver com os cavalos, mas, secundariamente, foi transportada para eles, fixando-se, então no lugar* — não do cavalo, mas do complexo do cavalo, mais exatamente — *sobre os elementos do complexo dos cavalos, sobre o que pôde então se transportar tudo aquilo que se vai mostrar apropriado a certas transferências.*

Logo, isso está formulado em Freud da maneira mais expressa: temos aí dois polos. O primeiro polo é o de um significante que irá servir de suporte para toda a série de transferências, isto é, para o remanejamento do significado segundo todas as permutações possíveis do significante. Em princípio — podemos supô-lo a título de hipótese de trabalho, na medida em que se conforma com tudo o que nossa experiência exige — o significado será, ao final, diferente do que era no início. Algo terá ocorrido pelo lado do significado. Através do significante, o campo do significado vai ser reorganizado, ou ampliado de uma maneira qualquer.

Por que o cavalo? Neste ponto, podemos elaborar. O cavalo é um tema mais ou menos rico na mitologia, nas lendas, nos contos de fadas, naquilo que a temática onírica tem de mais constante, até mesmo de mais opaco. O pesadelo se chama, em inglês, *nightmare*, ou seja, *égua da noite*. Todo o livro do sr. Jones sobre o pesadelo está centrado nesse ponto. Ele nos demonstra que não há um acaso aí, que a égua da noite não é simplesmente a aparição angustiante da bruxa da noite, que a égua, *mare*, vem substituir a bruxa. Claro está que, como de costume, Jones procura pelo lado do significado, o que o leva a achar que tudo está em tudo. Não há deus na mitologia antiga, nem mesmo na moderna, que escape ao fato de ser, sob algum aspecto, um cavalo. Minerva e Hípias, Marte, Odin, Hermes, Zeus, todos têm cavalos, todos são cavalos, tudo está a cavalo nesse livro. Não é difícil mostrar, a partir daí, que a raiz MR, que é ao mesmo tempo *mère* (mãe), *mara* e também *mer* (mar) em francês, comporta, por si só, toda esta significação tanto mais fácil de se encontrar quanto recobre praticamente tudo.

Evidentemente, não é por esta via que vamos proceder. É certo que o cavalo, como imagem, comporta todos os tipos de propensões analógicas, que fazem dele efetivamente um receptáculo favorável à simbolização dos elementos naturais que vêm ao primeiro plano da preocupação infantil no momento de virada em que vemos o pequeno Hans. Mas não vamos pensar que todas as explicações estejam desse lado. A ênfase que tento dar aqui, e que é sempre, em toda a parte, omitida, é outra: o que sublinho é que, num momento crítico da evolução do pequeno Hans, um certo significante é trazido e desempenhará um papel polarizador, de recristalização. Sem dúvida, isso acontece de uma maneira patológica, mas que nem por isso é menos constituinte. O cavalo começa a partir daí a pontuar o mundo exterior por signos. Lembro a vocês que Freud, mais tarde, falando da fobia do pequeno Hans, vai falar na função de sinal do cavalo. Esses sinais reestruturam para Hans o mundo, marcando-o profundamente com todos os tipos de limites, dos quais vamos agora compreender a propriedade e a função.

Constituídos esses limites, constitui-se ao mesmo tempo a possibilidade, pela fantasia ou pelo desejo, vamos vê-lo, de uma transgressão desse limite, ao mesmo tempo que a de um obstáculo, uma inibição, que detém o sujeito aquém desse limite. Tudo isso é feito com este elemento que é um significante, o cavalo.

Para compreender a função do cavalo, o caminho não é buscar o equivalente do cavalo: se é o próprio pequeno Hans, ou a mãe do pequeno Hans, ou o pai do pequeno Hans. É sucessivamente tudo isso, e ainda muitas outras coisas mais. Pode ser tudo isso, pode ser qualquer uma dessas coisas, na medida em que o pequeno Hans faz o que vou chamar de sucessivos ensaios de aplicar a seu mundo o sistema significante coerente com o cavalo a fim de reestruturá-lo, e o cavalo se vê, durante essas tentativas, recobrindo, em tal momento, tal elemento componente principal de seu mundo, nomeadamente, seu pai, sua mãe, ele mesmo, a pequena Anna, sua irmãzinha, os coleguinhas, as filhas fantasísticas e muitas outras coisas. A função do cavalo, quando este é introduzido como ponto central da fobia, é ser um termo novo que tem, precisamente, para começar, a propriedade de ser um *significante* obscuro. O trocadilho que acabo de fazer pode ser tomado por vocês de maneira completa: ele é, sob certos aspectos, *insignificante*[*]. É aqui que ele tem sua função mais profunda: desempenha um papel de relha cuja função é tornar a fundir, de maneira nova, o real.

Podemos conceber a necessidade disso.

## 2

Até que surgisse o cavalo, tudo ia muito bem para o pequeno Hans.

A aparição do cavalo é secundária. Ela acompanha a angústia. Freud o sublinha, é pouco tempo depois da aparição do sinal difuso da angústia que o cavalo entra em funcionamento. E é acompanhando até o fim o desenvolvimento desta função, a saber, tudo o que se vai fazer com o cavalo, que chegaremos a compreendê-la.

O pequeno Hans se vê, pois, subitamente numa situação descompensada. E por quê? Até um certo momento, que é o dia 5 ou 6 de fevereiro de 1908, isto é, mais ou menos um trimestre antes de seu quinto ano, tudo para ele parece muito bem sustentado. Para dizê-lo tão diretamente quanto possível em termos de referência, que são os que a observação nos fornece, o jogo entre ele e sua mãe continua baseado no engodo da sedução, que até então fora plenamente suficiente. A relação de amor com a mãe introduz a criança à dinâmica imaginária, na qual se inicia pouco a pouco. Eu quase diria, para introduzir aqui a relação com o seio sob um novo ângulo, no sentido do regaço, que ele se insinua nela. Vimos exibir-se a todo instante, no começo da observação, o jogo de Hans com o objeto oculto, numa espécie de perpétuo velamento e desvelamento. Ora, nas relações com a mãe que prosseguem até então com base nesse jogo, nesse diálogo em torno do presente ou do ausente simbólico, algo se produz, algo que é a introdução de certos elementos reais. E, de repente, para Hans todas as regras são violadas.

[*] Alusão à coincidência fonética existente em francês entre *un signifiant* e *insignifiant*. (N.T.)

Surgem duas coisas. A primeira é a seguinte. No momento em que Hans se vê mais capaz de responder, de pagar *cash* no jogo, quero dizer, de mostrar enfim e de verdade, no estado mais glorioso, sua pequena vara — ele é rejeitado. Sua mãe lhe diz, literalmente, que isso não só é proibido, mas é uma *Schweinerei*, uma porcaria, algo de repugnante. Não podemos deixar de ver aí um elemento essencial. Freud sublinha, aliás, que os efeitos da intervenção depreciativa não vêm logo em seguida, mas à maneira de contragolpe. Ele sublinha literalmente este termo, *après coup* (só-depois), que me extenuo em promover ao primeiro plano da reflexão analítica. Ele diz *nachträgliche Gehorsam*, obediência só-depois. Gehör é o ouvido e a audição, Gehorsam a submissão, a docilidade. Não é imediatamente que surtem efeito tais ameaças e recusas, mas depois de um tempo.

Também eu estou longe, aqui, de ser parcial: o significante não está unicamente em jogo, mas existe também um elemento real de comparação, *Vergleichung*, que Freud frisa bem, e não só nas entrelinhas. Hans pôde, através de elementos de comparação entre o grande e o pequeno, situar em sua justa medida o caráter reduzido, infame, ridiculamente insuficiente do órgão em questão. Este elemento real que se acrescenta vem pesar nessa rejeição que, para ele, já abala até os alicerces o edifício de suas relações com sua mãe.

Acrescente-se a isso — segundo elemento — a presença da pequena Anna. Ela foi considerada, inicialmente, sob vários aspectos, sob múltiplos ângulos, segundo modos de assimilação muito diversos. Mas, cada vez mais ela vem testemunhar que, de certa forma, um outro elemento está bem presente ali, e pode também pôr em causa todo o edifício, os princípios e as bases desse jogo, até talvez torná-lo, ocasionalmente, supérfluo. Os que têm experiência com crianças sabem que esses são fatos da experiência comum, que a análise da criança põe o tempo todo a nosso alcance.

O que nos ocupa por ora é a maneira como o significante vai operar em meio a tudo isso. O que se deve fazer? Deve-se ir aos textos, saber ler e fazer a construção. Quando as coisas se reproduzem com os mesmos elementos, mas recompostos de maneira diferente, é preciso saber registrá-las tais como elas são, sem buscar ali referências analógicas longínquas, alusões a acontecimentos interiores extrapolados, que supomos no sujeito. Não é, como dizemos na linguagem comum, o símbolo de alguma coisa que ele mesmo está cogitando, mas outra coisa distinta: são leis onde se manifesta a estruturação, não do real, mas do simbólico, e que atuam entre si. Elas operam, se posso dizer, inteiramente sós, de maneira autônoma, ou pelo menos nos convém por algum tempo considerá-las assim, de modo a ver se essa operação de remanejamento ou de reestruturação é mesmo o que está operando nessa ocasião.

Vou ilustrar isso para vocês agora.

Em 22 de março, como todos os domingos — ponto essencial —, o pai levou seu pequeno Hans para ver a vó em Lainz. Vamos representar os lugares.

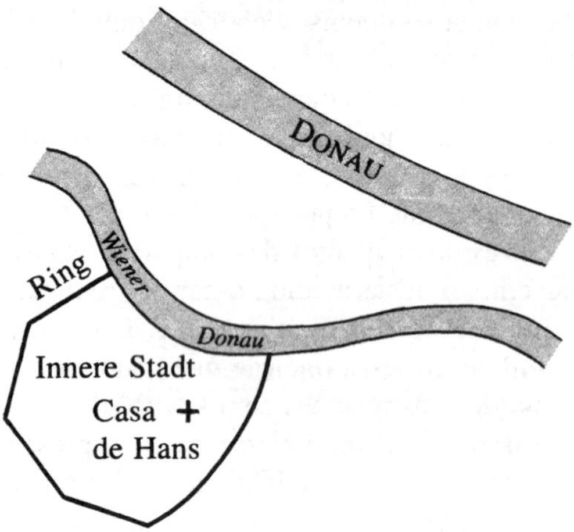


A CASA
DE HANS

O centro da cidade de Viena está situado à margem de um braço do Danúbio. A casa dos pais do pequeno Hans se situa nessa parte da cidade interior, cercada pelo *Ring*.

Por trás da casa, situa-se o escritório da alfândega. Um pouco mais adiante, a famosa estação de que tanto se fala na observação. Em frente, vocês podem ver um museu muito bonito, o *Museum für Kunst Industrie*. É a essa estação que Hans pretende ir quando tiver feito progressos, e conseguir ultrapassar um certo campo que se encontra diante da casa. Tudo me faz crer que a casa se situa bem no extremo da rua detrás da Alfândega, pois ele alude uma vez ao fato de que muito perto da casa deles fica a estrada do *Nordbahn*; ora, o *Nordbahn* está do outro lado do canal do Danúbio. Existe um grande número de pequenas organizações de linhas ferroviárias em Viena, chegando do

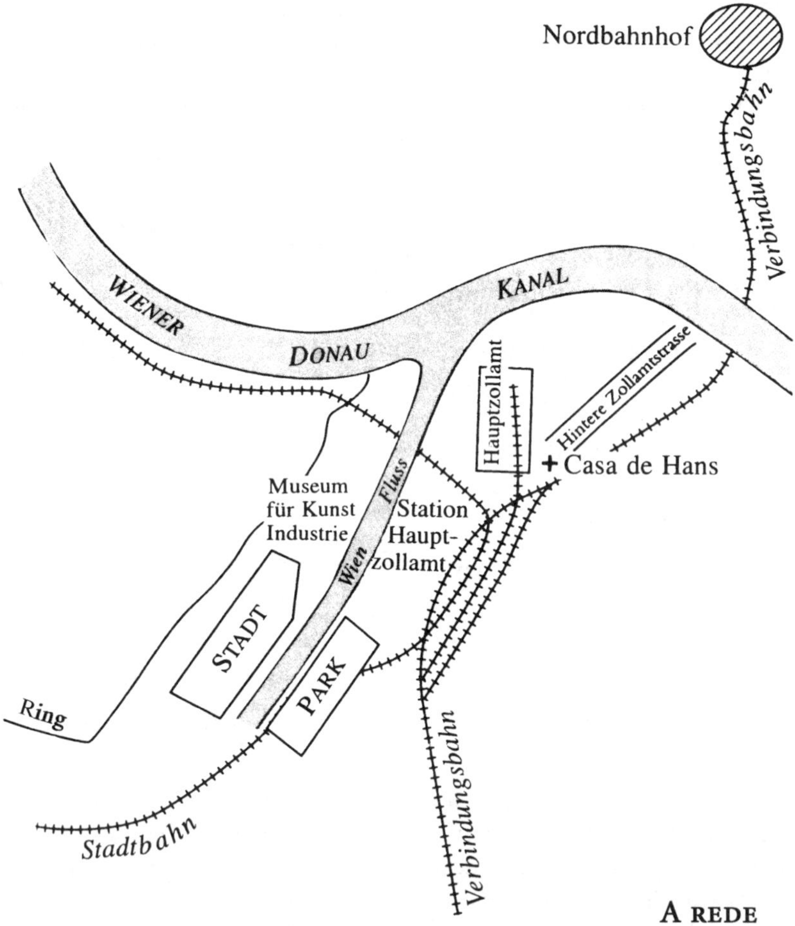


**A REDE FERROVIÁRIA**

leste, do oeste, do norte, do sul; além disso, uma quantidade de pequenas vias férreas locais, em particular uma estrada periférica em nível mais baixo, na qual se atirou a jovem homossexual de quem lhes falei no início do ano. Dois caminhos nos interessam, no que diz respeito à aventura do pequeno Hans. Existe uma estrada de ferro de ligação, *Verbindungsbahn*, que tem por propriedade ligar o *Nordbahn* à *Südbahnstation*, por trás deste quarteirão onde fica a casa do pequeno Hans, de onde ele pode ver os vagões — *draisines*, como se exprime

Freud — nos quais tanto quer subir. No intervalo, toca-se noutra estação. É esta linha férrea, subterrânea em alguns trechos, que vai para Lainz.

Nesse domingo, 22 de março, o pai propõe ao pequeno Hans um caminho um pouco mais complicado que o habitual.

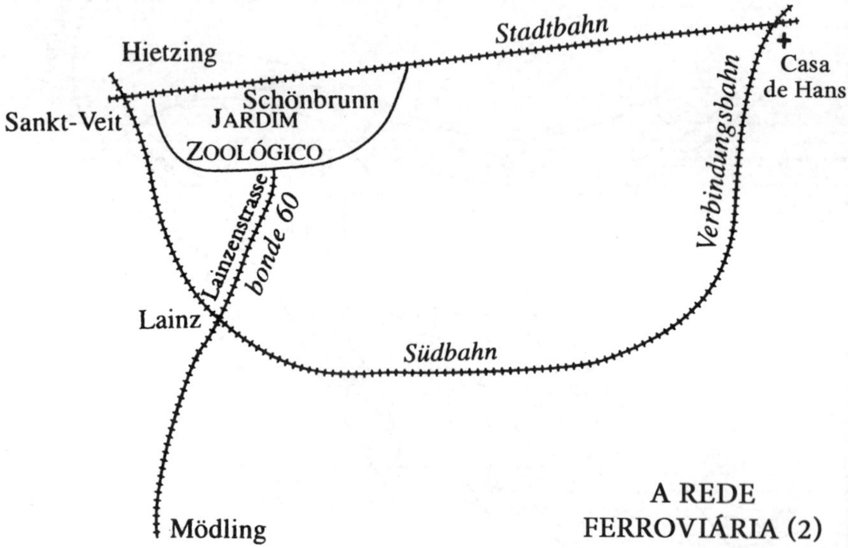


A REDE FERROVIÁRIA (2)

Eles vão pela *Stadtbahn* à estação de Schönbrunn, que é o Versailles vienense. Ali se encontra o jardim zoológico onde o pequeno Hans vai com o pai, e que desempenha um papel tão importante na observação. É um Versailles um pouco menos grandioso. A dinastia dos Habsburgo estava provavelmente muito mais próxima de seu povo que a dos Bourbons, pois vê-se muito bem que, mesmo numa época em que a cidade era muito menos extensa, o horizonte está ali bem perto. Depois da visita ao parque de Schönbrunn, vão tomar um bonde a vapor — na época, o bonde 60 — que os levará a Lainz. Para lhes dar uma ordem de grandeza, Lainz está mais ou menos à mesma distância de Viena que Vaucresson de Paris. Esse bonde continua até Mauer e Mödling. Quando vão simplesmente à casa da avó, tomam um bonde que passa muito mais ao sul e chega diretamente a Lainz. Existe uma outra linha de bondes que une esta linha direta à *Stadtbahn*. A junção se faz na estação do famoso Sankt-Veit.

Isso lhes permitirá compreender o que diz o pequeno Hans no dia em que faz a fantasia da partida de Lainz para voltar para casa, quando vai dizer que o trem partiu com ele e sua avó, e que o pai, que perdeu o trem, vê o segundo trem chegando de Sankt-Veit. Essa rede forma, portanto, um anel virtual: as duas linhas não se comunicam, mas permitem ambas, simplesmente, chegar a Lainz.

Alguns dias depois, durante a conversa com o pai sobre as girafas, o pequeno Hans vai produzir alguma coisa que se classifica entre essas numerosas coisas que ele nos testemunha ter pensado. Mesmo quando se quer a todo custo fazê-lo dizer que ele as sonhou, ele frisa bem que se trata de coisas que pensou: *Nein, nicht geträumt; ich hab' mir's gedacht*.

O ponto essencial a se conservar é que aqui intervém o *Verkehrskomplex*. O próprio Freud nos indica isso: é perfeitamente natural, diz ele, no ponto em que as coisas estão, que aquilo que se refere aos cavalos e a tudo o que estes vão fazer, o *Pferdekomplex*, se estenda muito mais no sistema de transportes. Em outras palavras, no horizonte desenhado pelos circuitos do cavalo, existem os circuitos da estrada de ferro.

Isso é tão verdadeiro e tão evidente que a primeira explicação dada por Hans ao pai, quando lhe fornece os detalhes do vivido de sua fobia, é ligada ao fato de que diante de sua casa existem um pátio e uma rua muito larga. Compreende-se o motivo de ser tão complicado para o pequeno Hans atravessá-los. Em frente à casa, as carroças atreladas vêm carregar e descarregar, alinhando-se ao longo de uma rampa de descarga.

Assim, desde a primeira vez em que o pequeno Hans começa a se explicar um pouco sobre a fobia do cavalo, a tangência do sistema circuito-do-cavalo com o sistema circuito-da-estrada-de-ferro é indicada da maneira mais clara.

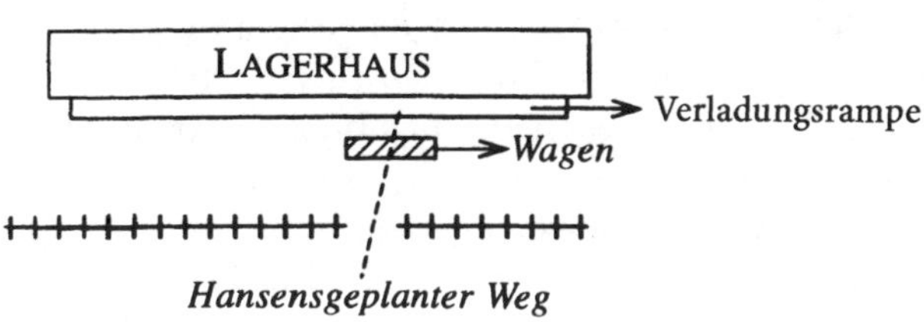


A RAMPA
DE CARREGAMENTO

## 3

O que diz o pequeno Hans, a 5 de abril? Que uma coisa que ele desejaria loucamente fazer seria subir na carroça onde viu uns meninos brincando em cima dos sacos e caixotes. Ele passaria depressa, *geschwind*, e poderia chegar à plataforma, a saber, a rampa de descarregamento. De que ele tem medo? De que os cavalos se ponham em marcha e o impeçam de fazer essa coisinha rápida e depois, depressa, tornar a descer.

Isso deve, mesmo assim, ter algum sentido. Para compreender este sentido, bem como para compreender o que quer que seja no sistema de funcionamento significante, não se deve partir da ideia: que poderá fazer a rampa nisso tudo? o que significará a carroça? o que virá a ser o cavalo? O cavalo, certamente, é alguma coisa, e poderemos dizer no final para que ele pôde servir, uma vez que iremos sabê-lo a partir de seu funcionamento. Mas ainda não podemos saber nada disso.

Vamos nos deter nesse cavalo. O pai se detém ali, todo mundo se detém ali, menos os analistas, que releem indefinidamente o caso do pequeno Hans procurando ler nele outra coisa, os *Três ensaios*, por exemplo. O pai, quanto a si, se interessa por isso e pergunta a Hans por que ele tem medo: *Seria, por exemplo, porque você não ia poder voltar? — Oh, não, de jeito nenhum*, diz o pequeno Hans, *eu sei muito bem onde moro, sempre posso dizer isso e me trariam de volta. Talvez eu até mesmo voltasse com a carroça*. Não haveria dificuldade.

Ninguém parece se deter nisso, mas é impressionante que, se Hans teme alguma coisa, essa coisa não é em absoluto aquilo que nos conviria tanto. Isso poderia mesmo caminhar no sentido em que venho esboçando para vocês a compreensão das coisas: ele é, com efeito, acarretado pela situação, e a história da carroça seria uma bela metáfora disso. Pois bem, em absoluto, ele sabe muito bem que sempre voltará a seu ponto de partida. Se tivermos um mínimo de cachola, podemos nos dizer que talvez seja isso que esteja em causa, a saber, que com efeito, faça o que se fizer, não se consegue sair. Simples indicação que lhes dou de passagem. Ficarmos por aqui talvez fosse dar provas de demasiada sutileza e rigor insuficiente.

Devemos, em vez disso, perceber que existem na observação situações que não podem deixar de ser aproximadas desta. É preciso nos determos nelas, porque vemos bem agora que este é o próprio fenômeno da fobia. Vemos aí a total ambiguidade daquilo que é desejado e daquilo que é temido. Poderíamos acreditar que é o fato de partir e ser carregado que angustia o pequeno Hans, mas, conforme seu próprio testemunho, o fato de partir permanece absolutamente aquém, já que ele sabe muito bem que sempre se volta. Por conseguinte, o que pode querer dizer o fato de ele querer, de certa forma, ir mais além?

Certamente, esta fórmula, que ele quer ir mais além, podemos provisoriamente guardá-la numa espécie de construção mínima. Se tudo no seu sistema está numa certa desordem, devido ao fato de não mais se respeitarem as regras do jogo, ele pode se sentir preso, pura e simplesmente, numa situação insustentável: o elemento mais insustentável da situação sendo o não mais saber, quanto a si, onde se situar.

Portanto, vou agora aproximar outros elementos que reproduzem, de certa maneira, o que está indicado na fantasia do temor fóbico.

Primeira fantasia. O pequeno Hans vai partir com os cavalos, a plataforma de descarregamento vai se afastar e ele voltará a confluir com sua mamãe, o que é desejado demais ou temido demais, quem sabe?

Depois de ter lido e relido a observação, lembramo-nos de pelo menos duas outras histórias.

Trata-se, inicialmente, de uma fantasia que não vem num momento qualquer, e que supostamente se passou com seu pai. A data é 11 de abril. Dessa vez, é também numa linha de estrada de ferro, mas estamos num vagão. Hans ali está com o pai, chegam à estação de Gmunden onde vão passar suas férias de verão, juntam suas coisas, vestem-se. Parece que, naquela época, talvez menos desleixada que a nossa, reunir e embarcar as bagagens sempre representaram uma preocupação. O próprio Freud menciona isso, no caso da jovem homossexual, como termos de comparação para o desenrolar de uma análise: a primeira etapa da análise corresponde à reunião da bagagem, a segunda ao seu embarque no trem. Hans e seu pai não têm tempo de se arrumar antes que o trem parta novamente.

Vem, em seguida, a terceira fantasia que Hans conta ao pai em 21 de abril, e que vamos chamar a cena da plataforma. Ela se situa logo antes do que vamos chamar o grande diálogo com o pai: aí estão as etiquetas convencionais destinadas a facilitar sua arrumação mais tarde. Hans pensou que partia de Lainz com a avó, que ele visita com o pai todos os domingos. Nada nos é dito sobre isso, em absoluto, ao longo da observação, o que deixa fortes indicações quanto ao caráter temível da dita senhora, pois seria muito mais fácil aos contemporâneos que a mim situar toda a família. A Lainzesa, como a chama o pequeno Hans, supostamente embarcou com ele no trem, antes que o pai conseguisse descer a passarela, e partiram, mas, como os trens passam com frequência, e vê-se a linha até Sankt-Veit, Hans conta que chega à plataforma a tempo de pegar o segundo trem com o pai.

Como o pequeno Hans, que já havia partido, voltou? Este é realmente o impasse e, na verdade, um impasse que ninguém consegue elucidar. Essas questões, o pai as formula para si mesmo, e a observação consagra doze páginas ao que poderia realmente se ter passado no espírito do pequeno Hans. Quanto a nós, vamos nos contentar com nossos esquemas:

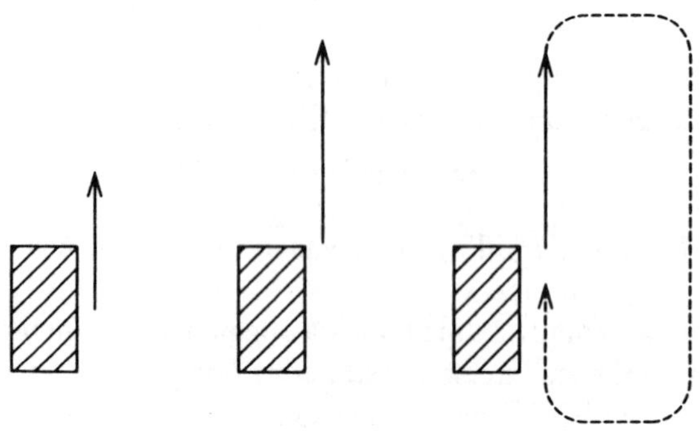

A PARTIDA IMPOSSÍVEL

No primeiro esquema, parte-se a dois, junto com a vovó. No segundo, misteriosamente, é a via do impossível, da não-solução. No terceiro, acaba-se por tornar a partir a dois, com o pai. Em outras palavras, existe alguma coisa aí que não pode deixar de impressionar, se já se conhecem os dois polos do caso: na partida, o drama materno, evidente e incessantemente sublinhado, e ao final, *agora estou com o pai*. Não se pode deixar de ver a relação existente entre a ida e volta implacável em direção à mãe, e o fato de que, um belo dia, sonha-se pelo menos com tornar a partir no caminho certo com o pai. Esta é uma simples indicação, mas é clara, só que é impossível e que não se vê de forma alguma como o pequeno Hans, já tendo partido à frente em direção à avó, pode tornar a partir com o pai. Isso só é possível no imaginário.

O que vemos aparecer aqui como que em filigrana é o esquema fundamental que eu lhes disse ser o de todo progresso mítico: parte-se de um impossível, de um impasse, para chegar a outro impasse e a uma outra impossibilidade. No primeiro caso, é impossível sair dessa mãe, volta-se sempre a ela, *não me diga que é porque ela não está aí que eu estou ansioso*. No outro caso, pensa-se que basta fazer uma permutação e partir com o pai. O próprio Hans pensava assim, a ponto de escrever ao Professor, o que é o melhor uso que se pode fazer de seus pensamentos. Só que aparece, no texto do mito, que este é impossível, e que há sempre, em alguma parte, algo que não encaixa.

As coisas não se limitam a isso. Os elementos deste esquema nos dão, por si mesmos, ocasião de aproximá-las do esquema do atrelamento.

A que se está atrelado? Certamente, este é um dos elementos primeiros da aparição da escolha do significante *cavalo*, ou de sua utilização. A direção em que se dá o acoplamento é inútil de discernir, pois o sentido em que Hans opera lhe é ditado pelas ocasiões favoráveis a ele fornecidas pela função do cavalo. Podemos mesmo dizer que isso guiou, para ele, a escolha do cavalo. Ele mesmo toma o cuidado de nos mostrar sua origem quando nos diz em que momento pensa ter apanhado a bobagem. Diz isso a 9 de abril, quando de um diálogo com o pai, num momento que não é qualquer, como tampouco são os outros, e vamos ver, na continuação, de que veio isso.

Hans brincava de cavalo, e então aconteceu alguma coisa que tem a grande importância para nós de dar o primeiro modelo da fantasia da ferida, que irá se manifestar mais tarde a propósito de seu pai, mas que foi inicialmente extraída do real, precisamente numa dessas brincadeiras de cavalo, onde seu amigo Fritz se machucou no pé.

A uma pergunta do pai, Hans responde que o cavalo pode ser *ohne Wagen*, sem carro, e neste caso o carro fica em casa ou, ao contrário, pode ser atrelado a um carro. O próprio Hans articula que o cavalo é, em primeiro lugar e antes de tudo, um elemento feito para ser atrelado, amovível, atável. Este caráter de amboceptor que vamos encontrar o tempo todo no funcionamento do cavalo é dado na experiência primitiva de onde Hans o extrai. O cavalo, antes de ser um cavalo, é um elemento que liga e coordena, e é precisamente nesta função de mediação que vamos reencontrá-lo ao longo de todo o desenvolvimento do mito. Se fosse necessário para assentar o que será confirmado, por todos os lados, pelo que lhes vou desenvolver em seguida quanto à função do significante do cavalo, teríamos, da própria boca de Hans, a indicação de que é neste sentido, de coordenação gramatical do significante, que se trata de avançar.

Com efeito, é no momento mesmo em que ele articula isso a propósito do cavalo, que Hans diz, ele mesmo: *Foi lá que eu apanhei a bobagem, da hab'ich die Dummheit gekriegt*. O verbo *kriegen, apanhar*, que serve o tempo todo a propósito da bobagem, se diz quanto a *apanhar as crianças*, como se diz, literalmente, que uma mulher apanha, flagra uma criança. Isso não passou despercebido pelos autores, a saber, pelo pai e por Freud. Existe uma grande nota de Freud nesse sentido, e todo o mundo se interessa por ela, a ponto de ter causado ao tradutor uma pequena dificuldade que, ao menos dessa vez, foi resolvida de maneira muito elegante. Hans diz o tempo todo: *wegen dem Pferd*, este é o seu refrão, *por causa do cavalo, apanhei a bobagem*. Freud não pode se enganar aqui, e identifica o fato da possibilidade de se fazer uma associação de palavras entre *wegen* e *Wägen*, no plural, que quer dizer *carros*. É assim que funciona o inconsciente.

Em outras palavras, o cavalo puxa o carro exatamente da mesma forma que alguma coisa que arrasta atrás de si a palavra *wegen*. Logo, nada há de abusivo em dizer que é precisamente no momento em que Hans é presa de algo que nem mesmo é um *por que* — pois, para além do ponto onde as regras do jogo são respeitadas, não há nada além de perturbação, falta-a-ser, falta de por que — que ele arrasta, de certa maneira, um *porque* que não responde a nada, por alguma coisa que é justamente este x, puro e simples, que é o cavalo.

Em outras palavras, no nascimento da fobia, no próprio ponto onde esta surge, encontramo-nos diante do processo típico da metonímia, isto é, diante da passagem do peso do sentido, ou mais exatamente da interrogação comportada pela presente declaração, de um ponto da linha textual ao ponto que se segue. Esta é a própria definição da metonímia na sua estrutura. É porque o peso deste *wegen* é inteiramente velado e transferido ao termo que vem logo em seguida, *dem Pferd*, que este termo assume seu valor de articulação, e assume todas as esperanças de solução. A hiância da situação de Hans é inteiramente ligada a esta transferência de peso gramatical.

Nada mais fazemos, afinal, senão reencontrar aqui as associações concretas, e não imaginadas em não-sei-que hiper-espaço psicológico, e existem duas espécies delas: primeiramente a associação metafórica, que a uma palavra responde por uma outra que pode substituí-la; em segundo lugar, a associação metonímica, que a uma palavra responde dando a palavra seguinte que pode vir numa frase. Essas duas espécies de respostas, vocês as observam na experiência psicológica. Chamam a isso *associações*, porque querem de qualquer maneira que isso ocorra em algum lugar nos neurônios cerebrais. Quanto a mim, não sei nada disso. Como analista, pelo menos, não quero saber nada disso. Esses dois tipos de associação chamados de metáfora e metonímia, encontro-os ali onde estão, no texto desse banho de linguagem em que Hans está imerso.

Foi ali que ele encontrou a metonímia original trazida pelo cavalo, primeiro termo em torno do qual se irá reconstituir todo o seu sistema.

8 DE MAIO DE 1957

# XIX

# PERMUTAÇÕES

*Não trote de mim!*
*O barraco que desaba.*
*Seja um verdadeiro pai.*
*A pinça.*

Eis que chegamos, portanto, ao que ocorre entre o 5 e o 6 de abril. Este momento, no espaço temporal, não deve ser forçosamente confundido com a distância cronológica.

Seguimos a explicação que o pequeno Hans dá a seu pai, em 5 de abril, fantasias que ele forja e onde exprime sua vontade de dar uma trepadinha na carroça que costuma estar sendo descarregada diante da casa.

Nesse sentido, insistimos na ambiguidade da angústia a que Hans dá forma nessa fantasia. Pode parecer que a angústia surja à simples perspectiva do temor da separação, mas indicamos que não é tanto o ser separado da mãe que Hans receia, já que, diante da pergunta do pai, ele mesmo explica que está certo, quase certo demais, de poder voltar.

É na tarde de 9 de abril que surge o *wegen dem Pferd*, quando Hans está revelando um momento que lhe parece significativo da maneira como ele apanhou a bobagem. Não é à toa, vocês bem sabem que, nas retrospecções da memória, o momento em que Hans apanha a bobagem está longe de ser unívoco. Ele diz isso, a cada vez com a mesma convicção: *Eu apanhei a bobagem*. Tudo se baseia neste ponto, pois trata-se aí apenas de uma retrospecção simbólica ligada à significação, a cada momento tornada presente, da plurivalência significante do cavalo.

Há dois momentos, que já conhecemos, em que ele diz: *Eu apanhei a bobagem*.

Há o momento em que ele faz surgir este *wegen dem Pferd*, onde eu achei a queda da minha última lição, mas ao preço de um certo salto que não me deu tempo para lhes indicar o contexto em que aparece essa metonímia manifesta. Ela é correlata da história da queda de Fritz, quando estão brincando de cavalinho no campo, em Gmunden.

Outra vez, ele diz: *Eu apanhei a bobagem quando saí com mamãe*. O mesmo texto indica o paradoxo desta explicação, porque, se ele não desgrudou de mamãe durante o dia inteiro, é porque esta já tinha nos braços sua angústia intensiva. Logo, ele já começou a ficar angustiado e diria mais; no contexto do acompanhamento, a fobia dos cavalos já se declarara.

Eis o ponto onde estamos, por um lado, no texto de Freud, e por outro lado num começo de decifração. Esta decifração, eu a dei a vocês, na última vez, num gráfico que desenhei sob suas três formas.

Isso se refere a coisas que Hans pensou, elucubrou. Nunca se trata de um sonho. Ele diz sempre a seu pai: *Eu pensei, gedacht*, tal coisa. Reconhecemos aí a própria matéria com a qual estamos habituados a trabalhar quando trabalhamos com crianças, a matéria imaginária, que é sempre rica de ressonâncias. Mas, todas as ressonâncias imaginárias que se podem aí sondar, vou lhes mostrar que não suprem essa sucessão de estruturas cuja série vou tentar completar hoje.

Essas estruturas são todas marcadas pelo mesmo traço exemplar. Encontra-se na fantasia de 5 de abril, completada pela interrogação do pai, a ideia de uma volta de Hans para junto da mãe, depois de sua partida com a carroça. Na fantasia de 21 de abril, outro momento importante da evolução, Hans imagina, não sem razão, sua partida com a avó; depois, através de um *gap*, uma hiância, o pai se reúne a ele, ao pequeno Hans, num movimento que também pode ser inscrito neste ciclo, só que sob a condição de que temos aqui uma enigmática impossibilidade para a reunião dos dois personagens por um instante separados:

5 DE ABRIL

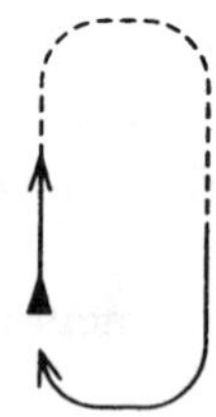

21 DE ABRIL

Vamos nos engajar mais adiante numa exploração confirmadora dessa exaustão das possibilidades do significante, que é, ali, o objeto no nível original que lhes trago. Este circuito enigmático do cavalo, manifestamente angustiante no primeiro exemplo, manifestado como impossível no outro, já indiquei a vocês sua tangência com o circuito mais vasto constituído pelo sistema de comunicações. Sua fórmula é exatamente enunciada, da maneira mais clara, por Freud: não vamos nos surpreender com o fato de que Hans, jogando com o sistema de comunicações, passe progressivamente do circuito do cavalo ao circuito da estrada de ferro.

Tudo se passa, em suma, entre duas nostalgias — *nostalgia* vem de νόστοδ, *retorno* —, vir e tornar a vir. O retorno é por Freud afirmado como fundamental no que diz respeito ao objeto. Ele sublinha que é sempre sob sua forma reencontrada que o objeto consegue se constituir no desenvolvimento do sujeito. O distanciamento do objeto é necessário para isso. Esta necessidade, falando propriamente, é correlata da dimensão simbólica. Mas, se o objeto se afasta, é para que o sujeito o reencontre.

Aí está a verdade cuja metade é elidida, até mesmo perdida, na insistência com que a psicanálise de hoje se põe a acentuar a frustração, sem compreender que esta jamais passa da primeira etapa do retorno em direção ao objeto, o qual, para ser constituído, deve ser perdido e reencontrado.

**1**

Vamos recordar o que está em questão na história do pequeno Hans.

Para Freud, não se trata de outra coisa além do complexo de Édipo, cujo drama traz uma nova dimensão, necessária à constituição de um mundo humano consumado, e em particular à constituição do objeto. Esta, longe de ser correlata de uma maturação instintual pretensamente genital, depende da aquisição de uma certa dimensão simbólica.

Qual? Posso designá-la aqui diretamente, dado o discurso que sustentei e que suponho ser conhecido por vocês. O que está em jogo a cada vez que lidamos com o aparecimento de uma fobia, e que é aqui manifesto, trata-se daquilo que, por um viés qualquer, vem se revelar à criança como a privação fundamental com que é marcada a imagem da mãe. Esta privação é intolerável, já que, afinal de contas, é dela que depende o fato da criança aparecer, ela mesma, ameaçada da privação suprema, isto é, de não poder de jeito nenhum satisfazer a mãe. E é a esta privação que o pai deve trazer alguma coisa. Isso é tão simples quanto o bom-dia da copulação: o que ela não tem, essa aí, que ele o dê a ela: *Meu Deus, que ele o faça!* É disso mesmo que se trata no drama do pequeno Hans, e nós o vemos se revelar pouco a pouco à medida que prossegue o diálogo.

A imagem ambiental, como se diz em nossos dias, do círculo familiar de Hans não é indicada o bastante, ao que se diz. De que precisam eles — quando basta ler, e nem mesmo nas entrelinhas, para ver exibir-se a presença constante e aplicada do pai, ao passo que a mãe nunca é assinalada senão na medida em que o pai lhe pergunta se o que ela acaba de contar é exato? Afinal, na observação, a mãe nunca está com o pequeno Hans, enquanto o pai, muito sensato, bem educado, muito vienense, está ali, aplicado em paparicar seu pequeno Hans, e, além disso, em fazer o trabalho. Todos os domingos ele vai visitar sua mamãe, com o pequeno Hans, é claro. Não se pode deixar de ficar impressionado com a facilidade pela qual Freud, cujas ideias prevalentes na época são conhecidas, admite que o pequeno Hans, que viveu no quarto dos pais até a idade de quatro anos, nunca viu, certamente, nenhuma espécie de cena que tivesse podido inquietá-lo quanto à natureza fundamental do coito. O pai afirma isso em seus escritos, e Freud não discute a questão: provavelmente ele deve ter sua ideia quanto a isso, já que a mãe foi sua paciente.

Num dado momento da cena principal, seu diálogo com o pai, o pequeno Hans lhe diz, de certa forma: *Você deve eifern*. A expressão é praticamente intraduzível em francês, como observou o filho de Fliess, que concentrou sua atenção nesta cena e, se não se sai inteiramente bem, suas observações são bastante justas. Ele pode apelar para as ressonâncias bíblicas do deus ciumento, este deus que é idêntico à figura do pai na doutrina freudiana. *Você deve ser um pai, você deve se zangar comigo, tudo isso deve ser verdade*. Antes que Hans chegue a dizer isso, muita água vai passar por debaixo da ponte, vai-lhe ser necessário um certo tempo para atingir este momento.

Vamos, igualmente, formular de imediato a questão de saber se, durante essa pequena crise, o pequeno Hans fica de alguma forma satisfeito quanto a este ponto. Por que ficaria — se seu pai está nessa posição crítica cuja aparição nos bastidores deve ser concebida como um elemento fundamental da abertura onde surgiu a fantasia fóbica? Não é concebível, de jeito nenhum, que este diálogo tenha, se assim podemos dizer, psicanalisado, não o pequeno Hans, mas o pai, e que ao final da história, que se liquida de modo bastante feliz em quatro meses, o pai seja mais viril que no começo. Em outras palavras, se é a este pai real que o pequeno Hans dirige tão imperiosamente seu apelo, não existe razão alguma para que ele o faça realmente surgir.

Se o pequeno Hans chega a uma solução feliz da crise na qual entrou, vale a pena nos perguntarmos se podemos considerar que ao final da crise estamos no desfecho de um complexo de Édipo completamente normal. A posição genital, entre aspas, a que atingiu o pequeno Hans será o bastante, por si só, para lhes assegurar que sua relação com a mulher, no futuro, será tudo o que se possa imaginar de mais desejável?

A questão permanece em aberto. E não apenas permanece em aberto, mas já podemos fazer muitas observações nesse sentido. Se o pequeno Hans está prometido à heterossexualidade, talvez não nos baste ter essa garantia para pensar que isso seja suficiente para assegurar a ele uma consistência plena, se podemos dizê-lo, do objeto feminino.

Somos forçados, como veem, a proceder por pinceladas concêntricas. Precisamos estender a tela, e o quadro, entre os diferentes polos aos quais ela está presa para lhe assegurar sua fixação normal, e que ela seja esta tela sobre a qual segue este fenômeno particular, a saber, aquilo que ocorre no desenvolvimento da fobia, que é correlato do próprio tratamento.

Para ilustrar o lado sufocado do pai nesta história, um pequeno exemplo, muito simples, me vem à mente, e irá animar a investigação. Depois de uma longa explicação do pequeno Hans a seu pai, relativa ao amor que sente por este — ele passou toda a manhã nisso —, eles tomam juntos o café da manhã, o pai se levanta da mesa, e Hans lhe diz: *Vatti, renn mir nicht davon!*

A tradução, irresistivelmente marcada por não-sei-que estilo de cozinheira, nos dá esta frase, que no entanto não é falsa: *Papai, fique! Não vá embora a galope.* O pai frisa que ficou impressionado pela expressão *renn.* Seria, antes: *Não trote assim.* E até mesmo, porque o alemão permite isso: *Não trote assim de mim.* Transportamos a questão da análise do significante para o nível da decifração hieroglífica da função mitológica, mas isso não impede que voltar a atenção para o significante queira dizer, em primeiro lugar, *saber ler.* Esta é a condição prévia para se saber traduzir corretamente. Existe aí uma falta lamentável para a justa ressonância que possa ter para os leitores franceses a obra de Freud.

Aqui estamos, pois, com o pai. Já quase inscrevemos nesse esquema o lugar que ele deveria ocupar, pois é por ele, através dele, através da identificação com ele que o pequeno Hans deveria encontrar a via normal desse circuito mais amplo que já é tempo de percorrer. Isso é tão verdadeiro que é confirmado pelo que vem duplicar a célebre consulta de 30 de março.

Trata-se da consulta de Freud a que o pequeno Hans foi levado por seu pai. Ela é, para mim, a ilustração dessa duplicação, até mesmo dessa triplicação da função paterna na qual insisto, como sendo essencial a toda compreensão do Édipo, bem como a um tratamento analítico como tal, na medida em que faz entrar em jogo o *nome do pai.* O pai conduz Hans até diante de Freud, que representa o superpai, o pai simbólico. No momento em que Freud, não sem sublinhar ele próprio o fato com certo humor, profetiza, e aborda de saída o esquema do Édipo, o pequeno Hans o escuta com um interesse divertido, do tipo: *Como é que ele pode saber de tudo isso? Ele nem mesmo é confidente do bom Deus, o Professor.* A relação, falando propriamente, humorística sustentada ao longo de toda a observação, a relação do pequeno Hans com este pai distante que é Freud, é exemplar, e marca ao mesmo tempo a necessidade dessa dimensão transcendente, e quanto estaríamos enganados se a encarnássemos sempre no estilo do terror e do respeito. Ela não é menos fecunda nesse outro registro, onde sua presença permite ao pequeno Hans expor seu problema.

Mas paralelamente, já lhes disse, acontecem outras coisas, que têm muito mais peso para o progresso do pequeno Hans. Leiam a observação e verão que nesse dia, 2ª feira, 30 de março, quando é levado até Freud, a referência do pai assinala duas coisas, cuja importância ele não minimiza, mas cuja exata função é um pouco apagada pelo fato de relatá-las ambas no preâmbulo, embora a segunda seja uma observação do pequeno Hans na volta da consulta.

Primeira coisa. Lembro a vocês que estamos na segunda-feira, dia seguinte ao domingo em que complicaram a visita à avó com um pequeno passeio ao Schönbrunn. O pequeno Hans conta ao pai essa fantasia: fazia, com este, uma transgressão. Não se podem dizer essas coisas de outra maneira, esta é a própria imagem da transgressão. Essa transgressão arquipura é designada por uma corda, sob a qual passam os dois. É a corda a propósito da qual, no jardim do Schönbrunn, Hans havia feito ao pai a seguinte pergunta: — *Por que aquela corda está ali?* — *É para impedir que se pise na grama*, diz o pai. — *O que é que impede de se passar por baixo dela?* — *As crianças bem educadas*, responde o pai, *não passam por baixo das cordas, principalmente quando elas estão ali para indicar que não se deve ultrapassá-las.* Hans não deixa de responder a isso por essa fantasia: — *Mas fazemos a transgressão juntos*. É este *juntos* que é tão importante. E em seguida, eles vão dizer ao guarda: *Aí está o que nós fizemos*. E, hop, ele embarca todos dois.

A importância dessa fantasia não deixa dúvidas, se a compreendermos em seu contexto. Trata-se de passar ao regime do pai, e fazer algo que os envolva juntos, *zusammengepackt*, que os faça embarcar na mesma viagem. A questão do embarque fracassado pode assim se esclarecer, sob a condição de se tomar o esquema ao avesso, pois é da natureza mesma do significante apresentar as coisas de maneira estritamente operatória. É em torno do embarque que gira toda a questão: trata-se de saber se ele vai embarcar com seu pai. Ora, está fora de questão que ele embarque com o pai, já que é precisamente dessa função que o pai não pode se servir, pelo menos no sentido comum do termo *embarcar*. Todas as elaborações sucessivas do pequeno Hans lhe servem para se aproximar desse objetivo ao mesmo tempo desejado e impossível. É indicativo que isso seja iniciado na primeira fantasia que acabo de lhes explicar, e que se situa logo antes da consulta de Freud.

Aqui está, agora, a segunda fantasia, que surge como se fosse necessário que não pudéssemos ignorar a função recíproca dos dois circuitos, o pequeno, o circuito materno, e o grande, o circuito paterno.

A fantasia se aproxima ainda mais do objetivo. Voltando da casa de Freud, à noite, o pequeno Hans se entrega novamente a uma transgressão: reconhece ter pensado, naquela manhã, que estava com seu pai no trem e que os dois quebravam uma vidraça. Isto, igualmente, é o que pode haver de melhor como significante de uma ruptura para o exterior. Aí, também, eles são *mitgenommen*, levados juntos pelo agente de polícia. Esta é novamente a ponta, o término da fantasia.

A 2 de abril, isto é, três dias depois da observação, primeira melhora, a qual, suspeitamos, o pai exagerou um pouco, pois ele mesmo se corrige diante de Freud: — *Essa melhora talvez não tenha sido tão acentuada quanto eu lhe disse*. Existe, assim mesmo, uma espécie de revoada: o pequeno Hans, naquele dia, começa a manifestar que pode dar mais uns passos diante da "porte cochère". Não vamos esquecer que esses portões de carruagem, no contexto da época, representam na família a conveniência, o que se faz. Devendo mudar de apartamento, a mãe diz: *Mudar de andar não tem importância, mas o portão de carruagem você deve a seu filho*. O portão de carruagem, portanto, não é insignificante na topologia do que se relaciona com o pequeno Hans.

Como lhes disse da última vez, esses portões de carruagem, a fronteira que demarcam, é ponto a ponto duplicada pelo que se vê menos de perto, talvez, do que o que lhes disse da última vez, mas que ainda está à vista, a saber, a fachada da entrada da estação de onde parte a estrada de ferro da cidade, que o leva regularmente até a casa da avó.

Com efeito, da última vez, graças a uma informação cuidadosamente anotada, eu lhes fiz um pequeno esquema onde a casa dos pais de Hans se situava na rua por trás da Agência Central da Alfândega, a *Hintere Zollamtstrasse*. Isso não é exato, em absoluto. Percebi isso graças a uma coisa que lhes revela, mais uma vez, quanto somos cegos para o que temos sob os olhos, e que se chama o significante, a letra.

No próprio esquema que temos no relato dado por Freud está o nome da rua, é a *Untere Viaductgasse*.

Há uma rua escondida, o que deixa supor que exista, de um lado da via, um pequeno prédio. Este é indicado nos mapas de Viena, e corresponde ao que Freud chama de *Lagerhaus*.* É um entreposto

* Armazém especial de cobrança de impostos sobre a entrada de comestíveis em Viena. (N.T.)

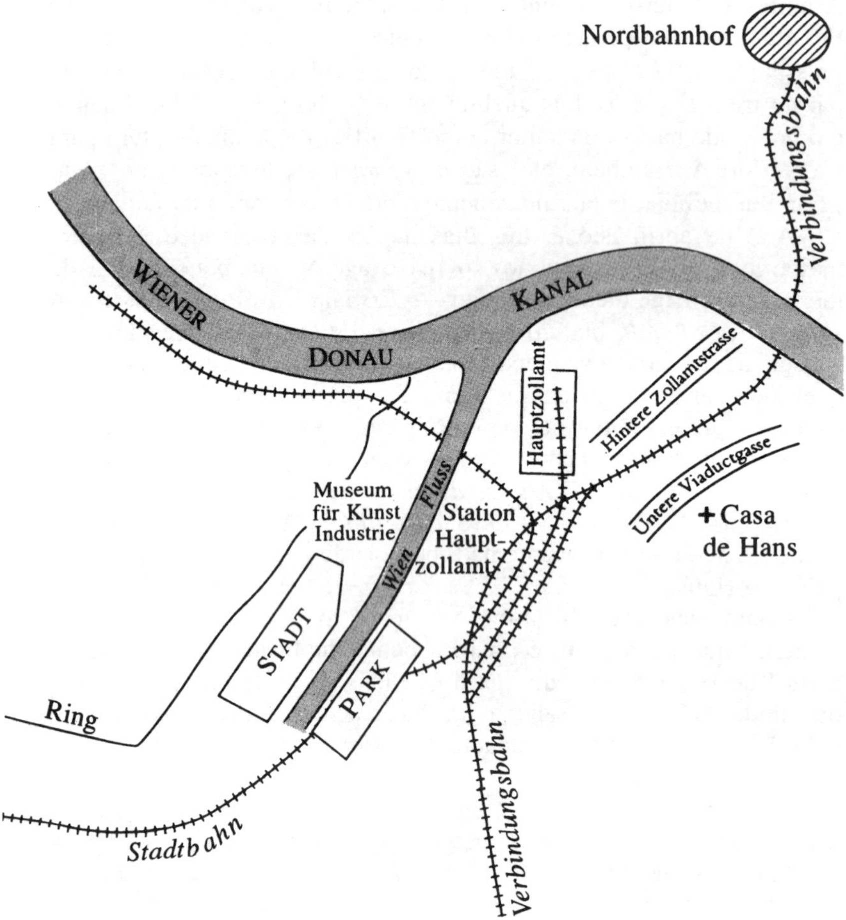


A REDE FERROVIÁRIA (3)

especial dedicado à cobrança de direitos alfandegários sobre a entrada de comestíveis em Viena. Isso explica todas as conexões existentes ao mesmo tempo: a via férrea do *Nordbahn*, o vagonete que desempenha um certo papel na fantasia de Hans, o entreposto de que fala Freud, que fica bem em frente à casa e, ao mesmo tempo, a casa com boa vista para a entrada da estação.

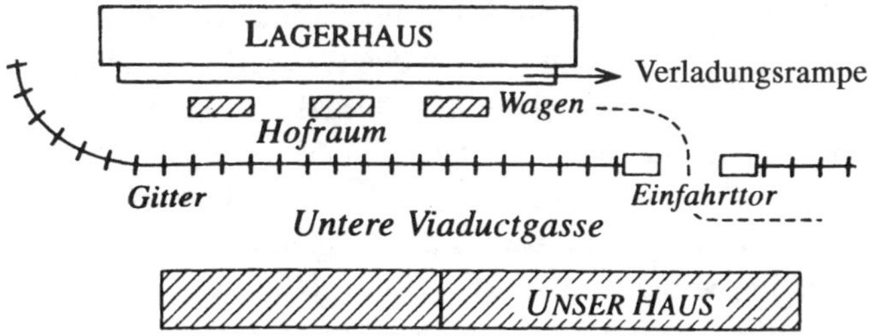


A *UNTERE VIADUCTGASSE*

Aqui está, pois, o cenário instalado. É esta a cena onde se desenrola o drama. O espírito poético e, se quiserem, trágico, do pequeno Hans vai nos permitir acompanhar a sua construção.

## 2

Como conceber que a passagem para um círculo mais vasto tenha sido, para o pequeno Hans, uma necessidade?

Eu já lhes disse, tudo depende do ponto de impasse que sobreveio nas relações de Hans com sua mãe. Encontramos isso indicado a todo momento. Sua inserção no mundo, sua mãe é que a assegurara até aquele momento. A crise experimentada então pela criança, podemos captar ao pé da letra sua tradução nessa angústia que impede o pequeno Hans de ultrapassar a distância de um certo círculo de visão de sua casa.

Obcecados como somos por um certo número de significações prevalentes, acontece com frequência de não vermos aquilo que no entanto está inscrito da maneira mais evidente no texto de um sintoma tão à flor do significante quanto a fobia. É em direção a sua casa que o pequeno Hans se volta ansiosamente no momento de embarcar. Por que obstinar-se em não compreender que nos basta traduzir isso da mesma maneira como Hans o apresenta? Isso que ele receia não é simplesmente que tal ou tal pessoa não esteja mais lá quando ele voltar para casa, tanto mais que o pai nem sempre está no interior do circuito, e parece que a mãe também colabora para isso. O que está em questão no momento em que chegou o pequeno Hans é, como expressa a fantasia em que ele está na carroça, que toda a casa se vá, que todo o barraco desabe. É da casa que se trata, essencialmente. É a casa que está em causa, desde o momento em que ele compreende que esta mãe lhe pode faltar, e ao mesmo tempo que ele permaneceu totalmente solidário a ela. O que ele teme não é tanto ser dela separado, e sim ser levado com ela sabe Deus para onde. Este elemento, vamos vê-lo aflorar a todo instante na observação: na medida em que é solidário à mãe, ele não sabe mais onde está.

Só vou aludir aqui a um episódio. Trata-se da segunda ocasião, 5 de abril, que acentuei para vocês há pouco, quando Hans revela o surgimento da bobagem, de maneira talvez um pouco arbitrária. Ele estava com sua mãe, diz, e explica que foi logo depois da compra do colete. Então, viu-se um cavalo de ônibus que levava um tombo. Trata-se desses ônibus do interior dos quais ele via os cavalos. Era um cavalo de traseiro grande, como eu ainda conheci alguns. E, no momento em que cai, Hans sente alguma coisa que lhe sinaliza que: *Agora vai ser sempre assim. Todos os cavalos de ônibus vão cair.*

Para fazer reviver a flor japonesa na água das observações, por que não nos perguntarmos, acompanhando simplesmente a curiosidade do pai, o que significa aquele momento do dia em que o pequeno Hans estava com sua mãe. O pai, ele próprio, interroga: — *Onde é que você foi, naquele dia, com sua mãe?* Vemos o programa se desenrolar: estiveram no *Skating Ring*, depois na *Kaffeehaus*, e logo depois disso houve o tombo, e enfim — aí está um episódio que resolve o que acompanhamos até agora — foram ao confeiteiro. O fato de ter estado *beim Zuckerbäcker mit der Mammi*, no confeiteiro com a mamãe, de ter ficado com ela o dia todo, parece indicar que há, não digo um furo ou uma censura por parte da criança, mas certamente indica que alguma coisa aconteceu. Hans sublinha bem que estava com a mamãe e não com qualquer outra pessoa que talvez estivesse rondando por ali. Este *com a mamãe, mit der Mammi*, tem no discurso do pequeno Hans o mesmo valor, o mesmo acento, o mesmo papel que quando ele frisava: *Nicht mit der Mariedl, ganz allein mit der Mariedl.*

O tom pelo qual o pai leva muito adiante o interrogatório, depois, muito rapidamente o abandona, deixa-nos perceber um traço não menos confirmado acima, quando o pequeno Hans vem encontrar seu pai na cama e lhe indica que, quando o pai está ausente, ele teme que este não volte para casa. *Alguma vez ameacei ir embora?*, pergunta o pai. — *Ninguém jamais me disse que você ia, mas mamãe me disse, um dia, que ela ia embora.* Ao que o pai, para tapar o abismo, lhe diz: — *Você fez alguma travessura.*

Com efeito, vê-se muito bem o que está em jogo a todo instante. Sem levar adiante uma investigação de caráter policial, digamos que é isso mesmo que põe em questão, para o pequeno Hans, a solidez do lar de seus pais, e que encontramos perfeitamente desatado na catamnésia da observação. É em torno desse ponto que jaz a angústia de ser levado com a barraca materna, que mostra bem sua presença desde a primeira fantasia.

Se o cavalo está ali com a propriedade de representar a queda de que o pequeno Hans está ameaçado, existe por outro lado o perigo expresso pela mordida do cavalo.

Essa mordida, cujo temor surge no momento em que a crise se inaugura pelo fato de que o pequeno Hans não pode mais, manifestamente, satisfazer sua mãe, será uma retorsão? Pode-se pensar em observar aí aquilo que é posto em uso, de maneira confusa, na ideia do retorno do impulso sádico, tão importante, como sabem, nos temas kleinianos. Mas não é tanto disso que se trata quanto do que lhes indiquei, a saber, aquilo em que o menino esmaga sua decepção de amor. Inversamente, se ele decepciona, como não veria que está igualmente à beira de ser engolido? A mãe, insaciada e privada de modo insustentável, também pode mordê-lo. Este perigo se tornou cada vez mais ameaçador por sua própria privação, e é incontrolável, já que ele não pode morder também. O certo é que o cavalo representa ao mesmo tempo cair e morder, estas são suas duas propriedades. Indico-lhes isso aqui na medida em que, no primeiro circuito, o elemento da mordida só é visto elidido.

Vamos prosseguir e pontuar o que vai se desenrolar a partir de um momento preciso, do qual teremos de dar conta e isolar a maneira como sobreveio, mesmo que para isso tenhamos de retomar, uma a uma, a sucessão de fantasias do pequeno Hans. A partir deste momento, um certo número de outras fantasias são produzidas, pontuando o que chamei a sucessão das permutações míticas.

O mito no nível individual se distingue por todos os tipos de características da mitologia desenvolvida. Esta está na base de toda a situação social no mundo, como é patente ali onde os mitos estão presentes por sua função. Mas mesmo ali onde estão, aparentemente, ausentes, como é o caso na nossa civilização científica, não creiam que eles não estejam em algum lugar. Embora o mito individual não possa de jeito nenhum ser restituído a uma identidade com a mitologia, uma característica, no entanto, lhes é comum: a função de solução numa situação fechada em impasse, como é a do pequeno Hans entre seu pai e sua mãe. O mito individual reproduz em menor escala este caráter fundamental do desenvolvimento mítico, onde quer que o possamos captar de modo suficiente. Ele consiste, em suma, em enfrentar uma situação impossível através da articulação sucessiva de todas as formas de impossibilidade da solução.

É nisso que a criação mítica responde a uma questão. Percorre o ciclo completo do que se apresenta ao mesmo tempo como abertura possível e como abertura impossível de se tomar. Fechado o circuito, algo se realizou, significando que o sujeito foi posto no nível da questão. É nisso que Hans é um neurótico, não um perverso.

Não é artificial distinguir o sentido de sua evolução de um outro sentido possível. Este sentido está indicado na própria observação, vou lhes mostrar isso da próxima vez. Mas desde já posso lhes dizer que tudo aquilo que acontece em torno das calças da mãe indica, em negativo, o caminho que Hans poderia ter tomado pelo lado que leva ao fetichismo.

A calcinha não está ali para outra coisa senão para nos apresentar uma solução que poderia ter sido que Hans se apegasse a essa calcinha por trás da qual nada há, mas sobre a qual ele poderia querer pintar tudo o que quisesse. Acontece que, precisamente por não ser o pequeno Hans um simples amante da natureza, ele é um metafísico. Ele porta a questão ali onde ela reside, isto é, no ponto onde há algo que falta. E ali ele pergunta onde está a razão, no sentido em que se diz *razão matemática*, dessa falta-a-ser. E ele vai se comportar, absolutamente igual a qualquer espírito coletivo da tribo primitiva, com o rigor que conhecemos, e percorrer as soluções possíveis, com uma bateria de significantes escolhidos. Nunca se esqueçam, o significante não está aí para representar a significação; antes, está aí para completar as hiâncias de uma significação que não significa nada. É porque a significação está literalmente perdida, é porque o fio está perdido, como no conto do Pequeno Polegar, que as pedrinhas do significante surgem para preencher esse buraco e esse vazio.

Dessas fantasias, eu lhes dei, da última vez, três exemplos: a fantasia da carroça diante da plataforma de carregamento, a da descida do trem perdida em Gmunden, enfim, a da partida com a avó e do retorno ao pai, apesar de sua evidente impossibilidade.

Vamos agora pôr em série uma sequência de outras fantasias que ilustram o que estou lhes dizendo, uma vez que, se soubermos lê-las, elas recobrem e modificam a permutação dos elementos.

## 3

A primeira fantasia da série vai lhes mostrar em seguida onde se dá a passagem. Ela se situa num momento bastante tardio do progresso do diálogo entre o pai e o pequeno Hans, em 11 de abril. É a fantasia da banheira sobre a qual todos se curvam com uma espécie de enternecimento confuso, como se nela encontrassem não-sei-que rosto conhecido, sendo ao mesmo tempo incapazes de dizer qual.

Esta fantasia é a seguinte. Hans está na banheira. Já lhes disse o bastante para que sentissem que este "na banheira" está o mais próximo possível do "na carroça", ou seja, do fundamental "na barraca": trata-se da conexão com este troço sempre em vias de se esquivar, que é o platô do suporte materno. Eis que entra alguém, que é, sob uma certa forma, o terceiro aqui esperado, o *Schlosser*, o serralheiro, que desaparafusa a banheira. Nada mais nos é dito: ele desaparafusa a banheira, depois, com sua broca, *Bohrer* — Freud introduz em nota a possibilidade de um equívoco com *nascer, geboren*, sem resolvê-lo —, ele fura a barriga do pequeno Hans.

Com os métodos habituais de interpretação de que nos servimos, tenta-se em seguida forçar as coisas e só Deus sabe tudo o que se pode encontrar para dizer a respeito dessa fantasia. O pai, por sua vez, não deixa de relacioná-la com a cena que se produz comumente no nível da cama da mãe, a saber, que o pequeno Hans expulsa o pai e de certo modo o substitui, e é em seguida objeto de uma agressão do pai, a menos que o seja por parte da mãe. Isso não está fundamentalmente marcado pelo erro, mas, para permanecer estritamente no nível das coisas, digamos que se a banheira responde a *Wägen* — a esse algo em questão para o pequeno Hans, de ultrapassar a solidariedade a que se prende —, é certo que o fato de que se a desmonte é, seja como for, algo a se ter em mente.

O fato de que, por outro lado, o pequeno Hans esteja, em sua fantasia, no nível de seu ventre perfurado deve igualmente ser guardado. Podemos, com efeito, conceber que, no sistema de permutações, é ele quem afinal de contas assume pessoalmente o furo da mãe, a saber, o abismo, o ponto crucial, o ponto último que está em questão, a coisa não observável, aquela que flutua sob a forma do preto para sempre inapreensível diante da figura do cavalo, e precisamente no nível em que este morde, a coisa que não se devia olhar. Vão ver que é também o pequeno Hans quem o diz, se se reportarem ao momento em que está em jogo a calça da mãe.

O pequeno Hans, interrogado pelo pai a despeito do bom-senso, traz, contra todas as sugestões deste, dois elementos, e apenas dois. O segundo, vou dizê-lo a vocês da próxima vez quando voltarmos à análise desse momento, mas o primeiro é o seguinte: *Você vai escrever ao Professor, e vai lhe dizer que eu vi a calça, que cuspi, que caí no chão e fechei os olhos para não olhar.* Pois bem, na fantasia da banheira, o pequeno Hans não olha mais, mas assume o furo, isto é, a posição materna. Estamos aqui no nível do complexo de Édipo invertido, sobre o qual a perspectiva do significante nos mostra o quanto ele é necessário, pois não passa de uma fase do complexo de Édipo positivo.

O que acontece em seguida? Com uma das fantasias seguintes, de 22 de abril, voltamos a uma outra posição, que é aquela dita do vagonete. O pequeno Hans, perfeitamente reconhecível sob a forma de um garoto, está no vagonete e o deixaram inteiramente nu durante toda a noite, e isso é muito ambíguo, ao mesmo tempo um desejo e um temor. Isso está estreitamente ligado ao momento imediatamente anterior, onde ele disse a seu pai no diálogo que lhes indiquei ser capital: — *Você estava lá inteiramente nu, als Nackter.*

No artigo de que lhes falei, Robert Fliess sublinha, nesse sentido, o caráter decisivo do vocabulário da criança, como se fosse, de súbito, o espírito bíblico que o possuísse, e isso desconcerta a todos, a ponto de se precipitarem para tapar o buraco, colocando entre parênteses: — *Ele quer dizer: descalço.* Fliess observa, com muita razão, que o estilo do termo deve ser destacado, e que isso se inscreve claramente na continuação do momento em que, mais uma vez, ele invocou seu pai: — *Faça seu ofício.* Finalmente, se não se pode ver como a mãe é satisfeita, que ao menos ela o seja, *você deve fazê-lo, isso deve ser verdade. Das muss wahr sein* quer dizer: *Seja um verdadeiro pai.*

É logo depois de ter chegado a parir essa fórmula, que nos mostra bem o que é convocado na realidade, que o pequeno Hans fomenta na sua fantasia que passa toda uma noite no vagão, no circuito mais amplo da estrada de ferro. Ele passa ali uma noite inteira, quando, até então, as relações com a mãe foram essencialmente sustentadas por relações fornecidas *geschwind*, a toda velocidade. E até então era isso que ele desejava. Ele explica isso, aliás, ao pai, sempre no diálogo de que lhes falo, de 21 de abril. Com efeito, diz ele, continuando a fantasia: *Você devia bater com o pé numa pedra, se machucar, sangrar e desaparecer. E isso me daria só o tempo de ficar no seu lugar por alguns instantes, mas você voltaria.* Reencontra-se aqui o ritmo daquilo que se pode chamar o jogo primitivo da transgressão com a mãe, que só se sustenta, precisamente, por essa clandestinidade.

Outra fantasia, em 22 de abril. O pequeno Hans passa toda a noite no vagonete e, na manhã seguinte, dá cinquenta mil *Gulden* — o que, na época desta observação, tem todo um peso — ao condutor para que ele permita ao menino continuar sua viagem no mesmo trem.

Outra fantasia, em 2 de maio, que parece ser a última da história, o ápice, o ponto terminal, aquele por onde o pequeno Hans termina. Dessa vez é não apenas o serralheiro, mas o bombeiro, o instalador, *der Installateur*, que vem com suas pinças, o que acentua o caráter de desaparafusamento. É inexato traduzir *Zange* por *chave de parafuso, Schraubenzieher*, a pretexto de que houve anteriormente um instrumento pontudo, a broca ou furadeira, *Bohrer. Zange* é a pinça para retirar um parafuso. E o que se desaparafusa é o traseiro do pequeno Hans, para dar-lhe um outro.

Aí está, portanto, mais um passo dado. A superposição dessa fantasia à da banheira que a precede é suficientemente posta em evidência pelo fato de que as relações de tamanho entre esse traseiro e a banheira foram articuladas da maneira mais precisa pelo próprio pequeno Hans. Ele só se sente bem na banheira da casa de Viena, porque seu pequeno traseiro a preenche bem, faz peso. E esta é toda a questão: ele tem ou não tem peso? Ali, sim, ele a preenche, é mesmo forçado a permanecer sentado. Mas em qualquer lugar onde a banheira esteja longe de apresentar as mesmas garantias, voltam as fantasias de devoramento e de angústia, o que faz com que ele se recuse a tomar banho noutro lugar, em Gmunden, ou em qualquer outra banheira maior.

Sem que haja, é claro, equivalência de significação, existe superposição, no nível do esquema, do traseiro desaparafusado com a banheira previamente desaparafusada. Há também correspondência — ao mesmo tempo, com alguma coisa modificada — com o fato de que a carroça parta ou não parta, parta mais ou menos rapidamente, da plataforma a que ela está momentaneamente acoplada.

Completo essa última fantasia. O instalador diz em seguida ao pequeno Hans: — *Vire-se do outro lado, e mostre teu wiwi*, insuficiente realidade que não conseguiu seduzir a mãe. Nesse ponto, todos completam a interpretação dizendo que o instalador o desaparafusa para dar-lhe um outro melhor. Infelizmente, isso não está no texto. Nada indica que, afinal de contas, o pequeno Hans tenha completado o percurso significante do complexo de castração.

Se o complexo de castração é alguma coisa, é isso: em algum lugar não existe pênis, mas o pai é capaz de dar um outro. Vamos dizer mais: na medida em que a passagem à ordem simbólica é necessária, sempre é necessário que, até certo ponto, o pênis tenha sido retirado e depois devolvido. Naturalmente, ele nunca pode ser devolvido, já que tudo o que é simbólico é, por definição, realmente incapaz de ser devolvido. É aí que jaz o drama do complexo de castração: é apenas simbolicamente que o pênis é retirado e devolvido.

Mas, num caso como este, vemos que o pênis é retirado simbolicamente, e que não é devolvido. Trata-se, pois, de saber em que medida pode bastar ao pequeno Hans ter feito toda essa volta.

Pode-se dizer que este é o equivalente do ponto de vista do exame, que Hans tenha feito um circuito suplementar, e que o simples fato de que este seja um ciclo ou um circuito basta para assegurar o rito de passagem e dar-lhe um valor igual ao que teria se fosse completamente efetuado. Ao menos essa questão se formula.

O certo é que não é fora do terreno estrito da análise do significante que podemos fazer progredir nossa compreensão das formações sintomáticas. Antes de deixá-los, e porque sempre tento terminar com algo que os divirta, quero mostrar isso a vocês com uma pequena observação.

Esta pinça, o que é isso? De onde vem ela? Nunca se falou dela durante toda a história. A mãe pôde dizer: *Vamos te cortar isso*. O pai nunca disse: *Vamos tornar a te aparafusar*. No entanto, permanecendo no nível do significante, isso com que o instalador intervém quando se trata de lhe desaparafusar o traseiro não deixa qualquer dúvida: trata-se de uma pinça ou de uma tenaz.

Acontece que vi, em tempos antigos, que os grandes dentes com que um cavalo pode morder um dedo do pequeno Hans são chamados, em todas as línguas, de pinças. E mais, a parte dianteira do casco, com que o cavalo faz todo seu pequeno *Krawall*, também se chama uma pinça, em alemão *Zange*. Este termo tem os mesmos dois sentidos do termo *pince* em francês.

Digo-lhes mais: em grego, χηλη tem exatamente o mesmo sentido. Isso eu não encontrei folheando em grego um manual de serralheiro, que não existe, mas por acaso, no prólogo da peça *Os fenícios*, de Eurípides.

Jocasta, antes de contar a história da Antígona, dá um detalhe muito curioso referente ao que acontece no momento da morte de Laio. Com tanto cuidado quanto o que tomei na construção daquelas pequenas redes ferroviárias e avenidas vienenses, ela explica por onde um e outro chegaram. Iam ambos a Delfos, encontraram-se na encruzilhada, então eclodiu a disputa pela precedência entre um, que está numa grande carruagem, e outro, que está a pé. Eles vão e vêm, atracam-se e o mais forte, Édipo, passa à frente. Naquele momento Jocasta tem o cuidado de observar — detalhe que não encontrei mais em parte alguma — que, se a briga estourou, foi porque um dos cavalos golpeou com seu casco, χηλη, o calcanhar de Édipo.

Assim, não foi o bastante, para que Édipo cumprisse o seu destino, que seu pé fosse inchado devido ao pequeno ferro que lhe passaram nos tornozelos, foi necessário que ele tivesse no pé, exatamente como o pai do pequeno Hans, essa ferida que lhe foi feita precisamente pelo casco de um cavalo, casco este que se chama em grego, bem como em alemão e em francês, uma pinça, pois χηλη designa tanto a pinça quanto as tenazes.

Essa observação é destinada a mostrar-lhes que não digo nada de exagerado quando lhes digo que, na sucessão de construções fantasísticas do pequeno Hans, é sempre o mesmo material que está presente.

15 DE MAIO DE 1957

# XX

# TRANSFORMAÇÕES

*O phalus dentatus.*
*Descarga do significante.*
*A angústia do movimento.*
*Cair e morder.*
*O canivete na boneca.*

*Crianças em roupa de banho.*

*Ó cidades do mar, vejo em vocês seus cidadãos, homens e mulheres, de braços e pernas solidamente atados por pessoas que nada entenderão da sua linguagem, e só poderão exalar entre vocês, com queixas lacrimosas, lamentos e suspiros, suas dores e suas saudades da liberdade perdida. Pois estes que os amarram não vão compreender a língua de vocês, não mais que compreendem a deles.*

Este pequeno trecho que eu havia extraído há alguns meses dos *Cadernos de notas* de Leonardo da Vinci, e esquecera completamente, me parece próprio para introduzir nossa lição de hoje.

Esta passagem grandiosa só deve ser entendida, é claro, a título alusivo.

## 1

Vamos retomar hoje nossa leitura da observação do pequeno Hans, tentando entender a língua em que este se exprime.

Apontei-lhes, da última vez, um certo número de etapas do desenvolvimento do significante. Seu centro enigmático é o significante do cavalo incluído na fobia, cuja função é a de um cristal numa solução supersaturada. É, com efeito, em torno deste significante que vem se expandir, numa espécie de imensa arborescência, o desenvolvimento mítico em que consiste a história do pequeno Hans. Trata-se agora, se posso dizê-lo, de imergir esta árvore no banho daquilo que foi vivido pelo pequeno Hans, de ver qual foi o papel desta árvore naquilo que foi o progresso da criança. E quero desde já indicar a vocês para que lado vai tender o balanço que disso vamos fazer.

Já que se trata, aqui, da relação de objeto considerada sob o ângulo de seu progresso no tempo em que o pequeno Hans vive seu Édipo, digamos que nada, na observação, nos indica que devamos considerar seus resultados como plenamente satisfatórios.

Se existe alguma coisa que é acentuada pela observação, no seu início, é este não-sei-que a que se poderia chamar a maturidade precoce do pequeno Hans. Não se pode dizer que ele esteja, então, antes de seu Édipo, senão, seguramente, na saída deste. Em outras palavras, a maneira como o pequeno Hans experimenta suas relações com as meninas, como nos é sublinhado na observação, já tem todos os caracteres de uma relação adiantada. Não vamos dizer que ela já seja adulta, mas pode-se reconhecer nela uma analogia brilhante, tanto assim que, para dizer tudo, o próprio Freud o apresenta como uma espécie de sedutor feliz, até mesmo um sedutor tirânico e donjuanesco. Este termo complexo, que deixei escapar aqui uma vez, para maior escândalo de alguns, é perfeitamente caracterizado na atitude precoce do pequeno Hans, que indica a entrada do sujeito numa espécie de feliz adaptação a um contexto real.

Ao contrário, o que vemos ao fim da observação? Ao final, realmente é preciso dizê-lo, reencontram-se as mesmas meninas habitando o mundo interior do pequeno Hans. Mas, se vocês lerem a observação, não poderão deixar de se surpreender ao ver não apenas o quanto elas são muito mais imaginárias, mas também o quanto elas são então realmente, radicalmente, imaginárias. São fantasias, agora, com que o pequeno Hans se entretém. A relação por ele mantida com elas mudou sensivelmente: são agora, preferencialmente, suas filhas. Se é aí que se deve ver a matriz, deixada pela resolução da crise, da futura relação do pequeno Hans com as mulheres, podemos dizer que, do ponto de vista da superfície, o resultado da heterossexualidade do pequeno Hans foi suficientemente alcançado, mas essas meninas vão permanecer marcadas pelo estigma de seu modo de entrada em sua estrutura libidinal. Vamos vê-lo, mesmo, abordar em detalhes quanto à maneira como elas entraram.

O estilo narcísico da posição destas com referência ao pequeno Hans é irrefutável, e vamos estudar em mais detalhes aquilo que o determina. Certamente, o pequeno Hans irá amar as mulheres, mas elas vão ficar fundamentalmente ligadas, nele, a uma espécie de experimentação de seu poder. É por isso, também, que tudo nos indica que ele jamais deixará de temê-las. Se podemos dizê-lo, elas serão senhoras dele. Serão filhas de seu espírito e, como vão ver, arrebatadas à mãe.

Essas declarações estão destinadas a lhes indicar onde está o interesse de semelhante pesquisa. Isso demanda, naturalmente, para ser confirmado, uma retomada de nosso percurso. Já que tomamos como ponto de referência a estruturação significante do mito do pequeno Hans, devemos situar, com relação aos tempos desta, as diferentes etapas de seu progresso. E, uma vez que falamos de relação de objeto, quais são, entre os diferentes tempos da formação mítica significante, os objetos que passam sucessivamente ao primeiro plano do interesse do pequeno Hans? Quais são os progressos que, correlativamente, ocorrem no significado, durante esse período particularmente ativo e fecundo onde a relação do pequeno Hans com seu mundo conhece uma espécie de renovação, ou de revolução? Poderemos compreender aquilo que, paralelamente, é escandido por essas sucessivas cristalizações que se apresentam sob forma de fantasias?

Trata-se, sem dúvida alguma, de sucessivas cristalizações de uma configuração significante. Mostrei-lhes, da última vez, sua comunidade de figuras. Pelo menos, permiti a vocês entrever como, nessas sucessivas figuras, os mesmos elementos se permutam com os outros para, a cada vez, renovar a configuração significante, deixando-a ao mesmo tempo fundamentalmente a mesma.

Em 5 de abril, temos o tema que chamei do retorno. Não é o que explica essencialmente esta fantasia, e sim o seu fundo. Trata-se do que poderíamos chamar de uma partida angustiada. Mais exatamente, a fantasia desenvolve o tema de uma angustiante solidariedade com o veículo, *Wägen*, que está na borda da plataforma de partida. Não é logo de saída que ela se apresenta assim, é-lhe necessária a interrogação do pai, que facilita a Hans confessar suas fantasias e, desse modo, falá-las, organizá-las, e também revelá-las a si mesmo, ao mesmo tempo em que podemos, por este viés, percebê-las.

A 11 de abril, vemos aparecer a fantasia da banheira que é desaparafusada, tendo em seu interior o pequeno Hans e seu grande furo no ventre, e do qual concentramos uma silhueta aproximativa.

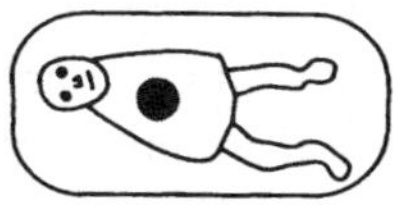

HANS NA BANHEIRA

Em 21 de abril, encontramos a fantasia que podemos chamar a nova partida com o pai. Ela é manifestamente representada como fantasística e impossível: Hans parte com a avó antes que o pai chegue, mas quando o pai se reúne a ele, não se sabe por que milagre o pequeno Hans está ali. Eis a ordem em que as coisas se apresentam.

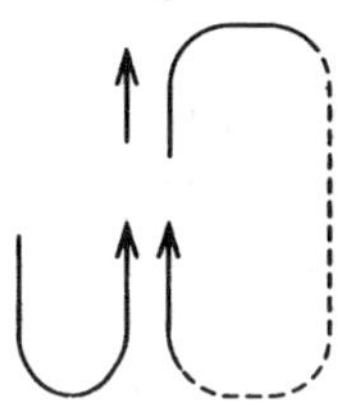

A PARTIDA COM O PAI

Em 22 de abril, é o vagonete em que o pequeno Hans vai embora sozinho.

HANS VAI EMBORA SOZINHO

Enfim, uma última fantasia vai marcar, provavelmente, o limite daquilo a que podemos hoje atingir.

Antes de 5 de abril, o que está em questão? Entre 1º de março e 5 de abril, trata-se essencialmente, unicamente, do falo. É a propósito do falo que o pai lhe sugere a motivação de sua fobia, dizendo-lhe que é na medida em que ele se toca, que se masturba, que a fobia ocorre. O pai vai mais longe, até sugerir a equivalência entre aquilo que ele teme, a fobia, e este falo, a ponto de suscitar da parte do pequeno Hans a réplica de que um falo, um *Wiwimacher* — termo em que o falo se inscreve no vocabulário de Hans — não morde. Encontramo-nos aí em 1º de março, na entrada de uma série de mal-entendidos que vão presidir ao conjunto do diálogo do pequeno Hans com seu pai.

Um falo, é disso mesmo que se trata naquilo que morde e que fere. É verdade que alguém que não é psicanalista, e a quem fiz ler a observação do pequeno Hans, alguém que é um mitólogo e mesmo alguém que, no tema dos mitos, foi muito longe na penetração do problema, me dizia que é impressionante ver, de certa forma, subjacente a todo o desenvolvimento do caso, uma certa função, não de *vagina dentata*, mas de *phallus dentatus*. Só que, é claro, este caso se desenvolve inteiramente no registro do mal-entendido. Acrescentarei que é este o caso comum de toda espécie de interpretação criadora entre dois sujeitos. Esta é a maneira pela qual se deve esperar que ela se desenvolva, é a menos anormal possível, e é justamente na hiância deste mal-entendido que vai se desenvolver uma outra coisa que terá sua fecundidade.

Assim, quando o pai fala a Hans sobre o falo, fala-lhe, de fato, de seu pênis real, daquele que ele está tocando. Certamente não está errado, pois a entrada em jogo, neste jovem sujeito, da possibilidade de ereção e de tudo o que ela inclui, para ele, de novas emoções, mudou incontestavelmente o equilíbrio profundo de todas as suas relações com aquilo que constitui, então, o ponto estável, o ponto fixo, o ponto onipotente de seu mundo, a saber, a mãe.

Por outro lado, o que desempenha o papel prevalente no fato de que, de súbito, chega esta angústia fundamental que faz com que tudo vacile? A ponto de tudo lhe ser preferível, até mesmo o forjar uma imagem angustiante em si mesma completamente fechada, a do cavalo, que, pelo menos, no centro da angústia, marca um limite, um ponto de referência. O que, nesta imagem, abre a porta ao ataque, à mordida? É um outro falo, o falo imaginário da mãe.

É dessa maneira que, para o pequeno Hans, inaugura-se a aporia daquilo que é imaginável. O que fora, até então, o jogo de mostrar ou não mostrar o falo, consistia para ele em jogar com um falo que sabia há muito tempo ser perfeitamente inexistente, e que era para ele a trama de suas relações com a mãe. Este era o plano sobre o qual se estabelecia seu jogo de sedução, não somente com a mãe, mas com todas as meninas, que ele sabia muito bem não terem falo: o jogo consistindo, precisamente, em manter que elas têm um, mesmo assim. Era sobre isso que a relação repousara até ali: relação que, fundamentalmente, não é de engodo, no sentido mais imediato, mas de jogo com este engodo.

A primeira parte da observação, depois da qual começa a fobia, termina numa fantasia: uma fantasia apenas no seu limite, pois que se trata de um sonho, construído sobre o modelo do jogo de prendas, onde uma criança esconde uma prenda na mão e condena-se aquele que declara que o objeto lhe pertence a fazer alguma coisa. Hans recebe o direito de que uma menina o faça fazer pipi. Freud sublinha que se trata de um sonho puramente auditivo, sem elemento visual, mesmo que referente a este jogo de mostrar ou de ver que está na base da relação primeira escotofílica com as meninas. O jogo do *Está aí? Não está aí?* passou ao símbolo, na fala. O elemento falado já se mostra aqui prevalente.

Durante este primeiro período, toda tentativa do pai de introduzir a realidade do pênis com a indicação do que convém fazer com ele, isto é, não tocá-lo, suscita no pequeno Hans, com um rigor automático, a retomada em primeiro plano dos temas do jogo. Por exemplo, ele se vai, logo depois, com essa fantasia, de que estava com sua mãe *nua de camisola*. O pai lhe formula a pergunta: *Mas ela estava nua ou de camisola?* O que não perturba o pequeno Hans: *Ela estava com uma camisola tão curta que se podia vê-la nua*, isto é, podia-se apenas vê-la, e também, é claro, não vê-la. Vocês reconhecem aí a estrutura da borda, ou da franja, que caracteriza a apreensão fetichista. O essencial se situa sempre justo no ponto em que se podia ver um pouco, e onde não se vê, o que vai aparecer. O que é assim suscitado de oculto na relação com a mãe é o falo inexistente, mas com cuja presença também se deve jogar. A fantasia do pequeno Hans está ali para acentuar o caráter do que está em questão naquele momento, a saber, uma defesa contra o elemento perturbador trazido pelo pai, com sua insistência em falar do falo em termos reais.

Nessa fantasia, o pequeno Hans convoca uma testemunha, uma menina que ele chama de Grete. Ela é tomada de empréstimo às bagagens, à sua casa particular, às amiguinhas com quem ele prossegue suas relações imaginárias, mas que se referem a personagens perfeitamente reais. O fato de que se chama Grete, e que ela intervenha nessa fantasia, não é inútil sublinhá-lo, vamos voltar a ela mais tarde. Ela é chamada como testemunha do que mamãe e ele próprio estão fazendo, pois ele introduz o fato de que se toca um pouquinho, *schnell*, bem depressa, como que às escondidas.

Existe a necessidade, para Hans, de fazer reinserir no fundo da relação fálica com a mãe tudo aquilo que intervém de novo, não somente em razão da existência real de seu pênis, mas também devido ao fato de que é a este ponto que o pai tenta arrastá-lo. A formação de compromisso que se segue estrutura literalmente todo o período anterior a 5 de abril.

Isso não quer dizer que não haja nada mais, pois algo de secundário aparece por volta de 30 de março, data da consulta com Freud. O que aparece neste nível não é inteiramente artificial, já que, como lhes disse, é anunciado nas fantasias do pequeno Hans, onde figura a colaboração do pai com suas transgressões: de certo modo, ele chama o pai em sua ajuda.

Entre os dias 1º e 15 de março, onde se situa a fantasia de Grete e da mãe, trata-se, antes de tudo, de pênis real e falo imaginário. Entre o dia 15 de março e a consulta com Freud, o pai tenta fazer passar completamente o falo para a realidade, observando a Hans que os grandes animais têm falos grandes, e que os pequenos têm pequenos, o que leva o pequeno Hans a lhe dizer: *O meu está bem preso e vai crescer*. O mesmo esquema que lhes indiquei há pouco se reproduz. Diante da tentativa do pai de realizar o falo, a reação do pequeno Hans, mais uma vez, não é em absoluto de homologar aquilo a que, no entanto, ele próprio tem acesso, e sim de forjar uma fantasia.

Desta vez, 27 de março, é a fantasia das duas girafas, onde se manifesta aquilo que é o seu essencial, a saber, uma simbolização do falo materno, claramente representado na girafa pequena. Enquanto o pequeno Hans está aprisionado entre seu apego imaginário e a insistência do real por intermédio da palavra do pai, a via em que ele entra então vai dar sua escansão, e mesmo seu esquema, a tudo o que se irá desenvolver do mito da fobia: este é o termo imaginário que se tornará para ele o elemento simbólico.

Em outras palavras, longe de constatarmos, na relação de objeto, a existência de uma via de passagem direta à significação de um novo real, e à aquisição do manejo deste real por meio de um instrumento simbólico puro e simples, vemos ao contrário que, pelo menos na fase crítica de que se trata aqui, aquela que a teoria analítica aponta como o Édipo, o real só pode ser reordenado na nova configuração simbólica ao preço de uma reativação de todos os elementos mais imaginários. Produz-se uma verdadeira regressão imaginária com referência à sua primeira abordagem feita pelo sujeito.

Desde os primeiros passos da neurose infantil do pequeno Hans, temos o seu modelo e o seu esquema. Ao pai que se adianta como o representante da realidade, de sua nova ordem, da adaptação ao real, o pequeno Hans responde por uma proliferação imaginária tanto mais típica quanto sustentada num modo de profunda incredulidade, que irá se manter o tempo todo nele. Isso nos é dado sob uma forma quase materializada no início da observação, e é isso mesmo que lhe confere seu caráter excepcional, o dom dos céus que ele representa. O pequeno Hans percebe ele mesmo a maneira como pode ser tomado tudo o que está em jogo: a saber, que não apenas se pode jogar com isso, mas que se pode fazer disso papéis amassados. A primeira imagem da pequena girafa já é o começo da solução. Esta é a síntese do que o pequeno Hans aprende a fazer: ele aprende como se pode jogar com as imagens.

Não que ele o saiba, mas é introduzido nisso simplesmente pelo fato de que já sabe falar, de que é um homenzinho, imerso num banho de linguagem. Mas ele sabe muito bem o favor precioso que lhe é oferecido pelo fato de poder falar, e o sublinha incessantemente. Quando diz isso ou aquilo, e lhe respondem que isso é bom ou isso é mau: *Pouco importa*, diz ele, *sempre é bom porque podemos mandá-lo ao Professor.*

Não se trata apenas de falar, mas de falar a alguém. Encontra-se, no relato, mais de uma observação dessa espécie, onde o pequeno Hans mostra seu sentimento da fecundidade própria que lhe é aberta pelo fato de que, em suma, ele encontra com quem falar. Seria muito surpreendente que não percebêssemos, nessa ocasião, que é nisso que consiste todo o caráter precioso, e eficaz, da análise.

Assim é esta primeira análise feita com uma criança.

## 2

Por ocasião da consulta de 30 de março, a maneira como Freud conduz seu mito do Édipo de forma crua, inteiramente construído, sem a mínima tentativa de adaptá-lo ao que quer que seja de imediato e preciso na criança, é um dos pontos mais interessantes da observação. Deliberadamente, Freud lhe diz: — *Vou lhe contar essa grande história que eu inventei, que já sabia antes que você nascesse. É que um dia viria um pequeno Hans que iria amar demais sua mãe e que por causa disso detestaria seu pai.*

O Édipo é implicado aqui por seu autor numa operação que põe em jogo seu caráter fundamentalmente mítico, o caráter de mito original por ele comportado na doutrina de Freud. Este se serve dele da mesma maneira como se ensina desde sempre à criança que Deus criou o céu e a terra e muitas outras coisas, conforme o contexto cultural em que se está implicado. É um mito das origens dado como tal, e porque se acredita no que ele determina como orientação, como estrutura, como caminho para a fala no sujeito que é seu depositário. É, literalmente, a sua função de criação da verdade que está em causa. Freud não a apresenta de outro modo ao pequeno Hans, e o pequeno Hans dá uma resposta marcada pela mesma ambiguidade imprimida pelo assentimento que ele dará a tudo o que se vai seguir: — *Isso é muito interessante*, é o que ele mais ou menos diz, *isso é muito excitante, como isso é bom, é preciso realmente que ele tenha falado com Deus, o Professor, para ter descoberto um troço desses.*

Qual o resultado disso? Freud o articula muito claramente para nós, por si mesmo, de sua própria lavra, como o fazemos aqui: não se deve esperar que essa comunicação dê frutos imediatos, trata-se de que ela produza seus efeitos no inconsciente, revelando-os, *unbewusst-en Produktionem vorzubringen*, e permita à fobia se desenvolver. Em suma, é uma incitação. Trata-se de implantar um outro cristal, se podemos dizer assim, na significação inacabada representada naquele momento, em seu ser integral, pelo pequeno Hans. Existe, pois, por um lado, aquilo que se produz por si só, a fobia, e por outro lado Freud, que traz pronto aquilo a que isso está destinado a alcançar. Logo, Freud não imagina por um só instante que o mito religioso do Édipo dê seus frutos de imediato, ele espera que isso auxilie o que está do outro lado, isto é, a fobia, a se desenvolver, que isso abra, no máximo, os caminhos para o que chamei há pouco de desenvolvimento do cristal significante. Não se pode dizê-lo mais claramente que nas duas frases de Freud na data de 30 de março.

Pelo lado do pai, existe então, mesmo assim, uma pequena reação, que não irá durar muito. O pai, nas relações de objeto, que são o que buscamos hoje compreender no interior das diferentes etapas da formação significante, só vamos encontrá-lo realmente no fim. Isso não nos deve surpreender. Vamos vê-lo vir ao primeiro plano, logo antes da fantasia do vagonete, no momento do confronto com o pai no diálogo do Édipo: — *Por que você está tão enciumado?* Mais exatamente: *apaixonado, eifern*, é este o termo empregado. Protesto do pai: *Não estou. — Você deve estar.* É este o ponto de encontro com o pai, ou melhor, com aquilo que representa de carência, naquele momento, a posição paterna. Encontramos aqui apenas uma primeira aparição disso, um primeiro choque. O pai, vê-se bem em que medida ele já está ali, ele está ali de uma maneira absolutamente primorosa, no sentido em que se diz *primou pela ausência.*

É assim mesmo que o pequeno Hans reage a partir do dia seguinte: vem ao encontro do pai, e lhe diz que veio vê-lo porque tinha medo: aliás, viria vê-lo mesmo sem isso. O que ele receia é que o pai tenha partido. O pai logo o interroga: *Mas como tal coisa seria possível?* Isso vai nos levar mais longe, mas vamos nos deter diante desse medo da ausência do pai, e aprender a escandir o que está, realmente, no medo.

Esta é, em suma, uma pequena cristalização da angústia. A angústia não é o medo de um objeto. A angústia é o confronto do sujeito com a ausência de objeto onde ele é apanhado, onde se perde, e a que tudo é preferível, inclusive forjar o mais estranho e o menos objetal dos objetos, o de uma fobia. O caráter irreal do medo em questão é justamente manifestado, se soubermos vê-lo, pela sua forma: é o medo de uma ausência, quero dizer, desse objeto que se acaba de lhe designar. O pequeno Hans tem medo de sua ausência, a ser entendida como, na anorexia mental, digo-lhes que se deve entender, não que a criança não come, mas que come *nada*. Aqui, o pequeno Hans tem medo da ausência do pai, ausência que está ali e que ele começa a simbolizar.

O pai, por seu lado, está quebrando a cabeça para saber por que meandros o menino manifesta um medo que não passaria do avesso do desejo. Isso não é de todo falso, mas não apreende o fenômeno a não ser em seus contornos. De fato, o sujeito começa a realizar que o pai não é, justamente, o que Freud lhe disse que era no mito, e diz isso a seu pai: — *Por que você me diz que estou de bem com mamãe, quando é você que eu amo? Se é preciso que eu o deteste, isso não cola.*

De onde estamos, podemos dizer que, se é muito lamentável que as coisas sejam assim, isso nada mais significa, mesmo assim, que ter sido posto no caminho em questão, e poder situar, com referência ao mito, o lugar de uma ausência. Aí está uma coisa que é imediatamente registrada, que a observação anota, e que se deve entender como uma simbolização. Se chamarmos de I maiúsculo o significante em torno da qual a fobia ordena a sua função, digamos que algo foi então simbolizado, algo que podemos chamar de pequeno sigma, $\sigma$, e que é a ausência do pai, $p^o$. Ou seja:

$$I\ (\sigma\ p^o).$$

Isso não quer dizer que esteja aí tudo o que está contido no significante do cavalo, longe disso. O cavalo não vai se desvanecer de repente, só porque disseram ao pequeno Hans: — *É de seu pai que você vai ter medo, é dele que deve ter medo.* Não. Mas, mesmo assim, o significante cavalo é imediatamente descarregado de alguma coisa, e a observação registra isso: — *Nicht alle weissen Pferde beissen*, Hans não tem mais medo de todos os cavalos brancos, existem alguns de que ele não tem mais medo e o pai, apesar de não ter passado pela via de nossa teorização, compreende que existem alguns que são *Vatti, Papa*, e a partir desse momento não se os receia mais.

Não se os receia mais, por quê? Porque *Vatti* é perfeitamente gentil. Isso é o que o pai compreende, sem compreender de todo, sem mesmo compreender inteiramente, até o fim, que é ali mesmo que está o drama, o fato de *Vatti* ser tão bonzinho. Se houvesse existido um *Vatti* de quem realmente se pudesse ter medo, teríamos ficado nas regras do jogo, teríamos podido fazer um verdadeiro Édipo, um Édipo que ajuda a sair das saias da mãe. Mas como não há um *Vatti* a se temer, como *Vatti* é demasiado gentil, desde que se evoque a agressividade possível do *Vatti*, o significante fóbico do *hippos* é descarregado na mesma medida, e isso se registra naquela mesma tarde.

Não estou forçando nada no que lhes conto, já que isso está no texto, sob a condição que se assinale, imperceptivelmente, seu ponto de perspectiva para que a observação cesse de ser um labirinto onde nos perdemos, e que cada um de seus detalhes assuma, em contrapartida, um sentido. Se posso dar a impressão de avançar muito lentamente e tornar ainda a partir do início, é porque quero fazê-los entender que nenhum detalhe escapa a essa postura. A partir do momento que virem como se articula a relação do significante — suscitado em estado espontâneo, natural, no pequeno Hans e relatado em bruto por Freud — com o significado nascente, vocês não podem deixar de perceber que, pelo simples fato de se trazer o pai, registra-se imediatamente um efeito de descarga, de subtração, que repercute sobre as funções significantes e se inscreve de maneira quase matemática, como nos pratos de uma balança.

Existem duas ordens de angústia, nos diz Freud reforçando o que acabo de dizer. Ele opõe, com efeito, a angústia em torno do pai, *um den Vater*, à angústia diante do pai, *vor dem Vater*. Só temos que tomar nota da maneira como o próprio Freud nos apresenta as coisas, para ali encontrar exatamente os dois elementos que acabo de lhes descrever aqui: a angústia em torno do lugar vazio, furado, representado pelo pai na configuração do pequeno Hans, busca seu suporte na fobia, na angústia diante da figura do cavalo. Na medida em que se pôde suscitar, ainda que em estado de exigência, de postulado, uma angústia diante do pai, a angústia em torno da função do pai é descarregada. O sujeito pode, enfim, ter uma angústia diante de alguma coisa.

Infelizmente, isso não pode ir muito longe, porque o pai, ao mesmo tempo em que está ali, não é em absoluto capaz de suportar a função estabelecida que responde às necessidades da formação mítica correta, ao mito do Édipo em seu alcance universal. E é isso, precisamente, que força nosso pequeno Hans a recair em sua dificuldade. Como Freud havia previsto, sua dificuldade começa depois disso a se desenvolver, ela se encarna, se precipita nas produções que devem se desenvolver da fobia, *seine Phobie abzuwickeln*. E começamos de imediato a ver mais claro.

Surge a primeira fantasia, de 5 de abril, de onde parti da outra vez como de um primeiro termo, e cujas transformações encontramos até o fim. Essa fantasia, com tudo o que a rodeia e anuncia, valoriza o peso de uma pergunta que o pequeno Hans começa a articular realmente no dia anterior: *O que me dá medo?*

Começamos a vê-lo. Ele tem medo quando o cavalo vira, *umwendet*. Então, o pai dá um golpe, e faz realmente análise: isto é, de vez em quando, ele não sabe muito bem para onde ir, o que lhe permite descobrir coisas. Ele articula muito bem — A, B, C, D — os quatro modos sob os quais o cavalo dá medo a Hans. São todos termos que põem em jogo um elemento que tem um valor especial para um homem, isto é, um animal destinado, à diferença dos outros animais, a se saber existir. Este elemento mostra aqui sua instância mais perturbadora. Isso é justamente o que é então desenvolvido e articulado pelo pequeno Hans nas neoproduções da fobia. Este elemento é o movimento.

Entendam bem que não se trata do movimento uniforme, sobre o qual sabemos desde sempre, ou pelo menos há algum tempo, que é um movimento em que não se sente, no qual se escapa. Isso já está aí desde Aristóteles, pois a discriminação entre o movimento linear e o movimento rotativo não tem outro sentido. Numa linguagem mais moderna, diremos que há uma aceleração. Isso é o que o pequeno Hans nos diz: o cavalo, na medida em que arrasta alguma coisa atrás de si, é temível quando corre, mais quando parte depressa do que quando parte lentamente. Ali onde existe um ser que é tomado nesse movimento sem estar nele totalmente implicado, e que pode sentir a inércia correlativa da aceleração, porque tem este mínimo de desapego da vida que consiste justamente naquilo que chamei há pouco de se saber existir, ser um ser consciente de si mesmo, ali existe angústia.

Essa angústia ainda deve ser analisada. Com efeito, ela não incide apenas sobre o fato de ser arrastado pelo movimento, mas também sobre seu avesso, a saber, a fantasia de ser deixado para trás, deixado cair. A introdução daquilo que o carrega, de repente, num movimento, representa para Hans uma queda profunda, porque este movimento, modificando profundamente suas relações com a estabilidade da mãe, vai pô-lo em presença desta como na presença de um elemento realmente subversivo de seu mundo, nas próprias bases deste. Hans nos diz isso sob a forma daquilo que diz quanto ao cavalo: ela vai *umfallen und beissen wird, cair e morder*.

A mordida, sabemos a que está ligada: ao surgimento daquilo que se produz cada vez que o amor da mãe vem a faltar. No momento em que vai cair, ela não tem outra saída senão aquilo que é para o próprio pequeno Hans a reação de angústia de necessidade, a reação dita catastrófica. Primeira etapa: morder. Segunda etapa: cair, rolar no chão, ela *Krawall gemacht*.

É preciso conservar as estruturas da fórmula pela qual o pequeno Hans, de maneira completamente fantasística, tenta restituir o momento em que ficou com a fobia — a partir de agora, sempre, *jetzt immer*, diz ele, os cavalos atrelados aos ônibus vão cair.

Tal é a fórmula na qual se encarna para o pequeno Hans o que está em jogo, a saber, o questionamento de tudo aquilo que até então constituíra as bases de seu mundo.

## 3

Isso nos leva ao dia 9 de abril. Trata-se de uma elaboração em torno do tema da angústia do movimento. O que pode ser trazido aí por um temperamento?

O pai é absolutamente sem efeito, porque, com efeito, nada pode resolver para um ser como o homem, cujo mundo se estrutura no simbólico, este devir sentido, por assim dizer, que o arrasta num movimento.

É por isso que é preciso que, em sua estruturação significante, o pequeno Hans faça essa conversão que consiste em passar por etapas do esquema do movimento ao esquema de uma substituição.

Haverá inicialmente introdução do tema do amovível; depois, com auxílio deste, vai se chegar à substituição. Essas são duas etapas esquemáticas que são expressas na formação da banheira.

Primeira etapa: ela é desaparafusada. Não se a desaparafusa sem um custo, já lhes disse, e será então necessário que o pequeno Hans se perfure. Nunca é sem um custo que essa passagem se opera, e não apenas ele se submete aí à castração, mas esta é formalmente simbolizada por essa grande furadeira que lhe entra na barriga, detalhe que não é suficientemente valorizado na observação.

Segunda etapa: quando se desaparafusa alguma coisa, pode-se aparafusar outra coisa em seu lugar. Esta forma significante escande a operação de transformação que traduz o movimento em substituição, a continuidade do real em descontinuidade do simbólico. Toda a observação demonstra isso, este é o próprio encaminhamento sem o qual suas etapas e seu progresso permanecem incompreensíveis.

O que ocorre no significado? Como dar conta do que acontece de confuso e de patético ao pequeno Hans entre o dia 5 de abril, quando ele produz a cena da fantasia da carroça que dispara, com tudo o que lhe está ligado de fobia, e a desmontagem fantasística da banheira de 11 de abril, onde começa a se dar a simbolização da substituição possível? O que há entre essas duas datas? Existe aí toda uma circunvizinhança cujo material sou forçado a desencavar, uma longa passagem durante a qual está em jogo um só elemento, pertencente à situação anterior, que seja suscetível de introduzir a mobilidade como instrumento fundamental da reestruturação de seu mundo. Qual é este elemento?

Este é, muito exatamente, o elemento que eu lhes disse ser necessário introduzirmos na dialética do mostrar e não ver, do suscitar o que não está como o que está, mas escondido: este elemento é o próprio véu.

Há dois dias de questionamento ansioso do pai, que não compreende nada daquilo, e se entrega aqui, como em toda parte, aliás, a um tatear desajeitado sublinhado pelo próprio Freud, e sobre o qual este explica que é a parte malograda da investigação analítica. Pouco importa, resta-nos o bastante para ver o que Freud teve o cuidado de acentuar como o essencial, que é o que se passa diante dos véus, isto é, o par de calcinhas.

As calcinhas estão ali, em seus detalhes cuidados e minuciosamente elaborados, a calcinha amarela e a calça preta. A calça é, dizem-nos, uma reforma ousada, uma novidade usada pelas mulheres que andam de bicicleta. Sabemos, com efeito, que a mãe de Hans está na vanguarda do progresso. A mãe, vamos reencontrá-la, e alguns trechos judiciosos de lindas comédias de Apollinaire, em particular *As mamas de Tirésias*, vão nos ajudar a descrevê-la melhor. Como se diz nesse drama admirável,

> *Elas são tudo o que nós somos*
> *E, no entanto, não são homens.**

Aí está, realmente, todo o drama. Foi daí que tudo partiu desde o início. Não se trata, simplesmente, do fato de que a mãe do pequeno Hans seja mais ou menos feminista, trata-se da verdade fundamental inscrita nos versos que acabo de citar. Freud jamais nos dissimulou seu valor decisivo, já que nos recorda a frase de Napoleão segundo a qual *a anatomia é o destino*. É disso, realmente, que se trata, e é isso mesmo que lemos quando o pequeno Hans articula o que tem a dizer.

* No original: *Elles sont tout ce que nous sommes / Et cependant ne sont pas hommes.* (N.T.)

As perguntas exaltadas do pai o interrompem o tempo todo, o que torna difícil crivar as respostas, mas Freud o faz e nos diz o que é o essencial.

O que se vê de mais claro aí é que existem duas etapas sob as quais o pequeno Hans reconhece e diferencia as calças. Mas isso se projeta sobre a sua dualidade de maneira confusa, como se cada uma pudesse, num certo momento, preencher mais de uma das funções da outra. O essencial é o seguinte: as calças em si mesmas estão ligadas para Hans a uma reação de repulsa. Mais que isso, o pequeno Hans pediu que se escrevesse a Freud, dizendo que quando viu as calças, ele havia cuspido, caído no chão e depois fechara os olhos. É por causa desta reação que a escolha está feita: o pequeno Hans jamais será um fetichista.

Se ele houvesse reconhecido, ao contrário, essas calças como seu objeto, este falo misterioso que ninguém jamais verá, ficaria satisfeito com elas, e se teria tornado fetichista, mas como o destino quis outra coisa, o pequeno Hans fica repugnado pelas calças.

Só que ele explica que, quando a mãe as usa, a coisa é outra. Aí elas não são mais repugnantes, em absoluto. Aí está toda a diferença. Ali onde elas se poderiam oferecer a ele como objeto, quando as calças estão lá em si mesmas ele as rejeita. Elas só conservam sua virtude, se podemos assim dizer, estando em função, ali onde ele pode continuar a sustentar o engodo do falo. Ali está o nervo que nos permite apreender a experiência.

A realidade é valorizada por esta longa interrogação através da qual o pequeno Hans tenta se explicar. Se ele o faz tão mal é na mesma medida em que é empurrado para direções divergentes e confusas, mas o essencial é a introdução, por intermédio desse objeto privilegiado, do elemento de amovibilidade que vamos reencontrar na continuação, e que nos faz a partir daí passar ao plano da instrumentação. Veremos desenvolver-se um formidável material de instrumentos, que dominará, a partir daí, a evolução do mito significante.

Esses instrumentos, já trouxe alguns deles, e até mesmo já lhes mostrei o quanto, nas ambiguidades do significante, já se inscreviam coisas singulares, por exemplo, essa extraordinária homonímia entre a pinça, o casco e o dente do cavalo. Poderia desenvolver isso para vocês bem mais longe, se lhes dissesse que o meio do casco é chamado de pinça, e que seus dois lados se chamam as mamas.

Da última vez, falando a vocês do *Schraubenzieher*, que quer dizer chave de parafuso, disse-lhes que não é isso, justamente, o que figura na fantasia do instalador, mas que se trata de pinça, de tenazes. Freud então recorre ao seu *Zange*, sem ter visto muito bem o benefício que lhe era oferecido por essa instrumentação. Não creiam que ele seja único. Nos objetos que virão agora se impor progressivamente, verão aparecer não apenas as relações da mãe e da criança, mas essa amovibilidade fundamental que se exprime para o homem na questão do nascimento e da morte. E, por trás, o personagem enigmático, inquietador, burlesco, da cegonha.

Não se esqueçam de que a cegonha tem igualmente um estilo inteiramente outro. Este Senhor Cegonha — *der Storch* —, vocês irão vê-lo chegar com sua silhueta extravagante, um chapeuzinho e chaves que ele não põe no bolso porque não o tem, mas no bico, servindo-se também do seu bico como de fórceps, de báscula e de cadeado.

A partir daí ficamos submersos em material, e é isso o que caracteriza toda a sequência da observação. Para não deixá-los se irem sem algo de preciso, vou sublinhar o momento axial, de virada, do que vai se passar entre a mãe e a criança.

Da próxima vez, vamos retomar tudo isso passo a passo, e veremos por intermédio de que formas significantes precisas esta mãe e esta criança se verão sempre as mesmas, transformadas. O carro vai virar uma banheira, depois uma caixa etc. Todos esses elementos se encaixam uns nos outros.

Depois de haver feito bastante progresso com a mãe — e vocês vão ver quais — intervém, em 22 de abril, uma fantasiazinha muito bonita. É uma brincadeira com uma bonequinha de borracha que Hans chama, como por acaso, de Grete. *Por quê?* — perguntam a ele. *Porque eu a chamo de Grete*. Se lemos bem a observação, percebemos aquilo que parece haver escapado ao pai, a saber, que esta é realmente a mesma que fora testemunha do jogo com a mãe.

Mas aí se fizeram progressos, avançou-se já o bastante no domínio da mãe. Este termo, domínio, deve ser empregado no nosso sentido mais técnico, e vão ver por intermédio de quem aprendeu-se a conduzi-la de rédea curta, e até mesmo a lhe dar uns tapinhas.

O pequeno Hans introduz na bonequinha uma faca que a trespassa, depois introduz algo para fazê-la tornar a sair. Ele refaz sua pequena perfuração, mas desta vez com um pequeno canivete, que se fez previamente entrar pelo buraquinho que faz *quich*.

O pequeno Hans encontrou, definitivamente, a palavra exata, o justo objetivo da farsa. A mãe tinha na cabeça, de reserva, uma faquinha para cortá-lo. E o pequeno Hans encontrou o caminho para fazê-la sair.

22 DE MAIO DE 1957

# XXI

# AS CALÇAS DA MÃE E A CARÊNCIA DO PAI

*O* loumf *e a roupa.*
*O desaparafusamento da banheira.*
*Beije-a um pouco mais.*
*A suplência ao pai.*
*Infecunda castração materna.*
*A Ideia de Anna.*

| | |
|---|---|
| 9 de abril | as duas calças |
| 11 de abril | a banheira e a furadeira |
| 13 de abril | a queda de Anna |
| 14 de abril | a caixa grande... |
| 15 de abril | ... e a cegonha |
| 16 de abril | o cavalo chicoteado |
| 21 de abril | o embarque imaginário com o pai |
| " | o grande diálogo |
| 22 de abril | a consagração no vagonete |
| " | o canivete na boneca |
| 24 de abril | o cordeiro |
| 26 de abril | Lodi |
| 30 de abril | *bin ich der Vatti* |
| 2 de maio | o instalador |

Vamos retomar hoje nossas afirmações sobre o pequeno Hans, que é, há algum tempo, o objeto de nossa atenção.

Lembro em que espírito prossegue este comentário. Em suma, o que é o pequeno Hans? São as tagarelices de uma criança de cinco anos entre os dias 1º de janeiro e 2 de maio de 1908. Eis o que é o pequeno Hans para o leitor não avisado. Se estiver avisado, e não é difícil sê-lo, ele vai saber que essas tagarelices são importantes.

Por que elas são importantes? São importantes porque é formulado, ao menos em princípio, que existe uma relação entre essas tagarelices e algo de absolutamente consistente, a saber, uma fobia, com todos os problemas que esta acarreta para a vida do jovem sujeito, todas as inquietações que suscita em seu meio familiar, todo o interesse que provoca no Professor Freud.

A relação entre essas tagarelices e essa fobia, considero que é da maior importância elucidá-la. Não é possível tentar fazer isso num mais-além da tagarelice, que não nos é de forma alguma apresentado na observação. Esta ideia vai se apresentar ao nosso espírito apenas no só-depois, com todo o caráter imperioso do preconceito. Dou-lhes, como exemplo, o comentário que fiz da última vez, sobre a história da boneca que o pequeno Hans trespassa com um canivete.

Refiz hoje uma cronologia. Penso que, com o tempo, vocês todos não apenas leram, mas releram a observação do pequeno Hans e essas indicações são bastante vivas por si mesmas.

## 1

Da última vez, detive-me nas reações do pequeno Hans às duas calças da mãe, com tudo o que o diálogo com o pai comporta então de problemático, de interrogações, de profundo mal-entendido.

Acentuei, com Freud, o que lhe parecia ser o resíduo essencial daquele diálogo, a saber, sua afirmação, que não é de modo algum induzida, nem sugerida pelo interrogatório, de que as duas calças não têm em absoluto o mesmo sentido conforme estejam ali por si sós — neste caso o pequeno Hans cospe, rola no chão, faz todo um escarcéu, manifesta uma repulsa de que ele não dá a chave, mas manifesta também o desejo de que se comunique isso ao Professor — ou estejam ali vestidas pela mãe, caso em que assumem para ele um sentido inteiramente outro.

Desde então, pude escutar, por parte de alguns, um certo espanto diante do fato de que eu haveria elidido, nesse sentido, a conexão entre as ditas *Hosen*, as calças da mãe, com o *loumf*.

No vocabulário do pequeno Hans, o *loumf* são os excrementos. São chamados dessa maneira atípica, como é excessivamente frequente nas crianças que um nome encontrado, senão casual, seja dado a esta função a partir de uma primeira denominação ligada a uma certa conexão de seu exercício. Vamos ver o que é isso.

Atribuem-me, em suma, a elisão, por um certo espírito de sistema, desse estágio anal que surge num ponto nomeado em nosso espírito exatamente como quando, apertando um botão, provoca-se tal reação condicionada do cão de Pavlov. No momento em que ouvem falar em excrementos: *Fase anal! Fase anal! Fase anal!* Pois bem, vamos falar da fase anal, porque é preciso que as coisas se passem normalmente.

Gostaria que vocês recuassem um pouco diante dessa observação e percebessem que existe, em todos os casos, uma coisa que não é indicada, em absoluto, no processo desse tratamento rápido. Isso é um tratamento? Certamente, eu não disse que era um, disse que era um texto que tinha uma função fundamental em nossa experiência da análise, como cada uma das grandes observações de Freud. Em todos os casos, nada se encontra que possa se inscrever no registro frustração-regressão-agressão.

Durante todo o tempo do dito tratamento, não somente o pequeno Hans não se submete a qualquer frustração, mas é inteiramente satisfeito. Regressão, agressão? Agressão, sem dúvida alguma, mas ligada certamente a nenhuma frustração, tampouco a nenhum momento de regressão. Se há regressão, não é no sentido instintual, nem no sentido da ressurgência de alguma coisa anterior.

Se existe, com efeito, um fenômeno de regressão, este é de um registro que é da ordem daquilo que lhes indiquei por várias vezes como possível. É o que ocorre quando, devido à necessidade de elucidação de seu problema, o sujeito procede à redução de tal elemento de seu ser-no-mundo, de suas relações, por exemplo, a redução do simbólico ao imaginário, até mesmo, às vezes, como é manifesto nessa observação, do real ao imaginário. Trata-se, em outras palavras, da mudança da abordagem significativa de um dos termos presentes. É isso mesmo o que vocês veem ocorrer durante esta observação, quando o pequeno Hans prossegue sua elaboração com algo de rigoroso, até mesmo de imperioso, que é realmente o traço do processo significante, tal como Freud o definiu como inconsciente. Sem que o sujeito possa de modo algum se dar conta, sem que ele saiba, literalmente, nada daquilo que está fazendo, basta simplesmente que ele seja incitado ao desenvolvimento da incidência significante que ele próprio introduziu como necessário à sua sustentação psicológica para que, desenvolvendo-a, tire daí uma certa solução, que não é forçosamente uma solução normativa, nem a solução melhor, mas, com certeza, uma solução que, no caso do pequeno Hans, tem por efeito, da maneira mais evidente, resolver o sintoma.

Voltemos ao *loumf*.

A propósito dos sinais de repulsa manifestados diante das calças da mãe, Freud fala de uma *relação com o loumf, Lumpf-Zusammenhang*. O pai fez perguntas no mesmo sentido, tendo o pequeno Hans mostrado com segurança que a questão dos excrementos não deixava de ter, para ele, significação e interesse. Mas essa *relação com o loumf* se inverte: podemos dizer, inversamente, que o *loumf* é trazido a propósito das calças.

Que queremos dizer com isso? Não se trata apenas do fato de ser em torno da reação de repulsa manifestada diante das calças da mãe que o pequeno Hans é levado a falar das funções excremenciais. Em que os excrementos e o anal intervêm na observação? Sem dúvida, o pequeno Hans tomou pelo *loumf* um interesse que talvez não deixe de ter conexão com sua própria função excremencial. Mas o que está em jogo naquele momento é a participação de Hans, plenamente admitida por sua mãe, nas funções excremenciais desta.

Cada vez que ela põe e tira as calças, o pequeno Hans está pendurado nela, importunando-a, e a mãe se desculpa com o pai — que aliás não ignora grandes coisas a esse respeito, mas que refaz então seu questionariozinho: — *Não tenho outro jeito senão levá-lo comigo ao banheiro*, diz ela. Existe, entre o pequeno Hans e sua mãe, este jogo de ver e não ver, mas também de ver o que não pode ser visto porque não existe, e que o pequeno Hans sabe muito bem. Para ver o que não pode ser visto, é preciso vê-lo por trás de um véu, isto é, é preciso que um véu seja colocado diante da inexistência daquilo que se deve ver. Por trás do tema do véu, da calça, da roupa, se dissimula a fantasia essencial às relações entre a mãe e a criança: a fantasia da mãe fálica. É em torno deste tema que o *loumf* é introduzido.

Por conseguinte, se deixo o *loumf* em seu plano, isto é, em seu segundo plano, não é por espírito sistemático, mas porque, na observação, ele só nos é trazido nessa conexão. Não basta, numa análise, encontrar um tema conhecido para sentir-se, de imediato, encantado por estar em terreno conhecido e contentar-se então com o refrão, a saber, no caso, o complexo anal. Trata-se de saber, em tal momento da análise, qual é a função precisa desse tema. Se o tema é sempre importante para nós não é simplesmente por causa dessa significação puramente implícita, em si mesma vaga, e unicamente ligada a ideias de genetismo que possam ser recolocadas em causa no caso concreto a cada momento de uma observação. Isso se deve a sua conexão com o sistema completo do significante na medida em que ele está em evolução, tanto durante o sintoma, no curso da doença, quanto no processo de tratamento.

Se o *loumf* tem aqui um sentido suplementar no interior do sistema, é por sua estrita homologia com a função das calças, isto é, a de véu. O *loumf*, como as calças, é algo que pode cair. O véu cai, e é na medida em que o véu está caído que há um problema para o pequeno Hans.

Esse véu, se posso dizê-lo, ele é desvelado, já que é em função da experiência de 9 de abril, da longa explicação sobre as calças, que vemos aparecer em seguida à fantasia da banheira, isto é, a introdução de um elemento que tem a mais estreita relação com a queda. A combinação deste caído com o outro termo, em presença do qual Hans é confrontado na fobia, a saber, a mordida, dá, com efeito, o tema da amovibilidade, do desaparafusamento, que será um elemento essencial de redução da situação na sucessão de fantasias.

A sucessão de fantasias do pequeno Hans deve ser, realmente, concebida como um mito em desenvolvimento, um discurso. Não se trata de outra coisa, na observação, senão de uma série de reinvenções desse mito com auxílio de elementos imaginários. Trata-se de compreender a função desse progresso rotativo, dessas sucessivas transformações do mito, e daquilo que, num nível profundo, representa para Hans a solução do problema, o de sua própria posição na existência, na medida em que ela deve se situar com relação a uma certa verdade, a um certo número de referências de verdade, nas quais ele deve tomar seu lugar.

Se fosse necessária alguma prova suplementar do que lhes digo — insisto, na medida em que me fizeram essa objeção, e já que a encontro, quero prosseguir até seu último termo —, eu acrescentaria que o pequeno Hans, quando volta da casa da avó no domingo, ou seja, a 12 de abril, marca, no vagão, sua repulsa pelos estofados pretos do compartimento, porque isso é *loumf*. Na explicação que se segue, dada ao pai, o que é que vem em comparação com o preto do *loumf*? Uma camiseta preta e meias pretas. A estreita relação do tema do *loumf* com as roupas da mãe, isto é, com o tema do véu, é acusada pelo próprio pequeno Hans, questionado, é verdade, por seu pai.

Aliás, o que vem a ser este *loumf* e de onde sai ele? Por que o pequeno Hans chamou os excrementos de *loumf*? Dizem-nos também, na observação, que é por uma comparação com meias pretas.

Em suma, no segmento da observação cujo exame prosseguimos, o *loumf*, isto é, o excremento, intervém sempre numa certa função da articulação significante em relação com o tema da roupa, do véu, por trás do que se esconde a ausência negada do pênis da mãe. Aí está o que é a significação essencial.

Por conseguinte, não modificamos em absoluto a direção da observação por nenhuma espécie de opinião preconcebida, quando tomamos este eixo para compreender o progresso dessas transformações míticas através das quais se realiza, na análise, a redução da fobia.

## 2

Tínhamos chegado a 11 de abril e à fantasia da banheira.

Já lhes disse, com a banheira começa a mobilização da situação, em outras palavras, da realidade sufocante e única da mãe, a que Hans, por razões *x*, se sente ligado, com produção máxima de angústia. A partir do momento em que se sente, ao mesmo tempo, entregue à mãe, ameaçado e anulado por ela, esta representa a situação de perigo, perigo além disso inominável em si, angústia, falando propriamente. Trata-se de ver como a criança sai dessa situação.

Lembro a vocês o esquema fundamental da situação da criança diante da mãe, em vias de perder seu amor.

| Criança *Es* | Mãe S | i S (i) |
|---|---|---|
| Pênis real | Seio R | Anna |

A mãe é a mãe simbólica, primeiro elemento da realidade simbolizado pela criança, na medida em que ela pode estar ausente ou presente. Quando há, por parte desta, recusa de amor, a compensação é encontrada no seio real, pelo aniquilamento mediante a satisfação real, o que não quer dizer que não se produza, então, uma inversão. Com efeito, na medida em que o seio se torna uma compensação, torna-se ao mesmo tempo o dom simbólico, ao passo que a mãe se torna um elemento real, isto é, onipotente, que recusa seu amor.

O progresso da situação com a mãe reside no seguinte, que a criança tem que descobrir aquilo que, para além da mãe, é amado por esta. Não é a criança que é o elemento imaginário, mas o i, isto é, o desejo do falo da mãe. Afinal de contas, o que a criança tem a fazer nesse nível — o que não significa que o faça — é chegar a formular o seguinte: i S (i). Isso é o que nos mostra o jogo de ocultação da criança ainda *infans*, onde a alternância de seu comportamento é acompanhada por uma contrapartida simbólica, de uma oposição vocalizada.

Para o pequeno Hans, esse esquema veio se complicar com a introdução de dois elementos reais. Por um lado, Anna, isto é, uma criança real, complica a situação, as relações com o mais-além da mãe. E depois há também alguma coisa que lhe pertence de fato, mas com a qual ele não sabe, literalmente, o que fazer: um pênis real, que começa a agitar-se e que recebeu má acolhida por parte da pessoa sobre a qual ele funciona. O pequeno Hans veio dizer à sua mãe: — *Você não acha que ele é bonitinho?* A tia lhe havia dito, há dias: *Não pode ser mais bonito.* Ao contrário, sua tentativa foi muito mal acolhida pela mãe, e a questão se torna, a partir daí, muito complicada.

Para sondar essa complicação, vocês só precisam tomar os dois polos da fobia, a saber, os dois elementos pelos quais o cavalo é temível: o cavalo morde e o cavalo cai.

*O cavalo morde*, quer dizer: *Já que não posso satisfazer a mãe em nada, ela vai se satisfazer como eu me satisfaço quando ela não me satisfaz em nada, isto é, vai me morder como eu a mordo, uma vez que este é o meu último recurso quando não estou certo do seu amor.*

*O cavalo cai: Ele cai exatamente como eu, pequeno Hans, fui deixado cair, na medida em que agora só se fala de Anna.*

Por outro lado, é claro que, de certo modo, é preciso que o pequeno Hans seja comido e mordido. É preciso, porque isso corresponde a uma revalorização desse pênis que foi considerado como um nada, recusado pela mãe, na medida em que é preciso que ele se torne alguma coisa, e é a isso que aspira o pequeno Hans: ele deve ser mordido. A mordida, sua captação pela mãe, é tão desejada quanto temida.

O mesmo acontece com o que diz respeito a cair. A queda do cavalo não é somente temida pelo pequeno Hans, ela pode também ser desejada por ele. Há mais de um elemento da situação que o pequeno Hans deseja ver cair. Desde que introduzimos na observação a categoria do caído, o primeiro elemento que se apresenta é a pequena Anna. Ele deseja que ela caia, se possível, através das barras, um pouco separadas demais, da varanda secessionista — pois estamos em casa de pessoas na vanguarda do progresso —, à qual, aliás, foi preciso acrescentar uma grade detestável para evitar que o pequeno Hans empurre, um pouco rápido demais, a jovem Anna através do espaço.

A função da mordida, bem como a da queda, são dadas nas estruturas mais aparentes da fobia. Elas são seus elementos essenciais. Como veem, são elementos significantes de duas faces. Aí está o verdadeiro sentido do termo ambivalência. A mordida e a queda, esta não mais que aquela, não são simplesmente temidas pelo pequeno Hans. São elementos que podem intervir num sentido igualmente oposto. A mordida, por um certo lado, é desejada, já que vai desempenhar um papel essencial na solução da situação. A queda é, do mesmo modo, um elemento desejado, e se a menina não deve cair, uma coisa é certa: é que, ao longo de toda a observação, a mãe vai descrever uma curva descendente depois do aparecimento da curiosa função instrumental do desaparafusamento, que surge pela primeira vez de maneira enigmática na fantasia da banheira.

Como lhes disse da última vez, o que está em causa é uma angústia que não diz respeito simplesmente à mãe, mas a todo o conjunto, todo o meio ambiente, tudo aquilo que constituiu até então a realidade do pequeno Hans, os pontos de referência fixos de sua realidade, aquilo a que chamei, da última vez, o barraco. Com a primeira fantasia onde chega o *Schlosser* que desaparafusa a banheira, começa-se a desmontá-la em detalhe.

Isso não é, de modo algum, uma conexão abstrata que vou fazer, mas algo perfeitamente contido na experiência. A observação nos revela que já se havia desaparafusado banheiras diante do pequeno Hans, uma vez que, quando iam para Gmunden em férias, levavam uma banheira dentro de uma caixa. Por outro lado, temos a noção da mudança anterior, da qual lamentamos não ter a data precisa, mas que deve se ter situado no tempo coberto pela anamnese da observação, isto é, os dois anos antes da doença, sobre os quais temos um certo número de anotações dos pais.

A mudança, juntamente com o transporte da banheira para Gmunden, já deram ao pequeno Hans o material significante do que isso significa, desmontar todo o barraco. Ele já sabe que isso pode acontecer, isso já foi para ele uma experiência mais ou menos integrada em sua manipulação propriamente significante. A fantasia da banheira desaparafusada é como que um primeiro passo na percepção do fenômeno da fobia, que se apresenta inicialmente com um caráter opaco, sinalizador de inibição, de estagnação, de fronteira, de limite, além do qual não se pode passar. Isso só pode ser mobilizado na própria fobia, cujos elementos podem ser combinados de outra maneira.

Já lhes expliquei, da última vez, a significação plural da pinça, que na língua alemã, tanto como na língua francesa, e em muitas outras, principalmente na língua grega, designa o aparelho de mordida do cavalo, seus dentes da frente, e também algo que quer dizer pinça ou tenazes. É aqui que aparece, pela primeira vez, o personagem que entra em jogo com pinças e tenazes, e introduz um elemento de evolução, repito, puramente significante. Vocês não vão me dizer que já há marcas instintuais na criança para nos explicar que seu traseiro tenha sido desaparafusado. Aliás, é somente no significante, isto é, no mundo humano do símbolo que compreende igualmente o utensílio e o instrumento, que se vai desenvolver a evolução mítica em que o pequeno Hans se engaja, ajudado pela colaboração obscura e tateante que se estabelece entre ele e os dois personagens que se debruçaram sobre o seu caso para psicanalisá-lo.

Detenho-me por um instante no seguinte: não existem apenas a banheira e o desaparafusamento, existe também o *Bohrer*, a broca ou furadeira. Como sempre, as testemunhas que estão no período exploratório da análise têm uma percepção muito viva, ligada ao frescor da descoberta, e não têm a menor dúvida quanto ao que seja esta furadeira: *É o pênis paterno*, dizem. Aí também aparece uma certa flutuação no texto: esse pênis visa ao pequeno Hans ou visa à mãe? Esta ambiguidade é perfeitamente válida, tanto mais que nós compreendemos melhor do que se trata.

Estão vendo a prova do que lhes digo, que não basta ter na cabeça a listagem mais ou menos completa das situações clássicas na análise, a saber, que existe um complexo de Édipo invertido, e que numa percepção do coito dos pais uma criança pode se identificar com a parte feminina. O fato de encontrarmos aí uma identificação do pequeno Hans com sua mãe, isso é verdade, por que não? — mas, apenas sob uma condição, a de compreendermos em que isso é verdade, pois contentar-se em dizer isso não somente não tem interesse algum, mas não cola, em nenhum grau, com qualquer dos representantes e das resultantes da aparição, na fantasia, do seguinte: a criança imaginando e articulando que alguma coisa veio lhe fazer um grande furo no ventre. Isso só pode assumir sentido no contexto, na evolução significante do que está em questão.

Digamos que, naquele momento, o pequeno Hans explique a seu pai: — *Enfie isso nela, de uma vez, ali onde é preciso.* É isso mesmo que está em questão na relação do pequeno Hans com seu pai. Temos, o tempo todo, a noção dessa carência e do esforço feito pelo pequeno Hans para restituir, não digo uma situação normal — isso não seria possível, a partir do momento em que o pai está desempenhando o papel que desempenha com Hans, isto é, o de suplicar-lhe que acredite mesmo que ele, o papai, não é mau — mas uma situação estruturada. E nessa situação estruturada existem fortes razões para que ao mesmo tempo o pequeno Hans aborde a desmontagem da mãe, e provoque corretivamente, e de maneira imperiosa, a entrada em função deste pai com relação à mãe.

Repito a vocês: existem mil maneiras, mil ângulos sob os quais podem intervir, no decorrer de uma análise, as fantasias de passividade do menino, suas identificações com a mãe numa relação fantasística com o pai.

Para não ir além de minha própria experiência analítica, escutei, não faz muito tempo, um homem que não era mais homossexual do que o pequeno Hans pois este na minha opinião jamais pôde se tornar, articular em dado momento de sua análise que, na infância, havia fantasiado, sem dúvida alguma, a si mesmo na posição materna. Tratava-se precisamente para ele de oferecer-se como vítima em seu lugar. Toda a sua situação de infância, com efeito, fora vivida por ele a partir da inoportunidade da insistência sexual do pai, homem muito exuberante, até mesmo exigente em suas necessidades relativas a uma mãe que as recusava com todas as forças, e sobre quem a criança tinha a percepção de que nessas ocasiões, justificadamente ou não, ela vivia a situação como uma vítima.

Essa identificação estava integrada ao desenvolvimento da sintomatologia desse sujeito — sujeito neurótico, ainda que não possamos de modo algum nos deter na posição simplesmente feminilizada, até mesmo homossexual, representada funcionalmente, em dado momento da análise, pela emergência dessa fantasia; seu contexto lhe dá aí um sentido inteiramente diferente, e mesmo oposto ao que ocorre na observação do pequeno Hans.

O pequeno Hans diz a seu pai: *Beije-a um pouco mais*,* enquanto meu paciente lhe diz: — *Beije-a um pouco menos*. Não é a mesma coisa, embora seja preciso aos dois servir-se do termo *Beije-a*, e mesmo *Beije-me em seu lugar, se for preciso*. Portanto, é a conexão significante do termo que permite avaliar o que está em questão.

Tal como a apresentei a vocês, a situação assim criada é, aparentemente, sem saída, já que tampouco nela o pai intervém. Vocês vão me dizer: — *No entanto, o pai existe, o pai está ali*. Qual é a função do pai no complexo de Édipo? É bem evidente que, qualquer que seja a forma como se apresenta o impasse da situação da criança com a mãe, é preciso introduzir-se nela um outro elemento.

É preciso repetir as coisas. Se não as repetirmos elas se perdem. É por isso que vamos, mais uma vez, rearticular o complexo de Édipo.

## 3

É claro que não vou lhes dar uma rearticulação do complexo de Édipo. Dado que se trata de um esquema fundamental, ele deve, por definição, ser explicado de mil maneiras diferentes. Todavia, existem elementos estruturais que são os mesmos e que podemos sempre reencontrar, ao menos quanto a sua disposição e a seu número.

Num certo plano, o pai chega em terceiro na situação entre a criança e a mãe. Se o tomarmos num outro plano, ele chega em quarto, porque já há três elementos, devido ao falo inexistente. Eis o que é o em-si da situação, se me perdoarem essa expressão de que não gosto muito, mas que sou forçado a utilizar para ir mais depressa. Quero dizer que considero por ora o pai na medida em que ele deve estar ali na situação com os outros, independentemente do que vai ocorrer com o para-si do sujeito. Também não gosto desta expressão, porque vocês podem acreditar que este para-si esteja dado na consciência do sujeito, quando ele está em sua maior parte no seu inconsciente, na medida

* No original: *Baise-la...*, jogando com o duplo sentido do verbo *baiser*, "beijar" e "copular". (N.T.)

em que se trata de efeitos do complexo de Édipo. Logo, é para marcar a diferença que noto que o pai deve estar ali em si. Qual deve ser seu papel?

Não posso refazer nesta ocasião toda a teoria do complexo de Édipo. Digamos, todavia, que o pai é aquele que possui a mãe, que a possui como pai, com seu verdadeiro pênis, que é um pênis suficiente, à diferença da criança que, quanto a si, é presa do problema de um instrumento ao mesmo tempo mal assimilado e insuficiente, senão rejeitado e desdenhado.

O que nos ensina a teoria analítica sobre o complexo de Édipo? O que o torna, de certo modo, necessário? Não falo de uma necessidade biológica, nem de uma necessidade interna, mas de uma necessidade ao menos empírica, já que é na experiência que se o descobriu. Se isso quer dizer que o complexo de Édipo existe é que a escalada natural da potência sexual no menino não se dá por si só, nem em um tempo, nem em dois tempos. Ela se faz, efetivamente, em dois tempos, se considerarmos pura e simplesmente o plano fisiológico, mas apenas a consideração dessa escalada natural não basta, em grau nenhum, para dar conta do que se passa.

Isto é um fato: para que a situação se desenvolva em condições normais, quero dizer, naquelas que permitem ao sujeito humano conservar uma presença suficiente, não somente no mundo real, mas também no mundo simbólico, isto é, para que ele se tolere no mundo real, mas no mundo simbólico, isto é, para que ele se tolere no mundo real tal como este é organizado com sua trama de simbólico, não basta simplesmente que haja percepção do que chamei, da última vez, de movimento, com essa aceleração que carrega o sujeito e o transporta; é preciso ainda que haja estagnação e fixação de dois termos. É preciso que o verdadeiro pênis, o pênis real, o pênis válido, o pênis do pai funcione, por um lado. É preciso, por outro lado, que o pênis da criança, que se situa comparativamente ao primeiro, numa *Vergleichung*, reúna-se a sua função, sua realidade, sua dignidade. E para fazer isso, é preciso que haja passagem por essa anulação que se chama o complexo de castração.

Em outras palavras, é na medida em que seu próprio pênis é momentaneamente aniquilado que a criança é prometida, mais tarde, a ter acesso a uma plena função paterna, isto é, a ser alguém que se sinta legitimamente de posse de sua virilidade. E parece que este *legitimamente* é essencial ao funcionamento feliz da função sexual no sujeito humano. Tudo o que dizemos sobre o determinismo das ejaculações precoces e os diversos distúrbios da função sexual não tem qualquer espécie de sentido, senão nesse registro.

Aí está o problema do Édipo resgatado. A experiência nos indica isso, e aliás isso não era previsível. O esquema da situação que acabo de lhes dar previamente tampouco é previsível em si mesmo. A prova disso é que a experiência analítica, que descobriu o Édipo como integração à função viril, nos permite levar mais longe as coisas a propósito do pai simbólico.

O pai simbólico é o *nome do pai*. Este é o elemento mediador essencial do mundo simbólico e de sua estruturação. Ele é necessário a este desmame, mais essencial que o desmame primitivo, pelo qual a criança sai de seu puro e simples acoplamento com a onipotência materna. O *nome do pai* é essencial a toda articulação de linguagem humana, e é a razão pela qual o *Eclesiastes* diz: *O insensato disse em seu coração: não existe Deus.*

Por que ele o diz em seu coração? Porque não pode dizê-lo com sua boca. Por outro lado, falando propriamente, é insensato dizer em seu coração que não há Deus, simplesmente porque é insensato dizer uma coisa contraditória à articulação mesma da linguagem. Vocês sabem muito bem que não é uma profissão de deísmo o que estou fazendo.

Há o pai simbólico. Há o pai real. A experiência nos ensina que, na assunção da função sexual viril, é o pai real cuja presença desempenha um papel essencial. Para que o complexo de castração seja pelo sujeito verdadeiramente vivido, é preciso que o pai real jogue realmente o jogo. É preciso que ele assuma sua função de pai castrador, a função de pai sob sua forma concreta, empírica, diria quase degenerada, sonhando com o personagem do pai primordial e a forma tirânica e mais ou menos horripilante sob a qual o mito freudiano a apresentou para nós. É na medida em que o pai, tal como existe, preenche sua função imaginária naquilo que esta tem de empiricamente intolerável, e mesmo de revoltante quando ele faz sentir sua incidência como castradora, e unicamente sob este ângulo — que o complexo de castração é vivido.

O caso do pequeno Hans ilustra isso maravilhosamente. Existe um pai simbólico, e o pequeno Hans, que não é um insensato, crê nele de imediato: Freud é o bom Deus. Este é um dos elementos mais essenciais à instauração do equilíbrio para o pequeno Hans. Naturalmente, ele crê nisso como todos nós cremos no bom Deus: ele crê sem crer. Crê porque a referência a um tipo de testemunha suprema é um elemento essencial de toda espécie de articulação da verdade. Existe alguém que sabe tudo, ele descobriu isso, é o Professor Freud. Que sorte, ele tem o bom Deus aqui na terra. Não temos todos tanta sorte assim.

Isso lhe é muito útil, mas sem suprir, de modo algum, a carência do pai imaginário, do pai realmente castrador. Todo o problema reside aí. Trata-se de que o pequeno Hans encontre uma suplência para este pai que se obstina em não querer castrá-lo. Esta é a chave da observação.

Trata-se de saber como o pequeno Hans vai poder suportar seu pênis real, justamente na medida em que este não é ameaçado. Aí está o fundamento da angústia. O que há de intolerável em sua situação é essa carência do lado do castrador. De fato, através de toda a observação, não se vê em parte alguma aparecer o que quer que seja que represente a estruturação, a realização, o vivido, mesmo fantasístico, de algo que se chame uma castração.

Uma ferida é imperiosamente convocada pelo pequeno Hans. Tudo lhe serve para este fim. Contrariamente ao que diz Freud, não há nada na experiência de Fritz machucando o pé numa pedra que tenha, em si, convocado a conexão. O voto de que o pai sofra este ferimento como uma circuncisão mítica vai aparecer em seguida no grande diálogo de 21 de abril, quando ele dirá ao pai: *Seria preciso que você chegasse ali nu, als Nackter*. Todos ficam estupefatos quando se pergunta o que esta criança poderia querer dizer. Dizem que a criança começa a falar biblicamente. Na própria observação, abrem-se parênteses para explicar que isso quer dizer que ele deveria vir descalço, *de pés nus*. E no entanto o pequeno Hans é quem tem razão. Trata-se de saber se o pai vai, com efeito, dar suas provas, confrontar-se como homem com sua temível mãe, e se ele próprio, o pai, passou ou não pela iniciação essencial, pelo ferimento, pela batida na pedra. Isso lhes mostra até que ponto este tema, sob sua forma mais fundamental, a mais mítica, é algo a que o pequeno Hans aspira com todo o seu ser.

Infelizmente, não é nada disso. Não basta que o pequeno Hans tenha dito o que disse no diálogo com seu pai. Ele apenas demonstrou, naquele momento, que ardia num imperioso desejo de encontrar o ciúme do deus ciumento — *einfern* é um termo empregado na Bíblia —, a saber, um pai que se zanga com ele e o castra. Mas ele não o tem, e é de uma maneira inteiramente diversa que a situação se dá. Vou lhes dizer daqui a pouco como podemos concebê-la.

Se, pelo lado do pai, não há castrador, temos em compensação um certo número de personagens que vieram ao lugar do castrador: o *Schlosser* que começou a desaparafusar a banheira, e depois a furar, e um outro, que não está, falando propriamente, implicado na função desejada do pai, aquele que o próprio pequeno Hans chama de o instalador, que figura na fantasia de 2 de maio, que vem encerrar a situação. Como o deus não assegura muito bem todas as suas funções, faz-se emergir o *deus ex machina*, o instalador, a quem o pequeno Hans faz desempenhar uma parte das funções do castrador exigido pelo complexo de castração.

É preciso saber ler o texto. Nada pode ser mais impressionante que a última fantasia, que encerra literalmente o tratamento e a observação. O que o instalador vem trocar é o traseiro do pequeno Hans, a sua base. Desmontou-se todo o barraco, isso não basta, é preciso mudar alguma coisa no pequeno Hans. Reencontramos aí, sem dúvida alguma, o esquema de simbolização fundamental do complexo de castração.

Vê-se, na própria observação, até que ponto Freud mesmo se deixa levar pelo esquema. Enquanto não há vestígio, na fantasia do pequeno Hans, de uma substituição daquilo que ele tem na frente, o pai fantasia e lhe diz: — *É evidente que também te deram um outro pênis*. E Freud vai atrás dele. Infelizmente, não há nada disso. Seu traseiro foi desaparafusado, deram-lhe um outro, e lhe disseram: *Vire-se do outro lado*. Isso para aí, deve-se tomar o texto tal como é. É nisso que reside a especificidade da observação, e também o que nos deve permitir compreender todo o conjunto.

Com efeito, se depois de haver chegado tão perto, isso não foi mais adiante, é porque isso não podia ir mais adiante, porque se fosse mais adiante, não teria mais havido fobia, e sim um complexo de Édipo e de castração normal. E não haveria necessidade de toda essa complicação, nem da fobia, nem do sintoma, nem da análise, para chegar a um ponto que não é forçosamente o ponto estipulado, o ponto típico.

Eis o que nos situa mais ou menos a função do pai, na ocasião. Ele está incontestavelmente ali, atuante e útil na análise. Mas, ao mesmo tempo, ele está ali em funções predeterminadas pela situação do conjunto, e que são manifestamente incompatíveis com a função eficaz de pai castrador.

Se há castração, é na medida em que o complexo de Édipo é castração. Mas a castração, não é à toa que se percebeu, de maneira tenebrosa, que ela tinha tanto relação com a mãe quanto com o pai. A castração materna — como vemos na descrição da situação primitiva — implica para a criança a possibilidade da devoração e da mordida. Existe uma anterioridade da castração materna, e a castração paterna é um seu substituto.

Esta, talvez, não seja menos terrível, mas é certamente mais favorável que a outra, porque é suscetível de desenvolvimentos, o que não é o caso do engolimento e devoração pela mãe. Do lado do pai, um desenvolvimento dialético é possível. Uma rivalidade com o pai é possível, um assassinato do pai é possível, uma eviração do pai é possível. Por este lado, o complexo de castração é fecundo no Édipo, no lugar em que não o é pelo lado da mãe. E, por uma simples razão, é que é impossível emascular a mãe, de vez que ela não tem nada que se possa emascular.

Vamos retomar as coisas no ponto onde deixamos o pequeno Hans. Aí está ele, pois, na encruzilhada.

Vemos já se esboçar o modo de suplência que permitirá superar a situação primitiva, dominada pela pura ameaça de devoração total pela mãe. Algo se esboça na fantasia da banheira e da furadeira. Como todas as fantasias do pequeno Hans, este é um começo de articulação da situação. Existe, se podemos dizer, retorno ao remetente, isto é, à mãe, da ameaça. A mãe é demolida, e é o pai que é convocado a desempenhar o papel de perfurador.

Aí, também, nada mais faço senão tomar à letra o que Freud nos traz. Ele fica tão fascinado pelo papel de perfurador que faz uma observação — sem resolver ele mesmo a questão, e por um bom motivo, é que seria preciso sondar a filologia, a etnografia, os mitos etc. — sobre a relação que pode haver entre *Bohrer*, a furadora, e *geboren*, nascer. Não há relação entre as duas raízes. Esta é toda a diferença, em latim, entre *ferio*, golpear, e *fero*, portar. Não se trata da mesma raiz, e elas ficam perfeitamente distintas nas diferentes línguas. Em terceiro lugar, existe *forare*, perfurar, que é evidentemente distinto. Mas o importante é que Freud aí se detém num encontro de significantes, na problemática puramente significante que ele propõe, na evocação de Prometeu que é um furador, com a diferença entre o perfurado, *gebohrt*, e o nascido, *geboren*, que designa o portar fundamental, o ato de dar à luz a criança. Parênteses incidentes para sublinhar o interesse que Freud tem pelo significante.

Segundo que linhas vai se desenvolver na continuação a solução, ou antes, a suplência, trazida pelo pequeno Hans? Se a solução é apenas suplência, é porque ele é, de certa forma, impotente para fazer amadurecer — permitam-me essa expressão, não se trata aí de maturação instintual — ou para empurrar, numa direção que não seja a do impasse, o desenvolvimento dialético da situação. Devemos realmente acreditar que ele chegue a algo, já que há um desenvolvimento. Trata-se de compreendê-lo, e compreendê-lo em seu conjunto. Por hoje só posso indicá-lo a vocês.

Por que viés passa todo o desenvolvimento, a partir de meados de abril? Anna é introduzida como um elemento cuja queda é possível e desejada. O mesmo se dá com a mordida materna, que é tomada como elemento instrumental, substituto da intervenção castradora, e derivada quanto à sua direção, já que não incidindo sobre o pênis, mas sobre outra coisa que resulta, na última fantasia, numa alteração. É preciso crer que esta alteração já tenha em si mesma um certo grau de suficiência, pelo menos de suficiência para a redução da fobia. No fim, Hans está mudado. Isso é o que foi obtido. Veremos, da próxima vez, todas as consequências disso, que são capitais para o desenvolvimento de Hans e que, além disso, são fascinantes.

Anna entra em jogo. Este é o outro termo inassimilável da situação. Todo o processo de fantasias de Hans consiste em restituir esse elemento intolerável do real ao registro imaginário no qual ele pode ser reintegrado. Este processo é escandido por etapas que nos esforçaremos por descrever uma a uma.

Leiam ou releiam a observação com esta chave. Vejam como Anna é reintroduzida sob uma forma completamente fantasística. O pequeno Hans nos diz, por exemplo: *Há dois anos, Anna já tinha ido conosco a Gmunden.* De fato, ela estava então no ventre de sua mãe, mas o pequeno Hans nos conta, no entanto, que a haviam levado num pequeno cofre na traseira do carro, e que ela ali levava uma vida bem divertida. Ou então, que em todos os anos precedentes tinham-na levado assim, pois a pequena Anna estava lá desde sempre. O que é intolerável para Hans, o que ele não pode encarar é que tenha havido uma Anna diferente daquela que ele conhece durante as férias de Gmunden, e ele compensa o fato por uma reminiscência.

Emprego, muito precisamente, este termo com seu acento platônico, como oposto à função da repetição e do objeto reencontrado. O pequeno Hans faz de Anna um objeto cuja Ideia está ali desde sempre. Assim como Platão devia realmente ter algo que explicasse nosso acesso ao mundo superior, já que nele poderíamos entrar ainda que não fazendo parte dele, assim o pequeno Hans reduz Anna a algo de que se lembra desde sempre. Essa reminiscência é a primeira etapa da imaginarização desse real, e isso tem outro sentido além das histórias de regressão instintual.

Segunda etapa. A partir do momento em que Anna é uma Ideia no sentido platônico do termo, até mesmo um ideal, o que é preciso que ele faça? Ele a faz montar no cavalo da angústia. Isso é ao mesmo tempo humorístico, brilhante, mítico e épico. Reencontram-se aqui todas as características desses textos épicos onde nos extenuamos em descrever dois estados da condensação, duas etapas da epopeia, e em supor todos os tipos de interpolação, de comentadores, de mistificadores, para explicar aquilo que, tanto na epopeia como no mito, depende do seguinte: de que se trata de explicar ao mesmo tempo o que se passa no mundo imaginário e o que se passa no mundo real.

Aqui, o pequeno Hans não pode eliminar o cocheiro, mas por outro lado, é preciso também que a pequena Anna segure as rédeas. Então, na mesma frase, ele diz que as rédeas estavam nas mãos de um, mas também nas mãos de outro. Vocês têm aí em estado vivo essa espécie de contradição interna que nos faz supor com frequência, nos mitos, que há incoerência, confusão entre duas histórias, quando na realidade o autor, quer se trate de Homero ou do pequeno Hans, é presa de uma contradição que é simplesmente aquela de dois registros essencialmente diferentes.

Em suma, a partir do momento em que ela é uma imagem, essa irmã se torna seu eu superior. Esta chave lhes dá a significação de todas as apreciações emitidas a partir de um certo momento a propósito da pequena Anna, inclusive as apreciações admirativas. Elas não são simplesmente irônicas, incidem sobre o pequeno outro diante dele, e são essenciais à sua posição. Ele a faz fazer aquilo através do que poderá começar a dominar a situação. Quando a pequena Anna tiver cavalgado, por um tempo suficientemente longo, o cavalo temido, então o pequeno Hans poderá fantasiar que ele também doma o cavalo, e logo em seguida terá o cavalo chicoteado. O pequeno Hans começa assim a experimentar a verdade da advertência feita por Nietzsche: *Se for ver mulheres, não esqueça o chicote*.

Esta escansão, não vejam nela o essencial da lição que lhes quero trazer hoje. É apenas um corte necessário devido à hora avançada a que este discurso nos conduziu.

5 DE JUNHO DE 1957

# XXII

# ENSAIO DE UMA LÓGICA DE BORRACHA

*O pai na geladeira.*
*O feixe e a foice.*
*A metáfora paterna.*
*A mãe desdobrada.*
*Uma paternidade imaginária.*

O ano avança e o pequeno Hans, esperamos, chega ao seu fim.

Convém que eu lhes recorde, no início desta lição, que nos demos este ano por objetivo rever a noção de relação de objeto. Não me parece inútil tomar, por um instante, um certo distanciamento, a fim de lhes mostrar, não o caminho percorrido — sempre se percorre um —, mas um certo efeito de desmistificação, no que vocês sabem que eu insisto muito em matéria de análise.

Parece-me que há um mínimo exigível na formulação analítica, que é perceber o seguinte. Certamente, o homem lida com seus instintos — instintos nos quais acredito, digam o que disserem, que se inclua o instinto de morte. Mas o que nos foi trazido pela análise nos permite, mesmo assim, prever que as coisas não possam se resumir a uma fórmula tão simples, tão simplória quanto aquela que no entanto vemos tão comumente os analistas adotarem, a saber que, em suma, tudo se resolve quando as relações do sujeito com seu semelhante são, como se diz, relações de pessoa a pessoa, e não relações com um objeto.

Não é porque tentei aqui lhes mostrar a relação de objeto em sua complexidade real que me repugna a expressão relação de objeto. Por que nosso semelhante não seria validamente um objeto? Diria mesmo mais: antes fosse um objeto. Na verdade, a análise nos mostra que, comumente, ele é, de saída, ainda bem menos que um objeto. Ele é aquilo que vem preencher seu lugar de significante no interior de nossa interrogação, se é que a neurose, como lhes disse e tornei a dizer, é uma questão.

Um objeto não é algo assim tão simples. Um objeto é algo que certamente se conquista e mesmo, como nos lembra Freud, que jamais se conquista sem ser inicialmente perdido. Um objeto é sempre uma reconquista. É unicamente retomando um lugar que em primeiro lugar desabitou que o homem pode chegar ao que se chama, impropriamente, de sua própria totalidade.

Decerto é desejável que se estabeleça uma relação entre nós e alguns sujeitos primordiais que representam, com efeito, a plenitude da pessoa. Mas este é, realmente, o terreno no qual é mais difícil avançar, pois ele favorece todas as derrapagens e todas as confusões. Uma pessoa, imagina-se comumente, é este ser a quem reconhecemos, como a nós mesmos, o direito de dizer *eu*. Mas é demasiado evidente que ficamos embaraçadíssimos cada vez que se trata de dizer *eu* no sentido pleno, como a experiência analítica destaca poderosamente, de sorte que cada vez que se trata de pensar no outro como em alguém que diz *eu*, deslizamos, mais comumente, até fazê-lo dizer nosso próprio *eu*, isto é, até induzi-lo em nossas próprias miragens.

Em suma, como lhes sublinhei no ano passado, ao fim de meu seminário sobre as psicoses, não é o problema do *eu*, e sim o do *tu* que é o mais difícil de realizar quando se trata de encontrar a pessoa. Este *tu*, tudo indica que ele seja o significante-limite. Afinal de contas, não o atingimos jamais, nós nos detemos a meio caminho. Todavia, é sempre dele que recebemos todas as investiduras, e não é à toa que ao fim de meu seminário do ano passado parei em: *Tu és aquele que me seguirá, ou que não me seguirá, que fará isso, ou que não o fará.*

Se a experiência analítica nos mostrou alguma coisa foi mesmo que toda relação inter-humana está fundada numa investidura que vem, com efeito, do Outro. Este Outro está doravante em nós sob a forma do inconsciente, mas nada em nosso próprio desenvolvimento pode se realizar senão através de uma constelação que implica o Outro absoluto como sede da palavra. Se o complexo de Édipo tem um sentido, é precisamente porque ele dá como fundamento de nossa instalação entre o real e o simbólico e de nosso progresso a existência daquele que tem a palavra, daquele que pode falar, do pai. Para dizer tudo, ele o concretiza numa função que é em si mesma problemática. A interrogação — *o que é o pai?* — está formulada no centro da experiência analítica como eternamente não resolvida, pelo menos para nós, analistas.

É neste ponto que quero, hoje, retomar o problema do pequeno Hans, e mostrar a vocês onde este se situa com relação àquilo que o pai é e não é. Mas é preciso retomar a questão um pouco antes.

## 1

Vou começar chamando a atenção de vocês para o fato de que o único lugar de onde pode ser respondida, de maneira plena e válida, a interrogação sobre o pai é numa certa tradição. Esta não é a sala ao lado, como digo com frequência a propósito das fenomenologias, mas é a porta ao lado.

Se o pai deve encontrar em alguma parte a sua síntese, seu sentido pleno, é uma tradição que se chama a tradição religiosa. Não é por nada que vemos, no decorrer da história, formar-se a tradição judaico-cristã, que é a única a tentar estabelecer o acordo entre os sexos sobre o princípio de uma oposição entre a potência e o ato, que encontra sua mediação num amor. Fora dela, vamos dizê-lo, toda relação com o objeto implica uma terceira dimensão. Vamos vê-la articulada em Aristóteles, mas ela foi em seguida eliminada, diria eu, pelo Aristóteles apócrifo, o Aristóteles de uma teologia que se lhe atribuiu bem mais tarde. Todos sabem que ela existe e que ela é apócrifa. O termo aristotélico essencial a propósito de toda a constituição do objeto, e que se acrescenta como terceiro princípio à forma, ειδος, e à matéria, υλη, é στερησις, a privação.

A relação de objeto tal como está estabelecida na literatura analítica e na doutrina freudiana gira em torno dessa noção da privação de que parti este ano. Esta noção é central para compreender que todo o progresso da integração do homem, bem como da mulher, a seu próprio sexo exige o reconhecimento de uma privação. Privação a ser assumida para um dos sexos — para o outro, privação a ser assumida igualmente para poder assumir plenamente seu próprio sexo. Em suma, *Penis-neid* de um lado, complexo de castração do outro.

Tudo isso é alcançado pela experiência mais imediata. É bastante singular ver retomar sob uma forma mais ou menos camuflada, mas até certo ponto desonesta, a ideia de que a maturação da genitalidade comporta oblatividade e reconhecimento pleno do outro, mediante o que se deveria estabelecer a harmonia suposta, preestabelecida entre o homem e a mulher, da qual vemos no entanto que a experiência de todos os dias não passa de perpétuo fracasso.

Vão vocês dizer à esposa de hoje que ela é — como se expressa o teólogo que se inscreve sob a denominação de Aristóteles, de acordo com toda uma tradição medieval e escolástica — vão dizer à esposa de hoje que ela é a potência e que vocês, o homem, são o ato. Terão uma resposta pronta: *Isso é pouco para mim*, vão lhes dizer, *está pensando que sou boba?* E certamente, isso é claro, a mulher caiu em meio aos mesmos problemas que nós. Sem que haja necessidade de abordar a face feminista ou social da questão, basta citar a bonita quadra onde Apollinaire colocava a profissão de fé na boca de Teresa-Tirésias, ou mais exatamente, de seu marido, que, fugindo do guarda, lhe diz:

*Sou uma honesta mulher — senhor*
*Minha mulher é um homem — senhora*
*Ela levou o piano o violino a melhor*
*Ela é soldado ministro mérdico**

Vamos ficar com os pés no chão, no terreno da nossa experiência. Se esta permite algum progresso no problema sexual, cada vez mais presentificado por toda a nossa experiência do desenvolvimento da vida, até mesmo da neurose, é na medida em que soube situar as relações entre os sexos em diferentes escalões da relação de objeto. O que isso quer dizer, perceberam muito bem, e basta tirar o véu de um pudor indigno, de um falso pudor para reconhecer que se devemos à análise algum progresso é muito precisamente no plano daquilo que devemos, realmente, chamar pelo seu nome: o erotismo.

* No original: *Je suis une honnête femme — monsieur / Ma femme est un homme — madame / Elle a emporté le piano le violon l'assiette au beurre / Elle est soldat ministre merdecin.* (N.T.)

Este é o plano onde as relações entre os sexos são efetivamente elucidadas, na medida em que se encontram a caminho de uma resposta à questão formulada a propósito de seu próprio sexo pelo sujeito, na medida em que ele é ao mesmo tempo algo que entrou no mundo e que jamais é satisfeito, a saber, a famosa oblatividade perfeita onde se encontraria a harmonia ideal entre o homem e a mulher. Jamais encontramos essa harmonia senão num horizonte-limite, que sequer nos permite designá-la como o objetivo a se realizar pela análise.

Para ter uma perspectiva salubre sobre o progresso de nossa investigação, é preciso perceber que na relação entre o homem e a mulher, a partir do momento em que ela é consagrada, permanece sempre aberta uma hiância. O que pode restar disso, em última instância, que seja receptível aos olhos do filósofo, isto é, daquele que livra a própria cara? — senão o seguinte, que afinal, a mulher, em especial a esposa, tem essencialmente para ele a função que tinha para Sócrates, a saber, de ser a provação da sua paciência: de sua paciência com o real.

Para entrar mais vivamente naquilo que vai hoje pontuar o que estou afirmando, e que nos vai remeter ao pequeno Hans, vou relatar uma informação que um de meus excelentes amigos extraiu do jornal de informação por excelência e me trouxe. Essa novidadezinha vem do fundo da América. Desde a morte de seu marido, uma mulher, a ele ligada por um pacto de amor eterno, tem a cada dez meses um filho dele.

Isso pode lhes parecer surpreendente. Não creiam que se trate de um fenômeno partenogenético. Trata-se, ao contrário, de inseminação artificial. No momento da última doença que levou ao falecimento de seu marido, esta mulher, votada à fidelidade eterna, fez estocar uma quantidade suficiente do líquido que lhe deveria permitir perpetuar, à sua vontade, a raça do defunto, nos prazos mais curtos e a intervalos repetidos.

Esta novidadezinha que não parece nada, foi preciso esperá-la, quando teríamos podido imaginá-la. É a ilustração mais fascinante que podemos dar daquilo a que se chama o x da paternidade. Quando lhes digo que o pai simbólico é o pai morto, vocês veem nisso sua ilustração. Mas o que isso introduz de novo, e que é bem feito para pôr em relevo a importância dessa observação, é que, neste caso, o pai real também é o pai morto.

Vocês não deixam de captar os problemas introduzidos por semelhante possibilidade. O que se torna, nessas condições, o complexo de Édipo? No plano mais próximo da nossa experiência, seria fácil fazer alguns chistes sobre o que pode querer dizer, no limite, o termo mulher frígida. *Para uma mulher frígida*, diria o novo provérbio, *marido congelado*. Posso mencionar igualmente o slogan inaugurado por um de meus amigos, que queria fazer dele o anúncio de uma marca de geladeiras. Se temos algumas dificuldades para conceber o efeito deste slogan, seria mesmo para as almas anglo-saxônicas que ele teria seu valor. Imaginem um belo cartaz onde se vissem senhoras com um ar descontente, e abaixo, os seguintes dizeres: *She didn't care her frigid air until her friend received a Frigidaire*. É bem este o caso, na ocasião.

Na verdade, essa história ilustra magnificamente que a noção real do pai não se confunde em caso algum com a da sua fecundidade. O problema está alhures, como se vê quando nos perguntamos o que se torna então a noção do complexo de Édipo. Deixo-lhes o cuidado de extrapolar: a partir do momento em que nos engajamos nesta via, faremos às mulheres, numa centena de anos, crianças que serão os filhos diretos dos homens de gênio que vivem atualmente, e que terão sido, daqui para lá, preciosamente conservados em vidrinhos. Cortaram, nessa ocasião, alguma coisa ao pai, e da maneira mais radical: e também a palavra. A questão é então saber como, por que via, sob que modo, se inscreverá no psiquismo da criança a palavra do ancestral, da qual a mãe será o único representante e o único veículo. Como é que ela vai fazer falar o ancestral enlatado?

Isso, que não é absolutamente ficção científica, tem a vantagem de desnudar uma das dimensões do problema. E já que eu os dirigia há pouco para a porta ao lado, para a solução ideal do problema do casamento, será interessante ver como a Igreja vai encontrar meios de tomar posição diante do problema da inseminação póstuma pelo esposo consagrado. Se ela se referir ao que formula em semelhantes casos, a saber, ao caráter fundamental das práticas naturais, poderemos lhe observar que, se tal prática é possível, é justamente na medida em que chegamos a isolar, perfeitamente, a natureza daquilo que não o é. A partir daí, talvez convenha precisar o termo "natural", e chegaremos a enfatizar o caráter profundamente artificioso do que foi até aqui chamado de natureza. Em suma, talvez não sejamos, naquele momento, completamente inúteis como termo de referência. Ao mesmo tempo, nossa boa amiga Françoise Dolto, até mesmo um de seus discípulos, talvez se torne um Padre da Igreja.

A distinção entre o imaginário, o simbólico e o real talvez não seja bastante para expor os termos deste problema que, a partir do momento em que pode ser engajado na realidade, não me parece próximo de ser resolvido. Mas essa história nos tornará mais fácil formular, como desejo fazer hoje, o termo no qual, não em si, mas para o sujeito, pode se inscrever a sanção da função do pai.

## 2

Uma vez que fizemos passar essa corrente de ar que desnuda as colunas do cenário, toda espécie de introdução, se podemos dizer, à função paterna nos parece ser, para o sujeito, da ordem de uma experiência metafórica. Vou lhes ilustrar isso lembrando sob que rubrica eu havia, no ano passado, introduzido a metáfora.

A metáfora é essa função que procede usando da cadeia significante, não em sua dimensão conectiva, na qual se instala todo uso metonímico, mas na sua dimensão de substituição. Senti-me obrigado, no ano passado, a ir procurar uma, numa obra que está realmente ao alcance de todos, o dicionário Quillet, onde tomei o primeiro exemplo que ali era dado, a saber, o verso de Hugo: *Seu feixe não era avaro nem odioso*.

Dirão que a sorte me favoreceu, já que ela me vem hoje, na minha demonstração, como um anel para o dedo. Vou lhes responder que qualquer metáfora poderia servir para uma demonstração análoga.

O que é uma metáfora?

Não é, como disseram os surrealistas, a passagem da chama poética entre dois termos que imaginariamente são tão díspares quanto possível. Esta definição parece colar aqui, pois é claro que não se trata de que este pobre feixe seja avaro nem odioso, e é mesmo uma estranheza muito humana pôr em relação o sujeito e o atributo por intermédio de uma negação, estando esta negação, é claro, sobre o fundo de uma afirmação possível. Não é possível que o feixe seja nem avaro nem odioso. A avareza e o ódio são atributos que são propriedade de Booz, não menos que o feixe, fazendo Booz das suas propriedades, tanto quanto de seus méritos, o uso que convém, sem pedir opinião nem prestar contas de seus sentimentos a uns ou a outros.

Entre quê e quê se produz a criação metafórica? Entre o que se expressa no termo *seu feixe*, e aquele que *seu feixe* substituiu, isto é, o cavalheiro de que nos falaram há um instante em termos equilibrados, e que se chama Booz. O feixe ocupou seu lugar, este lugar um pouquinho acumulado onde Booz, tendo se desfeito de um certo número de virtudes negativas, já está provido de suas qualidades de não ser avaro nem odioso. É aí que o feixe vem tomar seu lugar, e por um instante, literalmente, o anula. Reencontramos o esquema do símbolo na medida em que este é a morte da coisa. Aí é ainda bem melhor: o nome do personagem é abolido, e é seu feixe que vem substituí-lo.

Se existe metáfora, se ela tem um sentido, se ela é um tempo da poesia bucólica, é muito precisamente porque seu feixe, isto é, algo de essencialmente natural, pode substituir Booz. E Booz, depois de ter sido eclipsado, oculto, abolido, reaparece na fulguração fecunda do feixe. Ele não conhece, com efeito, nem avareza nem ódio, ele é pura e simplesmente fecundidade natural.

Isso tem, precisamente, seu sentido no trecho que se segue. O que está em jogo no poema é, com efeito, anunciar, ou fazer anunciar a Booz, no sonho seguinte, que embora ele tenha uma idade avançada, como ele mesmo diz, oitenta anos de idade, em breve vai ser pai, isto é, que sai dele e de seu ventre essa grande árvore sob a qual cantava um rei, diz o texto, e no alto da qual morria um Deus.

Toda criação de um novo sentido na cultura humana é essencialmente metafórica. Trata-se de uma substituição que mantém ao mesmo tempo aquilo que substitui. Na tensão entre o que é abolido, suprimido, e o que o substitui, passa essa dimensão nova introduzida tão visivelmente pela improvisação poética. Essa dimensão nova, manifestamente encarnada pelo mito de Booz, é a função da paternidade.

Certamente, como de costume, o velho Hugo está longe de seguir sempre uma via rigorosa, ele titubeia um pouco, à direita e à esquerda, mas o que fica absolutamente claro é que:

*Enquanto dormitava, Ruth, uma moabita,*
*Deitara-se aos pés de Booz, o seio nu,*
*Esperando não se sabe que clarão desconhecido,*
*Quando viesse da aurora a súbita luz.*[*]

* No original: *Pendant qu'il sommeillait, Ruth, une moabite, / S'était couchée aux pieds de Booz, le sein nu, / Espérant on ne sait quel rayon inconnu, / Quand viendrait du réveil la lumière subite.* (N.T.)

O estilo deste trecho se situa numa zona ambígua, onde o realismo se mistura a uma certa luminosidade um tanto crua demais, até mesmo equívoca, que nos evoca o claro-escuro dos quadros de Caravaggio. Com toda a sua rudeza popular, talvez seja isso o que, em nossos dias, ainda pode dar, de modo mais elevado, o sentido da dimensão sagrada.

Um pouco mais adiante, pois, trata-se ainda da mesma coisa:

*Imóvel, entreabrindo o olho sob seus véus,*
*Que Deus, que ceifador do eterno verão,*
*Havia, ao partir, lançado com desleixo,*
*Essa foice de ouro no campo dos céus.**

Nem no meu ensino do ano passado, nem naquilo que escrevi recentemente sobre este feixe do poema de Booz e de Ruth, prossegui a investigação até o ponto último onde o poeta desenvolve a metáfora. Deixei de lado a foice, porque, do mesmo modo, fora do contexto do que fazemos aqui, ela poderia parecer aos leitores um pouco forçada. Entretanto, todo o poema aponta para uma imagem cujo caráter intuitivo e comparativo nos maravilha há um século.

Trata-se, com efeito, do fino e claro crescente da lua. Mas não pode escapar a vocês o fato de que, se a coisa se sustenta, se ela é algo mais que um belo traço de pintura, um toque de amarelo no céu azul, é na medida em que a foice no céu é a eterna foice da maternidade, aquela que já desempenhou seu pequeno papel entre Cronos e Uranos, entre Zeus e Cronos. É a potência de que falei há pouco, e que está ali, realmente, representada na espera mística da mulher.

Com essa foice ali ao alcance da mão, a respingadora vai cortar, efetivamente, o feixe em causa, aquele do qual tornará a brotar a linhagem do Messias.

Nosso pequeno Hans, na criação, desenvolvimento e resolução de sua fobia, só pode se inscrever corretamente em equação a partir dos termos que acabamos de isolar.

Temos no complexo de Édipo o lugar x, aquele onde está a criança, com todos os seus problemas com referência à mãe, M. É na medida

* No original: *Immobile, ouvrant l'oeil à moitié sous ses voiles, / Quel dieu, quel moissonneur de l'éternel été, / Avait, en s'en allant, négligemment jeté / Cette faucille d'or dans le champ des étoiles.* (N.T.)

em que algo se terá produzido e constituído a metáfora paterna que se poderá situar este elemento significante, essencial em todo desenvolvimento individual, que se chama o complexo de castração, e isso tanto para o homem como para a mulher.

Temos, portanto, que formular a seguinte equação:

$$\left(\frac{P}{x}\right) \quad M \sim \text{Ↄ} + s$$

P é a metáfora paterna.

O x é mais ou menos elidido conforme o caso, isto é, de acordo com o momento do desenvolvimento, e os problemas a que o período pré-edipiano conduziu a criança com relação à mãe, M.

Inscrevemos com essa espécie de S deitado a ligação entre a metáfora edipiana e a fase essencial a todo conceito de objeto, constituída por este C invertido que representa a foice do complexo de castração, mais a significação, s, isto é, aquilo em que o ser se reencontra, e onde o x encontra sua solução.

Esta fórmula situa o momento essencial da transposição do Édipo. Ela dá seu lugar àquilo com que lidamos no caso do pequeno Hans, e que, como já lhes expliquei, é o problema insolúvel constituído para ele, no grau de desenvolvimento a que chegou, pelo fato de que a mãe seja algo tão complexo quanto esta fórmula, com todas as complicações que acarreta:

$$(M + \varphi + A)$$

Isso, que se dever ler *Mãe mais Falo mais A*, exposto para Anna, designa o impasse a que Hans chegou. Ele não pode sair dele, porque não há pai aí, não há nada aí para metaforizar suas relações com sua mãe. Em suma, não existe saída pelo lado da foice, do grande C do complexo de castração, não existe mais a possibilidade de uma mediação, isto é, de perder, e depois reencontrar seu pênis.

Do outro lado da equação, ele só encontra a mordida possível da mãe, que é a mesma mordida com a qual ele se precipita avidamente para esta, na medida em que ela lhe falta. Não há outra relação real com a mãe senão aquela destacada por toda a teoria atual da análise, a saber, a relação de devoração. É na medida em que chegou a este impasse que ele desconhece outra relação com o real além daquela que se chama, certa ou erradamente, de sádico-oral. Isso é o que escrevo por m, a que se acrescenta tudo o que é real para ele, em particular este real que acaba de ser revelado e não deixa de complicar a situação, a saber, Π, seu próprio pênis. É isso que resume a fórmula seguinte:

$$(M + \varphi + A)\ M \sim m + \Pi$$

Doravante é assim que o problema se apresenta para ele; é necessário que se introduza, já que não há outro, este elemento de mediação metafórica que é o cavalo, notado ‘I, com o espírito rude. A instauração da fobia se inscreve, portanto, com a mesma fórmula que lhes dei há pouco:

$$\left(\frac{\text{‘I}}{M + \varphi + \alpha}\right)\quad M \sim m + \Pi$$

Esta fórmula, que é o equivalente da metáfora paterna, não resolve, no entanto, o problema da mordida, na medida em que esta é para ele o perigo maior de toda a sua realidade, especialmente daquela que acaba de ser revelada, a saber, sua realidade genital.

Estas fórmulas podem lhes parecer artificiais. Não creiam nisso. Comecem primeiro a se servir delas, e verão depois se isso lhes pode ser útil. Posso mostrar a vocês mil aspectos em que elas são imediatamente aplicáveis. Aqui está um:

O cavalo é este elemento do qual se diz que morde, que ameaça o pênis, e também que cai, e é por isso, de acordo com o que nos diz o próprio pequeno Hans, que ele foi posto em jogo. Inicialmente ele foi tratado na medida em que, atrelado ao furgão que deve carregar as bagagens da pequena Lizzi, pode se voltar e morder. Foi aí, a 1º de março, nos diz Hans, que ele ficou com a bobagem. Num outro momento, em 5 de abril, Hans nos diz igualmente que ficou com a bobagem quando, estando com sua mãe, viu cair o cavalo de um ônibus. Mais exatamente, um elemento já atrelado a uma significação foi retido por ele como algo que ia muito além de toda significação, o que ele sanciona por este aforismo, ou afirmação definidora: *A partir de agora, sempre, todos os cavalos vão cair.*

Ora, a função da queda é precisamente o termo comum a tudo o que figura na parte inferior da equação, M: sublinhamos o elemento queda-da-mãe. φ: o falo da mãe que é aquilo que não mais se sustenta, o que não está mais em jogo, e no entanto Hans faz de tudo para manter a existência desse jogo. Enfim, $\alpha$: as crianças, em particular a pequena Anna que é aquilo que, no mundo, mais se deseja ver cair, nem que se tenha que a empurrar um pouquinho.

Assim, o cavalo cumpre, de maneira eficaz, imajada e ativa, todas as funções da queda reunidas. É sob este título que começa a ser introduzido como um termo essencial a esta fobia, onde vemos afirmar-se o que são, realmente, os objetos para o psiquismo humano.

Talvez se trate de algo que mereça esse nome, mas nunca é demais insistir no capítulo especial da qualificação de objeto que é necessário introduzir então, a partir do momento em que nos ocupamos do objeto da fobia ou do fetiche. Certamente, sabemos o quanto eles existem como objetos, uma vez que chegam a constituir no psiquismo do sujeito verdadeiros marcos de referência — do desejo, no caso do fetiche — de seus deslocamentos, no caso da fobia. O objeto está, realmente, ao mesmo tempo ali no real e manifestamente distinto deste. Por outro lado, não é de modo algum acessível à conceitualização, senão por intermédio dessa formalização significante.

Até agora, vamos dizê-lo, não nos deram outro mais satisfatório. Se dou a impressão de lhes apresentar a fórmula do objeto sob uma forma um pouco mais complicada do que aquilo que se fez até o momento, peço que observem que não é de outra maneira que Freud acaba falando disso, ao fim de sua obra. Ele articula plenamente que o cavalo é um objeto que substitui todas as imagens e todas as significações confusas em torno das quais a angústia do sujeito não consegue se decantar. Faz dele um objeto quase arbitrário, e é por isso que ele o chama de um sinal, graças a que, nesse campo de confusões, vão se definir limites que, por serem arbitrários, nem por isso deixam de introduzir o elemento de delimitação, tornando possível a instauração de uma ordem, primeiro cristal de uma cristalização organizada entre o simbólico e o real.

É isso mesmo que se produz durante o progresso da análise de Hans, se é que podemos, no sentido pleno do termo, chamar o que acontece nessa observação de uma análise. Os psicanalistas ainda não parecem ter compreendido, pelo menos à leitura do sr. Jones, que Freud fez algumas reservas ao caso, dizendo que ele era excepcional, tendo sido conduzido pelo próprio pai da criança, sem dúvida sob a sua orientação. Por conseguinte, não autoriza muito a possível extensão deste método. Os analistas parecem se espantar com essa timidez de Freud. Fariam melhor se examinassem as coisas mais de perto. Com efeito, não podemos nos perguntar se, devido ao fato de ter sido essa análise conduzida pelo pai, não apresenta ela traços específicos que excluem, ao menos parcialmente, a dimensão propriamente transferencial? Em outras palavras, o bordão proferido habitualmente pela srta. Anna Freud, segundo a qual não há transferência possível nas análises de crianças, não é aplicável justamente a este caso, por se tratar do pai?

É demasiado evidente que em toda análise de criança praticada por um analista existe, de fato, transferência, simplesmente como existe no adulto, e melhor que em qualquer outra parte. Trata-se aqui dessa coisa um pouco particular, e cujas consequências seremos levados, a seguir, a demonstrar.

Seja como for, essa fórmula permite escandir da maneira mais rigorosa todo o progresso da intervenção do pai.

Pretendo fazê-los ver, da próxima vez, que essa fórmula nos permite realmente saber por que certas intervenções do pai são infecundas, sem ecos, e por que outras, ao contrário, afetam a transformação mítica.

## 3

O caso do pequeno Hans nos mostra em seu desenvolvimento as transformações dessa equação da qual se manifestaram, de modo extremamente rápido, as possibilidades de progresso e a riqueza metafórica implícita. Vou me contentar por hoje em lhes indicar o seu termo último e extremo, escrito na mesma formalização. Já lhes falei o bastante sobre isso para que possam conceber sua importância.

O que vemos ao final é, certamente, uma solução que instaura o pequeno Hans num registro vivível de relações objetais. Será isso um sucesso absoluto, do ponto de vista da integração edipiana? Antes de voltar a este ponto com mais detalhes da próxima vez, vamos ver desde já em que medida é um sucesso e em que medida não o é.

Se lermos o texto onde o pequeno Hans formula sua posição final, ele nos diz: — *Agora, eu sou o papai, der Vatti*. Não precisamos nos perguntar como é que ele pode ter tido esta ideia, com um pai que durante toda a observação ele se esforçou por estimular, suplicando-lhe: *Vamos, faça o seu papel de pai*. A última, e belíssima, fantasia com o pai mostra este último alcançando-o na plataforma do trem, quando há muito tempo que o pequeno Hans galopara adiante, tendo ido com quem? Como que por acaso, com a avó.

A primeira coisa que o pai lhe pergunta é: — *E aí, o que você faria em meu lugar, se fosse o pai?* — *Oh, é muito simples, eu levaria você todo domingo para visitar a vovó.* Nada mudou na relação entre o filho e o pai. Logo, podemos presumir que não existe ali uma realização absolutamente típica do complexo de Édipo.

Vamos vê-lo, com efeito, desde logo, se soubermos ler o texto. Todos os laços com o pai estão muito longe de serem rompidos, estão mesmo fortemente amarrados por toda essa experiência analítica, mas, como diz muito bem o pequeno Hans, *a partir de agora você vai ser o vovô*. Ele diz isso, mas em que momento? Leiam bem o texto: no momento em que começou dizendo que ele mesmo era o pai.

Este termo, avô, vem aí inteiramente à parte. Falou-se, em primeiro lugar, da mãe, e vamos ver que tipo de mãe ela vai ser. Depois chegou-se a falar de outra mulher, que é a avó. Mas não há laço algum entre este avô e esta avó, na perspectiva do pequeno Hans para-si.

Não é sem razão que Freud sublinha, com uma satisfação que está longe de nos proporcionar alívio completo, que a questão do Édipo foi resolvida de maneira muito elegante por esse homenzinho, que se faz, a partir de agora, o esposo de sua mãe, e remete o pai à avó. Digamos que seja uma forma elegante, até mesmo humorística, de eludir a questão. Mas nada, em tudo o que Freud escreveu, nos indica, até agora, que se possa considerar essa solução, por mais evidente que ela possa parecer, como uma solução típica do complexo de Édipo.

Vemos bem, por parte do pequeno Hans, uma elaboração que mantém uma certa continuidade na ordem das linhagens. Se não se houvesse chegado pelo menos até ali, o pequeno Hans nada teria resolvido, e a função da fobia teria sido nula. Na medida em que concebe a si mesmo como o pai, o pequeno Hans é função de alguma coisa que se inscreve mais ou menos assim:

p (M) (M')

São a mãe e a avó. A mãe, ao fim do processo, foi desdobrada. Este é um ponto muito importante, que permite à criança encontrar um equilíbrio sobre três pernas, o que é realmente o mínimo sobre o que se pode estabelecer a relação com o objeto. O terceiro que não achou no pai, ele o encontra na avó, da qual ele viu muito bem o valor decisivo, até mesmo esmagador, nas relações de objeto.

É precisamente na medida em que, por trás da mãe, acresce-se uma segunda, que o pequeno Hans instaura a si mesmo numa paternidade. Que tipo de paternidade? Uma paternidade imaginária.

A partir desse momento, o que diz o pequeno Hans? Quem vai ter filhos? É ele, ele o diz muito claramente. Mas quando seu pai, todo atrapalhado, lhe pergunta: *É com a mamãe que você vai ter filhos? — De jeito nenhum*, responde o pequeno Hans, *que história é essa? Você me disse que o pai não pode ter filhos sozinho, e agora quer que eu tenha.*

Esse momento tão impressionante de oscilação no diálogo mostra o caráter recalcado nele de tudo o que é da ordem da criação paterna, quando, a partir desse momento, ele articula, ao contrário, que vai ter filhos: só que vão ser crianças imaginárias.

Filhos — ele diz da maneira mais precisa — ele quer ter, mas por outro lado não quer que sua mãe os tenha. Daí as precauções que deseja tomar quanto ao futuro. Para que a mãe não tenha mais filhos, está pronto a tudo, até a corromper amplamente — estamos, apesar de tudo, em presença de um pequeno rebento de capitalistas — o grande genitor por excelência, que é o Senhor Cegonha, de figura tão estranha; veremos, da próxima vez, que lugar e que função convém lhe atribuir, qual o seu verdadeiro rosto. Chega-se a ponto de corromper o Pai Cegonha para que não haja mais criança real.

A função paterna assumida pela criança é imaginária. Hans substituiu a mãe, e tem filhos, como ela tem. Vai se ocupar de seus filhos imaginários, à maneira pela qual chegou a resolver completamente a noção do filho, da criança, inclusive a da pequena Anna.

Em que consiste toda a sua fantasia em torno da caixa, da cegonha, da pequena Anna que já existia muito antes de seu nascimento? Consiste em imaginarizar sua irmã, fantasiá-la. Ele vai ter, portanto, filhos fantasísticos. Vai se tornar um personagem essencialmente poeta, criador na ordem imaginária.

À última forma de suas criações imaginárias ele dá o nome de Lodi. O pai fica muito interessado: *O que significa esta Lodi? Será chocolodi? — Não, é saffalodi.* Com efeito, *saffaladi* quer dizer *salsichinha.* O caráter faliforme da imagem indica bem a transmutação imaginária que se operou neste falo, ao mesmo tempo não devolvido e eternamente imaginado pela mãe. Vamos vê-lo reproduzido ao final sob a forma da pequena Lodi.

A mulher, para ele, jamais passará da fantasia dessas pequenas irmãs-filhas em torno das quais terá girado toda a sua crise infantil. Isso não será, inteiramente, um fetiche, já que também será, justamente, se posso dizê-lo, o verdadeiro fetiche. Ele não terá se detido naquilo que está inscrito sobre o véu, terá encontrado a forma heterossexual típica de seu objeto, o que não impede que sua relação com as mulheres seja daí por diante, e para sempre, sem dúvida alguma, marcada por essa gênese narcísica durante a qual ele conseguiu se colocar em ortoposição com referência ao parceiro feminino. Em suma, o parceiro feminino não terá sido engendrado a partir da mãe, e sim a partir desses filhos imaginários que ele pode fazer na mãe, eles mesmos herdeiros desse falo em torno do qual girou todo o jogo primitivo da relação de amor, da captação do amor, em direção à mãe.

Orientando-nos por nossa equação, temos, afinal de contas, por um lado, a afirmação da relação de Hans como novo pai, como *Vatti*, de uma linhagem materna, por outro lado a pequena Anna cavalgando o cavalo e assumindo a posição de domínio com relação a toda carroça, todo trem, tudo o que a mãe arrasta atrás de si.

Com efeito, é por intermédio da pequena Anna que o pequeno Hans chegou a fazer o que dissemos, da última vez, que ele fazia, isto é, dominar a mãe, não simplesmente chicoteá-la, mas, como nos mostra a continuação da história, ver o que ela tinha no ventre. Uma vez extraído o pequeno canivete castrador, ela é muito mais inofensiva.

$$p\ (M)\ (M') \sim \left(\frac{\alpha}{\varphi}\right) \quad \pi$$

Tal é a fórmula que, oposta à precedente, marca o ponto de chegada da transformação do pequeno Hans.

Ele terá, com certeza, todas as aparências de um heterossexual normal. Todavia, o caminho que terá percorrido no Édipo para chegar até aí é um caminho atípico, ligado à carência do pai. Vocês talvez se surpreendam com o fato desta ser tão grande, mas a linha da observação nos mostra sem cessar as falhas do pai e suas faltas, sublinhadas a todo instante pelo apelo do próprio pequeno Hans. Logo, não é possível, certamente, surpreender-se com o fato de que ela marque uma atipia terminal na resolução da fobia.

Peço-lhes, simplesmente, que conservem esses dois extremos, e admitam que é concebível articular a transformação de um em outro por uma série de etapas.

Sem dúvida, convém neste ponto não ser demasiado sistemático. Este tipo de lógica é novo. Se a prosseguirmos, talvez ela deva ser simplesmente introdutória a um certo número de questões quanto ao seu formalismo. Teria ela as mesmas leis que regem o que já pôde ser formalizado nos outros domínios da lógica?

Freud já começou na *Traumdeutung* a nos dizer algo sobre a lógica do inconsciente, em outras palavras, significantes no inconsciente. Esta não é, com certeza, a nossa mesma lógica costumeira. Boa parte da *Traumdeutung* é consagrada a nos mostrar como um certo número de articulações lógicas essenciais, o *ou...ou*, a contradição, a causalidade, podem se transportar para a ordem do inconsciente. Essa lógica pode ser distinta da nossa lógica costumeira. Como a topologia é uma geometria de borracha, trata-se aqui, também, de uma lógica de borracha.

*De borracha* não significa que tudo nela seja possível. Dois anéis entrelaçados, mesmo de borracha, até nova ordem nada nos permite desatá-los. Isso é para lhes dizer que a lógica de borracha não está condenada à inteira liberdade. Ela exige de nós um certo número de definições de termos, que será preciso dar.

Em suma, quando da resolução da fobia do pequeno Hans, apresenta-se uma certa configuração, que é a seguinte. Apesar da presença, e mesmo da insistência da ação paterna, o pequeno Hans se inscreve numa espécie de linhagem matriarcal, ou, para ser mais simples, e também mais estrito, de reduplicação materna, como se fosse necessário que houvesse um terceiro personagem, e que, à falta de que este seja o pai, seja a famosa avó.

Por outro lado, o que é que o relaciona com o objeto que vai ser, doravante, o objeto de seus desejos? Eu já sublinhei isso para vocês, temos na anamnese o testemunho de algo que o liga a Gmunden, à sua irmãzinha, às meninas, isto é, às crianças na medida em que são as filhas de sua mãe, mas também filhas dele, suas filhas imaginárias. Essa estrutura originalmente narcísica de suas relações com a mulher está indicada na saída, no desenlace da solução de sua fobia. Que marcas vão restar da passagem pela fobia? Algo de muito curioso: é o cordeirinho, aquele com o qual ele se entrega a brincadeiras muito particulares, como por exemplo deixá-lo passar por cima.

Neste cordeirinho ele tentou um dia montar sua irmã. Esta é a posição onde ela está a cavalo na fantasia da caixa grande, última etapa antes da resolução da fobia. Foi preciso que a irmã o dominasse antes, para que ele, o pequeno Hans, pudesse tratar o cavalo como este merece, isto é, golpear-lhe as costas. Naquele momento, a equivalência entre o cavalo e a mãe está assegurada: bater no cavalo é também bater na sua mãe. A irmãzinha montada no cordeiro, aí está a configuração que permanece no final.

Não posso recusar-me o prazer, nem lhes recusar este enigma, de lhes mostrar a obra em torno da qual nosso mestre, Freud, fez girar sua análise de Leonardo da Vinci, a saber, não a *Virgem dos rochedos*, mas a grande estampa de *Sant'Ana* que está no Louvre, e que é precedida por um desenho que está em Burlington House. Aqui está ele.

Toda a análise que Freud fez de Leonardo da Vinci gira em torno desta Sant'Ana de aspecto tão estranhamente andrógino — aliás, ela se parece com o *São João Batista* —, desta Virgem, e do Menino. E como sublinhamos aqui, não como na estampa de Londres, o primo, a saber, João Batista, é justamente um cordeirinho.

Essa configuração não deixou de chamar a atenção de Freud, e ela é verdadeiramente o osso de sua demonstração nessa obra muito singular que é o seu estudo *Uma recordação da infância de Leonardo da Vinci*. Espero que vocês se deem ao trabalho de lê-la, daqui até o fim do ano, pois talvez eu chegue a fazer com isso o encerramento de meu seminário.

Vocês não poderão deixar de perceber o caráter inverossímil de enigma de toda a situação em que é introduzido, pela primeira vez, o termo narcisismo, a audácia quase insensata de escrever semelhante coisa no momento em que ela foi escrita. Desde então, conseguimos escotomizar, desconhecer a existência de coisas como essa na obra de Freud.

Leiam, e vão perceber até que ponto é difícil saber, afinal de contas, o que isso quer chegar a dizer. Mas leiam, ao mesmo tempo, para ver até que ponto isso se sustenta, apesar de todos os erros — pois que há erros, mas isso não faz mal.

Essa configuração singular, que está ali para nos apresentar uma *humanissima trinita*, trindade muito humana, até mesmo demasiado humana, em oposição à *divinissima* que vem substituir, vamos ter que voltar a ela.

O que eu quis assim indicar a vocês, como uma pedra de toque, é a singular necessidade de um quarto termo, que encontramos como um resíduo sob a forma deste cordeiro, termo animal onde reencontramos o próprio termo da fobia.

19 DE JUNHO DE 1957

# XXIII

# "ME DARÁ SEM MULHER UMA PROGENITURA"

*Da intersubjetividade ao discurso.*
*O objeto em função de significante.*
*A metáfora fóbica.*
*Da mordida ao desaparafusamento.*
*Anna, senhora do cavalo.*

A verdade sobre Hans, nos diz Freud, não foi completamente obtida. Trata-se hoje para nós de formalizar de maneira um pouco diferente a observação. O único interesse dessa operação, se é que ela o tem, é o de estreitar um pouco mais e envolver de modo mais rigoroso o que ali se passa.

É claro que existem nessa observação todas as entradas possíveis. Já que se trata de uma fobia do cavalo, poderíamos, por exemplo, delirar a perder de vista em cima do cavalo. Este é um animal muito singular que reaparece em toda a mitologia. Pode-se muito bem fazer aproximações válidas com o cavalo do pequeno Hans.

Robert Fliess, o filho do correspondente de Freud, que ocupa um lugar de honra na psicanálise, fez no *IJP,* sob o título *Phylogenetic versus Ontogenetic Experience*, para o número comemorativo do centenário de Freud, uma elucubração de mérito, excessivamente impressionante. Isso por seu caráter de inadequação manifesto. O autor se esforça por resolver os enigmas apresentados pelo texto da observação do pequeno Hans, lançando no caso uma enorme extrapolação, que tem apenas a desvantagem de supor resolvido, de maneira absolutamente injustificada, aquilo que não está.

Ele centraliza as coisas, de maneira perfeitamente válida, no famoso diálogo entre o pequeno Hans e seu pai, que eu chamo o grande diálogo, e que culmina em 21 de abril. Lembro a vocês que é aquele onde o pequeno Hans convoca literalmente seu pai a desempenhar seu papel de pai, dizendo-lhe: — *Você deve estar enciumado.* Não se pode pensar que o pai nada tenha a ver com o surgimento desta frase, que sentimos amadurecida por tudo o que a precede. Durante o diálogo, Hans desenvolve a fantasia segundo a qual seu pai, antes de subir ao quarto da mãe, vem esbarrar numa pedra e se machuca, como fizera outrora o pequeno Fritz. O sangue deve escorrer. O diálogo se encerra com a frase de Hans: — *Sejam quais forem as suas denegações assustadas, Das ist wahr, das musst wahr sein, isso deve ser verdade.*

Nosso autor insiste, com muita sutileza, no emprego das palavras que dão ao que diz o pequeno Hans um *style soutenu* — em francês no texto — mais que em qualquer outra parte, aliás, e destaca bem, nesse sentido, as insuficiências da tradução inglesa. Essas observações, que certamente têm seu valor, mostram bem a sensibilidade que as pessoas da primeira geração analítica conservaram no que diz respeito ao relevo propriamente verbal, ao acento e ao papel essencial de certos significantes. Mas o mais interessante é uma especulação bastante refinada sobre o papel do pai naquela ocasião.

Com efeito, é o próprio pai quem introduz pela primeira vez uma palavra, *Schimpfen,* que se traduziu em francês por *gronder*, repreender, zangar. — *A respeito do que eu repreendo realmente você?* O autor chama nossa atenção, com razão, para o fato de existir aí uma intervenção que vem, de uma maneira um bocadinho estranha, neste momento do diálogo, e que esta interrompe a troca com o pequeno Hans. Mas ele especula, então, sobre o que pode haver ali, por parte do pai, de participação em algo que supõe estar no eu (*moi*) do pequeno Hans, o qual estaria em vias de desenvolver um supereu. Esta elucubração não constitui uma extrapolação ousada demais, mas simplesmente traduz a necessidade encontrada pelo autor de aplicar ao caso um registro pré-formado. Podemos compreendê-lo em suas hesitações: ele traduz o fenômeno em questão dizendo, ou que o supereu está *in statu nascendi*, em vias de nascer, ou que ele certamente ainda não nasceu, ou que este é o nascimento do supereu. Isso é que é muito estranho.

Introduz-se, então, uma referência às obras do sr. Isakower, que muito insistiu na predominância da esfera auditiva na formação do supereu. Este, decerto, pressentiu o problema que não cessamos de formular a propósito da função da palavra na gênese dessa crise normativa que se chama o complexo de Édipo. Devemos a ele observações pertinentes sobre a maneira como pode se manifestar ocasionalmente essa espécie de aparato cuja montagem, essa rede de formas constituída pelo supereu, compreendemos. Ele vai apreendê-la nos momentos em que o sujeito escuta modulações puramente sintáticas, palavras vazias, falando propriamente, já que só se trata de seu movimento. Nesses movimentos de uma certa intensidade, podemos, diz ele, captar ao vivo algo que se refere a um elemento arcaico: a criança integra a palavra do adulto quando ainda não percebe o sentido desta, mas apenas a sua estrutura. Em suma, isso seria uma interiorização. Teríamos, aqui, a primeira forma a nos permitir conceber o que é o supereu.

Esta ainda é uma observação interessante, e poderíamos conceber, no quadro de um seminário, confrontá-la com o diálogo entre Hans e seu pai. Mas certamente não seria para encontrar ali alguma conveniência. Por um lado, considera-se que o supereu, como instância interna, se funda numa integração pelo sujeito da palavra em seu movimento geral e sua estrutura fundamental. Por outro lado, trata-se do diálogo mais exteriorizado: acredita-se resolver seus paradoxos referindo-o à observação precedente?

Decerto, admito que busquemos referências gerais para o que descrevemos, devemos mesmo fazê-lo a todo instante. Mas sempre sublinhei a necessidade de se aproximar o mais possível da própria experiência. É apenas sob esta condição que teremos a oportunidade de fazer progredir os conceitos da experiência analítica e seu manejo.

No que nos concerne, não procedemos de maneira nenhuma como o sr. Fliess.

## 1

Tudo o que fizemos até agora se baseia num certo número de postulados — que não são postulados, em absoluto, pois se baseiam em nosso trabalho anterior de comentário, que comporta toda uma reflexão sobre a experiência analítica e sobre o que ela nos dá. Um desses postulados é o seguinte: que a neurose é uma questão formulada pelo sujeito no nível de sua própria existência.

Essa questão assume, na histeria, as seguintes formas: *O que é ter o sexo que eu tenho? O que quer dizer ter um sexo? O que quer dizer que eu possa, mesmo, me formular essa questão?* Com efeito, devido à introdução da dimensão simbólica, o homem não é simplesmente um macho e uma fêmea, mas é-lhe necessário se situar com referência a algo de simbolizado que se chama macho e fêmea.

Se a neurose se relaciona com o nível da existência, ela se relaciona a isso de maneira ainda mais dramática na neurose obsessiva, onde está em jogo não apenas a relação do sujeito com o seu sexo, mas sua relação com o próprio fato de existir. É assim que se situam como obsessivas as questões: *O que é existir? Como sou com referência àquele que sou sem o ser, já que posso, de alguma maneira, dispensá-lo, distanciar-me dele o bastante para me conceber como morto?*

Se a neurose é, assim, uma espécie de questão fechada para o próprio sujeito, mas organizada, estruturada como questão, os sintomas se deixam compreender como os elementos vivos desta questão articulada sem que o sujeito saiba aquilo que ele articula. Por assim dizer, a questão é viva e o sujeito não sabe que ele está nessa questão. Com frequência ele próprio é um elemento dela, podendo situar-se em diversos níveis: num nível elementar, quase alfabético, como também num nível mais elevado, sintático, onde nos permitimos falar em função metafórica e função metonímica, partindo da ideia, que nos é dada pelos linguistas, ao menos por um certo número dentre eles, de que estas são as duas grandes vertentes da articulação da linguagem. O que nos torna difícil conservar a linha reta no comentário das observações é que devemos sempre nos abster de tender, de maneira demasiado absoluta, para um ou outro lado.

Para que uma observação seja decifrável, é preciso que comecemos por analisar. O próprio da questão do neurótico sendo, com efeito, absolutamente fechada, não existe nenhuma razão pela qual ela seja dada preferencialmente a quem se contentasse em destacar seus contornos: seria apenas um texto indecifrável, enigmático, hieroglífico. É por esta razão que se pôde anotar observações durante décadas antes da chegada de Freud, sem nem mesmo desconfiar da existência dessa linguagem. Pois a neurose é uma linguagem.

Logo, é sempre na medida em que intervém um começo de decifração que chegamos a compreender as suas transformações e a proceder às manipulações que nos confirmam que se trata realmente de um texto, no qual nos orientamos por meio de um certo número de estruturas. Estas aparecem apenas na medida em que manejamos o texto.

Podemos fazê-lo no nível do puro e simples recorte, como se faz nos casos particularmente fechados, nos enigmas, de uma maneira que não é diferente da que vemos exposta em não-sei-que texto de Poe, que nos recorda as práticas comuns da decifração de despachos enviados num estilo codificado ou arquicodificado. Fazendo o cálculo dos signos que têm maior número de ocorrências, chegamos a fazer suposições interessantes, a saber que tal signo corresponde a tal letra na língua em que pensamos ter que traduzir o texto codificado.

Para os neuróticos, chegamos felizmente a operações de uma ordem mais elevada, onde encontramos certos conjuntos sintáticos com que somos familiares. O perigo, evidentemente, é sempre o de entificar esses conjuntos sintáticos, puxá-los excessivamente para o que se pode chamar as propriedades da alma, até mesmo empurrá-los um pouco demais no sentido de uma espécie de instintualização natural. Isso é desconhecer que o que domina, de súbito, é o nó organizador que dá a alguns desses conjuntos o valor de uma unidade de significação, e que se chama, de modo corrente, uma palavra. É assim, por exemplo, que aludi ultimamente à famosa identificação do menino com a mãe, chamando sua atenção para o fato de que uma tal identificação jamais é feita senão com referência ao movimento geral do progresso de uma análise. Como Freud assinala energicamente na observação do pequeno Hans, à página 319 do texto alemão, *a via da análise jamais pode repetir o movimento do desenvolvimento da neurose*.

Chegamos, pois, ao ponto mais vivo do tema. Em nosso esforço de decifração, devemos seguir o que foi efetivamente amarrado no texto da neurose. Ora, esse texto é submetido à utilização, na situação atual, de um elemento do passado do sujeito como elemento significante. Aí está uma das formas mais claras do x da condensação. Quando abordamos os elementos significantes do texto, não podemos, portanto, nos abstrair do fato de que ele se decompõe em dois termos situados em dois pontos muito distanciados da história do sujeito, e no entanto devemos realmente resolver as coisas no modo de organização onde elas estão atualmente. Isso é o que nos impõe procurar as leis próprias à solução de cada um desses discursos organizados, segundo o modo dos quais as neuroses se apresentam a nós.

Só que não existe apenas o discurso organizado, existe também a maneira como um diálogo se engaja para a solução desse discurso, e isso vem complicar ainda mais as coisas. O estabelecimento desse diálogo comporta com efeito que ofereçamos nosso lugar como aquele onde se deverá realizar uma parte dos termos desse discurso. Virtualmente, e no início, este, pelo simples fato de ser um discurso, comporta em alguma parte este Outro que é o lugar, a testemunha, a garantia, a sede ideal de sua boa fé.

É aí mesmo que, no diálogo revelador onde se formulará o sentido do discurso, nos colocamos em princípio. É aí que somos convocados, e que vemos emergir os elementos do inconsciente do sujeito, isto é, os termos que irão assumir o lugar que ocupamos. O diálogo decifra progressivamente o discurso, mostrando-nos qual a função do personagem que ali ocupamos. É a isso que se chama transferência. Durante a análise, este personagem nunca deixa de mudar.

Aí está, pois, como tentamos revelar o sentido do discurso. Nós mesmos, como pessoas, estamos integrados como elementos significantes no discurso da neurose, e é sob este título que somos todos colocados em posição, ocasionalmente na imposição, de resolver seu sentido.

É essencial manter sempre diante dos olhos esses dois planos da intersubjetividade como a estrutura fundamental na qual se desenvolve a história da decifração. E isso deve ser sempre situado em seu lugar nas observações.

No caso do pequeno Hans, precisávamos pôr em evidência a complexidade da relação com o pai. Com efeito, não vamos nos esquecer de que é este último quem faz a análise. Existe, pois, o pai real, atual, dialogando com a criança. Este já é um pai que tem a palavra. Mas, para além dele, existe esse pai a quem essa palavra se revela, que é como que a testemunha de sua verdade, o pai superior, o pai onipotente, representado por Freud. Aí está uma característica essencial da observação que merece ser conservada. Quanto à estrutura em questão, ela deve ser observada em toda espécie de relação do analisado com o analista. Do mesmo modo, este tipo de instância superior é tão inerente à função paterna que tende sempre a se reproduzir de alguma maneira.

É isso mesmo que faz a especificidade dos casos em que o paciente lida com o próprio pai Freud. Aí, o desdobramento não existia, a superautoridade não existia por trás dele, o paciente sentia realmente que estava diante de alguém que fizera surgir um universo novo de significação, uma relação nova do homem com seu próprio sentido e sua própria condição, e isso, para uso do paciente que ali estava. O que nos parece paradoxal nos resultados, às vezes surpreendentes, que Freud podia obter, bem como os muito surpreendentes modos de intervenção que eram os seus, na sua técnica, não se explicam de outra maneira.

Isso relatado vai nos permitir melhor situar em que sentido se dá o deslizamento de nosso interesse. Ao longo dos anos anteriores, vocês me viram elaborar o esquema subjetivo fundamental, a saber, a relação simbólica entre o sujeito e este Outro que é o personagem inconsciente que o conduz e guia, enquanto o outro imaginário, o pequeno outro, desempenha um papel intermediário, o de uma tela. Pouco a pouco nosso interesse se deslocou, e fomos levados a refletir sobre a própria estrutura do discurso em questão, que apresenta problemas distintos que não são menos originais.

No decorrer deste próprio ano, deslocamos progressivamente nosso interesse. Existem, é claro, leis da intersubjetividade. Estas são leis que regem a relação do sujeito com o pequeno outro e com o grande Outro. Mas isso não é o todo com que temos de lidar. A função original do discurso, onde se trata essencialmente de linguagem, merece ser abordada passo a passo. O discurso também tem leis, e a relação entre o significante e o significado é algo distinto da intersubjetividade, ainda que isso possa se recobrir, como as relações entre o imaginário e o simbólico.

É assim que, no nosso movimento deste ano a propósito da relação de objeto, vimos isolar-se o lugar original dos elementos que são, realmente, objetos, que estão num estágio original, fundador e mesmo formador de objetos, mas que são todavia inteiramente diferentes dos objetos no sentido acabado. Eles são, pelos menos, muito diferentes dos objetos reais, já que extraídos da psicopatologia, isto é, do mal-estar.

São objetos postos em função de significante.

## 2

Destacar o objeto em função de significante, fiz isso inicialmente a propósito do fetiche, e daqui até o fim do ano não terei avançado mais que considerar a fobia.

Todavia, se vocês compreenderam bem o que tentamos pôr em jogo a cada vez que falamos da fobia do pequeno Hans, terão aí um modelo mental, a partir do que todo progresso ulterior pode se conceber como um aprofundamento, uma extensão às outras neuroses, e principalmente à histeria e à neurose obsessiva.

Na fobia, isso é particularmente simples e exemplar. Cada vez que, num sujeito jovem, vocês lidarem com uma fobia, poderão perceber que o objeto dessa fobia é sempre um significante. Isso é relativamente simples na aparência, embora seu manejo não o seja, a partir do momento em que entrarem em seu jogo. Mas, elementarmente, é um significante.

Este é o sentido da fórmula que lhes dei:

$$\left(\frac{\text{'I}}{M + \varphi + \alpha}\right) M$$

Os termos figurando sob a barra representam aquilo que veio progressivamente complicar a relação elementar com a mãe, de que partimos quando lhes falei do símbolo da frustração, S (M), quando a mãe está presente-ausente. É aí que as relações da criança com a mãe se estabelecem, no decorrer das eras, na sequência do desenvolvimento.

O caso do pequeno Hans nos faz, inicialmente, chegar a este estágio de extrema provação, quando a mãe se complica com elementos suplementares de todos os tipos. Inicialmente é o falo, $\varphi$. Disse-lhes que este era, com certeza, o elemento da hiância crítica dessa relação a dois que a dialética analítica atual nos representa tão fechada. Devemos perceber, ao contrário, até que ponto a própria criança está em relação com uma função imaginária na mãe. Por outro lado, existe a outra criança, $\alpha$, que, mesmo que apenas por um instante, rejeita, expulsa a criança da afeição da mãe.

Vocês vão ver surgir sempre uma fobia na criança nesse momento crítico, que é típico: falta alguma coisa que virá desempenhar o papel fundamental na saída da crise, aparentemente sem saída, da relação da criança com sua mãe. Não precisamos, para demonstrá-lo, levantar hipóteses. Toda a construção analítica se apoia na consistência do complexo de Édipo, que se deixa esquematizar assim:

$$(P)\ M \sim$$

Se o complexo de Édipo significa alguma coisa, é que, a partir de um certo momento, a mãe é considerada e vivida em função do pai. O pai merece aqui um P maiúsculo, porque supomos que seja o pai no sentido absoluto do termo. Este é o pai no nível do pai simbólico. É o *nome do pai*, que instaura a existência do pai na complexidade sob a qual ele se apresenta a nós. Esta complexidade, toda a experiência da psicopatologia a decompõe para nós com a chave do complexo de Édipo. A introdução deste elemento simbólico traz uma dimensão nova, radical, à relação da criança com a mãe.

Para preencher a segunda parte da equação, devemos partir de dados empíricos. Aquilo cuja existência eles nos indicam pode, a grosso modo e sob reserva de comentários, se instaurar mais ou menos assim:

$$(P)\ M \sim (\text{-p}) \left(\frac{x}{\Pi}\right)$$

O que anoto por Π sob x seria o pênis real. O (-p) é aquilo que se opõe à criança numa espécie de antagonismo imaginário. Esta é a função imaginária do pai, na medida em que este desempenha o papel agressivo, repressor, comportado pelo complexo de castração.

Se quisermos formalizar a experiência freudiana, devemos tomá-la ao pé da letra, admiti-la ao menos provisoriamente. Ela afirma a constância do complexo de castração. Quaisquer que sejam as discussões a que este se pôde prestar mais tarde, não deixamos jamais de guardar sua referência, a experiência sublinha sua coerência com o complexo de Édipo.

Por um lado, alguma coisa acontece nas relações com a mãe, que introduz o pai como fator simbólico. É ele quem possui a mãe, que dela goza legitimamente. Esta é uma função ao mesmo tempo fundamental e problemática, que pode ocasionalmente se enfraquecer ou se fragmentar.

Por outro lado, alguma coisa tem por função fazer entrar no jogo instintual do sujeito, e na assunção que este faz das suas funções, uma significação essencial que é realmente específica do gênero humano, na medida em que se desenvolve com a dimensão suplementar da ordem simbólica. Esta significação que está ali presente, vivida, na experiência humana se chama a castração.

A análise representa a castração da maneira mais instrumental: uma tesoura, uma foice, um machado, uma faca. São significantes, que atingem as funções sexuais. Eles fazem parte, se podemos dizer, do mobiliário instintual da relação sexual na espécie humana. Poderíamos tentar detalhar o mobiliário de tal ou tal espécie animal. É provável, por exemplo, que o plastrão peitoral colorido do pintarroxo possa ser considerado um elemento de sinal, tanto para a exibição quanto para a luta intersexual. Seja como for, encontra-se no animal o equivalente do caráter constante deste elemento paradoxal que, no homem, está ligado a um significante chamado o complexo de castração.

Aí está como podemos escrever a fórmula do complexo de Édipo com seu correlato, o complexo de castração. Mas é preciso atentar para o fato de que o próprio complexo de Édipo se organiza no plano simbólico, o que supõe, por trás dele, a existência constituinte da ordem simbólica. Um episódio da observação do pequeno Hans nos mostra isso bem.

Num certo momento de seu diálogo, o pai tenta conduzir Hans à consideração de todos os tipos de explicações fisiológicas. O pai, tímido, não leva as coisas até o fim, como é sempre o caso, com ele. Mas como o pobre pequeno Hans diz que não compreende bem a função do órgão feminino, o pai em desespero de causa acaba lhe dando a explicação, quando suas fantasias mostram que a criança sabe perfeitamente que tudo isso se acha no ventre da mamãe, seja esta ou não simbolizada por um cavalo ou uma carroça. Mas o que o pai não vê é que a criança só se interessa pela construção genealógica.

Este interesse representa um momento normal do progresso do sujeito. Ele pode ser aqui reforçado pelas dificuldades próprias à neurose, mas é normal e intervém no pequeno Hans na medida em que estamos num ponto já muito avançado da observação. A criança só entrou nessa longa discussão para construir as possibilidades genealógicas que existem, isto é, as diferentes maneiras como uma criança pode se relacionar com um pai e com uma mãe, e o que isso significa.

Ele chega a construir uma teoria sexual das mais originais, que Freud sublinha não ter encontrado assim, com frequência, na criança:

e, com efeito, há em toda a observação elementos particulares. Esta teoria é a seguinte: os meninos dão nascimento às meninas, e as meninas fazem nascer os meninos. Não creiam que seja uma teoria impossível de se encontrar na organização genealógica. Pode-se mesmo dizer que existe alguma verdade em seu interior, e que ela está de acordo com as estruturas elementares do parentesco.

É porque as mulheres fazem homens que os homens podem, em seguida, lhes prestar esse serviço essencial, de lhes permitir continuarem sua função de procriadoras. Mas isso supõe, é claro, que nós o consideremos na ordem simbólica, isto é, numa certa ordem que determina uma sucessão regular de gerações. Na ordem natural, como muitas vezes lhes observei, não existe obstáculo algum a que tudo gire de maneira exclusiva em torno da linhagem feminina, sem qualquer discriminação concernente ao produto, sem qualquer impossibilidade de que o filho engravide a mãe, e, na medida de seu tempo de fecundidade possível, as gerações seguintes. O que interessa o pequeno Hans é a ordem simbólica, que é como que o centro de gravitação de toda a sua construção tão extraordinariamente luxuriante e fantasista.

Para dizê-lo agora em termos gerais, a interrogação da ordem simbólica emerge na criança a propósito do grande P, sob a forma da pergunta: *O que é um pai?* O pai é, com efeito, o pivô, o centro fictício e concreto da manutenção da ordem genealógica, que permite à criança se imiscuir de maneira satisfatória num mundo que, de qualquer maneira que se o avalie, cultural, natural ou sobrenaturalmente, é aquele onde ele nasce. É num mundo humano organizado por essa ordem simbólica que ele faz sua aparição, e é isso que ele tem que enfrentar.

A descoberta da análise não será nos mostrar qual o mínimo de exigências a que é necessário que o pai real responda para que ele comunique, faça sentir e transmita à criança a noção de seu lugar nesta ordem simbólica? É igualmente pressuposto que tudo o que se passa nas neuroses seja justamente feito, de certa forma, para suprir uma dificuldade, até mesmo uma insuficiência, na maneira como a criança lidou com o Édipo.

Outra coisa vem complicar a situação. É o que se chama de regressões. Trata-se de elementos intermediários provenientes da relação primitiva com a mãe, e que já comportam um certo simbolismo dual. Entre essa relação primitiva e o momento em que se constitui, propriamente falando, o Édipo, podem se produzir todos os tipos de acidentes, que se ligam a nada mais que a diferentes elementos de troca da criança vindo desempenhar seu papel na compreensão da ordem simbólica. Em suma, o pré-genital pode ser integrado ao nível edipiano, e vir complicar a questão da neurose.

No caso da fobia, temos algo de simples. Ninguém contesta que, neste caso, a criança chegou, ao menos por um momento, ao que se chama o estádio genital, onde se colocam, em sua plenitude, os problemas da integração do sexo do sujeito. Logo, é nesse nível que temos que conceber a função do elemento fóbico.

Freud considerava a função do elemento fóbico homogênea à função primitiva que fora isolada pela etnografia de seu tempo, a do totem. Isso, provavelmente, não é mais sustentável à luz do progresso atual da antropologia estrutural, onde o totem não mais desempenha um papel prevalente e axial, e será substituído por outra coisa. Mas, para nós, analistas, em nossa experiência prática — e na medida em que, afinal de contas, foi praticamente só no campo da fobia que Freud manifestou de uma maneira clara que o totem assumia sua significação na experiência analítica — temos, todavia, de transpô-lo para uma formalização que esteja menos sujeita à caução do que a relação totêmica. Foi por isso que introduzi, da última vez, o que chamei de função metafórica do objeto fóbico.

Isso quer dizer que o objeto fóbico vem desempenhar o papel que, em razão de alguma carência, em razão de uma carência real no caso do pequeno Hans, não é preenchido pelo personagem do pai. Assim, o objeto da fobia desempenha o mesmo papel metafórico que aquele que tentei ilustrar para vocês por esta imagem: *Seu feixe não era avaro nem odioso.*

Mostrei a vocês como o poeta utilizava a metáfora para fazer surgir na sua originalidade a dimensão paterna a propósito daquele velhote em declínio, para revigorá-lo com todo o desabrochar natural desse feixe.

Nesta poesia viva que é, ocasionalmente, a fobia, o cavalo não tem outra função. Ele é o elemento em torno do qual vão girar todos os tipos de significações que formarão, afinal, um elemento de suplência ao que faltou no desenvolvimento do sujeito, isto é, aos desenvolvimentos que lhe foram fornecidos pela dialética do meio ambiente onde ele está imerso. Mas isso só é possível imaginariamente.

Trata-se de um significante que é bruto. Ele não deixa de ter alguma disposição, já veiculada por todo o carro da cultura que o sujeito puxa atrás de si. Afinal de contas, o sujeito não precisou buscá-lo noutra parte senão ali onde se podem encontrar todos os tipos de heraldismos: num livro de figuras. Não são imagens naturais, mas imagens desenhadas pela mão do homem, comportando todo um pressuposto de história, no sentido em que a história é ornamentada por mitos, fragmentos de folclore. É no seu livro, justo diante da imagem da caixa da cegonha sobre uma chaminé vermelha, que Hans encontra a imagem de um cavalo sendo ferrado. Podemos tocá-lo com o dedo: este é um cavalo representado.

Não temos que nos surpreender com o fato de que os sujeitos tenham recorrido regularmente a formas que se podem dizer típicas, porque elas aparecem sempre em certos contextos, em certas conexões ou associações que podem escapar àqueles que são seus veículos. O sujeito escolhe uma delas para preencher uma função bem precisa, a de assegurar a estabilização momentânea de certos estados: no caso presente, do estado de angústia. Para preencher a função de transformar essa angústia em medo localizado, o sujeito escolhe uma forma que constitui um ponto de estagnação, um termo, um pivô, um pilotis, em torno do qual se agarra aquilo que vacila, e que ameaça carregar a corrente interior gerada pela crise da relação materna. Tal é, no caso do pequeno Hans, o papel do cavalo.

Certamente, parece que isso prejudica em muito o desenvolvimento da criança, e para os que a cercam é um elemento parasitário e patológico. Mas a instauração analítica nos mostra que ele também tem um papel de ancoramento, um papel principal de estagnação. É um ponto em torno do qual o sujeito pode continuar a fazer girar aquilo que, de outra maneira, se declararia numa angústia impossível de suportar.

Todo o progresso da análise consiste, neste caso, em extrair, revelar, as virtualidades que nos são oferecidas pelo uso, pela criança, desse significante essencial para suprir sua crise. Trata-se de permitir a este significante que desempenhe o papel que lhe reservou a criança na construção da sua neurose, a fim de assegurar sua relação com o simbólico, tomando-o como socorro e como ponto de referência na ordem simbólica.

Aí está o que é desenvolvido pela fobia. Ela permite à criança manejar este significante, dele tirando possibilidades de desenvolvimento mais ricas que aquelas que ele contém. Com efeito, o significante não contém em si mesmo, antecipadamente, todas as significações que nós o faremos dizer; ele as contém, preferencialmente, pelo lugar que ocupa, aquele onde deveria haver o pai simbólico. Na medida em que este significante está ali como correspondente metafórico do pai, ele permite que se realizem todas as transferências, todas as transformações necessárias de tudo o que é complicado e problemático na relação inscrita na linha de baixo: a saber, a mãe, a função fálica, e a criança — que necessita a cada vez, com referência à mãe real, de um triângulo distinto. Para isso é preciso um termo que seja impossível de dominar pela criança, que dê medo, até mesmo que morda.

É por isso que inscrevemos do outro lado aquilo que é mais ameaçado, a saber, o pênis da criança:

$$\frac{\text{‘I}}{(M + \varphi + \alpha)\ M \sim m + \Pi}$$

### 3

O que nos mostra a observação do pequeno Hans? Que, numa estrutura semelhante, é inútil agarrar-se à sua verossimilhança ou inverossimilhança.

Não é dizendo à criança que isso é uma besteira, *Dummheit*, nem tampouco fazendo-lhe observações muito pertinentes sobre a relação existente entre o fato de ele tocar seu faz-pipi e o fato de experimentar, com mais intensidade, os temores que lhe são inspirados pela besteira, que se mobiliza seriamente a coisa, muito pelo contrário.

Se vocês lerem a observação à luz do esquema que lhes acabo de dar, vão perceber que essas intervenções, que não deixam de comportar alguns efeitos, jamais têm o alcance persuasivo direto da experiência inicial, a eficácia que se poderia desejar. Pelo contrário, todo o interesse da observação é mostrar claramente que, nessas ocasiões, a criança reage reforçando os elementos essenciais de sua própria formulação simbólica do problema. Ela torna a encenar o drama do esconde-esconde fálico com sua mãe: — *Ela tem? Ela não tem?* — mostrando bem que se trata, aí, de um símbolo, que ela o considera como tal e que não se deve desorganizá-lo para ela. Daí a importância capital de um esquema como este.

O que está em questão para nós na análise talvez seja, com efeito, fazer evoluir este esquema, permitir à criança desenvolver as significações de que o sistema está prenhe, não se ater à solução provisória que consiste, para ela, em ser um pequeno fóbico que tem medo de cavalos. Mas esta equação só pode ser resolvida segundo suas leis próprias, que são aquelas de um discurso determinado, de uma dialética bem precisa, e não de uma outra. Não se pode começar desconsiderando o fato que essa equação é feita para se sustentar como ordem simbólica.

Vamos agora poder dar o esquema geral do que é o seu progresso.

Não é inútil que o pai intervenha, o grande Pai simbólico que é Freud, bem como o pequeno pai, este pai amado que só tem um defeito — porém grande —, o de não satisfazer realmente sua função de pai e, pelo menos por algum tempo, a sua função de pai, ou de deus, ciumento, *eifern*, como o invectiva o pequeno Hans.

Se o pai lhe fala com muita afeição, com devotamento, é sem poder ser mais do que foi até então, a saber, um pai que no real não preenche plenamente sua função. Quanto à criança, ela só faz literalmente o que lhe dá na cabeça com sua mãe, por exemplo, vai para a sua cama apesar do pai. Isso não quer dizer que não ame seu pai, mas que seu pai não desempenha para ela a função que permitiria dar à situação sua saída esquemática e direta. Encontramo-nos, portanto, diante de uma complicação: o pai começa por intervir diretamente no termo $\Pi$, segundo as instruções de Freud, o que prova que as coisas ainda não estão completamente no ponto, no espírito deste.

Poderíamos, nesse sentido, entrar em articulações detalhadas que nos permitiriam formular de maneira completamente rigorosa o que está em questão, por uma série de formulações algébricas transformando-se umas nas outras. Tenho uma certa repugnância em fazê-lo, temendo que os espíritos ainda não estejam completamente abertos àquilo que, acredito, é o futuro, na ordem da análise clínica e terapêutica da evolução dos casos. Todo caso, ao menos em suas etapas essenciais, deveria chegar a se resumir numa série de transformações.

Dei a vocês um exemplo disso da última vez, pondo no quadro a formulação inicial

$$(M + \varphi + A)\ M \sim m + \Pi$$

e em seguida a formulação terminal:

$$\left( \frac{\text{‘I}}{M + \varphi + \alpha} \right) M \sim m + \Pi$$

e enfim,

$$P\,(M)\,(M')\sim\left(\frac{\alpha}{\varphi}\right)\Pi$$

Tudo isto é tomado num grande L, numa logificação.

$$\Lambda^{P}_{p}\qquad\left(\frac{\text{'I}}{M+\varphi+\alpha}\right)\quad M\sim m+\Pi$$

A partir do momento em que se fala, e que este Λ é tomado entre o grande P e o pequeno p, poderíamos nos perguntar em que momento principal se dá a transformação. Quando o pequeno p vai intervir aqui, em m+Π, e o grande P no nível do grande 'I? Até agora não entrei nessas transformações sucessivas, mas nada nos impede de fazê-lo, seguindo o que ocorre na observação e a maneira como as coisas evoluem.

Logo depois da intervenção de Freud, produz-se, em 5 de abril, uma fantasia que desempenha um papel principal, e que em seguida dará lugar a tudo o que se situa sob o signo do *Verkehr*, isto é, dos transportes, como o sentido ambíguo do termo. Pode-se dizer que aí, de certo modo, se encarna bastante bem na fantasia o primeiro termo de nossa equação.

Com efeito, a fantasia que Hans desenvolve então é a de ver a carroça sobre a qual teria subido para brincar arrastada de repente pelo cavalo. Essa fantasia testemunha uma transformação de seus temores, e constitui uma primeira tentativa de dialetização da fobia, que pode se escrever assim:

$$\boxed{\frac{H}{M+\varphi+\alpha}}\qquad \text{'I}$$

O cavalo é aqui um elemento predominante, enquanto o pequeno Hans vem se situar na mesma carroça onde se acumulou todo o carregamento de sacos, que representam, como demonstra a sequência da observação, todas as crianças possíveis, virtuais, da mãe. Nada mais temido por ele que ver a mãe novamente carregada, *beladen*, isto é, grávida, rolando, carroceando como todos esses veículos carregados que lhe dão tanto medo, com as crianças no interior do seu ventre. Como demonstra a sequência da observação, a carroça e, ocasionalmente, a banheira têm por função representar a mãe. A fantasia significa, portanto: — *Vamos carregá-la com um monte de criancinhas, eu mesmo vou carregá-las, e vamos transportá-las.*

Trata-se, podemos dizer, de um primeiro exercício imaginado. A imagem que lhes dou aqui, se é tão distanciada quanto possível de toda espécie de assentimento natural da realidade psicológica, é em compensação extremamente expressiva do ponto de vista da estrutura da organização significante. O pequeno Hans tira, aqui, um primeiro benefício de uma dialetização da função do cavalo, elemento essencial de sua fobia.

Já tínhamos visto o pequeno Hans se apegar intensamente à manutenção da função simbólica, por exemplo, numa de suas fantasias, a da girafa. Aqui, em tudo o que segue a intervenção de Freud, vamos vê-lo fazer, de certa forma, todas as provas possíveis do jogo desse grupamento. O pequeno Hans é inicialmente posto em cima da carroça, em meio a todos os elementos heteróclitos que ele tanto teme que sejam arrastados junto consigo, para Deus sabe onde, por uma mãe que doravante, para ele, não passa de uma potência descontrolada, imprevisível, com a qual não se joga mais, ou para empregar um termo de gíria bem expressivo, com a qual "não se transa mais", isto é, não há mais regras do jogo porque outras regras vieram se misturar, e porque o próprio pequeno Hans complica este jogo fazendo intervir nele, não mais apenas um falo simbólico com que brincar de esconde-esconde com a mãe e as meninas, mas um pequeno pênis real, devido ao qual ele leva tapinhas nos dedos.

Isso nos mostra que, se a criança não acreditou absolutamente no que lhe contava o senhor que lhe falara como o bom Deus, mas achou, somente, que ele falava bem, assim mesmo disso resultou que ela pôde começar a falar, isto é, a contar histórias.

A primeira coisa que vai fazer é manter uma distinção que mostra bem a diferença entre o esquema real e o esquema simbólico. Ele diz a seu pai: *Por que você me disse que eu amava minha mãe, quando é você que eu amo?* É assim que ele relata as coisas.

Depois disso, o que acontece? O pequeno Hans começa todo o movimento da sua fobia, devolvendo ao cavalo tudo o que este pode dar, todas as suas possibilidades virtuais. O cavalo pode estar atrelado ou desatrelado, morder ou cair etc. E é por isso que temos todos esses paradoxos.

Não se esqueçam de que, no momento mesmo em que Hans tinha mais medo do cavalo, significante prenhe de todos os perigos, entre os dias 3 e 10 de março ele se permitia brincar, com desenvoltura, de cavalinho em companhia de uma nova criada, e esta era então, para ele, ocasião de entregar-se com ela a todas as incongruências possíveis, usá-la das maneiras mais impertinentes, ameaçar despi-la, explicando-lhe que então veriam seu *Wiwimacher*. Tudo isso faz parte do papel das criadas em Freud. Verão que, naquele momento, o cavalo não o intimidava em absoluto.

Ao mesmo tempo em que mantinha a função do cavalo, Hans fazia, pois, uso de todas as ocasiões que esta lhe oferecia para apreender e elucidar o problema. Em suma, ele descobriu uma propriedade essencial da situação; a partir do momento em que o conjunto está logicizado, pode-se jogar com ele, isto é, pode-se efetuar um certo número de trocas e permutações dos significantes assim agrupados. Aí está o ponto de transformação inicial. Senão, não se veria por que estaríamos aí por tanto tempo a perscrutar o que a criança nos conta.

É a mesma coisa que vamos encontrar quando da transformação — que se verificará decisiva —, a da mordida como desaparafusamento da banheira. De uma para outra, a relação entre os personagens muda inteiramente. Não há semelhança entre morder gulosamente a mãe, apreender sua significação natural, até mesmo temer, em troca, a famosa mordida encarnada pelo cavalo, e desaparafusar a mãe, desmontá-la, mobilizá-la nesse assunto, fazer com que ela entre também no conjunto do sistema e, pela primeira vez, como um elemento móvel e ao mesmo tempo equivalente aos outros. O sistema se apresenta então como um vasto jogo de bola, a partir do que a criança irá tentar reconstituir uma situação sustentável, até mesmo introduzir os novos elementos que lhe permitirão recristalizar a situação.

É isso que acontece no momento da fantasia da banheira. Isso poderia, por exemplo, se inscrever mais ou menos assim, com uma permutação que nos daria:

$$\left( \frac{\text{‘I}}{\text{M} + \varphi + \alpha} \right) \Pi \sim \text{M(m)}$$

O símbolo Π representa a função sexual do pequeno Hans, e o pequeno m da mãe, na medida em que faz com que ela própria entre na dialética dos elementos amovíveis, o que faz dela um objeto como qualquer outro, e lhe permite manipulá-la, sob este título. Pode-se, portanto, dizer que toda essa espécie de progresso que é a análise da fobia representa de certo modo o declínio da mãe com relação à criança, o domínio que esta vai progressivamente adquirindo sobre ela.

A etapa seguinte, com a qual vou concluir da próxima vez, se desenrola por completo no plano imaginário. De uma certa maneira, ela é, pois, com referência àquilo que foi, até agora, regressiva, mas de uma outra maneira ela marca realmente um progresso.

O pequeno Hans faz entrar em jogo sua própria irmã — este elemento tão penoso de manejar no real — na dimensão imaginária. Ele desenvolve em torno desta uma construção espantosa, uma fascinante fantasia, que consiste inicialmente em supor que ela sempre tenha estado ali na caixa grande, quase que desde toda a eternidade.

Isso supõe nele uma organização significante bem adiantada. Se, antes mesmo de vir ao mundo, esta irmã já estava no mundo, sob que título o estava? A título imaginário, é evidente. Temos aí a explicação de Freud. Alguma coisa, aqui, se apresenta sob uma forma imaginária indefinidamente repetida, constante, permanente, sob a forma de uma reminiscência essencial. A pequena Anna sempre esteve ali, na grande caixa na traseira do carro, ou, conforme as ocasiões, viajando separadamente. O pequeno Hans frisa bem que ela está ali tanto mais quanto, na realidade, ele sabe muito bem que ela não está. É precisamente no primeiro ano em que ela ainda não veio ao mundo que ele frisa que ela estava presente, e que se tinha entregue a tudo aquilo a que ele mesmo se entregara, logicamente, dialeticamente, em seu discurso e em suas brincadeiras, durante a primeira parte do tratamento.

Num outro momento, ele nos conta que ela está ao lado do cocheiro, cavalga sem estribos e segura as rédeas — não, diz ele, não era ela quem segurava as rédeas. Aí existe como que uma dificuldade em distinguir a realidade da imaginação, uma ambiguidade notada por Freud entre *Wirklichkeit* e *Phantasie*. Mas é realmente por intermédio dessa criança imaginária que está ali desde sempre, que aliás sempre estará ali, que o pequeno Hans continua sua fantasia, e que se esboça para ele uma relação, igualmente imaginária, pela qual se irá estabilizar sua relação com referência ao objeto materno. Este objeto de um eterno retorno lhe irá abrir caminho em direção àquela mulher a quem este pequeno homem deverá ter acesso.

O pequeno Hans se serve, literalmente, de sua irmãzinha como de uma espécie de ideal do eu. Ela se torna a senhora do significante, a senhora do cavalo, ela o domina, e é por seu intermédio que o pequeno Hans pode chegar, ele próprio, a esporear este cavalo, chicoteá-lo, dominá-lo, tornar-se seu senhor. É assim que ele se verá doravante numa relação de domínio com referência ao que se vai inscrever, em seguida, no registro das criações de seu espírito: domínio deste outro imaginário que será para ele toda espécie de fantasia feminina, aquilo que eu poderia chamar de filhas de seu sonho. É com isso que ele vai lidar sempre, com essa fantasia narcísica onde se vem encarnar a imagem dominadora. Ao mesmo tempo em que resolve para ele a questão da posse do falo, essa imagem vai deixar num estatuto essencialmente narcísico e imaginário a dominação que o sujeito adquiriu sobre a situação crítica.

Eis o que irá marcar com sua ambiguidade profunda o que se produzirá em seguida, da ordem de uma saída ou de uma normalização da situação. Suas etapas estão suficientemente indicadas na observação. É depois do desenvolvimento lúdico de suas fantasias e da redução ao imaginário dos elementos, uma vez fixados como significantes, que se vai constituir a relação fundamental que lhe permitirá assumir seu sexo. Ele vai assumi-lo de uma maneira que, por normal que seja, pode assim mesmo ser considerada como permanecendo marcada por uma deficiência.

Não poderia mostrar a vocês toda a ênfase disso, senão na próxima vez, mas desde hoje lhes direi algo sobre isso, que lhes indicará onde se situa a falha do ponto atingido pela criança para ocupar seu lugar.

Nada é mais significativo, nesse sentido, que o que se expressa na fantasia terminal do desaparafusamento, onde se trocam as bases da criança para lhe dar um traseiro maior — e por quê? Para preencher este lugar que ele tornou muito mais manejável, esta banheira onde pode entrar o tema da queda para se dialetizar e ser evacuado, ocasionalmente. É aí que se vê o caráter atípico anômalo, quase invertido, da situação.

A fórmula normal do complexo de castração comporta que o menino, para falarmos só dele, só possui seu pênis sob a condição de reencontrá-lo na medida em que este lhe é devolvido após ter sido perdido. No caso do pequeno Hans, o complexo de castração é incessantemente convocado pela criança, ela mesma sugere sua fórmula, afixa-lhe imagens, quase obriga seu pai a fazê-lo submeter-se à sua prova; de uma maneira refletida, ele fomenta e organiza sua prova sobre a imagem do pai, fere-o e deseja que esta ferida seja realizada.

Não é impressionante ver que, depois de todos esses vãos esforços para que seja executada e franqueada esta metamorfose fundamental do sujeito, o que ocorre em definitivo não interessa seu sexo, e sim seu traseiro? — isto é, sua relação com sua mãe.

Doravante, o pequeno Hans poderá mobilizar seu espaço, mas este resultado é adquirido às expensas de algo que não aparece nessa perspectiva. Trata-se da dialética da relação do sujeito com seu próprio órgão. Aqui, à falta de uma mudança neste órgão, é o próprio sujeito que, ao fim da observação, se assume como uma espécie de pai mítico, tal como chegou a concebê-lo. Deus sabe se este pai não é, em absoluto, um pai como os outros, de vez que é um pai que, nas fantasias de Hans, é capaz de engendrar. Como diz o marido ao guarda em *As mamas de Tirésias*,

> *Volte esta noite, para ver como a natureza*
> *Me dará, sem mulher, uma progenitura.**

É nisso que não se pode dizer que tudo esteja assumido quanto à posição relativa dos sexos e à hiância que resta da integração dessas relações.

Como avaliar o resultado de um certo progresso analítico, senão pela inversão paradoxal de certos termos, exprimível numa anotação simbólica por mais e menos? No presente caso, pode-se dizer que o pequeno Hans não passou pelo complexo de castração, mas por uma outra via. E esta outra via, como indica o mito do instalador que lhe troca o traseiro, levou-o a transformar-se num outro pequeno Hans.

Este é todo o sentido deste traço final, de que Freud fez o epílogo do caso. Quando, bem mais tarde, ele revê o pequeno Hans já crescido, é para escutá-lo dizer: *Não me lembro de mais nada de tudo isso*. Vemos aí o signo e o testemunho de um momento de alienação essencial.

Vocês conhecem a história, tal como é narrada, daquele sujeito que tinha ido para uma ilha, a fim de esquecer alguma coisa. As pessoas que o descobriram se aproximam dele, perguntam-lhe o que queria, afinal, esquecer, e ele não pode responder. Como diz, finalmente, a história: ele esqueceu.

* No original: *Revenez dès ce soir voir comment la nature / Me donnera sans femme une progéniture*. (N.T.)

No caso do pequeno Hans, algo, no entanto, nos incita a retificar o tom, quase diria a fórmula, dessa história. Se existe algum estigma da não resolução, tanto da análise do pequeno Hans quanto da solução edipiana que era postulada por sua fobia, é o seguinte. Esses volteios e rodeios do significante, que se revelaram salutares, que fizeram, progressivamente, desvanecer-se a sua fobia, que tornaram supérfluo o significante do cavalo, se foram operantes, foi a partir do fato, não de que o pequeno Hans *tenha* esquecido, mas de que ele *se tenha* esquecido.

26 DE JUNHO DE 1957

# Envio

# XXIV

# DE HANS-O-FETICHE A LEONARDO-NO-ESPELHO

*A saída pelo ideal materno.*
*Hans, filha de duas mães.*
*O abutre era um milhafre.*
*O Outro tornado pequeno outro.*
*A inversão imaginária de Leonardo.*

Hoje é o nosso último seminário do ano. Não quis ter que me repetir, hoje, para resumir aquilo que, sejam quais forem seus efeitos, não é um mau método.

Deixei de lado, da última vez, um certo número de coisas, e por isso talvez não tenha levado minha análise até o fim.

Formalizei umas letrinhas, e tentei indicar a vocês em que sentido se poderia fazer um esforço para nos habituarmos a escrever as relações de maneira a nos darem pontos de referência fixos, sobre os quais possamos não ter que voltar na discussão, que não possam ser elididos depois de formulados, aproveitando tudo o que pode aí haver, habitualmente, de mais frouxo neste jogo entre o imaginário e o simbólico, tão importante para a nossa compreensão da experiência.

O que terei iniciado com vocês, portanto, é um começo dessa formalização. Bem sei que não motivei todos os seus termos. Logo, uma certa indeterminação pode parecer-lhes subsistir na maneira de ligar os termos entre si. Não se pode explicar tudo ao mesmo tempo. No artigo que vai ser publicado no terceiro número da revista *La*

*Psychanalyse* sob o título "A instância da letra", verão uma justificativa, talvez mais completa, da ordem de algumas dessas fórmulas, a saber, as da metáfora e da metonímia.

No ponto em que chegamos, o importante é, creio, que lhes tenha sido sugerida a possibilidade de utilizar fórmulas semelhantes para situar as relações entre o sujeito e os diferentes modos do outro, que não podem ser articulados de outra maneira, pois a linguagem usual não nos dá os fundamentos necessários para fazê-lo.

Portanto, deixei coisas para trás. E, afinal, por que não deixaria? Por que querer, mesmo no próprio caso do pequeno Hans, fornecer uma fórmula completa da questão exposta pelo caso?

Vocês sabem que é no registro das questões expostas por Freud que pretendo fazer meu comentário. Isso não significa, no entanto, que eu queira fazer de cada uma de suas obras, nem mesmo da totalidade de suas obras, um sistema que se feche. O importante é que vocês tenham aprendido suficientemente, que aprendam melhor a cada dia, que Freud muda as próprias bases da consideração psicológica ao lhe introduzir uma dimensão que lhe é estranha. O caráter estranho dessa dimensão, com referência a toda fixação psicológica do objeto, constitui a originalidade de nossa ciência, e o princípio de base sobre o qual devemos conceber nosso progresso nela.

Tornar a fechar a interrogação freudiana, reduzi-la ao campo da psicologia, conduz ao que eu chamaria, sem mais formalismos, de uma psicogênese delirante. Esta psicogênese, vocês a veem desenvolver-se a cada dia, implicitamente, à maneira como os psicanalistas encaram os fatos e os objetos com que têm de lidar. O simples fato de que ela sobreviva é tão paradoxal, tão estranho a todas as conceitualizações vizinhas, tão chocante e, ao mesmo tempo, finalmente, tão tolerado, que deve ser acrescido ao principal do problema, e deve ser resolvido ao mesmo tempo na solução que vamos trazer ao problema da dimensão freudiana, isto é, do inconsciente.

## 1

Portanto, deixei de lado na observação do pequeno Hans todo este jogo que vocês agora podem acompanhar.

Vocês conhecem bastante os seus elementos para perceber, à releitura do texto, o jogo mítico onde se realiza o que eu vou chamar da redução ao imaginário da sequência do desejo materno, tal como a escrevi na fórmula M $\varphi$ $\alpha$, que nota a relação da mãe com este outro imaginário que é seu próprio falo, e depois com o que pode advir de elementos novos, isto é, as outras crianças, no caso, a irmãzinha Anna.

A mitificação infantil no jogo imaginário desencadeado pela intervenção, digamos, psicoterápica, nos manifesta um fenômeno cuja originalidade deve ser compreendida como um elemento essencial da *Verarbeitung* da progressão analítica. Este é um elemento dinâmico e cristalizador no progresso simbólico em que consiste a cura analítica como tal.

Se, com efeito, não levei mais adiante a análise, quero mesmo assim lhes indicar os elementos que não toquei. Na verdade, eu os indiquei de passagem, mas sem lhes explicar sua função exata no que diz respeito às maquinações míticas a que a criança se entrega sob o estímulo da intervenção analítica.

Um elemento é correlato da grande invenção mítica a propósito do nascimento da pequena Anna, e de sua permanência desde toda a eternidade, tão lindamente fomentada por Hans em sua especulação mitificante. É o personagem misterioso e realmente digno do humor negro da melhor tradição, que é a cegonha, esta cegonha que chega com um chapeuzinho quando ninguém está por perto, cumprimenta, põe a chave na fechadura. Ela apresenta aspectos absolutamente insólitos, se soubermos escutar o que diz o pequeno Hans: — *Ela veio até a sua cama*, diz ele. O que equivale dizer: *ao seu lugar.* Depois ele se corrige: *à cama dela*. Depois a cegonha torna a sair à revelia de todos, não sem fazer um certo estardalhaço, sacudindo a casa depois de sua partida. Em suma, este personagem que vai, que vem, munido de um ar imperturbável, até mesmo inquietador, não é, certamente, uma das criações menos enigmáticas do pequeno Hans, e mereceria que nos detivéssemos aí por muito tempo. Convém indicar seu lugar na economia geral do caso neste momento do progresso do pequeno Hans.

O pequeno Hans não consegue fomentar sua manipulação imaginária dos diferentes termos presentes, sob a sugestão do pai psicoterapeuta, arrumado, ele próprio, por Freud, senão isolando algo que é claramente anunciado logo antes da grande criação mítica: o nascimento de Anna e, ao mesmo tempo, a cegonha. Vemos denunciada pelo simples texto de Hans, e pelo pai, a tese da morte, pelo fato de que o pequeno Hans tem um bastão — não se sabe por que ninguém jamais falou dessa bengala até então — com o qual ele bate no solo, perguntando se há mortos ali embaixo.

A presença do tema da morte é estritamente correlata do tema do nascimento. Esta é uma dimensão essencial que se deve destacar para a compreensão e o progresso do caso. Na verdade, este tema, esta potência de uma geração elevada ao seu último grau de mistério, entre a vida e a morte, entre a existência e o nada, levanta problemas particulares, que são diferentes daquele da introdução do significante do cavalo. Ele não é o seu homólogo, é algo diferente, que talvez vejamos no ano que vem, e que deixo em reserva. A rubrica que vou escolher para aquilo que pretendo desenvolver para vocês no próximo ano, muito provavelmente, será esta: *as formações do inconsciente*.

Também volto a sublinhar que é significativo que o pequeno Hans, ao fim da crise que resolve a fobia e a dissolve, se instale em algo tão essencial quanto a recusa de novos nascimentos. Uma espécie de tratado será, desde então, firmado com a cegonha, e com a mãe. Vocês vão ver o sentido da passagem onde se trata das relações entre a mãe e Deus quanto à possível vinda de uma criança, questão tão elegantemente resolvida no interior da observação pela pequena nota de Freud: *O que a mulher quer, Deus quer*. Com efeito, é isso mesmo o que lhe diz a mãe: *Afinal de contas, é de mim que isso depende*.

Por outro lado, o pequeno Hans diz desejar ter filhos, e ao mesmo tempo não querer que haja outros. Ele tem o desejo de ter crianças imaginárias, na medida em que toda a situação se resolveu para ele por uma identificação com o desejo materno. Haverá filhos de seu sonho, de seu espírito. Em suma, haverá crianças estruturadas à moda do falo materno, de que ele fará, afinal, o objeto de seu próprio desejo.

Mas fica claro que, novas crianças, não as haverá, e esta identificação com o desejo da mãe como desejo imaginário constitui, apenas aparentemente, um retorno ao pequeno Hans que ele foi outrora, que brincava com meninas esse jogo de esconde-esconde primitivo cujo objeto era o seu sexo. Agora, Hans não quer mais de jeito nenhum brincar de esconder, ou, mais exatamente, não quer mais lhes mostrar nada além de sua bonita estatura de pequeno Hans, isto é, de personagem que, por um lado, tornou-se ele mesmo afinal de contas — é aí que eu quero chegar —, algo como um objeto fetiche.

O pequeno Hans se situa numa certa posição apassivada, e, qualquer que seja a legalidade heterossexual de seu objeto, não podemos considerar que ela esgote a legitimidade de sua posição. Ele alcança aí um tipo que não lhes vai parecer estranho em nossa época, o da geração de um certo estilo que conhecemos, o estilo do ano 1945, daqueles encantadores rapazes que esperam que as iniciativas venham do outro lado — que esperam, para dizer tudo, que se lhes tirem as calças. Tal é o estilo como vejo esboçar-se o futuro desse encantador pequeno Hans, por mais heterossexual que ele pareça.

Entendam-me bem. Nada, na observação, nos permite, em momento algum, pensar que ele se resolva de outro modo que não pelo domínio do falo materno, na medida em que o pequeno Hans assume o seu lugar, se identifica com ele, e o domina, certamente. Tudo que existe, capaz de responder à fase, ou ao complexo de castração, nada mais é que aquilo que vemos se desenhar na observação sob a forma da pedra contra a qual alguém esbarra e se machuca. A imagem que daí emerge, se podemos dizer, é bem menos a de uma vagina dentada, diria, que a de um *phallus dentatus*. Esta espécie de objeto fixo é um objeto imaginário, de que será vítima, ferindo-se nele, toda investida masculina.

É nesse sentido que podemos dizer que a crise edipiana do pequeno Hans não atinge, falando propriamente, a formação de um supereu típico, quero dizer, um supereu tal como se produz segundo o mecanismo indicado no que ensinamos aqui sobre a *Verwerfung*, a saber, *aquilo que é rejeitado no simbólico reaparece no real*. Aí está a verdadeira chave, num nível mais próximo, do que ocorre depois da *Verwerfung* edipiana.

Com efeito, é na medida em que o complexo de castração é ao mesmo tempo transposto, mas sem poder ser plenamente assumido pelo sujeito, que se produz uma identificação com uma espécie de imagem bruta do pai, imagem que porta os reflexos de suas particularidades reais no que elas têm de pesado, até mesmo de esmagador. Vemos desse modo renovar-se mais uma vez o mecanismo da reaparição no real, mas desta vez, um real no limite do psíquico, no interior das fronteiras do eu: um real que se impõe ao sujeito de uma maneira quase alucinatória, na medida em que este sujeito, em dado momento, se descola da integração simbólica do processo de castração.

Nada semelhante se manifestou no presente caso. O pequeno Hans não tem que perder seu pênis, já que, tampouco, não o adquiriu em nenhum momento. Se o pequeno Hans está identificado ao falo materno, isso não quer dizer que, de seu pênis, ele possa assumir, falando propriamente, a função. Não há nenhuma fase de simbolização do pênis. De certa maneira, o pênis fica à margem, desengrenado, como algo que nunca foi senão maldito, reprovado pela mãe, e o que se produz não lhe permite integrar sua masculinidade por nenhum outro mecanismo a não ser a formação da identificação com o falo materno, que é igualmente de uma ordem distinta da do supereu, desta função, sem dúvida alguma perturbadora, mas também equilibradora, que é o supereu. Esta é uma função da ordem do ideal do eu.

É na medida em que o pequeno Hans tem uma certa ideia de seu ideal, na medida em que ele é o ideal da mãe, a saber, um substituto do falo, que o pequeno Hans se instala na existência. Digamos que se, em vez de ter uma mãe judia e acompanhando o movimento do progresso, ele tivesse tido uma mãe católica e piedosa, vocês estão vendo por que mecanismo, ocasionalmente, o pequeno Hans teria sido docemente conduzido ao clero, senão à santidade.

Num caso como este, onde o sujeito é introduzido numa relação edipiana atípica, o ideal materno é, muito precisamente, aquilo que induz um certo tipo de situação e de solução na relação do sujeito ao sexo. A saída se dá pela identificação ao ideal materno.

Aí estão mais ou menos indicados os termos em que lhes situo o esboço do caso do pequeno Hans. Ao longo de toda a observação, temos seus indícios confirmadores, e às vezes muito comoventes.

Assim, ao final, o pequeno Hans, decididamente desencorajado pela carência paterna, faz ele mesmo, fantasisticamente, sua cerimônia de iniciação, indo se colocar inteiramente nu, como ele queria que o pai se apresentasse, sobre este vagonete no qual é suposto passar toda uma noite, como um jovem cavaleiro, depois do que, graças a algumas moedas dadas ao condutor do trem — é o mesmo agente que servirá para apaziguar a potência terrífica do *Storch* —, eis o pequeno Hans percorrendo o grande circuito. O assunto está encerrado. O pequeno Hans não será nada além de um cavaleiro, um cavaleiro mais ou menos submetido ao regime das previdências sociais, mas enfim um cavaleiro — e não terá pai. E não creio que nada de novo na experiência da existência lhe dê um jamais.

Existe, logo depois, uma intervenção um pouco atrasada do pai. A abertura da caixa-preta do pai à medida da observação não é uma das coisas menos interessantes. Depois de ter participado francamente do jogo, acreditando ferrenhamente em todas as verdades que aprendeu do bom mestre Freud, o pai, à medida que progride no manejo, vê o quanto esta verdade é muito mais relativa. E, no momento em que o pequeno Hans vai começar a fazer o seu grande delírio mítico, deixa escapar uma frase que mal se repara no texto, mas que tem, realmente, sua importância.

Trata-se do momento em que se brinca de dizer, onde o pequeno Hans se contradiz a cada instante, em que ele diz: — *É verdade, não é verdade, isso é brincadeira, mas ao mesmo tempo é muito sério.* O pai, que não é tolo, e que aprende com essa experiência, diz: — *Tudo o que se diz é sempre um pouco verdadeiro.* E então, o pai — ele que não foi bem-sucedido em sua própria posição, é ele, de preferência, quem deveria ter passado por uma análise — tenta corrigir isso, quando já é tarde demais, e diz ao pequeno Hans: — *Afinal de contas, você ficou com raiva de mim.*

Esta intervenção retardada traz ao pequeno Hans este gestinho muito bonito, especialmente esclarecido na observação: no próprio momento em que o pai lhe fala, ele deixa cair o cavalinho. A conversa está superada, o diálogo expirou, o pequeno Hans instalou-se em sua nova posição no mundo.

O pequeno Hans é, daqui por diante, um homenzinho capaz de ter crianças, capaz de engendrar indefinidamente na sua imaginação e de se satisfazer inteiramente com suas criações. É assim que igualmente, na sua imaginação, vive a mãe.

Como lhes disse, o pequeno Hans não é a filha de uma mãe, mas filha de duas mães. Este é um ponto notável, enigmático, no qual eu já havia interrompido a observação da última vez. Certamente, a outra mãe é aquela de quem ele teve ocasiões e razões em demasia para conhecer a presença e o poder: a mãe do pai. Todavia o fato de que o sujeito assuma essa duplicidade ou esse desdobramento da figura materna que entra nas condições do equilíbrio terminal é realmente um dos problemas estruturais levantados pela observação.

Foi neste ponto que terminei meu penúltimo seminário, fazendo a aproximação com o quadro de Leonardo da Vinci, e ao mesmo tempo com o caso de Leonardo da Vinci, a que, não por acaso, Freud dedicou tamanha atenção.

Será a esse texto que iremos consagrar hoje o tempo que nos resta. Não pretendemos, decerto, esgotar a *Recordação da infância de Leonardo da Vinci* numa só lição. Esta será uma liçãozinha antes das férias, que é usual, no meu ensino, à maneira de uma trégua para um grupo atento como vocês são, e como lhes agradeço por serem.

Este pequeno Hans, vamos deixá-lo entregue à sua sorte. Mas, antes de deixá-lo, assinalo ainda a vocês que se, fazendo a seu propósito uma alusão a uma certa evolução nas relações entre os sexos, reportei-me à geração de 1945, isso foi, com certeza, para não cair numa excessiva atualidade. O cuidado de descrever e definir o que pode ser a geração atual, deixo-o a outros, digamos, a Françoise Sagan. Não cito este nome ao acaso, pelo simples prazer de ser atual, mas para aconselhá-los, como leitura de férias, num número de *Critique* de agosto/setembro de 1956, o estudo que Alexandre Kojève, sob o título *Le dernier monde nouveau*, fez sobre os dois livros, *Bom dia, tristeza* e *Um certo sorriso*, da autora de sucesso que acabo de nomear. Poderão ver o que um filósofo austero, habituado a se situar apenas no nível de Hegel e da mais alta política, pode tirar de obras de aparência tão frívola.

Isso não deixará de instruí-los. E, como se diz, não lhes fará mal, não vão arriscar nada. O psicanalista não é recrutado dentre aqueles que se entregam por inteiro às flutuações da moda em matéria psicossexual. Vocês estão, se posso dizer, bem orientados demais para isso, até mesmo competentes neste assunto. Essa leitura pode ter para vocês a vantagem de imergi-los num banho de atualidade, tendo por efeito a ativação da perspectiva sobre aquilo que fazem, e sobre o que devem estar prontos a escutar, às vezes, de seus pacientes. Isso também lhes vai mostrar que devemos levar em conta as profundas mudanças nas relações entre o homem e a mulher que se puderam produzir no decorrer de um período que não é mais longo que aquele que nos separa do tempo de Freud, onde, como se diz, tudo o que deveria ser a nossa história estava sendo fomentado.

Tudo isso é para lhes dizer também que o donjuanismo talvez ainda não tenha dito a sua última palavra, digam o que disserem os analistas. Se eles contribuíram, nesse sentido, com coisas interessantes, se algo de justo foi entrevisto na noção da homossexualidade de Don Juan, isso não deve, com certeza, se considerar como habitualmente.

Creio profundamente que Don Juan é um personagem demasiado distante de nós na ordem cultural para que os analistas tenham podido percebê-lo com justeza. O Don Juan de Mozart, se o tomarmos como o auge do personagem, e como algo que significa, falando propriamente, a realização de uma questão no sentido em que a entendo aqui, é certamente uma coisa inteiramente diferente do personagem-reflexo que Rank quis nos construir. Não é, decerto, unicamente sob este ângulo e pelo viés do duplo que ele deve ser compreendido. Penso que, contrariamente também ao que se diz, Don Juan não se confunde, pura e simplesmente — muito longe disso — com o sedutor possuidor de pequenos truques que podem dar certo o tempo todo. Acredito que Don Juan ama as mulheres, diria mesmo que ele as ama o bastante para saber, ocasionalmente, não dizê-lo a elas, e que ele as ama bastante para que, quando o diz, elas o creiam.

Isso não é pouco, e revela muitas coisas, o fato de que a situação seja sempre, para ele, sem saída. Creio que é nesse sentido da noção da mulher fálica que se deve buscar.

Nas relações de Don Juan com seu objeto, existe com certeza alguma coisa que está relacionada a um problema de bissexualidade, mas é precisamente no sentido em que Don Juan busca a mulher, e esta é a mulher fálica. Como ele a busca realmente, como ele vai lá, não se contenta em esperá-la nem em contemplá-la, ele não a encontra, ou acaba encontrando-a apenas sob a forma desse convidado sinistro que é, com efeito, um mais-além da mulher que ele não espera, e que, efetivamente, não é à toa que é o pai. Mas não vamos nos esquecer de que, quando ele se apresenta — coisa curiosa —, é sob a forma do convidado de pedra, da pedra com seu aspecto absolutamente morto e fechado, para além de toda a vida da natureza. É aí que Don Juan vem, em suma, se quebrar, e encontra a consumação de seu destino.

Inteiramente diverso é o problema que nos é apresentado por um Leonardo da Vinci.

## 2

O fato de Freud ter se interessado por Leonardo da Vinci não nos deve obrigar a levantar questões. Porque uma coisa aconteceu e não deixou de acontecer, isto deve ser, em geral, a última de nossas preocupações. Freud é Freud justamente por ter se interessado por Leonardo da Vinci.

Trata-se de saber agora como ele se interessou por isso, e o que poderia ser, para Freud, Leonardo da Vinci. Para responder a essa questão, nada melhor que ler *Uma recordação de infância*. Adverti-os disso há um tempo suficiente para que alguns de vocês o tenham feito, e tenham percebido o caráter profundamente enigmático dessa obra.

Aqui temos Freud em 1910, chegado ao que podemos chamar o auge da felicidade de sua existência. Pelo menos é assim que, externamente, as coisas aparecem, e como, na verdade, ele não deixa de nos sublinhar. Ele é reconhecido internacionalmente, ainda não tendo conhecido a tristeza nem o drama das separações de seus discípulos mais estimados, está às vésperas das grandes crises, mas até ali pode se dizer que recuperou o atraso dos dez últimos anos de sua vida.

E aqui temos Freud, que toma por tema Leonardo da Vinci. Tudo nos seus antecedentes, na sua cultura, no seu amor pela Itália e pela Renascença, nos permite compreender que ele tenha ficado fascinado por este personagem. Mas, o que irá ele nos dizer a propósito disso? Naquilo que nos diz, ele não dá prova de um conhecimento mínimo, nem mesmo de uma sensibilidade reduzida, no que toca ao relevo do personagem, longe disso.

Entretanto, no conjunto, o texto de Freud sobre Leonardo da Vinci se relê com interesse, e mesmo com um interesse que aumenta com o tempo. Mesmo que esta seja uma das obras mais criticadas de Freud — e é paradoxal ver que ela é uma das que ele mais se orgulha —, as pessoas que são sempre as mais reticentes em casos semelhantes, e Deus sabe como elas o puderam ser, quero dizer, os especialistas em pintura e história da arte, acabam, com o tempo, e à medida que as maiores falhas, no entanto, surgem nesta obra, percebendo mesmo assim a sua importância. Foi assim que a obra de Freud foi quase que universalmente rejeitada, desprezada, até mesmo desdenhada pelos historiadores da arte, e no entanto, apesar de todas as reservas que persistem, e que só puderam se reforçar pela contribuição de novos documentos provando que Freud cometeu erros, permanece o fato de que alguém como por exemplo Kenneth Clark, antigo diretor da National Gallery, numa obra não muito antiga, reconhece o elevado interesse da análise feita por Freud do quadro que eu lhes mostrava outro dia, a *Sant'Ana* do Louvre, duplicada pela célebre estampa que se encontra em Londres, que são as duas obras em torno das quais Freud fez girar o aprofundamento que fez, ou acreditou fazer, do caso de Leonardo da Vinci.

Suponho que não precise resumir para vocês o curso deste pequeno opúsculo.

Existe em primeiro lugar uma apresentação rápida do caso de Leonardo da Vinci, de sua estranheza. Esta estranheza, à qual nós mesmos iremos voltar com nossos próprios meios, é certamente bem vista e, no conjunto, o que Freud diz é bem centrado com relação ao enigma do personagem. Ele se interroga em seguida sobre a singular constituição desse pintor, até mesmo sua predisposição, e sobre sua atividade paradoxal. Digo *esse pintor* por ora, pois ele era uma outra coisa, inteiramente diversa, ao mesmo tempo. Freud recorre enfim a este fragmento que tanto destacou em todos os seus desenvolvimentos, a saber, a única lembrança de infância que temos de Leonardo da Vinci: — *Parece-me ter sido destinado a me ocupar do abutre. Uma das minhas primeiras recordações de infância é, na realidade, que estando ainda no berço um abutre veio até a mim, abriu-me a boca com sua cauda e me golpeou várias vezes com esta cauda, entre os lábios.*

Eis uma desconcertante recordação de infância, nos diz Freud, e ele encadeia, e através deste encadeamento nos conduz para onde quer. Nós o acompanhamos porque estamos habituados a esse jogo de prestidigitador que consiste em fazer superpor, na dialética e no raciocínio, aquilo que frequentemente se confunde na experiência e na clínica, quando estes são, no entanto, dois registros absolutamente distintos. Não digo que Freud os maneje de maneira imprópria, acredito, ao contrário, que ele os maneja de maneira genial, isto é, que ele vai ao cerne do fenômeno. Só que temos o defeito de segui-lo com uma certa preguiça de espírito, aceitando antecipadamente tudo o que ele nos diz, a saber, que se trata aqui de uma espécie de superposição, ou de superimposição, entre as relações com o seio materno e uma felação, ao menos imaginária, que ele formula de saída, e que seria também a significação de uma verdadeira intrusão sexual.

Isso é dado por Freud desde o início, e é com base nisso que ele articula sua construção, para nos levar progressivamente à elaboração do que tem de profundamente enigmático, no caso de Leonardo da Vinci, a retração com a mãe. Ele baseia nesse ponto todas as particularidades de seu estranho personagem, a saber, sua provável abstinência inicial e, por outro lado, sua relação singular, única, com sua própria obra, feita de uma atividade sempre no limite do realizável e do impossível, como ele próprio escreve na ocasião — esta série de rupturas nos diferentes inícios dos empreendimentos de sua vida — esta singularidade que o isola em meio a seus contemporâneos e faz dele, ainda em vida, um personagem lendário, supostamente possuidor de todas as qualidades e de todas as competências, um gênio universal. Toda a idealização que, já em seu tempo, cerca Leonardo da Vinci, Freud vai deduzi-la para nós de sua relação com a mãe.

O começo, como lhes disse, ele o considera nessa lembrança de infância. Esse abutre de cauda fremente que vem golpear a criança é construído, nos diz ele, como a lembrança encobridora de algo que é o reflexo de uma fantasia de felação. Freud não hesita por um instante em formulá-lo assim, e devemos assim mesmo reconhecer que, para um espírito não prevenido, isso não deixa de levantar pelo menos um problema, pois é precisamente de todo interesse da investigação freudiana revelar-nos que, até uma idade situável provavelmente entre três e quatro anos, Leonardo, com toda a probabilidade, não teve outra presença além da materna e, sem dúvida, não teve outros elementos de sedução sexual senão o que ele chama de beijos apaixonados da mãe, nem outro objeto que pudesse representar o objeto de seu desejo além do seio materno. Afinal de contas, é realmente no plano da fantasia que a revelação, no que esta pode ter como papel de advertência, é exposta pelo próprio Freud.

Tudo isso, em suma, se baseia num ponto, que não é outro senão a identificação do abutre com a mãe, na medida em que esta seria justamente o personagem fonte da intrusão imaginária.

Ora, vamos dizê-lo desde já, aconteceu nessa história o que podemos chamar de um acidente, até mesmo uma falta: mas uma falta feliz. Freud não leu essa recordação de infância, senão na citação da passagem em Herzfeld, isto é, ele o leu em alemão. Ora, Herzfeld traduziu por *abutre* o que não é em absoluto um abutre. O fato foi destacado por vários eruditos, e em último pelo sr. Meyer Shapiro, num artigo publicado no *Journal of History of Ideas*, nº 2, 1956.

Freud poderia ter desconfiado, pois, como de hábito, ele fez seu trabalho com o maior cuidado, e a tradução comporta a referência às páginas dos manuscritos, no caso o *Codex atlanticus*, que é um dossier de Leonardo da Vinci que se encontra em Milão. Este foi mais ou menos traduzido em todas as línguas, e existe dele, além disso, uma tradução francesa, muito insuficiente porém completa, sob o título *Carnets de Léonard de Vinci*, onde se encontra o que Leonardo deixou em notas manuscritas, frequentemente à margem dos desenhos. Freud, portanto, poderia ter se reportado a essa referência nas notas de Leonardo da Vinci, que são em geral de cinco, seis, sete linhas, de meia página, no máximo, misturadas aos desenhos. Esta se encontra bem ao lado de um desenho, numa folha onde se faz o estudo do voo dos pássaros, distribuída por diferentes lugares da obra de Leonardo. Leonardo da Vinci diz: *Pareço ter sido destinado a me ocupar particu-*

*larmente*... não do abutre, mas justamente daquilo que está ao lado, desenhado, e que é um milhafre.

O fato de que o milhafre seja particularmente interessante para o estudo do voo dos pássaros é uma observação que já se encontra em Plínio, o Velho. Ele deve, segundo este, chamar a atenção dos pilotos, porque o movimento de sua cauda é particularmente exemplar para a ação do leme. Leonardo da Vinci ocupou-se disso igualmente. É muito bonito acompanhar, através das eras, as aventuras desse milhafre, conhecido desde a Antiguidade, reproduzido por muitos autores, alguns dos quais vou citar para vocês incidentalmente, daqui a pouco, e que veio acabar em nossos dias, conforme me asseguraram, entre as mãos do sr. Fokker, que se dedicou ao estudo local do movimento da cauda do milhafre numa certa época entre as duas guerras, quando ele estava fomentando lindas preparaçõezinhas da manobra do avião em ataque, paródia repugnante — espero que sejam da mesma opinião que eu neste ponto — do voo natural. Não se podia esperar nada melhor da perversidade humana.

Este milhafre é, aliás, bem feito para provocar isso. É um animal que nada tem de especialmente atrativo. Belon, que fez uma obra muito bonita sobre os pássaros, e que esteve no Egito e em outros lugares diferentes do mundo por conta de Henrique II, viu alguns deles no Egito, que nos descreveu como sórdidos e pouco gentis.

Devo dizê-lo, tive por um instante a esperança de que tudo iria se arranjar, a saber, que o abutre de Freud, por mais milhafre que fosse, acabaria se descobrindo, mesmo assim, ter a ver com o Egito, e seria, afinal de contas, o abutre egípcio. Estão vendo como sempre desejo arrumar as coisas. Infelizmente, não é nada disso.

Existem milhafres no Egito, e posso mesmo dizer-lhes que, estando a tomar meu café da manhã em Luxor, tive a surpresa de ver, na parte marginal de meu campo de visão algo que fez *fru-fru*, e disparou obliquamente com uma laranja que estava em cima de minha mesa. Acreditei por um instante que fosse um falcão, mas logo percebi que não era nada disso. Não era um falcão, pois esse animal tinha ido pousar no canto de um telhado, tendo largado a pequena laranja para mostrar que aquilo era uma simples brincadeira, e via-se muito bem que era um animal ruivo, com um estilo particular. Logo me assegurei de que se tratava de um milhafre. Estão vendo o quanto ele é um animal familiar e observável.

Mas a situação é complicada. Existe um abutre egípcio que se parece muito com ele, e é este que teria podido arranjar as coisas. É aquele de que fala Belon, e que ele chama de falcão egípcio, do qual se fala desde Heródoto, sob o nome de Hierax. Há um grande número deles no Egito e, naturalmente, ele é sagrado, isto é, Heródoto nos ensina que não se podia matá-los no antigo Egito sem atrair os piores problemas. Ele se parece um pouco com o milhafre e com o falcão. É ele que, nos ideogramas egípcios, corresponde aproximadamente à letra aleph, de que falo nos meus discursos sobre os hieróglifos e sua função exemplar para nós. Aí está o abutre, isto é, mais ou menos o falcão egípcio em questão.

O ABUTRE EGÍPCIO

Tudo iria muito bem se fosse este a servir a deusa Mut, de quem vocês sabem que Freud fala, a propósito do abutre. Mas isso não dá certo, e Freud realmente se enganou mesmo, pois o abutre que serve à deusa Mut é o seguinte:

O *GYPS FULVUS*

Este não tem um valor fonético como o outro. Ele serve de elemento determinativo, nesse sentido que lhe acrescentam. Ou bem ele designa, por si mesmo, a deusa Mut, e neste caso se lhe põem uma pequena bandeira a mais, ou bem ele está integrado a todo um signo que irá escrever Mut, e depois o pequeno determinativo. Ou então ele irá se contentar em ser ele próprio equivalente a M, acrescentando, mesmo assim, um pequeno t para fonetizar o termo. É encontrado em mais de uma associação, onde se trata sempre de uma deusa mãe.

Este abutre bem diferente, um verdadeiro *Gyps*, que não se parece em absoluto com o anterior, o qual está no limite entre os milhafres e os falcões, e outros animais vizinhos, é realmente o abutre a que se refere tudo aquilo que Freud destaca da tradição do gênero bestiário, por exemplo, em Horapolo, à época da decadência egípcia. Os escritos deste último, aliás fragmentários, mil vezes transpostos, recopiados e deformados, foram objeto, no Renascimento, de um certo número de coletâneas, às quais os gravadores da época traziam pequenos emblemas e que eram supostos nos fornecer o valor significativo de um certo número de hieróglifos egípcios maiores.

Esta obra, da qual aqui está a edição de 1519, feita em vida de Leonardo por Alde Manuce, deveria ser familiar a vocês todos, já que é aquela de que tomei emprestado o desenho que ornamenta a capa da revista *La Psychanalyse*. Horapolo dá a descrição que vejo aqui escrita: — *A orelha pintada significa a obra feita ou que se deve fazer.*

Mas não vamos nos deixar arrastar pelos maus hábitos de uma época de que nem tudo se deve imitar.

É em Horapolo que Freud toma a referência de que o abutre tem a significação da mãe, mas ele encontrou também uma anotação muito mais interessante, e que o faz dar um passo na dialética, a saber, que se trata de um animal em que não existe o sexo feminino. Este é um velho bordão zoológico que, como muitos outros, remonta a muito tempo, e que se encontra atestado na Antiguidade, não, de modo algum, nos melhores autores, mas nem por isso é menos acolhido na cultura medieval. Freud admite que, pelo fato de Leonardo da Vinci ser letrado, deveria conhecer essa história. Isso é provável, e nada teria de extraordinário, pois ela é muito conhecida, mas não está provado. E existe tanto menos interesse em prová-lo na medida em que não se trata de um abutre.

Passo a vocês o fato de que santo Ambrósio toma a história do abutre fêmea como um exemplo que a natureza nos dá de propósito para favorecer a entrada em nossa cachola da concepção virginal de Jesus. Freud parece admitir, sem crítica, que isso está em quase todos os Padres da Igreja. Devo dizer-lhes que não pude controlar isso, pois só soube esta manhã que estava em santo Ambrósio. Na verdade, já o sabia, pois um certo Piero Valeriano, que fez uma coleção desses elementos legendários da época em 1566, primeira edição, pareceu-me uma fonte particularmente importante a consultar para ver o que poderia ser, na época, o milhafre e um certo número de elementos simbólicos, e ele assinala que santo Ambrósio relata isso. Ele assinala também Basílio o Grande, mas não indica todos os Padres da Igreja, como parece admitir o autor a que Freud se refere.

O abutre seria apenas fêmea, assim como o caramujo seria apenas macho. Esta era uma tradição, e é interessante relacionar um e outro, devido ao fato de que o caramujo é um animal terrestre, que se arrasta, ao passo que, correlativamente, o abutre concebe no céu, oferecendo amplamente sua cauda ao vento, como se vê numa imagem muito bonita.

A história do abutre tem seu interesse, como um monte de histórias dessa espécie que proliferam em Leonardo da Vinci, o qual se interessava muito por tipos de fábulas construídas sobre essas histórias. Pode-se ler por exemplo em suas notas que o milhafre é um animal muito inclinado à inveja, e que maltrata os filhotes. Vejam o que teria resultado se Freud tivesse topado com isso, e a interpretação diferente que a partir daí poderíamos dar da relação com a mãe.

Trata-se, para mim, de lhes mostrar que de tudo isso nada subsiste, que de toda essa parte da elaboração freudiana nada há a reter? Não, não é por esta razão que eu a conto a vocês. Eu não me permitiria a vantagem fácil de criticar, só-depois, uma invenção genial. Acontece com frequência que, com todos os tipos de defeitos, a visão do gênio tenha sido guiada por muitas outras coisas além dessas pequenas pesquisas, e tenha ido muito mais longe que os suportes que algum acidente pôs a seu alcance.

A questão é saber o que isso quer dizer, o que isso nos permite ver.

## 3

Seis anos depois dos *Três ensaios sobre a sexualidade* e dez ou doze anos depois das primeiras percepções que Freud teve da bissexualidade — naquilo que Freud até então destacou da função do complexo de castração, por um lado, da importância do falo, do falo imaginário na medida em que é objeto do *Penis-neid* da mulher, por outro lado, o que é que introduz de novidade o ensaio sobre Leonardo da Vinci?

Ele introduz, muito precisamente, em maio de 1910, a importância da função mãe fálica e mulher fálica. Não para aquela que é o seu sujeito, mas para a criança que depende desse sujeito. Aí está a aresta do que Freud nos traz nesta ocasião.

Que a criança esteja ligada a uma mãe que está, por outro lado, ligada no plano imaginário ao falo como falta, eis a relação que Freud introduz, e que se distingue absolutamente de tudo o que ele pôde dizer até ali sobre a relação entre a mulher e o falo. Esta estrutura original é aquela em torno da qual fiz girar toda a crítica fundamental da relação de objeto a que procedi este ano, na medida em que ela é destinada a instituir uma certa relação estável entre os sexos, fundada segundo uma relação simbólica. Creio tê-lo destacado perfeitamente para vocês, na análise do pequeno Hans. Encontramos aqui o seu testemunho no pensamento de Freud, e é isso que, por si só, nos permite ter acesso ao mistério da posição de Leonardo da Vinci.

Em outras palavras, o fato de que a criança, isolada na confrontação dual com a mulher, se vê ao mesmo tempo defrontada com o problema do falo como falta para sua parceira feminina, isto é, no caso, para a parceira materna, eis em torno do que gira tudo o que Freud elucubra a propósito de Leonardo da Vinci. Isso é o que constitui o destaque e a originalidade dessa observação, que é, aliás, e não por acaso, a primeira obra em que Freud menciona o termo "narcisismo". Portanto, é o começo da estruturação como tal do registro do imaginário na obra freudiana.

Precisamos agora nos deter um instante no que chamarei o contraste e o paradoxo do personagem de Leonardo da Vinci, e nos formular a questão do outro termo aqui introduzido por Freud, não pela primeira vez, mas que aparece ali com uma insistência particular: a sublimação.

Freud se refere de tempos em tempos a um certo número do que podemos chamar de os traços neuróticos de Leonardo da Vinci. Quero dizer que ele vai a todo instante buscar traços de uma passagem crítica, de uma relação deixada em não-sei-que repetição de termos, em espécies de lapsos obsessivos. Este não-sei-que de paradoxal que existe na sede de saber de Leonardo, em sua *cupido sciendi*, designação tradicional para a curiosidade que o animava, faz dele quase que um traço obsessivo, já que o chama de *uma compulsão a bisbilhotar, Grübelzwang*. Não se pode dizer que não haja aí uma certa indicação. Todavia, nem toda a personalidade de Leonardo da Vinci se explica pela neurose. E, como uma das saídas essenciais daquilo que resta da tendência infantil exaltada, até mesmo fixada, que está em causa no caso de Leonardo, Freud faz intervir, não sem já a haver introduzido nos *Três ensaios*, a noção de sublimação.

Vocês sabem, o fato de que a sublimação é uma tendência que incide sobre objetos que não são os objetos primitivos, mas os objetos mais elevados do que é oferecido à consideração humana e inter-humana, Freud só acrescentou mais tarde algumas complementações, mostrando o papel que podia desempenhar a sublimação na instauração dos interesses do eu.

Este termo, sublimação, foi desde então retomado por um certo número de autores da comunidade psicanalítica, que o ligam à noção de neutralização, de desinstintualização do instinto. Devo dizer que aí está algo de muito difícil de conceber: uma deslibidinação da libido, uma desagressivação da agressividade. Eis os termos mais amáveis que vemos, mais correntemente, florescer sob a pena de Hartmann e Loewenstein. Praticamente, não nos esclarecem sobre o mecanismo da sublimação.

O interesse de um estudo como o de Leonardo da Vinci por Freud é que nós podemos, ali, tomar algumas ideias, pelo menos iniciar uma reflexão que nos pode permitir fazer repousar o termo sublimação sobre uma base mais estruturada que a noção de um instinto que se desinstintualiza, até mesmo de um objeto que, como se diz, se torna mais sublime: pois pareceria, ao acompanhar nossos psicólogos do *ego*, que seja este o *Stuff* da sublimação.

Leonardo da Vinci foi ele próprio objeto de uma idealização, senão de uma sublimação, que começou durante sua vida, e que tende a fazer dele uma espécie de gênio universal e, além disso, precursor espantoso do pensamento moderno. Isso é o que sustentam alguns, e mesmo críticos muito eruditos, que começaram — como Freud, aliás — a deslindar o problema. Outros fazem o mesmo em planos diversos do da arte. Duhem, por exemplo, diz que Leonardo da Vinci havia entrevisto a lei da queda dos corpos, ou mesmo o princípio da inércia. Um exame um pouco rigoroso do ponto de vista da história das ciências mostra que não é nada disso. Todavia, é claro que Leonardo da Vinci fez descobertas surpreendentes, e que os desenhos que ele nos deixa na ordem da cinemática, da dinâmica, da mecânica, da balística, dão conta, com frequência, de uma percepção extraordinariamente pertinente, muito à frente de seu tempo, o que não nos permite de modo algum acreditar que não houvesse, em todos estes planos, trabalhos já muito adiantados na matematização, especialmente, por exemplo, da cinemática.

Todavia, um resto de tradição aristotélica, isto é, de uma tradição fundada em certas evidências da experiência, fazia com que não fosse absolutamente realizada a conjunção da formalização matemática bastante avançada, que fora feita de toda uma cinemática abstrata, com o domínio da experiência, quero dizer, dos corpos reais e existentes, os quais parecem entregues à lei da gravidade, aquela que tanto sobrecarregou, com sua evidência experimental, o espírito humano que se levou todo o tempo que vocês sabem para que se chegasse a lhe dar uma formulação concreta. Pensem que ainda achamos em Leonardo da Vinci, em seus desenhos e comentários que os acompanham, inserções tais como a seguinte: um corpo tomba tanto mais rápido quanto mais pesado. Nós o encontramos explicitamente, e, mais ainda, implicitamente. Penso que todos vocês conservaram o bastante do ensino secundário para saber que este é um teorema de profunda falsidade, ainda que a experiência, como se diz, pareça impô-lo, a experiência no nível concreto da experiência comum.

Todavia, o que faz a originalidade desses desenhos? Se retomarmos uma parte daquilo que ele nos deixou, por exemplo, os desenhos dessa obra de engenharia que tanto surpreendeu, até mesmo fascinou, tanto os contemporâneos quanto as gerações sucessivas, percebemos que eles são, com muita frequência, coisas extraordinariamente à frente de seu tempo, mas que não podem ultrapassar certos limites ainda não transpostos quanto à utilização e, se podemos dizer, à entrada viva das matemáticas na ordem da análise dos fenômenos do real.

Em outras palavras, o que ele nos traz é, com frequência, absolutamente admirável em inventividade, em construção, em criatividade, e já é bastante ver, por exemplo, a elegância com que ele determina os teoremas que podem servir de base para a avaliação da mudança progressiva da instância de uma força ligada a um corpo circunvolúvel, isto é, que pode girar em torno de um eixo. Esta força está ligada a um braço giratório. Qual será a variação da eficácia desta força à medida que gire a alavanca? Eis os problemas que Leonardo da Vinci irá traduzir, de maneira excelente, pelo que chamarei de uma espécie de visão do campo de força determinada, não tanto por seu cálculo, quanto por seus desenhos. Em suma, o elemento intuitivo, o elemento de imaginação criadora está ligado nele a uma certa predominância dada ao princípio da experiência, fonte de todos os tipos de intuições fulgurantes, originais, mas apesar de tudo parciais, no nível da fotocópia azul, do desenho técnico do engenheiro.

Isso não é pouco. Vocês têm aqui toda a diferença, nos diz um crítico da história das ciências como Koyré, que vai de um desenho a um desenho técnico. Um desenho técnico, se pode manifestar por si só todos os tipos de elementos intuitivos, certas quantidades ou valores que se ilustram e se materializam na simples disposição dos aparelhos, não é capaz de resolver certos problemas de níveis mais elevados, primário-simbólicos. E, afinal de contas, veremos em Leonardo da Vinci uma teoria insuficiente, até mesmo falsa, do plano inclinado, que só será resolvida com segurança por Galileu e, para empregar ainda um termo de Koyré, com essa revolução constituída pela matematização do real, o fato de se resolver purificar radicalmente o método, isto é, pôr a experiência à prova dos termos, das posições do problema que partem, categoricamente, do impossível.

Entendam que é necessário, em primeiro lugar, isolar de toda espécie de pretensa intuição do real a formulação de fórmulas submetidas à hipótese, renunciar, por exemplo, a uma evidência como esta, de que são os corpos mais pesados que caem mais depressa. É somente então que se pode começar a elaborar a partir de um outro ponto de partida, aquele, correto, da gravidade, isto é, a partir de uma fórmula que não pode, de certo modo, se satisfazer em parte alguma, pois sempre se estará em condições de experiência impuras para realizá-la.

É por se partir de uma formalização simbólica pura que a experiência pode se realizar corretamente, e que começa a instauração de uma física matematizada. Pode-se dizer que, depois de séculos inteiros de esforços para chegar a isso, jamais se chegou a isso antes de se resolver fazer, de saída, esta separação entre o simbólico e o real, que os pesquisadores, de geração em geração, não haviam podido atingir pela longa série de suas experiências e apalpadelas, aliás apaixonantes de se acompanhar. Aí está todo o interesse de uma história das ciências. Até então, ficou-se nesse entre-dois, nesse incompleto, nesse parcial, nesse imaginativo, nesse fulgurante que pôde fazer com que o próprio Leonardo da Vinci formulasse — é aqui que quero chegar — que, em suma, sua posição era essencialmente uma relação de submissão à natureza.

O termo "natureza" desempenha um papel essencial na obra de Leonardo da Vinci. A natureza é para ele, a todo instante, aquilo cuja presença deve ser captada. É o elemento absolutamente primeiro. É um outro a que se opor, e do qual se trata de decifrar os signos, e de se fazer o duplo e, se posso dizê-lo, o cocriador. Todos estes termos, aliás, estão nas notas de Leonardo da Vinci.

Aí está a perspectiva na qual ele interroga essa natureza, para chegar a uma confusão do imaginário com uma espécie de outro que não é o Outro radical com que lidamos, e que lhes ensinei a desenhar como sendo o lugar, a sede do inconsciente. De que outro se trata?

É muito importante ver nesse sentido como Leonardo insiste em dizer que não existe voz na natureza, e disso ele dá demonstrações tão curiosas, tão divertidas, que valeria a pena ver até que ponto se torna para ele uma preocupação obsessiva, propriamente falando, demonstrar que não pode haver ali alguém que lhe responda, e que seria aquilo em que todos creem então, um espírito que fala em algum ponto do ar. Ele insiste nisso, volta a isso com frequência, e, com efeito, havia pessoas para quem esta era uma verdade quase escandalosa de se proclamar.

Todavia, Leonardo da Vinci interroga a natureza como um outro que, ao mesmo tempo, não é um sujeito, mas cujas razões é possível ler. Digo isso porque está em Leonardo da Vinci: — *A natureza está cheia de infinitas razões que jamais estiveram na experiência.*

O paradoxo dessa fórmula, se fizermos de Leonardo da Vinci, como se faz com muita frequência, uma espécie de precursor do experimentalismo moderno, está aí para mostrar, justamente, a distância em que estamos dele, e a dificuldade existente em compreender só-depois, uma vez realizada uma certa soltura no pensar, em que se engajava o pensamento daquele a quem se chama um precursor.

A posição de Leonardo da Vinci diante da natureza é a do relacionamento com um outro que não é sujeito, mas de que se trata, no entanto, de detectar a história, o signo, a articulação, e a palavra, de que se trata de capturar a potência criadora. Em suma, este outro transforma o caráter radical da alteridade do Outro absoluto em alguma coisa acessível por uma certa identificação imaginária.

Este outro, gostaria de que vocês o tomassem em consideração no desenho a que Freud se refere, e onde ele observa, como um enigma, essa confusão de corpos que faz com que Sant'Ana mal se distinga da Virgem.

Isso é tão verdadeiro que, se virarem o desenho, vão ver o quadro do Louvre e perceberão que as pernas da santa estão do lado em que estavam inicialmente, da maneira mais natural e com mais ou menos a mesma posição, as pernas da Virgem, e que ali onde estão as pernas da Virgem estavam anteriormente as pernas de Sant'Ana.

O fato de se tratar aí de uma espécie de ser duplo, e cujos aspectos se destacam um por trás do outro, não é duvidoso. Que a criança no desenho de Londres prolongue os braços da mãe mais ou menos como uma marionete na qual se engaja o braço de quem a agita, não é menos fascinante. Mas ao lado disso, notem que a outra mulher, sem que se saiba, aliás, qual, perfila ao lado da criança este dedo indicador erguido que reencontramos em toda a obra de Leonardo da Vinci, no *São João Batista*, no *Baco*, no anjo da *Virgem dos rochedos*, e que é também um de seus enigmas. Aí está algo que ilustra muito bem a ambiguidade da mãe real e da mãe imaginária, da criança real e do falo escondido. Se faço do dedo um símbolo dele, não é porque reproduz grosseiramente o seu perfil, mas porque o dedo, que se encontra em toda a parte, em Leonardo da Vinci, é a indicação desta falta-a-ser cujo termo encontramos escrito em toda a sua obra.

Trata-se aí de uma certa tomada de posição do sujeito com relação à problemática do Outro, que é, ou bem este Outro absoluto, este inconsciente fechado, esta mulher impenetrável, ou bem, por trás desta, a figura da morte, que é o último Outro absoluto. A maneira pela qual uma certa experiência compõe com este termo último da relação humana, a maneira como ela reintroduz no interior disso toda a vida das trocas imaginárias, a maneira como desloca a relação radical e última até uma alteridade essencial para fazê-la habitar por uma relação de miragem, é a isso que se chama sublimação. A todo instante, no plano do gênio e da criação, a obra de Leonardo nos dá disso o exemplo.

Isso é também, acredito, o que se exprime nesse desenho, espécie de singular criptograma, desenho que não é único, mas o duplo de um outro, feito para um quadro que Leonardo da Vinci jamais pintou, para a capela dos Servites. Ele ali reproduzia o tema de Sant'Ana, da Virgem, do Menino e do quarto termo de que falamos, a saber, são João, que aliás é o cordeiro.

O quarto termo dessa composição a quatro, devemos, muito evidentemente, nele encontrar — como a cada vez em que lhes falei disso, e a partir do momento em que a relação a quatro se encarna — o tema da morte. Onde está ele? Naturalmente, por toda a parte, ele passa de um para outro.

A morte é igualmente o que deixará morta a sexualidade de Leonardo da Vinci, pois este é o seu problema essencial, aquele em torno do qual Freud formulou sua interrogação. Em parte alguma encontramos, na vida de Leonardo da Vinci, atestado um laço verdadeiro, uma verdadeira cativação, que não seja ambígua e passageira.

Mas não é disso, afinal de contas, que sua história dá a impressão. É a de uma paternidade de sonho. Ele protegeu, patrocinou alguns jovens em cenários refinados, que passaram por sua vida, vários deles, sem que no entanto nenhuma ligação mais importante tenha realmente marcado seu estilo — e, se devesse existir alguém a se classificar de homossexual, seria, antes, Michelangelo.

Estaria a morte nessa espécie de duplo, a saber, naquele que está ali diante dele e que é tão facilmente substituível por esse cordeiro?

Piero de Novellara escrevia a Isabelle d'Este, em 8 de agosto de 1501, que toda Florença desfilara durante dois dias diante dessa estampa preparatória de uma obra para o altar-mor da Annunciata em Florença, que Leonardo nunca fez. E todos se debruçavam sobre esta cena a quatro onde vemos o menino seguro pela mãe no momento em que vai montar no cordeiro, e se interrogavam quanto ao seu sentido. Todo o mundo compreende que este é o signo de seu drama, de sua paixão, de seu futuro destino, enquanto Sant'Ana, que domina tudo, retém a mãe para que esta não o afaste de seu próprio destino e de seu sacrifício. E, com efeito, é da separação do sujeito dela que Freud faz partir toda a dramatização que se segue na vida de Leonardo da Vinci.

O último personagem, o mais enigmático de todos, é a Sant'Ana restaurada, instituída numa relação puramente feminina, puramente materna, Outra, com um O maiúsculo, necessária para dar todo o seu equilíbrio à cena.

A Sant'Ana está bem longe de ser, contrariamente ao que diz o sr. Kris, uma invenção de Leonardo. Nem mesmo Freud acreditou por um só instante que o tema Ana, a Virgem, o Menino e o quarto personagem aqui introduzido fosse uma invenção exclusiva de Leonardo da Vinci.

Se o quarto personagem expõe, na história dos motivos religiosos, um problema bastante específico de Leonardo da Vinci, o mesmo não ocorre com o fato de representar juntos Sant'Ana, a Virgem e o Menino. Basta que se tenha a mínima noção do que se passou naquela época, basta ter lido um pouquinho de qualquer história para saber que foi precisamente entre 1485 e 1510 que o culto a Sant'Ana foi promovido na cristandade a um alto grau de elevação, ligado à crítica dogmática em torno da Imaculada Conceição da Virgem. Devemos ver aí a saída de um tema da espiritualidade e de uma coisa bem diversa da espiritualidade, já que esta era a época da campanha das indulgências, e que desaguavam na Alemanha todos os tipos de pequenos prospectos onde estavam representados Ana, a Virgem e o Menino, por cuja compra se ganhavam uns dez mil, até mesmo vinte mil anos de indulgência no outro mundo. Portanto, este não é um tema inventado por Leonardo da Vinci, e não é verdade que Freud lhe tenha imputado essa invenção. Só o sr. Ernst Kris é quem diz que Leonardo foi o único a representar semelhante trio, quando bastaria ter aberto Freud para ver, simplesmente, o tema desse quadro representado com o título *Anna Selbdritt*, isto é, *Ana Si-terceira*; em italiano, *Anna Metterza*.

A trindade de Ana é uma função que sobrevém num momento sem dúvida crítico, que não se trata, para nós, de repensar, pois não podemos nos deixar levar demasiadamente pelas críticas históricas da devoção cristã. Digamos que reencontramos na história a constância de uma trindade-de-si, se posso expressar-me assim, que assume todo o seu valor por encontrar em Leonardo da Vinci sua encarnação psicológica.

O que quero dizer com isso? Leonardo certamente foi um homem situado numa posição profundamente atípica quanto à sua maturação sexual, e que faz contraste, dissimetria, com aquilo que se encontra nele, por outro lado, a saber, esta sublimação alcançada num grau excepcional de atividade e realização. Na elaboração de sua obra, cem vezes recomeçada e verdadeiramente obsessiva, nada pôde se estruturar sem que algo reproduzisse essa relação do eu (*moi*) com o outro, e a necessidade do grande Outro, inscritas no esquema por meio do qual peço-lhes, às vezes, que se orientem com referência a esses problemas.

O que devemos pensar da atipia realizada pelo engajamento especialmente dramático deste ser nas vias do imaginário? Que ele colha a habilidade de suas criações essenciais apenas nessa cena trinitária que encontráramos no fim da observação do pequeno Hans, isso é uma coisa. Mas, por outro lado, isso não nos esclarece quanto a uma perturbação correlata de sua própria posição de sujeito? Quero dizer, sua inversão.

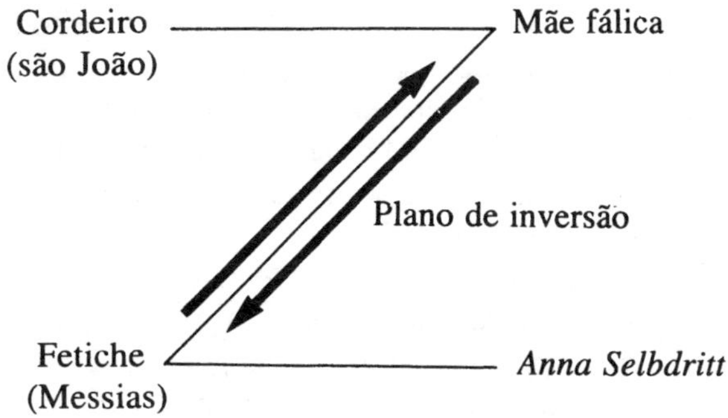


A INVERSÃO DE LEONARDO

A inversão de Leonardo da Vinci, se é que podemos falar de sua inversão, está longe, para nós, de poder se reduzir apenas ao paradoxo, até mesmo à anomalia, de suas relações afetivas. Em todos os casos, este registro nos parece marcado por uma inibição singular neste homem provido de todos os dons.

Talvez se tenha dito com frequência um pouco demasiada, aliás, que não havia em parte alguma, em Leonardo da Vinci, tema erótico. Talvez isso seja ir um pouco longe demais. É verdade que nos tempos de Freud não se havia descoberto o tema de Leda, isto é, de uma mulher belíssima e de um cisne que praticamente se une a ela, num movimento de ondulação não menos delicado de suas formas. É muito impressionante que seja, ainda, o pássaro a representar o tema masculino numa fantasia imaginária. Mas vamos deixar isso de lado.

Se nos ativermos à experiência que podemos ter de Leonardo, existe um elemento que não podemos eliminar. São os seus manuscritos.

Não sei se já lhes aconteceu de folhear um volume de suas reproduções. Isso causa, seja como for, um certo efeito, ver todas as anotações de um senhor feitas numa escrita em espelho. Quando, em seguida, vocês as leem, veem-no falando o tempo todo consigo mesmo, chamando a si mesmo por *você*: — *Você vai fazer isso, vai perguntar a Jean de Paris o segredo da tinta seca, vai buscar pitadas de lavanda ou de alecrim na loja da esquina*. São coisas dessa ordem, onde tudo está misturado. Como não ficar fascinado?

Em suma, a relação de identificação do eu (*moi*) com o outro que se instaurou neste caso me parece essencial para compreender como se constituem as identificações a partir das quais progride o eu do sujeito. Parece vir à ideia que, correlativamente a toda sublimação, isto é, ao processo de dessubjetivação ou de naturalização do Outro que constituiria seu fenômeno essencial, vê-se sempre se produzir, no nível do imaginário, sob uma forma mais ou menos acentuada conforme a maior ou menor perfeição desta sublimação, uma inversão das relações entre o eu e o outro.

Teríamos realmente, assim, no caso de Leonardo da Vinci, alguém que se dirige e comanda a si mesmo a partir de seu outro imaginário. Sua escrita em espelho estaria ligada, pura e simplesmente, à sua própria posição diante de si mesmo. Teríamos aqui o mesmo tipo de alienação radical daquela sobre a qual concluí meu último seminário a propósito da amnésia do pequeno Hans.

Esta era, então, uma questão que eu formulava. É também com uma questão que vou terminar hoje: a de saber se o processo que chamamos de sublimação, ou psicologização, ou alienação, ou egotização, não comporta, em sua própria direção, uma dimensão correlata, aquela pela qual o ser esquece a si mesmo como objeto imaginário do outro.

Com efeito, existe para o ser uma possibilidade fundamental de esquecimento no eu (*moi*) imaginário.

3 DE JULHO DE 1957

# AUSTRIA-HUNGARY

INCLUDING

## DALMATIA AND BOSNIA

---

HANDBOOK FOR TRAVELLERS

BY

**KARL BAEDEKER**

---

WITH 33 MAPS AND 44 PLANS

**TENTH EDITION, REVISED AND AUGMENTED**

---

LEIPZIG: KARL BAEDEKER, PUBLISHER
LONDON: DULAU AND CO., 37 SOHO SQUARE, W.
NEW YORK: CHARLES SCRIBNER'S SONS, 153/7 FIFTH AVE.
1905

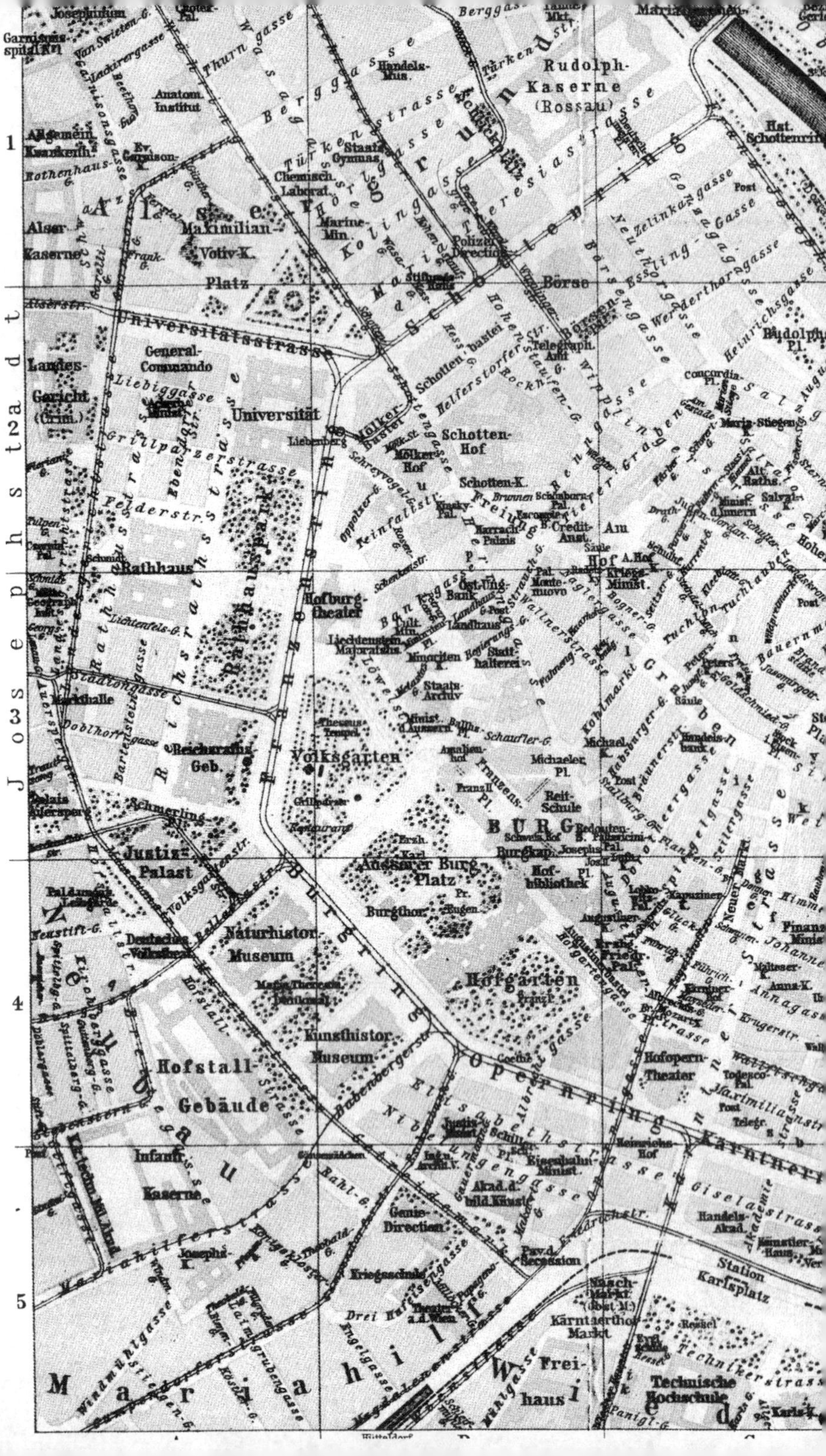

1
2
3
4
5
Josephstadt
Alser Kaserne
Votiv-K.
Maximilian-Platz
Anatom. Institut
Chemisch. Laborat.
Marine-Min.
Rudolph-Kaserne (Rossau)
Börse
Telegraph. Amt
Universitätsstrasse
General-Commando
Liebiggasse
Universität
Landes-Gericht (Crim.)
Grillparzerstrasse
Felderstr.
Rathhaus
Rathhauspark
Reichsrathsstrasse
Schotten-Hof
Schotten-K.
Mölker-Hof
Mölker-Bastei
Teinfaltstr.
Freiung
Harrach Palais
Credit-Anst.
Am Hof
Kriegs-Minist.
Hofburg-theater
Bankgasse
Landhaus
Minoriten K.
Statthalterei
Wallnerstrasse
Staats-Archiv
Liechtenstein Majoratshs.
Löwelstr.
Stadiongasse
Markthalle
Doblhoffgasse
Reichsraths-Geb.
Schmerling-Pl.
Volksgarten
Theseus-Tempel
Justiz-Palast
Michaeler-Pl.
Kohlmarkt
Graben
Tuchlauben
Bauernmarkt
Peters K.
Habsburger-G.
Handels-bank
Reit-Schule
Burg
Burgkap.
Josephs-Pl.
Hof-bibliothek
Äusserer Burg-Platz
Burgthor
Naturhistor. Museum
Maria-Theresia-Denkmal
Kunsthistor. Museum
Hofgarten
Hofstall-Gebäude
Babenbergerstr.
Opernring
Hofopern-Theater
Kärntnerstrasse
Kapuziner-K.
Neuer Markt
Annagasse
Krugerstr.
Eschenbachgasse
Elisabethstrasse
Nibelungengasse
Schiller-Pl.
Eisenbahn-Minist.
Akad. d. bild. Künste
Genie-Direction
Heinrichs-Hof
Giselastrasse
Handels-Akad.
Künstler-Haus
Station Karlsplatz
Friedrichstr.
Pav. d. Secession
Kriegsschule
Theater a. d. Wien
Naschmarkt
Kärntnerthor-Markt
Technische Hochschule
Freihaus
Mariahilferstrasse
Mariahilf
Windmühlgasse
Engelgasse
Infant.-Kaserne
Neubau
Wieden

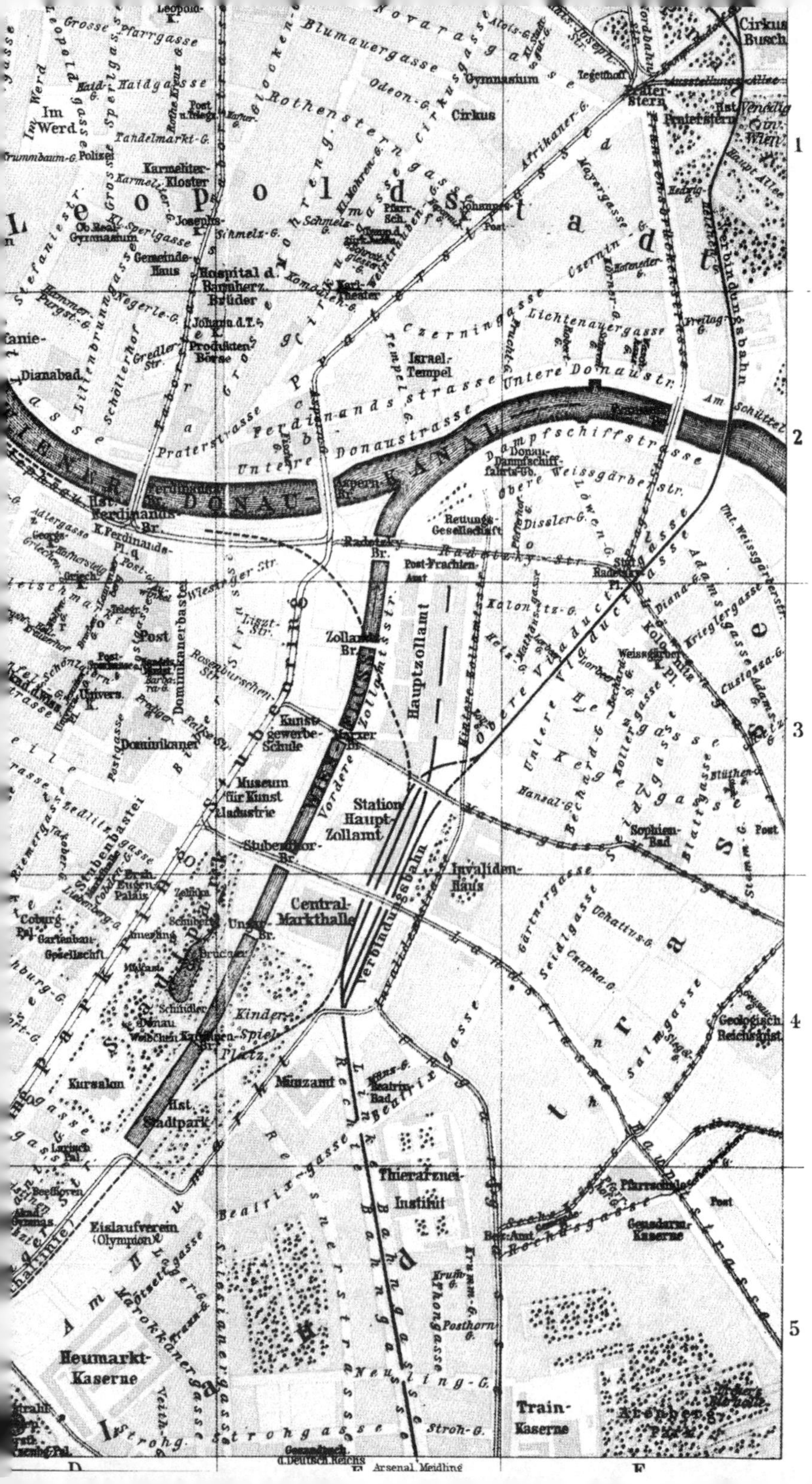

Leopoldstadt
Im Werd
Grosse Pfarrgasse
Haidgasse
Tandelmarkt-G.
Karmeliter-Kloster
Rothensterngasse
Blumauergasse
Odeon-G.
Cirkus
Gymnasium
Tegetthoff
Praterstern
Cirkus Busch
Ausstellungsstrasse
Venedig in Wien
Haupt Allee
Afrikaner-G.
Mayergasse
Johannes-Post
Czerningasse
Lichtenauergasse
Israel. Tempel
Dianabad
Ferdinandsstrasse
Praterstrasse
Untere Donaustrasse
Donau-Kanal
Dampfschiffstrasse
Obere Weissgärberstr.
Dissler-G.
Rettungs-Gesellschaft
Radetzky Br.
Post
Hauptzollamt
Zollamts Br.
Kunstgewerbe-Schule
Museum für Kunst u. Industrie
Station Haupt-Zollamt
Stubenbastei
Dominikaner
Dominikanerbastei
Invaliden-Haus
Central-Markthalle
Gärtnergasse
Seidlgasse
Salmgasse
Geologisch. Reichsanst.
Kinder-Spiel-Platz
Münzamt
Kursalon
Hst. Stadtpark
Beatrixgasse
Thierarznei-Institut
Eislaufverein (Olympion)
Heumarkt-Kaserne
Neulinggasse
Strohgasse
Train-Kaserne
Pfarrschule
Post
Rochusgasse
Gendarmerie Kaserne
Arenberg Park
Landstrasse
Arsenal. Meidling
1
2
3
4
5

# NOTA

A obra coletiva citada no primeiro capítulo intitula-se *La psychanalyse d'aujourd'hui*; ela é comentada em "La direction de la cure et les principes de son pouvoir" ("A direção da cura e os princípios de seu poder"), *Écrits*, p. 585-645, *passim*.

O boletim a que se faz referência nos capítulos IV e V é o *Bulletin d'activités de l'Association des psychanalystes de Belgique*, nº 25, 118, rue Froissart, Bruxelas (cf. *Écrits*, p. 609-612).

O quadro evocado à página 251 não pôde ser identificado, tampouco a carta de Freud mencionada à página 310. É possível que o quadro não seja de Ticiano, e sim de Veronese, e que se trate de *Vênus e Marte ligados pelo amor*, que está em Nova York, no Metropolitan Museum.

*

Um certo número de indicações manuscritas de Jacques Lacan figuravam no exemplar datilografado que ele me havia entregue. Pude, com utilidade, referir-me às notas tomadas na época por Paul Lemoine; agradeço a minha cara amiga Gennie Lemoine por me haver autorizado a utilizá-las para o estabelecimento do texto de *A relação de objeto*, bem como para o conjunto dos seminários.

Meus agradecimentos se dirigem igualmente: a Claude Cherki, que, depois de Paul Flamand e Michel Chodkiewicz, dirige as Éditions du Seuil; a Evelyne Cazade-Havas, que substituiu François Wahl no que diz respeito à edição do *Seminário*; ela foi a primeira leitora do manuscrito, e teve a gentileza de, a meu pedido, controlar os esquemas vienenses destacados por Paul Lemoine; a Jean-Claude Baillieul, que corrigiu o texto nas diferentes etapas da fabricação do livro.

Menciono, enfim, com meus agradecimentos, a amável acolhida da Biblioteca da École de la Cause freudienne, 1, rue Huysmans, Paris VIe.

O estabelecimento do *Seminário* de Jacques Lacan é um *work-in-progress*, receberei com reconhecimento eventuais correções e acréscimos enviados ao editor.

J.-A.M.

*

Os croquis das p. 270 ("A girafa de faz-pipi"), 319 ("A plataforma de descarregamento") e 335 ("A *Untere Viaductgasse*") foram extraídos de *Analyse der Phobie eines 5-Jährigen Knaben*, vol. 7 das *Gesammelte Werke* de Sigmund Freud, publicadas por S. Fischer Verlag (Frankfurt-sobre-o-Meno) (© 1941, Imago Publishing Co., Londres).

O mapa de Viena (p. 452-453) foi extraído da edição de 1905 do guia Baedeker Áustria-Hungria, do qual reproduzimos a folha de rosto, à p. 451.

1ª EDIÇÃO [1995] 16 reimpressões

ESTA OBRA FOI COMPOSTA POR TOPTEXTOS EDIÇÕES EM
TIMES ROMAN E HELVETICA E IMPRESSA EM OFSETE PELA
GRÁFICA BARTIRA SOBRE PAPEL ALTA ALVURA DA SUZANO S.A.
PARA A EDITORA SCHWARCZ EM NOVEMBRO DE 2024

FSC
www.fsc.org
MISTO
Papel | Apoiando o manejo florestal responsável
FSC® C105484

A marca FSC® é a garantia de que a madeira utilizada na fabricação do papel deste livro provém de florestas que foram gerenciadas de maneira ambientalmente correta, socialmente justa e economicamente viável, além de outras fontes de origem controlada.